4743
44

In der vorderen Umschlagklappe: Süditalien

In der hinteren Umschlagklappe: Stadtplan von Neapel

Süditalien

Kampanien – Apulien – Basilikata – Kalabrien

Eva Gründel
Heinz Tomek

DuMont Buchverlag Köln

Umschlagvorderseite: Hafen von Procida
Umschlaginnenklappe: Kalabrien
Umschlagrückseite: Costa Amalfitana
Frontispiz S. 2: Neapel

Für Elfy und Franzi

Ohne unsere Freunde wäre dieses Buch nie zustande gekommen. Ein herzliches Dankeschön an Vera Bauer, Marlies und Tonio Brullo, Brigit und Jasmin Carnabuci, Franz Czermak, Margarete Graf, Gerti Jauk, Charlotte Ludwig, Felicitas Konecny, Alexandra Kostrba, Klaus Krebs, Annemarie Leitner, Ossi Maier, Vittorio de Martino, Christine Metzger, Gianpietro Riccio, Peter Rossiwall, Heinz Schmitz, Peter Sladkovsky, Peter Willburger.

CIP-Titelaufnahme der Deutschen Bibliothek

Gründel, Eva:
Süditalien: Kampanien – Apulien – Basilikata – Kalabrien /
Eva Gründel; Heinz Tomek. – Köln: DuMont, 1990
 (Richtig reisen)
 ISBN 3-7701-2493-6
NE: Tomek, Heinz:

Satz, Druck und buchbinderische Verarbeitung: Boss-Druck, Kleve

Printed in Germany   ISBN 3-7701-2493-6

Inhalt

Essen und Trinken: Tägliches Fest
der Sinne   *Seite 261*
Mors tua, Vita mea – Dein Tod, mein
Leben 268

Prinzip Hoffnung:
Vertrauen in den Süden   *Seite 270*
Clara und Gianpietro: Heimkehr aus der
Schweiz 270 – Peter Zeller: Europa endet
nicht hinter Rom 272 – Bürgermeister
Acito: »Die Zukunft gehört uns!« 273 –
Rocco Laezza: »Hier zu bleiben ist eine
Herausforderung.« 275

Süditalien-Informationen

Geliehenes Glück:

Dreitausend Jahre Kampf
um den Platz an der Sonne

Wer zählt die Völker, nennt die Namen, die seit Jahrtausenden im Süden der Apenninenhalbinsel um einen Platz an der Sonne kämpften? Faustkeile, später Ritzzeichnungen wie der »Stier von Papasidero« in der Grotta del Romito (s. S. 192) in Kalabriens Bergen, eine Handvoll Tonscherben, Höhlennekropolen – viel mehr blieb nicht von den ersten Siedlern. Erst mit dem Auftritt der Italiker, indogermanischer Stämme, die um das 2. Jahrtausend v. Chr. über die Alpen in den Süden drängten, erhellt sich die Szene: Samniten, Kampaner, Lukaner, Bruttier, diese Begriffe klingen vertraut, finden sie sich doch nach wie vor auf den Landkarten Süditaliens. Auch hilft jetzt bereits Homer weiter, seine Epen »Ilias« und »Odyssee« basieren auf mündlichen Überlieferungen, die bis in diese Zeit zurückreichen. Die ersten wirklich klaren Konturen der Vergangenheit zeichnen sich jedoch erstmals mit dem 8. vorchristlichen Jahrhundert ab, als eines Tages Auswanderer aus Euböa vor der Insel Ischia Anker warfen. Endlich sind sie da, die Griechen, und mit ihnen eine Kultur, die Süditalien bis zum heutigen Tag ihren Stempel aufdrücken sollte.

Bevor die ionischen Pioniere ihre unerläßlichen Mitbringsel – Olivensetzlinge und Weinstöcke sowie ihre Götter und ihr Alphabet – von den Schiffen holten, setzten sie zunächst einmal den Etruskern, die sich bereits bis nach Kampanien vorgewagt hatten, klar gesteckte Grenzen. Bis hierher und nicht weiter, erklärten die griechischen Kolonisten, zogen die Linie südlich von Rom und gründeten dann Orte wie *Kyme* (Cuma), *Dikaiarchia* (Pozzuoli) oder *Palaeopolis* (Altstadt), eine Siedlung, die später mit *Neapolis* (Neustadt) verschmolz. Weitere Auswanderer drängten nach, bald waren auch Sizilien, Kalabrien und Apulien fest in griechischer Hand. Achäer erbauten das legendäre *Sybaris* (721 v. Chr.), danach *Kroton, Lokri* und *Metapont,* die Dorer wiederum errichteten mit dem bald mächtigen *Taras* (Tarent) Spartas einzige Filiale auf dem italienischen Festland, das freilich in der Folge mit *Kallipolis* (Gallipoli) und *Hydrus* (Otranto) Dependencen unterhielt.

Nach zwei Jahrhunderten umspannte ein dichtes Netz griechischer Niederlassungen den heutigen Mezzogiorno – Magna Graecia beherrschte das Mittelmeer. Wie alle Pioniere, die es zu etwas gebracht haben, litten jedoch auch die Großgriechen gegenüber ihrem Mutterland unter einem Minderwertigkeitskomplex. Aus Angst, man könne sie trotz ihres Erfolgs für kulturlose Barbaren halten, erbauten sie ihre Heiligtümer größer, höher, prächtiger als die Daheimgebliebenen – man denke nur an die Tempel von Agrigent oder Paestum – und gebärdeten sich wie zwei Jahrtausende später europäische Auswanderer in Nordamerika: als protzige Millionäre. Doch Übermut kommt vor dem Fall: Während sich die sizilianischen Stadtstaaten zuerst untereinander, dann mit ihrer alten Heimat und zwischendurch auch noch mit den Karthagern bekriegten, schlug das mittlerweile erstarkte Rom im 4. Jh. v. Chr. zu, unterwarf ohne viel Mühe weite Teile Kampaniens und Kalabriens, um schließlich rund hundert Jahre später ganz Großgrie-

Paestum, Poseidon-Tempel

chenland – inklusive das von unzähligen Schlachten zermürbte Sizilien – dem Imperium Romanum einzuverleiben.

Sieben Jahrhunderte mußte sich Süditalien nun unter den Herren vom Tiber ducken, denn jetzt hatten die sich noch neureicher gebärdenden Römer das Sagen. Das einstmals blühende Land der Griechen, in dem Genies wie Empedokles, Pythagoras oder Xenophanes, allein mit der Kraft ihrer Gedanken, sogar das olympische Universum zum Erbeben gebracht hatten, galt ihnen wenig mehr als eine auszubeutende Kornkammer. Was bedeuteten ihnen schon die Verse eines Ibykos, Stesichoros oder Theokrit? Bestenfalls einige ›Intellektuelle‹ wußten damit etwas anzufangen. Nur an der kaum faßbaren Schönheit des Golfs von Neapel konnten selbst die Römer nicht blind vorbeigehen. Als angemessene Sommerfrische kam ihnen dieses von der Natur so reich beschenkte Land gerade recht. Wohlhabende Bürger ließen sich in *Pompeji* oder *Herculaneum* nieder, die oberen Zehntausend zog es in das luxuriöse *Baia:* Wer dort eine Villa besaß, zählte zu den Mächtigsten des Reiches. Und an Capri fand Kaiser Augustus so großen Gefallen, daß er es 29 v. Chr. sogar zu seinem Privatbesitz erwählte.

Nachdem 476 der Germanenkönig Odoaker dem Weströmischen Reich den Todesstoß versetzt hatte, betrachteten germanische Stämme im Zuge ihrer Völkerwanderung nahezu eineinhalb Jahrhunderte lang auch Unteritalien als ihren Tummelplatz, bis mit den Byzantinern (535–1071) und den Langobarden (571–1077) wiederum für ein halbes Jahrtausend eine gewisse Ruhe einkehrte und man endlich wieder wußte, wer die Herren im Hause waren: Altvertraute – wenn auch christianisierte – Griechen aus Konstantinopel teilten sich das Land mit den Nordgermanen, die sich vor allem in Capua, Benevent und Salerno breitmachten. Nur die eroberungslüsternen Sarazenen bereiteten den schlecht und recht nebeneinander lebenden neuen Okkupanten gleichermaßen große Sorgen. Nachdem die Araber 827 ihre Herrschaft auf Sizilien errichtet hatten, häuften sich deren Angriffe auf die ›Stiefelspitze‹.

Richtig spannend aber wurde es erst nach der Jahrtausendwende. Normannische Ritter, die auf der Rückkehr von einem Kreuzzug 1016 in Salerno gelandet waren, verbreiteten die Kunde von einem sagenhaften Land am Mittelmeer, in dem es angeblich Königreiche zu gewinnen gab.

1035 trafen drei Söhne des Tankred von Hauteville, Wilhelm, Drogo und Humfried, nördlich von Neapel ein und machten innerhalb von zehn Jahren ihr Glück: Wilhelm übernahm das Kommando des normannischen Stützpunktes in Aversa, Drogo und Humfried machten sich zu Grafen von Apulien und Lavello. Nun war nur noch das malariaverseuchte Kalabrien zu haben, und eben dorthin schickten sie 1046 ihren Stiefbruder Robert, der zu ihrem Mißvergnügen eines Tages voll brennendem Ehrgeiz, aber arm wie eine Kirchenmaus vor ihrer Türe gestanden war. Von dem kühlen Empfang keineswegs entmutigt, versuchte sich der wildeste der ganzen Bande zunächst einmal höchst erfolgreich als Räuberhauptmann. Seine Glücksstunde schlug ihm, als Papst Leo IX. 1053 mit einem riesigen Heer nach Unteritalien zog, um dort ein für allemal mit der ›Normannenpest‹ aufzuräumen. Sogleich eilte Robert mit seinen Mannen seinem Bruder Humfried – nach Wilhelms und Drogos Tod Chef des Clans – zu Hilfe. Gemeinsam vernichteten die Hautevilles die päpstliche Armee und nahmen den Herrn auf Petri Stuhl gefangen.

In diesem entscheidenden Moment zeigte sich erstmals Roberts staatsmännische Größe, die ihm den Beinamen Guiscard – Schlaukopf – eintrug. Als Sieger fiel er vor dem

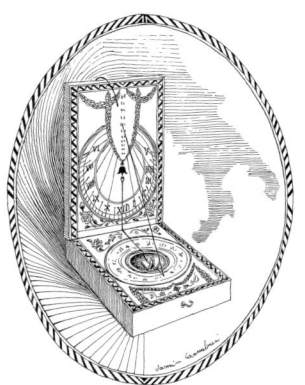

Mezzogiorno, italienisch »Mittag«: Geographischer Begriff für Süditalien (auch *Italia meridionale*). Die historischen Grenzen des »Mittagslandes« umfassen das Gebiet südlich des einstigen Kirchenstaates, also auch einen Teil der Region Latium, sowie die Abruzzen und Molise. Heute bezeichnet man die Provinzen Kampanien, Apulien, Basilikata, Kalabrien, Sizilien und Sardinien als Mezzogiorno.

Stellvertreter Christi auf die Knie und geleitete diesen höchstpersönlich nach Rom. Dank des klugen Schachzugs avancierte der simple Straßenräuber zum »Verteidiger des Papsttums«, er wurde Anführer der Normannen sowie Herzog von Apulien und Kalabrien, kurz, er war mit einem Schlag der mächtigste Mann in Süditalien. Mit 42 Jahren auf dem Höhepunkt seiner Karriere angelangt, beunruhigte ihn das Eintreffen seines erst 26jährigen jüngsten Bruders Roger daher nur wenig. Sollte dieser ruhig Sizilien den Arabern abnehmen (was ihm 1072 auch gelang), er selbst strebte nach weit mehr – nach der Kaiserkrone von Byzanz.

Vielleicht wäre Robert der Griff nach den Sternen tatsächlich gelungen. Er befand sich schon auf dem Weg nach Konstantinopel, als ihn 1082 ein Hilferuf zur Umkehr bewegte. Vier Jahre nach dem demütigenden Gang nach Canossa hatte nämlich der deutsche Kaiser Heinrich IV. den verhaßten Papst Gregor VII. in Rom gefangengenommen. Robert Guiscard vertrieb die kaiserlichen Truppen, befreite Gregor aus der Engelsburg, gab die Stadt zur Plünderung frei und nahm den Papst zur Sicherheit mit nach Salerno, wo dieser 1085 – nur zwei Monate vor seinem Retter und treuesten Vasallen – starb. Für die wohl schillerndste Persönlichkeit der zehn Tankredsöhne sollte sich der Traum von einer Krone also nicht mehr erfüllen. Erst Roberts Neffe Roger II., nach dem Tod Rogers I. Herr über Sizilien und seit 1127 über ganz Unteritalien, vollendete 1130 mit seiner Krönung in Palermo den kometenhaften Aufstieg des Hauses Hauteville. Der große Normanne einte nicht nur Festland und Insel erstmals zum »Königreich beider Sizilien«, unter seiner Regentschaft brach auch jenes goldene Zeitalter an, von dem man sich heute noch erzählt. Mohammedanern und Juden gewährte Roger II. weitgehend Religionsfreiheit, eine für diese Zeit unglaubliche Haltung. Toleranz gegenüber Andersgläubigen, Vertrauen in die eigene Verwaltung und grenzenlose Hochachtung vor der arabischen Kultur zählen zu dem Erbe, das ein Jahrhundert später sein Enkel, der Staufer Friedrich II., Sohn der Normannenprinzessin Konstanze und des Hohenstaufers Heinrich VI., antrat.

Die Ära der Staufer war glanzvoll, aber nur kurz. Nach dem Tod Friedrichs II. im Jahr 1250 und dem seines Sohnes Konrad in jungen Jahren greift Karl von Anjou, der Bruder des französischen Königs Ludwig IX., Verbündeter des Papstes, nach der Macht in Süditalien. Der 16jährige Konradin, Friedrichs Enkel, versucht verzweifelt, das Reich zu retten, doch vergebens. Am 29. Oktober 1268 fällt auf Karls Befehl sein Haupt in den Staub des Marktplatzes von Neapel (s. a. S. 36). Unter der grausamen Zwangsherrschaft der vom Papst favorisierten Franzosen zerbricht 1282 das Königreich bei der sogenannten »Sizilianischen Vesper«. In diesem verzweifelten Volksaufstand befreit sich die Insel von dem Terrorregime Karls, und die noch verbliebenen normannischen Adeligen setzen mit Peter III. von Aragon den Schwiegersohn des Hohenstaufers Manfred auf den Thron von Palermo. Sämtliche Versuche der Anjou, Sizilien zurückzuerobern, scheitern.

In Unteritalien haben die französischen Herren allerdings weiterhin das Sagen. Dem eher bedeutungslosen Karl II. folgt Robert, genannt der Weise, der sich für Neapel als Glücksfall entpuppen sollte. Unter seiner langen Regentschaft (1309–1343) erblüht die Stadt zu einem geistigen Zentrum, Maler wie Giotto oder Simone Martini zieht es ebenso an den Hof dieses kultivierten Monarchen wie Dichter von der Größe eines Petrarca oder Boccaccio. Über die darauffolgenden hundert Jahre hingegen läßt sich nur wenig

Positives berichten: Skandale, Intrigen und politische Unfähigkeit spielen das Reich ebenso ehrgeizigen wie unfähigen Günstlingen in die Hand, bis die Herrschaft der Anjou nach knapp zwei Jahrhunderten schließlich endet und für die nächsten 350 Jahre die Spanier das Sagen haben.

Nach dem Haus Aragon, seit 1442 Regenten von ganz Süditalien, beanspruchte ab 1504 die spanische Linie der Habsburger das Königreich beider Sizilien mit Neapel als Hauptstadt, in der bis 1701 ihre Vizekönige mit harter Hand Geschichte schrieben. Immer wieder probte das geknechtete Volk vergebens den Aufstand. Erdbebenkatastrophen, Pest- und Cholera-Epidemien, Hungersnöte verschlimmerten die Not im Süden, während jenseits der Alpen ab 1700 der Spanische Erbfolgekrieg tobte. 1707 marschierten die Österreicher in Neapel ein, 1713 fiel das Königreich offi-

Der Bourbone Karl III.

ziell an die Habsburger in Wien, 1735 überließ Kaiser Karl VI. dem spanischen Bourbonen Karl III. das am Verhandlungstisch eroberte Beutegut als Sekundogenitur.

Neue Besen kehren gut. Bevor er daran ging, die von den reichen Habsburgern als Stiefkind behandelte Stadt am Vesuv in eine Weltmetropole zu verwandeln, räumte Karl mit dem übermächtig gewordenen, korrupten Klerus energisch auf. Der Glanz des mit neuem Selbstbewußtsein ausgestatteten Neapel färbte auch auf die Provinzen ab. 1759 auf den spanischen Thron berufen, mußte Karl Süditalien seinem noch minderjährigen Sohn Ferdinand überlassen, doch er konnte beruhigt nach Madrid ziehen, das Schicksal des Landes ruhte in guten Händen. Zehn Jahre führte Karls kluger Kanzler Tanucci die Staatsgeschäfte, bis Ferdinands Frau Caroline, eine Tochter der Österreicherin Maria Theresia, diesem die Fäden aus der Hand nahm. Die Habsburgerin, seit der Hinrichtung ihrer Schwester Marie Antoinette von glühendem Haß gegen Frankreich besessen, hetzte Ferdinand 1798 in einen verhängnisvollen Krieg gegen das von revolutionären Franzosen besetzte Rom, der damit endete, daß das Bourbonenpaar Hals über Kopf nach Palermo fliehen mußte.

In Neapel riefen mittlerweile die französischen Revolutionäre, unterstützt von einem Großteil des Adels, die »Parthenopäische Republik« aus. Für ihre Vision von einer gerechteren Welt stand jene unglückliche Sirene Pate, die Odysseus nicht bezaubern konnte und sich deshalb von einer Klippe stürzte. Ihre Leiche spülte das Meer in Neapel an Land, das sich seither nach dem schönen Mädchen romantisch *Parthenope* nennt. Nomen est omen, die Sache konnte nicht gutgehen: Fünf Monate nach dem Aufstand riß das Brigantenheer des bourbonentreuen Kardinals Ruffo die Parthenopäer brutal aus ihren Träumen. Wer nicht im Gemetzel der Bluthunde des grausamen Kirchenfürsten umkam, starb am Galgen. Trotz zugesagter Generalamnestie ließ der eilends zurück-

Giuseppe Garibaldi

gekehrte Ferdinand alle Aufständischen ohne Ansehen der Person hinrichten. Daß er mit diesem schändlichen Verrat so gut wie die gesamte Elite seines Landes ausrottete, sollte er noch bitter bereuen.

1805 erklärte Napoleon nach seinem Sieg bei Austerlitz den Bourbonen kurzerhand für abgesetzt. Zum zweiten Mal ergriff der Regent die Flucht, und Joseph Bonaparte marschierte im Auftrag seines großen Bruders in Kampanien ein. Wenig später tauschte er den Thron des Königreichs Neapel, den er Napoleons Schwager Joachim Murat überließ, gegen den weit attraktiveren von Spanien ein, und der kleine Emporkömmling Murat durfte sich ein knappes Dezennium lang als großer Mann fühlen. 1815 bestätigte der Wiener Kongreß bei der Neuordnung Europas nach den napoleonischen Kriegen Ferdinand in seinem Herrschaftsanspruch, im Oktober desselben Jahres brach Murat in einem kalabresischen Fischerdorf im Kugelhagel eines Hinrichtungskommandos zusammen. Aber weder mit Härte noch mit Diplomatie konnten die Bourbonen ihre Macht im Süden erneut festigen. Das Volk murrte, die *Nobili* schwiegen, doch sie verziehen nicht. Für immer standen die Schreckenstage des Blutgerichts am Ende der Parthenopäischen Republik zwischen dem Adel und dem Herrscherhaus. Die Zeit war reif für den Eintritt des Südens in den italienischen Freiheitskampf, reif für einen Revolutionär wie Giuseppe Garibaldi. Am 13. Februar 1861, neun Monate nachdem der Freiheitskämpfer mit seinem legendären »Zug der Tausend« bei Marsala gelandet war, dankte Franz II. als letzter bourbonischer König beider Sizilien in der Festung Gaeta ab.

Mit Viktor Emanuel II. von Sardinien-Piemont, dem ersten Monarchen des Vereinigten Königreichs Italien, beginnt auf der gesamten Apenninenhalbinsel eine neue Ära. Ein Staatsgebilde entsteht, das mit Ausnahme von Venetien, Südtirol und Teilen des vom Papsttum beherrschten Latium bereits die heutigen Grenzen Italiens umfaßt, doch einen gemeinsamen Nenner zwischen Neapel und Turin, zwischen Palermo und Rom gibt es nicht – und wird es vermutlich auch nie geben. Die Einigung bringt dem Mezzogiorno nicht nur den Verlust jeglicher Selbständigkeit, er wird darüber hinaus zum Armenhaus Europas. Vergessen, daß Garibaldi die Befreiung Italiens mit dem von ihm requirierten Gold des nunmehr zu einer Provinzmetropole herabgesunkenen Neapel finanzierte, verdrängt, was der Norden dem Süden verdankt. Noch vor der Jahrhundertwende setzt die erste Massenemigration der von unmenschlichen, weil auf norditalienische Verhältnisse zugeschnittenen Steuergesetzen aus Rom geknechteten Neapolitaner, Kalabresen und Sizilianer in die Neue Welt ein. Eine zweite Auswanderungswelle sollte nach 1950 folgen, diesmal nicht nur in die USA und nach Australien, sondern auch in die Wirtschaftswunderländer Europas. Viele fassen als ungeliebte Eindringlinge in Norditalien Fuß, heimisch werden sie, obwohl innerhalb der eigenen Staatsgrenzen, jedoch nicht. Das Nationalbewußtsein beschränkt sich weiterhin auf eine einheitliche Flagge, Hymne, Fußballmannschaft, Sprache und Währung. Doch tiefer denn je bricht jetzt die erschreckende Kluft an der Demarkationslinie bei Rom auf, die zwei Weltkriege und die darauffolgenden Jahrzehnte des Wiederaufbaus bloß dürftig übertüncht haben. Wieder einmal sind es Neureiche, die glauben, mit ihrem Geld aus den hochentwickelten Industriezentren von Mailand oder Turin im Mezzogiorno kommandieren zu können. Mit unglaublicher Arroganz ruft der Norden lauthals, »daß die Fremdherrschaft des süditalienischen Staates (!) gebrochen werden muß, weil dieser die lombardische Kultur ruiniert« (aus einer Rede von Senator Umberto Bossi, 1988).

»Die Entdeckungen der Naturwissenschaften vermehren die Herrschaft des Menschen über die Dinge, das heißt die Herrschaft der Hände und nicht des Geistes. Um das Gute zu gewinnen, das die Entdeckungen enthalten, ist ein den Händen überlegenes Vorwärtsschreiten des Intellekts, der Vorstellungskraft, des moralischen Gewissens, des religiösen Geistes, mit einem Wort der menschlichen Seele erforderlich«, warnte der Süditaliener Benedetto Croce (1886–1952), des Landes bedeutendster Philosoph der Neuzeit, vor einem Sieg materieller Maßlosigkeit über die Freiheit, »die das Menschlichste am Menschen ist, weil ihr mehr als die Zukunft – die Ewigkeit – gehört«. Nicht unter der Nebeldecke des Nordens, einzig und allein im hellen Licht des Südens werden solch funkelnde Gedanken geboren. Nur dieser uralte Kulturboden gibt einem neuen Humanismus auf der Apenninenhalbinsel – wie schon seit drei Jahrtausenden – noch eine Chance.

Briganten und Banditen: Rebellen gegen den Einheitsstaat

»Italien ist gemacht, jetzt müssen die Italiener gemacht werden.« Dieser zynische Ausspruch, der dem piemontesischen Ministerpräsidenten Camillo Graf Benso di Cavour zugeschrieben wird, wirft ein Schlaglicht auf die Situation nach der Verwirklichung des Risorgimento. Diese vom Norden ausgehende Idee der »Wiederauferstehung« eines geeinten Italiens brachte der Apenninenhalbinsel 1861 zwar eine einheitliche Staatsführung, dem Mezzogiorno jedoch eine neue Fremdherrschaft, neue Unterdrücker: Den Bourbonen folgten die Piemontesen, und tausende Süditaliener, Hemdlose, Entrechtete und Geknechtete, die im Taumel des Nationalismus noch für Garibaldi und seine Scharen gefochten hatten, sahen sich plötzlich um all ihre Hoffnungen auf Gleichberechtigung in einem modernen Staat betrogen. Sie flüchteten in die unwegsamen Berge der Abruzzen, der Basilikata und Kalabriens und begannen von dort aus einen aussichtslosen Guerilla-Feldzug gegen die Truppen König Viktor Emanuels II. Die Briganten wehrten sich gegen die Vereinnahmung des Südens in einem blutigen, niemals deklarierten Bürgerkrieg, einzelne Banden leisteten bis weit in das 20. Jh. hinein der Staatsgewalt erbitterten Widerstand.

Das Brigantentum, um das sich heute unzählige Legenden ranken, hinterließ in der süditalienischen Bevölkerung tiefe Spuren. Es war eine Rebellion der besitzlosen Bauern und Landarbeiter, die nicht nur um die materiellen Früchte der Befreiung, sondern auch

Camillo Graf Benso di Cavour

um ihre eigene Identität kämpften. Das Joch des Faschismus und schließlich die Macht des Fernsehens, das Kultur und Sprache des Nordens bis in die hinterste Stube des Mezzogiorno trägt, haben Italien heute, oberflächlich betrachtet, vom Brenner bis Palermo gleichgebügelt. Dennoch steckt in jedem Sizilianer, Kalabresen oder Neapolitaner immer noch etwas von einem Revolutionär, der gegen das Diktat der Zentralregierung aufbegehrt. Ein Italiener ist man nur beim Fußball, der Millionen Individualisten für 90 Minuten zu einer Nation eint.

Der Bürgerkrieg gegen die Piemontesen dauerte vom Spätherbst 1860 bis 1865. Bauern und Hirten blieben nur zwei Möglichkeiten: Emigrant oder Brigant. Das Landproletariat erhielt regen Zulauf aus den aufgelösten Armeen der Bourbonen und Garibaldis, mehr als 100 000 Mann, die mit einem Schlag arbeitslos geworden waren. Fast alle Rebellen, so Peter O. Chotjewitz und Aldo De Jaco in ihrer Dokumentation »Die Briganten«, erwiesen sich als erzkatholisch und tief religiös. Sobald sie eine Stadt erobert hatten, ließen sie den Klerus eine Dankesmesse abhalten und das Te Deum singen. Viele trugen einen Rosenkranz als Talisman um den Hals.

Die andere Seite der Front sah die Gegner als »wilde Tiere in Menschengestalt von bestialischer Grausamkeit«. Den Brigantenführer Coppa beschrieb ein piemontesischer Chronist als »scheckiges Ungeheuer von rötlicher Farbe bis zum Weißen im Auge, das sich an Blut berauschte«. In einem anderen Bericht heißt es über die Aufständischen: »Sie sind dem Laster jeglicher Geilheit und Schändlichkeit verfallen, bereit zu jedem Verbrechen: sie trinken Blut und essen Menschenfleisch.«

Die neuen Herren aus dem Norden reagierten auf die Rebellion mit brutalen Strafexpeditionen, wie sie Kolonialmächte in den von ihnen okkupierten Gebieten durchzuführen pflegten. Mit einem Unterschied: Alle Betroffenen waren Italiener, wenn auch die Landsleute im Süden erst mit Gewalt zu solchen gemacht werden mußten. Ganze Dörfer wurden niedergebrannt, Verdächtige ohne Gerichtsverfahren hingerichtet. Mit den »Kaffern und Kannibalen da unten« kannte man keine Gnade. Noch heute ist bei den Norditalienern die Verachtung für ihre Brüder im Süden tief verwurzelt, rassistische Ausbrüche gegen die *terroni,* wie die Menschen im Mezzogiorno verächtlich genannt werden, häufen sich, seit die wirtschaftliche Kluft immer breiter wird.

Die Briganten wußten um die Aussichtslosigkeit ihres Kampfes und trösteten sich mit einem alten kalabresischen Sprichwort: »Lieber ein Jahr Stier als hundert Jahre Ochse.« Der Schriftsteller Carlo Levi schrieb in seinem Roman »Christus kam nur bis Eboli« (s. S. 122 ff.): »Die Bauern besaßen keine Kanonen wie das andere Italien. Und sie hatten

Verachtung für Terroni: Rassismus gegen den Süden

Die Kinder hatten einander ein Jahr lang Briefe geschrieben, Fotos und kleine Geschenke ausgetauscht. Als aber die Lehrer der beiden Schulklassen im norditalienischen Bergamo und im kalabrischen Locri eine gemeinsame Ferienwoche im Süden vereinbarten, war Feuer auf dem Dach. Die Eltern in Bergamo protestierten heftigst gegen die »Zumutung«, ihre Sprößlinge in den »wilden Mezzogiorno« zu verschicken, und auch ein Gegenbesuch sei unerwünscht. Denn mit den »schmutzigen Terroni« wollte man nichts zu tun haben. »Die ruinieren ja nur unsere Kultur«, lautete eines der Argumente, mit denen eine beginnende Freundschaft unter italienischen Jugendlichen im Keim erstickt wurde.

Solche Ausbrüche von Haß und Rassismus, von den meisten Medien mit Bestürzung registriert, gehören auf der Apenninenhalbinsel inzwischen zum traurigen Alltag. Verachtung, wenn nicht gar Abscheu prägen häufig das Bild der Norditaliener von ihren Landsleuten im Süden. »Lauter Mafiosi, arbeitsscheues Gesindel« – mit derartigen Pauschalurteilen wird die Stimmung gegen alle, die südlich von Rom zu Hause sind, angeheizt.

Die katastrophalen Folgen: tätliche und nicht selten sogar tödliche Angriffe auf Menschen mit olivfarbenem Teint. Wem der *terrone* ins Gesicht geschrieben steht, der läuft in Mailand, Turin oder Rom Gefahr, aus öffentlichen Verkehrsmitteln gejagt, beschimpft, bespuckt oder gar niedergeschlagen zu werden. Nur einigen wenigen gelingt es, die gesellschaftlichen Barrieren zu überwinden und sich Anerkennung zu verschaffen, wie zum Beispiel dem aus Neapel stammenden Dirigenten und Chef der Mailänder Scala, Riccardo Muti, dem Modezaren Gianni Versace aus Reggio di Calabria oder dem Fernsehstar Michele Placido (»Allein gegen die Mafia«) aus Apulien.

»Rassismus ist Dummheit, die überlassen wir dem Norden« – ein Spruchband, das die Fans des SSC Napoli bei jedem Match über die Tribünenrampe des Fußballstadions hängen lassen, unterstreicht die Aktualität des Phänomens, das sie bei jedem Auswärtsspiel in Florenz, Verona oder Mailand am eigenen Leib zu spüren bekommen, wenn man sie als »ungewaschene Afrikaner« und »bloßfüßige Ignoranten« anpöbelt. Das Transparent zeigt aber auch deutlich, wo die Fremdenfeindlichkeit ihren Ausgang nimmt, die durch kein noch so mühevoll gepflegtes Klischee vom toleranten Italien mehr kaschiert werden kann. Verantwortungsvolle Politiker sehen die Einheit der Nation gefährdet, sollten die rassistischen Auswüchse weiter zunehmen.

Der Süden, an Fremdherrschaften und damit an praktizierende Toleranz gewöhnt, hat schon seit jeher Minderheiten einen Platz auf seinem oft kargen Boden gewährt und zuletzt trotz aller ökonomischer Schwierigkeiten hunderttausende Gastarbeiter aus Nordafrika ohne größere Konflikte integriert. Jetzt muß der Mezzogiorno die Rechnung für das Unvermögen der Regierenden bezahlen, die hilflos der wachsenden wirtschaftlichen Kluft zwischen beiden Teilen des Landes gegenüberstehen.

Hinter dem im Norden kursierenden geschmacklosen Witz, alle Probleme Italiens wären beseitigt, sobald die Gegend südlich von Rom im Meer versinkt, steckt leider bittere Realität.

Michelina De Cesare, Gefährtin der Briganten   *Brigant Di Palma*

keine Götter: Was vermochte eine arme Madonna mit einem schwarzen Gesicht gegen den ethischen Staat der Hegelianer von Neapel? Das Brigantentum ist nichts als ein Exzeß heroischen Wahnsinns und grausamer Verzweiflung. Dieses Land hat nach dem Brigantenkrieg den Frieden eines Friedhofs gefunden, doch von Zeit zu Zeit erheben sich die Bauern, die sich vom Staat in keiner Weise vertreten sehen, die in den Gesetzen keinerlei Recht finden, brennen das Rathaus nieder oder die Kaserne der Carabinieri, töten die Herren und wandern ergeben ins Zuchthaus.«

Unter den Anführern der Rebellen befanden sich auch Frauen, die sich in der Guerilla-Taktik durch besonderen Mut auszeichneten und an Wildheit den Männern um nichts nachstanden. Die berühmtesten und berüchtigtsten Briganten aber waren Pasquale Romano, der den königlichen Truppen bei Gioia del Colle in Apulien eine bittere Niederlage bescherte, ehe er selbst im Kampf fiel, Giuseppe Summo, genannt Ninco Nanco, der im Gebiet von Melfi (Basilikata) operierte und mit dessen Tod 1864 der Aufstand auseinanderzufallen begann, sowie Carmine Donatello Crocco. Über letzteren liegen nicht nur zahlreiche Aufsätze und Gerichtsprotokolle vor, er verfaßte auch eine Autobiographie und gab wenige Tage vor seinem Ableben – 1905, nach 38 Jahren Gefängnis – sogar noch ein Interview. Crocco, der in der Freiwilligenarmee Garibaldis gedient hatte, verfügte über ein enormes strategisches Talent. Nur durch Verrat wurde seine Bande aufgerieben, ihm selbst gelang die Flucht nach Frankreich, wo er verhaftet und nach Italien ausgeliefert wurde. In Potenza stand er vor Gericht, das ihn des 62fachen Mordes und zahlreicher anderer Delikte schuldig sprach und zum Tode verurteilte.

Zwei Jahre später zu lebenslanger Zwangsarbeit begnadigt, lernte der ehemalige Schafhirte im Gefängnis noch lesen und schreiben, verfaßte Gedichte und fungierte als Berater für Historiker, die dieses dunkle Kapitel italienischer Geschichte möglichst objektiv für die Nachwelt festhalten wollten.

Ohne ideologischen Hintergrund, ohne Verbindung zu der aufkommenden sozialdemokratischen Bewegung in Europa hatten die Briganten keine Chance, aus wild um sich schlagenden Rebellen zu echten Revolutionären zu werden. Kleinere Banden hielten sich als Wegelagerer und Räuber noch einige Jahrzehnte, stellten aber für den Staat keine Gefahr mehr dar. Nur noch einmal, kurz nach dem Zweiten Weltkrieg, sorgte ein Bandit für internationale Schlagzeilen: Der Sizilianer Salvatore Giuliano, der Rom den Krieg erklärte und seine Insel gerne als Bundesstaat der USA gesehen hätte. Giuliano war der letzte Brigant Italiens – auch er starb durch Verrat, ausgenützt von allen politischen Lagern. Schließlich gab ihn die Mafia, deren Ursprünge keineswegs im Rebellentum liegen, zum Abschuß frei.

Bald eineinhalb Jahrhunderte nach Cavours Worten sind die Menschen im Mezzogiorno überzeugte Europäer. Zu Italienern nördlichen Zuschnitts werden sie wohl niemals.

Land der Briganten (zeitgenössische Darstellung)

Kampanien:
Land im Brennpunkt

Neapel:
Das Tor zum Süden

Das Königreich des Möglichen

Klischees verleiten leicht zu Mißverständnissen. Steht Neapel zur Diskussion, müßte man stets einwerfen:»Wahr ist vielmehr ...«. Die Stadt am gleichnamigen Golf widersetzt sich allen Pauschalurteilen, allen Beschönigungen und Verteufelungen. Der romantische Schlager »O mia bella Napoli« klingt ebenso falsch wie der Slogan vom »europäischen Kalkutta«. Weder »Paradies« noch »Hölle«, weder »dynamische Industriemetropole des Südens« noch »Eingang zur Dritten Welt« treffen als Charakterisierung zu, weder »Stätte rastloser Geschäftigkeit« noch »Hort der Müßiggänger, Arbeitsscheuen und Kriminellen«. Journalisten, die für wenige Tage aus Rom anreisen, neigen nach kurzem Augenschein zu Floskeln wie »Hafen der verlorenen Hoffnung« oder »Apotheose des Chaos«, klagen über Verkehr, Müllberge, verpestete Luft und Seuchengefahr, über Korruption und Elend, über Verbrechen und Arbeitslosigkeit, während bunte Touristenprospekte eine heile Welt mit strahlend blauem Meer, einem atemberaubend schönen Panorama und pittoresken Gäßchen vorgaukeln. »Neapel sehen und dann sterben« – so kryptisch-zweideutig wie dieser vielzitierte Ausspruch (dessen Urheberschaft im Dunkeln liegt) präsentiert sich das Gesicht der Stadt, die alle Beschreibungen zugleich bestätigt und Lügen straft.

Wahr ist, daß sich Neapel mit seinen 1,3 Mio. Einwohnern – mehr als 3,5 Mio. sogar, wenn man den urbanen Großraum am Golf zwischen Pozzuoli und Castellammare di Stabia berücksichtigt – zu einer beinahe unregierbaren Kommune entwickelt hat, die gleich anderen Städten des Südens aus der permanenten ökonomischen Krise mit all ihren sozialen Folgen nicht herauskommt. Es stimmt weiterhin, daß sich in der Metropole Kampaniens, durch wilde Bauspekulationen unharmonisch und unkontrolliert gewachsen, mehr als 10 000 Menschen auf einem Quadratkilometer drängen und die Bevölkerungsdichte in manchen Straßen der Altstadt jene von Hongkong erreicht. Oder daß Zehntausende von Familien noch immer in dunklen Wohnhöhlen hausen, die als abbruchreif und gesundheitsschädlich gelten müssen. Wahr ist aber auch, daß Neapolitaner ihr Dasein nur in Neapel – und in keiner anderen Stadt der Welt – lebenswert finden, daß trotz einer durch Parteienstreit weitgehend paralysierten Verwaltung der Alltag, Pannen hin, Pannen her, funktioniert, daß die Arbeitslosigkeit durch eine blühende Untergrundwirtschaft wesentlich gemildert wird und man offiziellen Zahlen daher getrost mißtrauen darf. Schwarzmaler und Katastrophen-Propheten sollten sich einmal gründlicher umsehen: Das auf den ersten Blick morbide, vom Erstickungstod bedrohte Neapel strotzt vor Vitalität und denkt nicht daran aufzugeben.

In der Via Speranzella, der »Straße der kleinen Hoffnung«, geht das Leben seinen seit Jahrzehnten gewohnten Gang. Korpulente Frauen pressen ihre üppigen Leiber in enge Klappstühle und verkaufen offen aufgelegte Schmuggelware: Zigaretten, Feuerzeuge,

Platz für Geschäfte ist in der engsten Gasse

Uhren. Unbehelligt von der Polizei, die sich selbst dieser preisgünstigen Quelle bedient. Aus kleinen Handwerkerläden dringen die Geräusche emsiger Tätigkeit: Hämmern, Sägen, Schweißen. Zu Mittag versammeln sich die Familien in ihren ebenerdigen, nur aus einem winzigen Raum bestehenden Wohnungen, den *bassi*, um den Topf dampfender Spaghetti, kaum eine Armlänge vom Doppelbett entfernt, das sich oft vier und mehr Personen teilen müssen. An den feuchten Wänden hängen bunte Kalenderblätter, flackernde Neonlämpchen tauchen die pastellfarbene Madonnenstatue in der Ecke in gespenstisches Licht.

»Bei uns ist die Zeit stehengeblieben«, sagt Antonio Vecchione und deutet auf die abbröckelnde, von Abgasen zerfressene, dunkel verfärbte Fassade des Hauses, in dem ihn sein ärmlich ausgestatteter Lebensmittelladen, Geschäft und Wohnung zugleich, nur mit Mühe über Wasser hält. Die scheinbar so malerischen Gassen der *quartieri bassi* im Spanischen Viertel und um die Spaccanapoli bieten nur mehr nach ›Romantik‹ ausschwärmenden Touristen photogene Szenen. Aus einer Idylle der kleinen Leute wurden elende Slums. Dennoch weigern sich die meisten Bewohner beharrlich, in eine der anonymen Satellitensiedlungen an der Peripherie, in gesichtslose Betonburgen zu übersiedeln. Nicht einmal für ein größeres, helles Apartment mit Bad sind sie bereit, ihre *bassi* einzutauschen, wo zwar nicht immer Strom- und Wasserversorgung oder Müllabfuhr, dafür aber Kommunikation und Nachbarschaftshilfe bestens funktionieren – das Lebenselixier der Neapolitaner. »Die Gasse ist für mich Vorzimmer und Salon, sogar in meine Schlafecke kann jeder hineinschauen, die Tür steht ja den ganzen Tag offen«, verteidigt Enrico, Gelegenheitsarbeiter mit vierköpfiger Familie, seine Welt. Der

Täglich Flohmarkt

Tumult der hastig dahineilenden Passanten, Autos, Mopeds, Lärm und Gestank stören ihn nicht im geringsten. Auch die Tatsache, daß seine Kinder in einer gesundheits-bedrohenden Umgebung heranwachsen müssen, bereitet ihm kein Kopfzerbrechen. »Was wollen Sie, hier sind die Menschen trotz allem glücklich.« Sagt's und geht pfeifend seiner Wege auf der Suche nach Arbeit, die sich, wen kümmert es, durchaus nicht immer im Rahmen der Legalität bewegt.

Freilich, auch den Bassi-Vierteln hat – spätestens seit dem Erdbeben des Jahres 1980, das der zum Großteil jahrhundertealten Bausubstanz den endgültigen Todesstoß ver-setzte – die Stunde geschlagen. Aus eigener Kraft vermögen die Bewohner die Gebäude nicht zu sanieren. »Nur mit radikalen Maßnahmen läßt sich die Altstadt Neapels und damit unser kulturelles Erbe noch retten«, plädiert Enzo Giustino, Präsident einer pri-vaten Finanz- und Spekulantengruppe, die sich poetisch »Das Königreich des Mög-lichen« nennt, für seine Revitalisierungspläne. »Staat, Region und Gemeinde können angesichts ihrer leeren Kassen das Problem nicht lösen, wir dagegen schon«, verweist der milliardenschwere Baulöwe auf die finanzielle Potenz seines Unternehmens. Das von Dutzenden von Architekten, Soziologen und Wirtschaftsfachleuten erarbeitete Projekt sieht einen Kostenaufwand von annähernd 15 Mrd. DM vor. Die Kehrseite der Medaille, gegen die zahlreiche Kulturvereinigungen Sturm laufen: Mindestens 1000 Wohneinheiten müßten für Grünanlagen geopfert werden, weitere Zehntausende würden bei erhaltenen Fassaden modernen Apartments weichen, für die horrende Mieten zu bezahlen wären. »Damit löschen wir unsere Geschichte aus«, wettert Guido Donatone von der Denkmalschutzorganisation *Italia Nostra*. »Auch zerstören wir eine lebendige Infrastruktur und vertreiben eine Viertelmillion Menschen; denn welcher Handwerker, welcher kleine Ladenbesitzer oder Bewohner eines *basso* kann sich eine Werkstatt, ein Geschäft oder eine Wohnung dann noch leisten?« warnt der Fachmann vor den unvorstellbaren sozialen Umwälzungen, die eine Realisierung der Pläne zur Folge hätte.

Indes ist auch die vielgeschmähte öffentliche Hand nicht untätig geblieben. Unmittelbare Auswirkungen auf die Altstadt bringt ein Riesenprojekt mit sich, das seit dem Ende der 80er Jahre vom halbstaatlichen Konzern Mededil in der Nähe des Hauptbahnhofes verwirklicht wird. Das *Centro Direzionale,* ein neues Stadtviertel aus der Retorte auf einem ehemaligen Industriegelände von rund 110 ha Fläche, stellt einen wahrhaft monumentalen Eingriff in die Lebenssubstanz Neapels dar. Im *CD,* das mit seinen hoch in den Himmel ragenden Bürokratensilos einen Hauch von Manhattan vermittelt, sollen sämtliche staatlichen und regionalen Behörden, die bisher zur Verstopfung des engen historischen Zentrums beitragen, sowie großzügige Grünanlagen, ein neuer Justizpalast, Banken, Versicherungen, Firmensitze, die Seefahrtsakademie, Geschäfte und Kaufhäuser sowie Wohnungen für 15 000 Neapolitaner untergebracht werden. Kostenpunkt: an die 8 Mrd. DM. Das neue Zentrum mit 45 000 Arbeitsplätzen würde einen beträchtlichen Teil des Verkehrs aus dem *Centro Storico* abziehen und den Menschen dort wieder Luft und Lebensraum verschaffen.

Noch ist es aber nicht so weit, und auch die hochfliegenden Pläne eines Enzo Giustino werden vermutlich, wie alles im Mezzogiorno, zunächst einmal auf die lange Bank geschoben. Oder man wird sich arrangieren, die Politik der kleinen Schritte versuchen,

Die Siesta ist heilig

da und dort Revitalisierungen in Angriff nehmen, dabei gröbere Bausünden begehen und im übrigen der neapolitanischen Welt ihren Lauf lassen. Denn einer großflächigen Zerstörung des Stadtkerns widersetzt sich die zunehmende Zahl von Bürgerinitiativen, die immer mehr an Einfluß gewinnt. In der Via Speranzella jedenfalls glauben die Leute nicht an Veränderungen. »Es ist bis jetzt nichts geschehen, warum soll das in Zukunft anders sein?« fragt Antonio Vecchione vor seinem Alimentari-Laden gelassen.

Stürzen wir uns also in das noch unverfälschte Neapel mit seinen grellen Licht- und düsteren Schattenseiten, in eine zur Provinzstadt degradierte Metropole, die – im 17. Jh. nach London zweitgrößte Stadt Europas – einmal bessere Tage gesehen hat, jedoch ungeachtet aller pessimistischen Prognosen auf ihre höchst individuelle Art zum Sprung ins 21. Jh. ansetzt.

Spaccanapoli: Drei Jahrtausende auf drei Kilometern

Vogelperspektive verschafft Übersicht. Der Neapel-Anfänger sollte seinen Rundgang am Vomero beginnen, einem Hügel, der sich unmittelbar neben der Altstadt erhebt und vom mächtigen, prächtig restaurierten Castel Sant'Elmo sowie dem ein wenig unterhalb liegenden ehemaligen Kartäuserkloster S. Martino mit seinem sehenswerten Museum beherrscht wird. Von den Zinnen des Kastells oder der Aussichtsterrasse des Klosters aus lassen sich die Konturen der Stadt am besten erkennen: die riesige Hafenanlage, das sich bis an die Abhänge des Vesuv erstreckende Häusermeer, die schlanken Türme und in der Sonne grüngolden blitzenden Kuppeln der Kirchen, die Villen und Paläste am Pizzofalcone, der zum romantischen Fischerhafen Santa Lucia und seinem alles beherrschenden Castel dell'Ovo steil hinabfällt. Schließlich der Posillipo, ein weiterer Hausberg, westlicher Schlußpunkt des Golfes und Domäne der Reichen, sowie das Gassengewirr des historischen Zentrums, in dem eine scharfe, gerade Linie auffällt: Spaccanapoli, das Herz Neapels, in dem sich drei Jahrtausende Kultur auf drei Kilometern konzentrieren. Der Straßenzug (er heißt nur im Volksmund so, offiziell ändert er alle paar hundert Meter seinen Namen) geht auf die strenge Struktur des alten *Neapolis* der Griechen zurück und verläuft genau dort, wo bereits der römische *Decumanus inferior* die antike Niederlassung durchquert hatte. Er trennt die Altstadt in zwei Teile, deshalb die Bezeichnung *spacca Napoli,* »spaltet Neapel«.

Bleiben wir aber zunächst noch am **Vomero,** dessen Boulevards mit ihren eleganten Boutiquen, reich sortierten Kaufhäusern, mit ihren Cafés, Konditoreien und Bücherständen an Paris erinnern. Gutbürgerlich ist die Szene, nichts erinnert an die Bilder vom elenden, schmutzigen Neapel. Wer sich hier unter die nach neuester Mode gekleideten Passanten mischt, sieht das ›schöne‹ Gesicht der Stadt, ehe er sich – entweder mit einer der drei *funicolari,* unterirdisch angelegten Standseilbahnen, oder besser noch zu Fuß durch das Spanische Viertel – in eine andere Welt begibt. Je tiefer man herabsteigt, desto ›neapolitanischer‹, um beim Klischee zu bleiben, erweist sich die Umgebung. Die Gassen werden enger, die Menschenmenge schwillt an. Hautnah sausen Mopedfahrer an den Fußgängern vorbei und spätestens jetzt preist sich der erfahrene Italien-Reisende glücklich, Geld und Wertsachen im Hotelsafe deponiert zu haben. Auch Handtaschen, Ohrringe und Halsketten, begehrteste Objekte der räuberischen *scippatori,*

Neapel, S. Domenico Maggiore

jener Kleinkriminellen, die auf ihren motorisierten Zweirädern blitzschnell zuschlagen, eignen sich nicht als Accessoires für einen Bummel. »Wer nichts hat, dem kann nichts genommen werden« – nach diesem Motto reist es sich im Mezzogiorno sicher und bequem.

Die **Quartieri spagnoli** wurden von den spanischen Vizekönigen westlich der Via Roma, Neapels bekanntester Straße, nach ihrem ersten Teil aber allgemein Via Toledo genannt, für ihre Soldaten angelegt. Den Garnisonen folgten die Ärmsten der Armen, die bis heute dieses Viertel bevölkern. Hier, in der Via Pasquale Scura, beginnt mit vom Vomero herabführenden Stufen die **Spaccanapoli,** die sich dann als Via Maddaloni und Via D. Capitelli bis zur Piazza Gesù Nuovo fortsetzt. Das nächste Stück, die Via Benedetto Croce, erinnert an den großen liberalen Philosophen Italiens im 20. Jh., der im Palazzo Filomarino (Hausnummer 12) gelehrt und gearbeitet hat. Nach der Piazza S. Domenico Maggiore und der Piazzetta del Nilo führt der Straßenzug über die Via S. Biagio dei Librai, überquert die Via Duomo und mündet als Via Vicaria Vecchia und schließlich als Via Giudecca in der Forcella, einem recht zwielichtigen Marktviertel, in dem Drogenhandel und Transvestiten-Prostitution blühen.

Spaccanapoli läßt sich nach Epochen oder einfach von Gasse zu Gasse erforschen, je nach Lust, Zeit und Ausdauer. Für einen schnellen Überblick mit unentwegtem Wechselbad zwischen Antike und Barock, Mittelalter, Renaissance und Rokoko genügt im wesentlichen ein Spaziergang durch das von Spaccanapoli und der Via dei Tribunali begrenzte Viertel, in dem sich die wichtigsten Klöster, Kirchen und Paläste der Altstadt befinden. Wer aber die chronologische Reihenfolge vorzieht, sollte sich als erstes in Neapels Unterwelt umsehen. Nein, natürlich nicht bei der Camorra, sondern unterhalb

Neapel, Majoliken im Klostergarten von S. Chiara: Das einstige Refugium der Nonnen ist heute noch eine Oase der Stille

des Doms oder der Kirche S. Lorenzo Maggiore, wo die Überreste des antiken *Neapolis* ruhen. Die steinernen Zeugen der griechischen und römischen Geschichte der Stadt, die meisten erst im 20. Jh. freigelegt und erstaunlich gut erhalten, sind zum Großteil wesentlich älter als Pompeji. Zwei Stockwerke tief unter der Erde laden gewaltige Mauern und gepflasterte Wege, die exakt dem heutigen Straßenverlauf entsprechen, ein ganzer Markt mit Verkaufspulten aus Stein, ein Herd, der unseren heutigen Pizzaöfen verblüffend gleicht, Inschriften und zierliche Säulen zu einem faszinierenden Bummel durch eine versunkene Welt ein.

Ehe es wieder hinaufgeht, weisen dunkle Mauerreste auf Neapels mittelalterliche Vergangenheit hin, die auf den Trümmern der Griechen und Römer aufbaute. Kulturelle Höhepunkte dieser Epoche waren die Zeit des selbständigen Herzogtums unter den Byzantinern (763–1139) und die Herrschaft König Karl I. von Anjou, der Neapel 1266 zur Hauptstadt des Reiches machte und damit seinen Hof der französischen Gotik öffnete. Neben Baumeistern und Steinmetzen konnten sich vor allem Goldschmiede aus Frankreich mit kostbaren Werken verewigen, zum Beispiel die Büste und die Monstranz mit den Blutampullen des Stadtheiligen San Gennaro, die in der Januariuskapelle des Doms aufbewahrt werden. Doch die Anjou riefen auch bedeutende italienische Künstler nach Neapel: Giotto, Simone Martini und Tino de Camaino, den jungen Boccaccio und den Dichterfürsten Petrarca. Zeugnisse des Mittelalters finden sich in den Kirchen S. Chiara (Portal, Anjou-Gräber, Hauptaltar), S. Domenico Maggiore (Gräber aus dem 14. Jh. und Fresken in der Cappella Brancaccio), S. Lorenzo Maggiore (Sprechzimmer, Fresken, Grab in der Apsis) und in der dem Dom angeschlossenen Basilica di S. Restituta (Mosaiken des Taufbeckens), im Palazzo Petrucci (Hausflur und Stiegenaufgang), in der Markthalle der Via dei Tribunali (Säulengänge) sowie im sogenannten Katalanischen Hof in der Via F. de Sanctis (Hausflur).

Zum Verschnaufen bieten sich im Spaccanapoli-Viertel unzählige kleine Bars, Trattorien und Restaurants an. Vor dem Sprung in die Renaissance sollte man sich daher eine persönliche Wiedergeburt durch einen Schluck Kaffee gönnen, den keiner so zuzubereiten versteht wie *Scaturchio* auf der Piazza S. Domenico Maggiore. Das will etwas heißen in einer Stadt, die für den köstlichsten Espresso – *ristretto,* kurz und kräftig, versteht sich – weit und breit berühmt ist. Für den Mittagstisch empfiehlt sich *La Campagnola* in der Via dei Tribunali, eine echte Volksküche im Anschluß an einen Lebensmittelladen, Stammlokal von Künstlern und Intellektuellen, wo zwischen Stößen paketierter Teigwaren, Kisten, Dosen und Flaschen deftige Hausmannskost serviert wird.

Frische Düfte aus Kochtöpfen strömen auch aus den in viele kleine Wohnungen zersiedelten Palazzi aus der Epoche der »Wiedergeburt der Kunst«, der Neapel vor allem durch das Wirken des humanistischen Aragonesen Alfons I. (1442–1458) und später durch die spanischen Vizekönige herrschaftliche Bauten verdankt. Da zu dieser Zeit nur wenige lokale Künstler zum Zuge kamen, dominieren Klassizismus und Manierismus unter dem Einfluß lombardischer, römischer und toskanischer Architekten und Handwerker. Die einstige Pracht der meisten Gebäude läßt sich freilich nur mehr erahnen, zu sehr haben der Zahn der Zeit, Naturkatastrophen, rücksichtslose Eingriffe in die Bausubstanz und zuletzt die Luftverpestung den alten Glanz verwischt. Die Restaurierungswelle der 80er Jahre brachte jedoch so manches Kleinod wieder zum

Vorschein. Markanteste Beispiele der neapolitanischen Renaissance stellen die Palazzi Marigliano (Fassade, Hausflur), Filomarino (Hof), Carafa di Maddaloni (Hausflur, Pferdekopf) und Panormita (Hausflur, Fassade) dar, aber auch Einzelheiten in Kirchen wie etwa im Dom (Cappella Carafa und Cappella S. Gennaro), in S. Domenico Maggiore (S. Tommaso-Kapelle), S. Angelo a Nilo (Donatello-Relief, Hauptaltar) und Ss. Severino e Sossio (geschnitzter Chor, Sakristei und Gräber in deren Vorraum).

Wie wäre es zwischendurch mit einer Schmökerstunde in einer der zahlreichen Buchhandlungen der Spaccanapoli? Oder einem Besuch beim Puppendoktor Gino Grassi, in dessen *Ospedale delle Bambole* sich eine Welt skurriler Phantasie eröffnet? Oder einer Stöberorgie in den gut bestückten Trödler- und Souvenirläden, die vom Heiligenbildchen bis zum Pornoheft, vom Kerzenleuchter bis zur Autohupe für jeden Geschmack etwas parat haben? Langeweile kommt jedenfalls nicht auf im Herzen Napolis.

Das ganze Jahr über ist in der »Krippenstraße« **Via S. Gregorio Armeno** Weihnachten, Tausende von Engel schweben in den Auslagen der Krippenmacher. Eine Werkstatt reiht sich in diesem Gäßchen an die andere. Freilich, auch dieses Gewerbe scheint dem Untergang geweiht zu sein, wenn man die meist maschinell und aus Plastik gefertigten Figuren – beileibe nicht bloß die ›Hauptdarsteller‹ Maria, Josef und das Jesuskind sowie Engel und Heilige, sondern, entsprechend neapolitanischer Tradition, auch Szenen aus dem Alltag – betrachtet. Nur mehr wenige Meister verstehen sich noch auf die aus dem 16. Jh. überlieferte Kunst, lebensechte Typen aus dem Volk, liebevoll gefertigten Hausrat, das ganze kunterbunte Allerlei zu schaffen.

Die künstlerische Kapazität Neapels, im Kleinen wie im Großen unterschwellig stets vorhanden, kam vor allem im Barock zur Blüte. Doch sie tobte sich nicht nur im Ausdruck übersteigerter Phantasie und in der Zurschaustellung aller Formen an Fassaden, Stiegenaufgängen und Innenhöfen aus, die Architekten setzten trotz reichlicher Anwendung von Verzierungen und Schnörkel auch auf klar erkennbare Linien und Silhouetten. In allen Ornamenten und Schmuckelementen wird die Lebensbejahung dieser Epoche unterstrichen – trotz der Unterdrückung durch die spanische Herrschaft, trotz Gegenreformation und Inquisition. Die Malerei, in ganz Europa bald Sinnbild neapolitanischer Kunst, eroberte Kirchen und Paläste. Die Malerschule Neapels, von Michelangelo da Caravaggio und dem Spanier Jusepe de Ribera entscheidend geprägt, erringt mit Künstlern wie Francesco Fracanzano, dem Schlachten- und Landschaftsmaler Salvatore Rosa, mit Luca Giordano, Giambattista Caracciolo, genannt Battistello, mit dem schwerblütigen Kalabresen Mattia Preti und dem zarten Lyriker Bernardo Cavallino sowie mit Francesco Solimena, der in seinen Fresken und Gemälden bereits neoklassizistische Tendenzen zeigt, internationale Geltung. Ihre wichtigsten Bilder sind in den Museen von Capodimonte und S. Martino zu bewundern, während sich markante Beispiele von Architektur und Kunsthandwerk, aber auch der Malerei der Barockzeit rund um die Spaccanapoli in den Kirchen S. Gregorio Armeno (Hauptaltar, Orgel, geschnitzte Decke), S. Paolo Maggiore (Sakristei, Statue S. Gaetano), Pio Monte della Misericordia (Hauptaltar, Pinakothek), S. Giuseppe dei Ruffo (Hauptaltar, Cappella Ss. Pietro e Paolo), S. Maria Regina Coeli (Stuckdecke, Deckengemälde), S. Maria del Purgatorio (Fassade, Hauptaltar, Krypta), S. Pietro a Maiella (Hauptaltar, Deckengemälde), Gesù Nuovo (Cappella S. Ignazio, Sakristei) und im Dom (silberne Skulpturen in der Schatzkammer des S. Gennaro) sowie im Palazzo Firrao (Fassade) finden.

Who's who der Straßennamen

XXV Aprile: Im Jahre 1945 Ende des Zweiten Weltkriegs in Italien. Staatsfeiertag.

Cavour, Camillo Graf Benso di (1810–1861): Konservativ-liberaler Politiker, genannt der Bismarck Italiens, der für die Einigung der Apenninenhalbinsel unter Führung des Hauses Savoyen eintrat.

Garibaldi, Giuseppe (1807–1882): Abenteurer, Haudegen und Volksheld. Eroberte 1860 mit kaum mehr als 1000 Mann in wenigen Wochen Sizilien und große Teile Süditaliens für die Piemontesen, von denen er jedoch – außer Gedenktafeln und Standbildern – nur wenig Dank erntete, da sie seine Popularität und sein Charisma fürchteten.

XXV Luglio: Am 25. Juli 1943 wird Mussolini verhaftet – Ende der faschistischen Ära in Italien.

Mazzini, Giuseppe (1805–1872): Berufsrevolutionär, der für die Einigung Italiens, aber unter der Fahne der Republik, kämpfte. Die Monarchie nützte seine schwärmerischen nationalistischen Ideen für sich aus und verbannte ihn dann außer Landes.

dei Mille: Straße oder Platz der Tausend, benannt nach den insgesamt 1072 Freiwilligen, mit denen Garibaldi am 11. Mai 1860 in Marsala an der Westküste Siziliens landete und damit die Einigung Italiens einleitete.

IV Novembre: Der Erste Weltkrieg endet mit der militärischen Niederlage Österreichs, am 4. November 1918 wird in der Villa Giusti bei Padua der Waffenstillstand unterzeichnet.

del Plebiscito: Erinnert an die Volksabstimmung vom Oktober/November 1860, mit der sich die verschiedenen Regionen Italiens für die Eingliederung in das Königreich aussprachen.

della Repubblica: Gedenkt des Referendums vom 2. Juni 1946, mit dem die Monarchie abgeschafft wurde.

Risorgimento: »Wiedererstehung«, die Ideen und die politisch-soziale Bewegung, die 1861 zur staatlichen Einheit Italiens geführt haben.

XX Settembre: Am 20. September 1870 wurde mit dem Einzug der piemontesischen Truppen Rom zur Hauptstadt und die Einigung Italiens abgeschlossen.

Umberto I (1844–1900): Nachfolger Vittorio Emmanueles II. und seit 1878 zweiter Herrscher des unter den Piemontesen vereinigten Königreiches Italien. Am 29. Juli 1900 von einem Anarchisten erschossen.

Vittorio Emmanuele II (1820–1878): Piemontese aus dem Haus Savoyen, auch »Onkel Viktor« genannt. Seit 1840 König von Sardinien und Piemont, nahm auf Beschluß des Parlaments am 17. März 1861 den Titel eines Königs von Italien an.

In den 20er Jahren des 18. Jh. wurde Neapel zum Vorläufer für die Entwicklung des Barock zum Rokoko. Dunkle Farben wichen sanften Pastelltönen, schwere goldene Lacke heiteren, hellen Anstrichen. Die Suche nach Innengestaltung kennzeichnet diese Epoche, es entstehen schmale, steile Treppenaufgänge, großartige Majolikaböden und Krippenfiguren, künstlerische Ausdrucksformen, die in der Geschichte des Rokoko zu einer Zeit, als ganz Europa noch dem Barock huldigte, einzigartig waren. Im Klosterhof von S. Chiara – die Kirche ein Denkmal neapolitanischer Gotik – verwandeln blühende Laubengänge, verspielte Brunnen und mit zarten Majoliken geschmückte Bänke einen zwischen wuchtigen Mauern liegenden Garten in einen prachtvollen Rokoko-Salon (Farbabb. Nr. 5). Die Künstler durften in diesem Kloster (das inzwischen von den Klarissinnen auf die Franziskaner übergegangen ist) ihrer Phantasie nach Lust und Laune freien Lauf lassen. Tanz und Spiel, Jagd und Fischfang, Landschafts- und Genreszenen, Realistisches und Mythisches wechseln einander als Motive ab. In den Kirchen S. Angelo a Nilo (Orgel und Chor), Monteverginella (Hauptaltar), Ss. Filippo e Giacomo (Decken-gemälde und Apsis, Chor) und Ss. Severino e Sossio (Orgel, Deckengemälde) sowie im Palazzo Sansevero di Sangro (Hausflur, Marmorskulpturen) sind weitere sehenswerte Zeugnisse des Rokoko zu entdecken.

Man sollte das Spaccanapoli-Viertel aber nicht verlassen, ohne dem makabren Monu-ment neapolitanischer Todesbezogenheit – zugleich Dokumentation eines wahrhaft teuflischen Alchimisten-Experiments – einen Besuch abzustatten: der **Cappella Sanse-vero.** Don Raimondo di Sangro, Fürst von Sansevero, Wissenschaftler und Magier, hatte die Kapelle Mitte des 18. Jh. mit bemerkenswerten Skulpturen als Begräbnisstätte seiner Familie ausgestaltet, in der sich darüber hinaus die schauerlichen Überreste seiner alchimistischen Experimente finden.

Welch eine Lust zu atmen, welch ein Vergnügen, in der bunten Menschenmenge unterzutauchen, auch wenn die Mopeds lärmen und die Auspuffgase stinken. Geliebte, unverwechselbare, unverwüstliche Spaccanapoli – Tummelplatz von Vergangenheit und Gegenwart, Vergänglichkeit und Vitalität, vereint auf einer kleinen Bühne des Lebens.

Mythen, Helden und kleine Leute

Auf der **Piazza dei Martiri,** dem Platz der Märtyrer im eleganten Chiaia-Viertel mit seinen schicken Boutiquen, noblen Antiquitätenläden und den führenden Kunstgalerien der Stadt, haben die Bürger den Opfern der Revolution gegen die Bourbonen ein Denk-mal gesetzt. Vier steinerne Löwen symbolisieren die Aufstände der Jahre 1799, 1820, 1848 und 1860. Die Helden von damals kennt heute kaum jemand mehr. Um so bekannter sind dafür die Heroen unserer Tage, die im gegenüberliegenden Palazzo Calabritto sitzen: die Fußballer des SSC Napoli. Der Millionenklub kann sich eine so feine Adresse für sein Sekretariat leisten, folgen ihm doch bei jedem Heimspiel min-destens 80 000 Begeisterte ins Stadion San Paolo, die sich ihre Eintrittskarten durch ein Jahresabonnement sichern. 1987, als die Elf erstmals den italienischen Meistertitel gewann, verwandelte sich Neapel in ein wogendes, tobendes Meer in Himmelblau, der Farbe des Vereins. Hausheilige und Haustiere, Fahrzeuge und Fassaden, ja selbst die Gesichter der Menschen, die ihre balltretenden Götter eine ganze turbulente Nacht

Fußball in Neapel: Die Volksseele kocht

lang spontan und mit überschäumender Phantasie, aber ohne Exzesse feierten, waren himmelblau geschmückt. Aggressive Rowdies und Randalierer mögen im Norden Europas zu Hause sein, in Deutschland, Holland oder England, wo die Fans – »Fanatiker« – Stadien häufig in Schlachtfelder verwandeln. Die neapolitanischen Fußballfreunde aber fiebern im wahrsten Sinne des Wortes mit ihren Lieblingen mit. Ein *tifoso* – die Bezeichnung leitet sich von Typhus-Fieber ab – kennt keine Gewalt. Er freut sich ausgelassen über einen Sieg und leidet bittere Qualen bei einer Niederlage seiner Mannschaft. Der Ruhm der hochgejubelten Stars des grünen Rasens ist freilich ebenso vergänglich wie die modernen Denkmäler für sie: verwaschene Transparente über schäbigen Klublokalen, verblassende Zeichnungen und Aufschriften auf abbröckelnden Hausmauern, von der Sonne ausgebleichte Plakate, die in Fetzen herabhängen. Zur Ehre Neapels – und nur um die geht es – haben sie alle beigetragen, die Helden der Revolution und die des runden Leders.

Komponisten und Sänger, die mit dem neapolitanischen Volkslied Lebensfreude nach Noten vermittelten, gehören ebenfalls dazu. Im alten Fischerhafen von **Santa Lucia,** vor der Kulisse nüchterner Hotelbauten auf der Via Partenope und im Schatten des mächtigen, als Konferenz- und Ausstellungszentrum vorbildlich renovierten Castel dell'Ovo, umgeben von teuren Fischrestaurants und winzigen Trattorien, kommt aber heutzutage kaum mehr jene romantische Stimmung auf, wie sie der auf einer Gedenktafel an der Mole verewigte E. A. Mario (1884–1961) in seinen mehr als zweitausend *canzoni* besungen hat. Auch *La Canzone Napoletana,* seit Ende des Zweiten Weltkrieges vom grellen Kommerzschlager überrollt, fristet bloß ein bescheidenes Dasein. Lediglich wenige Gruppen pflegen die Tradition, neue Lieder passen sich dem elektronischen Massengeschmack an, und was in Lokalen als Folkloreshow geboten wird, ist ungefähr so echt wie der Schmuck der afrikanischen Straßenhändler.

Handfestere Historie tritt uns auf der **Piazza del Plebiscito** entgegen. Grimmig-forsch blicken die steinernen Helden aus den Herrschergeschlechtern Neapels von ihren Sockeln an der Fassade des Palazzo Reale herab: Je ein markanter Repräsentant jener acht Dynastien, die bis ins 20. Jh. über die Geschicke der Stadt entschieden, von dem Normannen Roger II. bis zu dem Piemontesen Viktor Emanuel II., von dem Staufer Friedrich II. bis zu dem Bourbonen Karl III. Das Schicksal der Metropole am Golf, hier ist es dokumentiert: Keiner der Regenten war von neapolitanischem Blut. Sie beherrschten zwar das Volk, nicht aber dessen Sprache.

Namen fremder Monarchen tragen auch die im Anschluß an den Königspalast auf Wunsch Karls von Bourbon 1737 erbaute Oper und der beliebteste Rendezvous-Platz Neapels, die Galleria Umberto I. Das **Teatro San Carlo,** als Schauplatz des berüchtigten Faschistenkongresses 1922 mit seinem darauffolgenden »Marsch auf Rom« nicht nur in die Musikgeschichte eingegangen, ist das älteste große Opernhaus Europas, das – mit Ausnahme von zwei Jahren – ohne längere Unterbrechung bespielt wird. Weder der verheerende Brand von 1816, dem ein kompletter Wiederaufbau in nur sechs Monaten folgte, noch die Wirren zweier Weltkriege vermochten Stimmen und Instrumente im San Carlo zum Verstummen zu bringen. Alles, was in der italienischen Opernwelt Rang und Namen hatte, ob Domenico Scarlatti oder Giuseppe Verdi, Gaetano Donizetti, Gioacchino Rossini, Giacomo Puccini oder Ruggiero Leoncavallo, war in diesem Haus tätig und begründete damit den Ruf Neapels als Hauptstadt der Oper. Und wenn nicht gerade gestreikt wird, so kann man auch heute noch in dem in Rot und Gold gehaltenen Logentheater wenn schon nicht immer perfekte, so doch stets von musikalischer Leidenschaft getragene Aufführungen – Opern oder Konzerte – erleben.

Ein Theater anderer Art bietet sich dem Beobachter in der gegenüberliegenden **Galleria Umberto I.** Diese 1890 eröffnete kreuzförmige, glasgedeckte Halle, an Eleganz mit den Galerien in Rom, Mailand, Brüssel oder London durchaus vergleichbar, ist die Bühne der kleinen Leute (s. Farbabb. Nr. 7). Ihre Helden treten täglich auf der marmorgepflasterten Passage zwischen Telefonamt, Buchhandlungen, Modegeschäften, Elektroläden und Kaffeehäusern auf. Das Stück nennt sich »Die große Kommunikation« und spielt sich keineswegs bloß in lauten Worten, sondern vor allem in einer facettenreichen Mimik und Gestik ab.

Kein Südländer beherrscht die schon von den Griechen gepflegte Kunst, wortlos vielsagend zu sein, so meisterhaft wie der Neapolitaner. Nicht eine Sekunde bleiben Oberkörper, Arme, Hände und Finger still, dazu bewegen sich sämtliche Gesichtsmuskeln, rollen die Augen, kreist das Becken, stampfen die Füße. Pulcinella, wie er leibt und lebt: Der neapolitanische Verwandte des Harlekin hat sich nicht nur in der Volkskomödie erhalten. Er begegnet uns in modernem Gewand auf den Straßen und Märkten, in den Cafés und Restaurants, überall dort, wo mindestens zwei Menschen zusammenkommen. Das Vokabular der für Fremde kaum verständlichen Zeichensprache scheint unendlich zu sein, und Außenstehende sollten erst gar nicht versuchen, in ihre Geheimnisse einzudringen oder sie gar nachzuäffen. Peinliche Mißverständnisse wären die unausbleibliche Folge.

Geschichtsträchtiger und blutgetränkter Boden im alten Hafenviertel, in das der Zweite Weltkrieg tiefe, bisher nicht verheilte Wunden geschlagen hat. Auf dem Marktplatz vor der Kirche S. Maria del Carmine endeten zwei jugendliche Helden deutscher Zunge unter dem Henkerbeil. Mit dem 16jährigen Konradin von Schwaben, Sohn des Staufers Konrad IV., und seinem um vier Jahre älteren Kampfgefährten Friedrich von Österreich, dem letzten Sproß des Hauses Babenberg, erloschen am 29. Oktober 1268 zwei ruhmreiche Geschlechter innerhalb weniger Minuten. Ohne reelle Chancen, wenn auch mit viel Enthusiasmus, waren die beiden mit einer kleinen Schar Getreuer von Deutschland losgezogen, um den Anjou das Erbe der Staufer wieder zu entreißen. Nahe Rom wurden sie besiegt und als Gefangene nach Neapel gebracht. Vergebens schickten ihre Mütter Lösegeld nach Neapel, die neuen Herren kannten kein Erbarmen. Die für die Befreiung der Jünglinge gedachten Goldstücke wurden von den trauernden Frauen für den Bau der Karmeliter-Kirche gestiftet, in der die Gläubigen »La Bruna«, ein wundertätiges Marienbild, verehren. Das Gotteshaus mit seinem 75 m hohen, majolikageschmückten Glockenturm birgt auch die 1631 bei Umbauarbeiten am Marktplatz zufällig entdeckten Gebeine der Hingerichteten.

Knapp 400 Jahre nach dem gewaltsamen Tod des letzten Staufers kam es in dieser Kirche zum dramatischen, jedoch wenig ruhmreichen Ausklang eines Aufstandes, der einzigen Revolte Neapels, die nicht vom Adel und gehobenen Bürgertum, sondern von den ›kleinen Leuten‹ ausgegangen war. Unter Führung des 27jährigen Fischers Tommaso Aniello, liebevoll »Masaniello« genannt, erhob sich 1647 das Volk aus eher nichtigem Anlaß gegen den spanischen Vizekönig. Die Aristokratie applaudierte diesem Operetten-Coup und wartete ab, auch die Spanier blieben gelassen und behandelten den Fischer, der sich zum Volkskönig ausgerufen hatte, zunächst mit spöttischer Höflichkeit, bis es ihnen schließlich zu bunt wurde und sie dem Spuk ein Ende setzten. Nach einer ergreifenden Abschiedsrede von der Kanzel der Carmine-Kirche trafen Masaniello die Kugeln der spanischen Schergen. So berichtet zumindest die Legende, eine von vielen, die im Laufe der Zeit um dieses tragikomische Abenteuer entstanden sind.

Schmal ist der Grat zwischen prallem Leben und allgegenwärtigem Tod in dem nur wenige Schritte vom Nationalmuseum entfernten **Valle della Sanità**, dem »Tal der Gesundheit«. Es verdankt seinen Namen den Gaudiosus-Katakomben unter der Chiesa S. Maria della Sanità, deren Heiligengräbern eine Reihe von Wunderheilungen zugeschrieben wird. Sehr gesund lebt es sich nicht in diesem tristen Armenviertel, das wieder einmal alle gängigen neapolitanischen Klischees zu bestätigen scheint. Und dennoch lohnt sich ein Spaziergang durch die schäbigen Häuserschluchten, vorbei an Marktständen mit Obst, Gemüse und billigen Textilien, bis zum Ende des Tales, wo sich hinter der kaum bemerkenswerten Chiesa S. Maria del Carmine alle Fontanelle einer der eigenartigsten Friedhöfe des Landes verbirgt. In dem riesigen Höhlensystem eines alten Steinbruches lagern die sterblichen Überreste von rund 30 000 Menschen seit dem 15. Jh. Penibel getrennt wurden Schädel und Beinknochen zu gewaltigen Bergen der Vergänglichkeit aufgetürmt. Bis Mitte der 80er Jahre pflegten hier Neapolitanerinnen ihre vermißten Angehörigen, Opfer der Kriege, der Seefahrt oder der Camorra, zu beweinen, indem sie sich aus den Gebeinen von Unbekannten ein Skelett zusammenstellten, das sie dann mit Kerzen, Blumen und Rosenkränzen schmückten. Seltsames Neapel, das seinen Lebenden oft weniger Beachtung schenkt als seinen Toten.

Inseln im Golf:
Drei Perlen in der Krone

Neapel als zartbittere Liebesaffäre: Ausgerechnet bei der Abreise zeigt sich die Metropole von ihrer besten Seite, fällt das Verlassen plötzlich schwer. Freilich nur, wenn man dem düsteren Gassengewirr und brodelnden Lärm per Schiff entflieht, um sich den drei strahlenden Perlen in der Krone des Golfs, den Inseln Capri, Ischia und Procida, zuzuwenden. Stefan Andres hat Neapel als »die schönste Stadt zum Abschiednehmen« bezeichnet, weil sie »ihrem Freund die sichere Wiederkehr leise und bestimmt verkündet«. Der deutsche Dichter war, wie unzählige Besucher vor und nach ihm, verzaubert vom langsam entschwindenden Panorama: »Vom Vesuv bis zum Cap Misen Häuser und Villen im fließenden Licht. Droben die sanftbelebten Linien der Berge, drunten der Bogen des Meeres. Man ist eingefangen in dieser sehnsüchtigen Gebärde der, wenn aus Riechweite entrückt, schönsten Stadt, die ich kenne.«

Anacapri

Capri: Das Boot ist voll

Dichter priesen die Insel als »irdisches Paradies«, als »Inkarnation der Schönheit«, Philosophen verglichen sie mit einem Opferstein, auf dem Apollo und Aphrodite Tribut empfangen, Sänger schwärmten viele Generationen lang vom Naturerlebnis Sonnenuntergang, der nirgendwo eindrucksvoller sein soll. Keine andere Insel hat die Phantasie von Poeten, ob von gefühlsschwangeren Romantikern oder heißblütigen Revolutionären, derart angeregt, kein anderes Gebiet weist eine solche Fülle an literarischer Prominenz auf, seit zwei Deutsche, der Dichter August Kopisch und der Maler Ernst Fries, 1826 die staunende Welt auf ein neues »Wunder«, die Blaue Grotte, aufmerksam machten.

Der Massentourismus unserer Zeit zwingt Capri allerdings dazu, auch ein anderes, abweisendes Gesicht zu zeigen, will es nicht Gefahr laufen, seiner Einzigartigkeit, seiner überirdischen Magie beraubt und von lärmenden Fremdenhorden plattgetreten zu werden. Das Boot ist voll. Tausende von Tagesbesuchern bringen es bereits bedenklich zum Schwanken. Bei weiterem unkontrolliertem Zuzug würde es unweigerlich bald kentern.

Die Capresen wehren sich daher verständlicherweise mit allen erdenklichen Mitteln gegen ein ›venezianisches Schicksal‹. Sie wollen nicht nur ein Museum bieten, in dem Ruinen und Inschriften, Kirchen und Grotten, Denkmäler und Grabsteine 2000 Jahre Geschichte erzählen,

20 000 – setzen von Neapel oder Sorrent zur Insel über. Nicht einmal exorbitante Preise schrecken sie ab, weil die meisten von ihnen ohnedies ihr Lunchpaket mitbringen und außer einem Getränk kaum etwas konsumieren. Allabendlich hinterlassen diese kurzfristigen Invasoren aber einen gewaltigen Abfallberg, dessen Beseitigung kaum mehr sicherzustellen ist.

Ein Numerus clausus für Capri, ein exklusives Millionärs-Ghetto, in das gewöhnlichen Sterblichen der Einlaß verwehrt wird? Manchmal hat es den Anschein, als ob die Entwicklung in diese Richtung ginge. Die Fremdenverkehrs-Verantwortlichen stellen das selbstverständlich entrüstet in Abrede und verschanzen sich hinter dem Slogan, daß Capri der ganzen Welt gehöre. Aber logischerweise wollen und können sie nicht die ganze Welt auf einmal empfangen. So bleibt wohl in Zukunft kaum etwas anderes übrig, als die Zahl der Fährfahrten radikal zu beschränken, was der Ausgabe limitierter Eintrittskarten gleichkommt.

Die stillen Tage von Capri? Es gibt sie heute bestenfalls in den Wintermonaten, wenn die Insulaner und ein paar Dauergäste unter sich sind und einer Idylle nachhängen, die noch nicht von der Unrast völkerwandernder Urlauber und vom modischen ›Zeitgeist‹ des Jet-Set bestimmt ist. Wenn selbst auf der Piazzetta, dem Haupt-Rummelplatz der Tagesbesucher, einmal Frieden einkehrt, wenn in den Cafés zu Füßen der barocken Pfarrkirche S. Stefano und vor den kulissenhaften Fassaden der schmucken Häuschen die Kellner den Espresso nicht mißmutig und mit gehetztem Blick, sondern mit einem freundlichen Lächeln servieren. Dann läßt sich der Zauber noch erahnen, der all die Künstler und Schöngeister aus den Salons von München und Berlin, von Moskau und Petersburg, von London und Paris zu

sondern kämpfen darum, als elitäres Reiseziel auch weiterhin jene Lebensqualität zu erhalten, für die eine entsprechende Klientel gerne mehr als nur Kleingeld auf den Tisch legt. Striktes Bauverbot (das freilich, es wäre ja nicht Süditalien, dann und wann durchbrochen wird), Beschränkung der Gästebettenzahl auf rund 4000, Verbannung der Autos aufs Festland (nur Einheimische dürfen auch während der Saison ihre Fahrzeuge auf die Insel bringen), Bemühungen um den Umweltschutz, keine tragbaren Radios im Freien, keine Camping-Möglichkeiten, strenge Kleidungsvorschriften sind nur einige der Maßnahmen gegen die erdrückende Touristenlawine. Mehr als 3 Millionen Besucher pro Jahr – an manchen Tagen allein bis zu

Dichter über Capri

Und dann umstellen wir das Ländchen mit Brennspiegeln, daß es keinen Winter mehr gibt und wir uns im Sommer bis Ischia und Capri hinaufdestillieren und wir das ganze Jahr zwischen Rosen und Veilchen, zwischen Orangen und Lorbeeren stecken. Georg Büchner, »Leonce und Lena«, 1836

Capri ist fürwahr ein rechter Ruheort für lebensmüde Menschen, und ich wüßte keine andere Stelle in der Welt, wo jemand, der im Leben Schiffbruch gelitten hat, seine Tage so wohl beschließen könnte. Ferdinand Gregorovius, 1851

Neapel ist schön, Pompeji ist interessant, aber Capri ist ein Wunder. Ja, ein Wunder! Und nicht, weil es die wundervolle Blaue Grotte besitzt, sondern weil diese Insel verzaubert ist, ein Tempel der Göttin Natur, die Inkarnation der Schönheit. Iwan Turgenjew, 1871

In Capri sah ich ... die Kopische Blaue Grotte und die Platenschen »Fischer von Capri«, wie man denn überhaupt aus Jugenderinnerungen und ganz speziell aus dem Rauschen des deutschen Dichterwaldes an dieser gesegneten Erdenstelle gar nicht herauskommt. Theodor Fontane, 1874

Nur von einer Seite ist die Insel Capri zugänglich; ringsum erheben sich steile senkrechte Felsenwände, gegen Neapel schräge, amphitheatralisch, Weingärten, Orangen- und Olivenwälder. Am Strande stehen einige Fischerwohnungen und eine Wache, etwas höher zwischen den grünen Gärten lugt die Stadt Anacapri hervor, eine kleine Zugbrücke und ein kleines Tor führen in dieselbe hinein. Hans Christian Andersen, 1882

Was Capri uns war, empfanden wir erst ganz, als wir uns nach Wochen schweren Herzens selbst aus diesem Paradies verstoßen hatten. Wirkliches Heimweh nach Capri überwältigte uns, und wir dachten daran, sogleich wieder umzukehren und alle noch verfügbare Zeit dem unvergleichlichen Orte zu schenken, wo wir, wie nirgends, unsere eigene Jugend gefühlt und in Schönheit genossen hatten. Gerhart Hauptmann, 1883

Capri schwebt geheimnisvoll auf dem durchsichtigen Wasser ... Andre Gide, 1896

Ich freue mich, daß das Mittelmeer hier dem Niagarafall gleicht, weil es ebenfalls unvergleichlich erhabener und grandioser ist als alles, was darüber gesagt und geschrieben wird. Maxim Gorki, 1906

ihren gedichteten und gemalten Capri-Hymnen inspiriert hat. Superlative indes gehörten schon immer zu den Beschreibungen der Insel, seit diese von der Schöpfung mit einer Überfülle an landschaftlicher Schönheit ausgestattet wurde.

Geologisch ist Capri ein Ausläufer des Apennin und unterscheidet sich als Kalkstein-Formation wesentlich von ihren Schwestern Ischia und Procida, die vulkanischen Ursprungs sind. Prähistorische Funde weisen auf eine Besiedlung in der frühen Steinzeit hin. Ihren Namen verdankt die trapezförmige, im Osten und Westen von steil abfallenden Erhebungen begrenzte Insel, deren Mitte sich wie die Taille einer Frau verengt, dem lateinischen Wort *caprea* (Ziege) oder dem griechischen *kapros* (Wildschwein). Ein beliebtes Ziel von Touristen und Sommerfrischlern stellte Capri bereits zur Römerzeit dar. Kaiser Augustus, vom üppigen Reiz des Eilands überwältigt, erwarb dieses 29 v. Chr. von Neapel im Tausch gegen Ischia, sein Nachfolger Tiberius ließ Amtsgeschäfte in Rom Amtsgeschäfte sein

und zog sich für sein letztes Lebensjahrzehnt – in den Jahren 26 bis 37 n. Chr. – nach Capri zurück, das sich in dieser Epoche als Mittelpunkt eines Weltreiches fühlen durfte. Der alternde Monarch entfaltete eine rege Bautätigkeit: Tiberius errichtete auf der Insel zwölf prachtvolle Villen, die er unter den Schutz der olympischen Gottheiten stellte.

Skandalumwitterte Orgien des angeblich grausamen ›Lustgreises‹ hängen Capri bis heute nach, weil Klatsch und Tratsch offensichtlich seit altersher ebenso zu diesem Eiland gehören wie die *Faraglioni*, jene malerischen, phallischen, zu markanten Wahrzeichen gewordenen Felsentürme an der Südostküste.

Nach dem Untergang des römischen Reiches senkte sich der Vorhang der Geschichte auch über Capri, es wurde zum unbedeutenden Vorposten Neapels. In den verfallenden Villen hausten und wüteten Sarazenen und Piraten. Byzantiner und Normannen, Spanier, Österreicher, Franzosen und Engländer wechselten einander in der Herrschaft über die Insel ab, die ihnen mit ihren steilen Klippen wenig einladend erschien. Selbst Goethe segelte 1787 auf der Fahrt nach Sizilien noch an Capri vorbei, das in seiner »Italienischen Reise« nur Erwähnung fand, weil er davor beinahe Schiffbruch erlitten hätte. Erst vier Jahrzehnte später wurde die Insel aus ihrem Dornröschenschlaf erweckt. August Kopisch, Schriftsteller und Maler aus Breslau, und sein malender Freund Ernst Fries aus Heidelberg schlugen am 28. August 1826 alle Warnungen der Einheimischen in den Wind und drangen in die den Capresen zwar wohlbekannte, von diesen aber seit den Zeiten des Tiberius aus Aberglauben peinlichst gemiedene Höhle ein, die als *Grotta Azzurra* – Blaue Grotte – in der Epoche der Romantik zum Symbol der Insel werden sollte. Sie ist bis heute ein Markenzeichen Capris geblieben, wenn auch angesichts des unverschämten Nepps der Bootsführer und des manchmal lebensgefährlichen Gedränges vor dem Eingang häufig mit negativem Beigeschmack.

Die Kunde von der Ideallandschaft Capri, wo zivilisationsmüde Städter das einfache Leben der Fischer und Bauern teilen konnten, verbreitete sich mit Windeseile über ganz Europa. Vor allem Dichter drängte es auf die Wunderinsel: August von Platen und Wilhelm Waiblinger, Victor von Scheffel und Felix Dahn, Emanuel Geibel und Paul Heyse. Der junge Komponist Felix Mendelssohn-Bartholdy machte, weil es einfach zu einer Bildungsreise dazugehörte, hier Station, und der Historiker Ferdinand Gregorovius lieferte die erste gründliche deutschsprachige Beschreibung der Insel und ihrer Bewohner. Um die Jahrhundertwende folgte ein zweiter Strom junger Autoren aus Deutschland: Gerhart Hauptmann, Otto Julius Bierbaum, Rainer Maria Rilke.

Capri, Tiberiusvilla

Die Deutschen hatten zu dieser Zeit Capri richtiggehend ›kolonisiert‹, wie sie es nach dem Zweiten Weltkrieg mit der Nachbarinsel Ischia machen sollten. Sie besaßen ihre eigenen Clubs und Cafés, tauften die Hauptstraße »Via Hohenzollern«, sorgten in Verschönerungsvereinen für penible Sauberkeit und ließen sich mit dem Dampfer »Nixe« des Norddeutschen Lloyd zwischen Neapel und der Insel hin- und hertransportieren. Doch sie waren nicht die einzigen Fremden, die sich in Scharen auf Capri versammelten. Russen, Skandinavier, Engländer und Franzosen, viel später auch Italiener, sie alle prägten das Gesicht der Insel. Die Russen verbrachten ihre Tage nicht nur beim Schachspiel, sie diskutierten, agierten, gründeten sogar eine »Parteischule« und holten sich 20 Arbeiter aus ihrer Heimat als »Studenten«. Die berühmtesten Skandinavier waren Hans Christian Andersen, dessen Roman »Der Improvisator« auf Capri spielt, und der Arzt und Schriftsteller Axel Munthe, der sein Haus am schönsten Platz von Anacapri mit antiken Funden füllte. In Munthes »Casa San Michele« erging sich auch der deutsche Philosoph Ernst Jünger in phantastischen Betrachtungen. Viele Zeitgenossen warfen begehrliche Blicke auf dieses Anwesen, doch sogar die rastlose österreichische Kaiserin Elisabeth scheiterte bei dem Versuch, dem Schweden sein einzigartiges Domizil abzukaufen. Aus England reisten Oscar Wilde und Norman Douglas an, später Graham Greene, aus Frankreich André Gide und Roger Peyrefitte. Erst Mitte des 20. Jh. fanden sich auch italienische Literaten ein: Curzio Malaparte, Mario Soldati und Alberto Moravia. Für den aus Chile verbannten Lyriker Pablo Neruda wurde Capri in den 50er Jahren zum Exil, für Monika Mann, eine der drei Töchter Thomas Manns, zur zweiten Heimat.

Die Muse der Poesie hat ihre beflügelnde Tätigkeit auf Capri heute weitgehend eingestellt, den Dichtern und Malern folgten Filmstars und Neureiche, die sich untertags in ihre abseits liegenden Häuser und auf ihre in winzigen Buchten ankernden Jachten zurückziehen, um abends, wenn mit den letzten Fähren auch die Touristenhorden verschwunden sind, ›ihre‹ Insel endlich in Besitz zu nehmen. Man sollte sich vom grellen Ritual der Schickeria, die die Nachtlokale und Diskotheken beherrscht, freilich nicht täuschen lassen. Als Glückspilz darf sich schätzen, wer ein Bett sein eigen nennen und länger als einen Tag auf der Insel verbringen kann. Nur dann nämlich wird er Gelegenheit haben, die verborgenen Schönheiten Capris zu entdecken, jene Schätze, an denen die Massen achtlos vorbeigehen: einsame Pfade mit atemberaubenden Ausblicken, blühende Gärten, schattige Olivenwälder, verträumte Winkel und gemütliche Lokale, in denen sogar noch italienisch gesprochen wird. Der Mythos ist nicht tot, ganz im Gegenteil, doch gilt es, ihn zu bewahren.

Ischia: Nicht daheim und doch zu Hause

Grenzenlose Enttäuschung steht auf den Gesichtern des blondgelockten Pärchens vor dem leeren Zeitungsständer. Das reichbebilderte Lieblingsblatt aus der Heimat ist heute noch nicht eingetroffen. »Ja, sind die denn noch zu retten?«, machen die beiden ihrer Frustration Luft. Dieser Tag des Ischia-Aufenthaltes scheint für die beiden Urlauber jedenfalls verdorben zu sein. Da können auch der garantiert herz-

und magenschonende Filterkaffee und die »Swarzwelder Kirchtorte« nach Rezepten aus Mutters Küche, die ein Lokalbesitzer anpreist, über die »typisch italienische Schlamperei« nicht hinwegtrösten.

Sie sind noch zu retten, die rund 50 000 Ischitaner, denn sie haben sich trotz einer scheinbar totalen Vereinnahmung durch den Fremdenverkehr jenes Quentchen Eigenart erhalten, das sie davor bewahrt, zu bloßen Folklore-Statisten einer Tourismus-Kolonie degradiert zu werden. Mit diensteifriger Freundlichkeit, die manchmal vielleicht eine Spur zu aufgesetzt wirkt, danken sie es den Deutschen, daß diese nach dem Zweiten Weltkrieg das Wirtschaftswunder auf die vergessene Insel brachten. Rund um die Uhr bemüht man sich auf Ischia, den Gästen das Gefühl zu vermitteln, nicht daheim und doch zu Hause zu sein.

Wo heute der Riese D-Mark regiert, befand sich einst, so lautet eine immer wieder gerne erzählte Sage, das Reich des Tifeo, eines gegen den Olymp rebellierenden Titanen, der von Zeus zur Strafe ins Meer gestoßen wurde. Der Gigant schickte donnernde Klagen zum Himmel, aus seinem Mund troff rötlicher Geifer, bis Venus sich der Sache annahm und als Friedensstifterin auftrat. Die heißen Tränen des von seinen Leiden befreiten und versteinerten Riesen sollten von Stund an Heilung bringen – Ischia gedieh zum üppig grünen Land, und aus seinem Inneren sprudelten Thermalquellen, göttlicher Balsam für alle, die an Krankheiten leiden.

Nüchterner sehen es freilich die Geologen, für die das Eiland gemeinsam mit dem benachbarten Procida nichts anderes als eine Fortsetzung der Phlegräischen Felder darstellt, von denen es durch vulkanische Eruptionen getrennt wurde. Schon den ersten Siedlern – Oskern, Pelagern, Etruskern, Phöniziern – brannte im wahrsten

Sinne des Wortes der Boden unter den Füßen, gewaltige Vulkanausbrüche zerstörten ihre Dörfer. Auch die griechischen Pioniere aus Euböa, die im 8. vorchristlichen Jahrhundert auf der Suche nach neuem Land durch das Tyrrhenische Meer segelten, hielten es auf der dampfenden und zischenden Insel nicht sehr lange aus. Ihre erste Ansiedlung *Pithekoussai* (lateinisch *Pithaecusa*), nach der sie später die ganze Insel nannten, spielte lediglich als Flottenstützpunkt eine Rolle.

Die Römer kannten und nutzten die Heilquellen Ischias häufig und gerne, doch als Kaiser Augustus die Insel auf Wunsch seiner Tochter Julia gegen Capri eintauschte, verloren auch die Oberen Zehntausend Roms ihr Interesse an dem schmerzlindernden Wasser. Ischia teilte fortan das wechselvolle Geschick Neapels.

Ischia, Aragonesenkastell

1881 und 1883 wurde das Eiland durch schwere Erdbeben, die Tausende von Todesopfern forderten, verwüstet, der Wiederaufbau erfolgte nur zögernd. Bis die Deutschen kamen. Zunächst einmal – von 1942 bis 1944 – als Soldaten, dann aber als durchaus friedliche Invasoren, nachdem einige Touristikunternehmen diesen ungehobenen Schatz entdeckt hatten.

Von nun an ging's bergauf, und die sechs Gemeinden, die sich um das mächtige Bergmassiv des Monte Epomeo (789 m), eines erloschenen Vulkans, scharen, wuchsen dank der kräftigen Devisenspritzen und ihrer reichen natürlichen Ressourcen zu blühenden, touristisch voll erschlossenen Kommunen, in denen praktisch alle Einwohner direkt oder indirekt vom Fremdenverkehr leben. Die Mehrheit der mehr als eine Million Urlauber, die alljähr-

lich auf Ischia Sonne, Meer und Heilung suchen, betritt nach der Überfahrt von Neapel oder Pozzuoli in **Ischia Porto,** der Insel-Hauptstadt, wieder festen Boden – und wird sogleich erstmals mit den gewaltigen Mächten im Erdinneren konfrontiert, entstand doch der natürliche, kreisrunde Hafen aus einem ehemaligen Kratersee, der nach Durchstoßen der seeseitigen Kraterwand einfach mit dem Meer verbunden wurde. Eruptiv gestaltet sich meist auch die erste Begegnung mit den Ischitanern: Kofferträger, livrierte Chauffeure von Luxushotels und die mit bunten Leibchen bekleideten Fahrer der sogenannten *Micro-Taxi,* dreirädrigen, schmalbrüstig motorisierten Fahrzeugen mit abnehmbaren Seitenwänden und Dächern aus Plastik, streiten lautstark um jeden Kunden. Sitzt man dann endlich in irgendeinem Gefährt, so fällt garantiert sofort ein skurriles Verkehrshindernis ins Auge: eine riesige, bereits zu Beginn unseres Jahrhunderts gepflanzte Platane mitten auf der Hafenstraße. Rigorose Stadtplaner hätten dieses ›Ärgernis‹, das in der Hauptsaison tagtäglich zu endlosen Verkehrsstaus führt, längst entfernt. Doch so weit geht die Konzession der Ischitaner an den Tourismus auch wieder nicht!

In **Ischia Ponte,** dem urwüchsigsten Teil des Hauptortes, erkennt nicht nur der Philatelist im mächtigen *Castello Aragonese* (Farbabb. Nr. 21) das Motiv der 100-Lire-Briefmarke wieder. Jahrzehntelang diente die von Lord Nelsons Flotte zum Teil zerstörte Festung als Gefängnis, ehe sie um 1900 in den Besitz der auf Ischia ansässigen Familie Mattera wechselte. Als gruselige Attraktion bietet das Kastell in der Krypta der ehemaligen Klarissinnen-Klosterkirche einen »Nonnenfriedhof«: in den Felsen geschlagene Stühle, auf denen die sterblichen Überreste der Schwestern langsam zu Staub wurden. Geschockt und

Ischia, S. Angelo

verwirrt ob dieser seltsamen Totenbräuche verläßt der Besucher die Felsenburg, die einst zehn Kirchen, zwei Klöster und Wohnraum für 10 000 Menschen umfaßte, um sich wieder ins pralle Leben der Insel zu stürzen.

Casamicciola mit seiner langen Uferpromenade, seinen alten Thermalbädern und den romantisch angelegten Spazierwegen inmitten einer wilden Natur sorgt für Abwechslung, aber auch für unvorstellbar abstrusen Kitsch, der in den Ausstellungs- und Verkaufsräumen der Keramikfabrik Menella zu einem Kabinett des schlechten Geschmacks angehäuft wurde. Man sollte daraus aber nicht auf den allgemeinen Zustand der Ischitaner Keramikindustrie schließen, die, wie zahlreiche Beispiele in anderen Läden zeigen, durchaus imstande ist, auch künstlerisch wertvolle Souvenirs herzustellen.

Der ›Jet Set‹ – und was sich dafür hält – trifft sich in dem kleinen, aber feinen Städtchen **Lacco Ameno,** das der italienische Verleger Angelo Rizzoli für seinesgleichen populär gemacht hat. Neben einigen exquisiten Lokalen kann die von dunkelgrünen Orangenhainen umgebene Gemeinde noch mit dem *Fungo* (Pilz), einem wenige Meter vom Strand entfernten, eigentümlich ausgehöhlten Tuffsteinfelsen, sowie dem interessanten archäologischen *Museum S. Restituta* aufwarten. Zur Hochburg der Deutschen entwickelte sich die Ortschaft **Forio** mit ihren gepflegten Thermalanlagen, allen voran die Poseidon-Gärten, weiten Sandstränden und malerisch verträumten Gäßchen, deren Architektur den arabischen Einfluß nicht verleugnet. Ein Hauch von Mystik umgibt die *Chiesa S. Maria del Soccorso* auf einem Felsen über dem Meer. In dem schlichten Gotteshaus wird ein Holzkruzifix aufbewahrt, das ein heftiger Sturm im Jahr 1500 an die Küste geschwemmt haben soll. S. Maria del Soccorso ist daher zur Kirche der Seefahrer geworden. Fünf schwarze Holzkreuze, die sich vor dem strahlenden Weiß der Fassade schon von weitem deutlich abheben, erinnern an die Opfer der oft rauhen See um Ischia.

Mit den anderen Ferienzentren der Insel nicht vergleichbar, nimmt das Fischerdorf **S. Angelo** mit seinen zahllosen Treppchen und winkeligen Gassen als weitgehend autofreie Zone eine Sonderstellung ein. Die heitere Gelassenheit des Ortes, in dem Lasten noch von Maultieren geschleppt werden und sich sogar die Hotels unauffällig an die Felsen schmiegen, zieht Künstler aller Herren Länder an. Doch erst wenn die Tagesbesucher entschwunden sind, entfaltet das bunte Urlauber- und Dauergäste-Völkchen gemeinsam mit den Einheimischen sein gemütliches Bohèmeleben.

Vielgerühmt und gerne getrunken: Der trockene Wein der Insel kommt zum Großteil aus der Doppelgemeinde **Serrara Fontana,** mit 450 m der höchste Ort und damit einer der beliebtesten Aussichtspunkte Ischias. Von hier aus läßt sich auch – zu Fuß oder auf dem Rücken eines Maultieres – der mit einer NATO-Radarstation ›geschmückte‹ Gipfel des Monte Epomeo erklimmen. Als Oase der Kultur entpuppt sich schließlich **Barano,** wo im Juni und Juli Konzerte weltberühmter Interpreten stattfinden. Wer nachvollziehen will, wie es die alten Römer im Bade trieben, findet in den Cavascura-Thermen am **Maronti-Strand** eine nach sorgfältiger Renovierung wiedereröffnete Badeanlage mit in den Fels gehauenen Wannen und Kabinen.

Die Quelle für die Prosperität der Insel sprudelt beinahe an allen Ecken und Enden aus der Erde. Bereits gegen Ende des 16. Jh. hat der Arzt Giulio Jasolino die heilkräftige Wirkung des Thermalwassers erstmals wissenschaftlich untersucht. Heute steht den Kurgästen ein ganzes Heer von Medizinern zur Verfügung, denn gezielte Anwendungen – gegen rheumatische Erkrankungen wie gegen Hautleiden und Stoffwechselprobleme – sollten nur unter ärztlicher Kontrolle erfolgen.

Ob Kuren oder Ferientrubel, Ischia bietet den perfekten Urlaubsservice. Nur reif für die Insel, genau das darf man auf diesem Eiland von Jubel, Trubel, Heiterkeit wirklich nicht sein.

Procida: Ungeküßtes Dornröschen

»Besonders in der Nähe der einstigen Krater sprießen Tausende von Blumen wild empor, wie ich sie ähnlich niemals auf dem Festland wiedersah. Im Frühling bedecken sich die Hügel mit Ginster: du erkennst seinen scheuen und schmeichelnden Duft, sobald du dich unseren Häfen näherst, wenn du im Monat Juni vom Meere herüberkommst. Die Hügel hinan zu den Feldern führen auf meiner Insel einsame Wege; dahinter erstrecken sich Obstgärten und Weinberge, die kaiserlichen Gärten gleichen. Auf meiner Insel gibt es verschiedenartigen Strand mit hellem und weißem Sand und andere kleine Ufer mit Kieseln und Muscheln bedeckt und zwischen großen Felsenklippen verborgen. Dort ist an ruhigen Tagen das Meer sanft und frisch und benetzt das Gestade wie Tau.«

Mit diesen Worten stellt die große römische Erzählerin Elsa Morante in ihrem 1957 erschienenen Roman »Arturos Insel« Procida, die kleine Schwester von Ischia, vor. Einem Dornröschen gleich, das sich heftigst gegen den erlösenden Kuß zur

Procida

Restaurants vorwiegend am malerischen Hafen wurden jedoch der Kapazität des Fremdenverkehrs deutliche Grenzen gesetzt. Das soll sich nach dem Willen des stillen, eher unzugänglichen Menschenschlags auch in Zukunft nicht ändern. Wie seit Jahrhunderten gewohnt, bleiben die Insulaner am liebsten unter sich. Die einzigen Fremden, die länger auf der Insel verweilen, bekommt kaum jemand zu Gesicht. Es sind die ganz und gar unfreiwilligen Bewohner des einstigen Kastells von Giovanni da Procida, dem Helden der »Sizilianischen Vesper«. Schon seit Jahrzehnten gilt die hoch über der Insel auf einem steil zum Meer abfallenden Felsen thronende Burg als eines der sichersten Gefängnisse Italiens. Über dieses notwendige Übel werden auf Procida aber nicht viele Worte verloren. Viel eher verweist der lokale Cicerone den Besucher mit Stolz auf das *Istituto Nautico Francesco Caracciolo,* eine der ältesten Seefahrtsschulen des Landes, untergebracht in einem großzügig angelegten Adelspalast. Glückliche Kadetten, die ihre theoretische Ausbildung inmitten üppiger Orangen- und Zitronenhaine und nicht in einem strengen Kasernengebäude erfahren.

Glückliche Urlauber auch, die hier abseits mondäner Lokale Ruhe und Frieden genießen, auf langen, einsamen Spazierwegen zu sich selbst finden und sich von dem über der ganzen Insel schwebenden unvergleichlichen Duft der Zitrusfrüchte betören lassen können. Sie gehören zu jenen Privilegierten, denen es vergönnt ist, ohne Zeitdruck das Kloster S. Michele, drei im Laufe eines Jahrtausends übereinandergebaute Kirchen, gründlich zu erforschen oder in der Osterwoche die eindrucksvolle Karfreitagsprozession als archaisch anmutende Manifestation des Glaubens mitzuerleben. Der Prinz möge sein Dornröschen noch lange verschonen!

Wehr setzt, ist Procida – angesichts der nahen Millionenstadt Neapel mehr als ein Wunder! – ein touristisch weitgehend unberührtes Fleckchen Erde geblieben. »In unserem Hafen«, so fährt Elsa Morante mit ihrer Schilderung fort, »legen fast niemals jene eleganten Sport- oder Segelboote an, welche die anderen Häfen des Archipels so zahlreich bevölkern; du wirst hier außer den Fischerbooten der Inselbewohner nur kleine Nachen und schwere Lastkähne finden.« Wahrscheinlich wäre dieses Bild heute schon Nostalgie, hätten die rund zehntausend Procidaner nicht in den 70er Jahren allen Verlockungen schnellen Geldes widerstanden und sogar den renommierten Club Mediterrannée abblitzen lassen, der auf der Insel ein Feriendorf errichten wollte.

Auf Procida ist man niemandem gram, der um das Eiland einen Bogen macht. Was keineswegs heißt, daß Besucher unfreundlich empfangen werden. Mit drei kleinen Hotels, mehreren Privatquartieren, zwei Campingplätzen und einem Dutzend

Salerno:

Ankerplatz der Invasoren

Es muß wohl der Zauber der Landschaft am gleichnamigen Golf schuld daran sein, daß die Normannen ausgerechnet bei Salerno erstmals ihren Fuß auf süditalienischen Boden setzten. 40 von einem Kreuzzug heimkehrende Ritter aus dem Norden, die Anno 1016 dem dort regierenden Langobarden-Herzog bei der Verteidigung seiner Stadt gegen die Sarazenen halfen, dürften nach ihrer Heimkehr in die Normandie auf die Schönheit dieser Gegend und die Liebenswürdigkeit ihrer Bewohner wahre Lobeshymnen gesungen haben. Die Kunde vom südlichen Paradies machte schnell die Runde: »Auf nach Salerno« hieß die Parole, der immer mehr Normannen folgten. Dann ging es Schlag auf Schlag, Schlacht auf Schlacht. Unter Führung der fünf Söhne Tankred von Hautevilles fiel den streitbaren Rauhbeinen, die sich auch als strategische Genies entpuppten, in nicht einmal sechs Jahrzehnten Apulien, Kalabrien und schließlich auch Sizilien in die Hände. Die Herrschaft der Byzantiner, Langobarden und Araber auf der Apenninen-halbinsel war zu Ende.

900 Jahre später setzten wieder einmal Fremde im Golf von Salerno zur Eroberung Italiens an. Die Landung der Alliierten am 8. September 1943 stellte eine entscheidende Wende im Zweiten Weltkrieg dar, die den Untergang des Hitler-Reiches einläuten sollte. Nur langsam verheilten die Wunden der mörderischen Kämpfe; noch heute liegen auf dem Meeresgrund versenkte Kriegsschiffe als Zeugen jener bitteren Tage. Aber die als »Klein-Neapel« gerühmte Stadt, 1944 nach der Befreiung Roms vier Wochen lang Sitz der freien italienischen Regierung unter Marschall Pietro Badoglio, hat sich nie unterkriegen lassen. Sie zählt heute zu den vitalsten Kommunen des Mezzogiorno, ist stolz auf ihre Vergangenheit – und blickt mit viel Optimismus in die Zukunft.

Griechen, Römer und Langobarden wußten das milde, fruchtbare Klima der durch die Monti Picentini geschützten Bucht zu schätzen, aus der Nähe vulkanischer Bäder entwickelte sich bereits in der Antike eine auch von Horaz lobend erwähnte Heilkunde-Tradition. Ihre Hochblüte allerdings erfuhren die Lehren des Hippokrates unter der Herrschaft der Normannen und des Stauferkaisers Friedrich II., als die »Medizinische Schule« von Salerno in der gesamten mittelalterlichen Welt – einzig in ihrer Art – neue Maßstäbe setzte.

Die *Scuola Medica*, Wegbereiterin der späteren Universität und bis 1812 in Betrieb, war nicht nur die älteste und zu ihrer Zeit bedeutendste Institution ihrer Art, sie bildete mit ihren Rezepten, pathologischen Traktaten und klinischen Behandlungsvorschriften auch die Basis für die Entwicklung der Medizin in ganz Europa. Prominente Operateure wie Roggero und Rolando di Parma hoben die Chirurgie durch das gründliche Studium der Anatomie aus dem obskuren Bereich der Kurpfuscherei auf wissenschaftliches Niveau. Sogar der Faulheit sagten die Professoren den Kampf an: In einer Spruchsammlung medizinischer Vorschriften heißt es, man solle die Siesta, das allseits beliebte Nachmittagsschläfchen, meiden, denn es führe zu »Fieber, Kopfschmerzen, Katarrh und Indolenz«.

An den Glanz einstiger geistiger Größe erinnert heute nur mehr eine Miniatur, die als einzige authentische Darstellung der Medizinischen Schule von Salerno gilt. Auf einem Kreuzzug war der Normanne Robert, Sohn Wilhelm des Eroberers, durch einen vergifteten Pfeil schwer verwundet worden. Auf Anraten der Ärzte von Salerno saugte Roberts Gemahlin Sybille die Wunde ihres dahinsiechenden Mannes aus. Sie starb, das Leben des Fürsten aber war gerettet. Das Bild zeigt – mit aller Dramatik mittelalter-

Darstellung der medizinischen Schule von Salerno

licher Kunst – im Vordergrund die Bestattung Sybilles, während Robert vor dem Stadttor von den Medizinern empfangen wird. Den Normannen verdankt die Stadt ihr wichtigstes Baudenkmal, die 1080 bis 1084 errichtete, im 18. und 19. Jh. erneuerte und durch behutsame Restaurierungen in jüngster Zeit wieder in den Originalzustand versetzte **Kathedrale S. Matteo.** Ihr 56 m hoher Campanile aus dem 12. Jh. ragt als mächtiges Zeugnis ruhmreicher Vergangenheit aus dem Dächergewirr der Altstadt, auch wenn er sich heute im Gesamtbild Salernos gegen die sich in den Abhang fressenden modernen Hochhäuser nur mehr schwer behaupten kann. Die äußere Fassade der weiträumigen Kirchenanlage, eine neoklassizistische Schöpfung des Jahres 1837, öffnet sich am Ende eines Treppenaufganges mit dem sogenannten »Löwenportal« aus dem 11. Jh. Dahinter beginnt der sakrale Bereich mit einem prächtigen, an die Vorhöfe von Moscheen erinnernden Atrium. Die 28 Monolithsäulen, die seinen Portikus tragen, stammen aus der nahen antiken Ruinenstadt Paestum. Der Zugang ins eigentliche Gotteshaus erfolgt durch ein erneut von Löwen flankiertes romanisches Portal mit 1099 in Konstantinopel gegossenen Bronzetüren.

Die Entdeckung der angeblichen Gebeine des Evangelisten Matthäus – sie ruhen heute in der Krypta der dreischiffigen Basilika – dürfte überhaupt den Ausschlag zum Bau der Kirche gegeben haben. Papst Gregor VII. – auch seine sterblichen Überreste, eine mit kostbaren Gewändern bekleidete Mumie, werden in einer Seitenkapelle der Kathedrale verehrt – wird wohl den Normannen Robert Guiscard davon zu überzeugen gewußt haben, daß solch hochkarätige Reliquien eines repräsentativen Daches bedürfen. Schließlich waren die beiden auch politisch ein zusammengeschmiedetes Paar. Nach seinem Konflikt mit König Heinrich IV., den er mit dessen historisch gewordenem Canossa-Gang gedemütigt hatte, verschanzte sich das Kirchenoberhaupt 1083 in der Engelsburg vor den Truppen des inzwischen von einem Gegenpapst zum Kaiser gekrönten Deutschen. Seinem Vasalleneid getreu vertrieb Robert die Eindringlinge aus Rom (s. S. 12), Frieden aber konnte er nicht stiften. Er mußte Gregor, dem die Römer die

Schuld an den normannischen Plünderungen gaben, vor den aufgebrachten Bürgern schützen und nach Salerno in Sicherheit bringen, wo dieser zwei Jahre später im Castello di Arechi starb und als einer von wenigen Päpsten nicht im Vatikan bestattet wurde. »Ich habe das Recht geliebt und das Unrecht gehaßt, darum sterbe ich in der Verbannung« – mit diesen in seiner Grabinschrift verewigten Worten soll sich der später Heiliggesprochene vom irdischen Dasein verabschiedet haben.

Seit einer wohldurchdachten Stadterweiterung in den letzten Jahrzehnten des 19. Jh. – der wohl ersten dieser Art im Mezzogiorno – ist Salerno ständig gewachsen. Die Einwohnerzahl liegt derzeit bei etwas mehr als 150 000 – Tendenz stark steigend. Dazu haben gleichermaßen die Umwandlung ehemals malariaverseuchter Gebiete in fruchtbaren Ackerboden wie der Ausbau des bereits von den Staufern angelegten Hafens wesentlich beigetragen. Heute präsentiert sich die Hauptstadt der gleichnamigen Provinz als lebhaftes Industrie- und Handelszentrum mit einer erstaunlich jungen Bevölkerung, die ihre gutbürgerliche Herkunft nicht verleugnet.

Auf der durch die Altstadt führenden Via dei Mercanti und ihrer Fortsetzung, dem breiten Corso Vittorio Emanuele mit seinen zum Teil aus der Mussolini-Ära stammenden öffentlichen Protzbauten von zweifelhaftem Geschmack, herrscht dank einer durchgehenden Fußgängerzone zu den Geschäftszeiten stets reges Treiben. Elegante Boutiquen, Kaufhäuser aller Preisklassen, gemütliche Restaurants und Cafés, in denen sich gut gekleidete Frauen und Männer um die Theke drängen, vermitteln das Bild einer wohlhabenden Gemeinde. In Carmine Rossis *Caffè dei Mercanti* trifft sich zu allen Tageszeiten bis kurz vor Mitternacht das intellektuelle und künstlerische Salerno. »Nino«,

Salerno, Caffè dei Mercanti

wie der kleine, drahtige Lokalbesitzer von seinen Freunden genannt wird, versteht es geschickt, seinen Gästen so etwas wie ›Zeitgeist‹ zu vermitteln. Seit ein nahe Salerno ansässiges ausländisches Künstler-Ehepaar seinen Wunsch nach einem Martini-Cocktail deponierte, ist die kleine, mit Wimpeln von Fußballclubs aus ganz Europa geschmückte Bar zum Inbegriff für diesen plötzlich wiederentdeckten Modedrink geworden. Andere Lokale mußten nachziehen, und in ganz Salerno sind die Umsätze von Martini, Gin und Oliven gewaltig gestiegen.

Unendliche Geschichte von Ton und Farbe

Von luftverpestender Schwerindustrie blieb Salerno – insbesondere zur amalfitanischen Küste hin – verschont. Das mag seine Ursache in dem bereits seit Jahrhunderten blühenden Keramik-Handwerk haben, dessen Meister vor allem in Vietri sul Mare Weltgeltung erlangen konnten. Schon für die Medizinische Schule von Salerno stellten die Werkstätten zahlreiche *albarelli* (Gefäße) zur Aufbewahrung von Salben und Tinkturen her. Notarielle Urkunden über Verträge und Lieferungen zeugen auch von der Ausstattung von Klöstern und Kirchen mit Keramiken aus Vietri. Die Hauptproduktion aber lag bei Terracotta und Geschirr. Nach einer 1880 für die Provinz Salerno durchgeführten statistischen Erhebung wurden damals 3,3 Mio. Keramikobjekte erzeugt.

Die künstlerisch fruchtbarste Zeit sollte zwischen den beiden Weltkriegen kommen, als sich eine Gruppe von zuerst holländischen, dann deutschen Keramikern, Malern, Schriftstellern und Kunststudenten in Vietri niederließ. Der führende Kopf der an kreativen und innovativen Ansätzen überaus reichen »Deutschen Periode« war Richard Dölker, ehemals Lehrer an der Stuttgarter Kunstgewerbeschule, der Tassen, Teller, Krüge und Fliesen mit phantasievollen und fröhlichen Motiven schmückte. Andere wieder, wie beispielsweise Irene Kowaliska, Guido Gambone, Max Melamerson und Margarete Thewalt, schufen keramische Arbeiten mit poetischem Inhalt. Mit Ausbruch des Zweiten Weltkriegs fiel die Gruppe auseinander, die meisten ihrer Werke gingen verloren.

Was aus dieser Ära noch übriggeblieben ist, findet sich jetzt als kostbare Exponate im Keramikmuseum von Vietri und in der kleinen privaten Kollektion von Alfonso Tafuri in der Altstadt von Salerno (Via Duomo 33).

Die Technik des Keramik-Handwerks hat sich bis heute nicht verändert. Nach wie vor kommt der Ton aus Ogliara nahe Salerno, der aufgrund seiner Eigenschaften die Festigkeit der Keramiken garantiert. Einziges Zugeständnis an den Fortschritt sind elektrisch betriebene Drehscheiben und moderne Brennöfen. Nach einer wirtschaftlichen Krise in den 50er und 60er Jahren konnte sich die Keramik-Industrie durch Verzicht auf billige Massenware wieder einigermaßen erholen. Etwa 30 Werkstätten und vier Fabriken können an die 60% ihrer Produktion – darunter leider auch schaurigen Souvenirkitsch – an Ort und Stelle verkaufen, der Rest geht auf den nationalen und internationalen Markt. Wer Zeit und Geduld aufbringt und seine Andenken nicht gleich am Hauptplatz von Vietri ersteht, findet in den etwas abseits liegenden Betrieben des Ortes immer noch erlesene Stücke – Meisterwerke von Geschmack in Form und Farbe.

Certosa di Padula

Freilich klingt das alles ein bißchen provinziell, was gar nicht geleugnet werden soll. Doch trägt gerade das auch zum Charme dieser Stadt bei. In den winkeligen Gäßchen des historischen Zentrums, an dessen Renovierung eifrig gearbeitet wird, geht niemand verloren, weil die Übersicht relativ einfach ist. Die lange Strandpromenade lädt zum Bummel unter schattenspendenden Palmen ein. Schließlich bietet sich Salerno auch als idealer Ausgangspunkt für Exkursionen an die Costa Amalfitana, nach Paestum oder in das Diano-Tal mit seiner Hauptattraktion, der Kartause S. Lorenzo von Padula, an.

La Certosa di Padula, knapp 100 Autobahnkilometer südlich von Salerno, gehört mit 52 000 qm Grundfläche, 320 Räumen, 51 Treppen, 41 Brunnen und 13 Höfen zu den größten und beeindruckendsten Klosteranlagen Süditaliens. Ihr gitterförmiger Grundriß soll an den am 10. August des Jahres 258 unter Kaiser Valerian auf dem Rost zu Tode gemarterten heiligen Lorenz erinnern. Der Bau nach dem Vorbild des Escorial bei Madrid zog sich vom 14. bis in das 19. Jh. hin, den optischen Eindruck bestimmen jedoch die barocken Stilelemente. Sie dominieren die Hauptfassade, die Kirche mit ihrem prachtvollen, feinst verzierten Chorgestühl aus dem 16. Jh. und vor allem den aus zweigeschossigen Arkaden bestehenden Kreuzgang, angeblich den größten der Welt. Beim Rundgang durch die liebevoll restaurierte Kartause öffnet sich eine wahre Schatzkammer kostbarer Kunstwerke, wenn auch viele Objekte im Laufe der Zeit abhanden gekommen sind. So warten sieben leere Plätze im Gotteshaus immer noch auf Gemälde, die Napoleons Truppen requiriert haben. »Sie müssen zweifellos sehr wertvoll gewesen sein, da sie von den Franzosen in das Louvre-Museum gebracht wurden«, vermerkt ein lokaler Führer lakonisch. Die Räume rund um den trotz seiner gewaltigen Dimensionen ungemein harmonisch wirkenden Kreuzgang – er besteht aus 84 Pfeilern, der 12 000 qm große Innenhof kann bis zu 60 000 Menschen aufnehmen – beherbergen das *Centro Internazionale di Studi Lucania* (Internationales Zentrum für Lukanische Studien) und ein kleines archäologisches Museum mit Gräberfunden aus dem Diano-Tal.

Wie eine frei schwebende Spindel windet sich eine Marmor-Wendeltreppe mit 38 Stufen in die obere Etage. »Gib dem Weisen die Möglichkeit, und die Weisheit wird ihm gegeben werden«, lautet die Inschrift über der Steinpforte, durch die man in die Bibliothek tritt. Deren Bücher- und Handschriftenschätze sind zum Großteil ebenfalls von den Franzosen geraubt worden, die auch nicht davor zurückschreckten, den kompletten Mosaik-Fußboden einer Seitenkapelle der Kirche als Beute in ihre Heimat zu schleppen. Musivische Arbeiten mit farbenprächtigen Blumenmotiven blieben glücklicherweise in der Bibliothek erhalten. Der einstige Reichtum der Mönche läßt sich daran ermessen, daß sie Mitte des 18. Jh. nicht weniger als 64 000 Dukaten für den Bau der Großen Treppe, einem der Glanzstücke des Klosters, aufbringen konnten. Die geistlichen Herren leisteten sich auch für ihre Zellen einen nicht unbeträchtlichen Luxus. Jede bestand aus zwei Zimmern und einem kleinen Vorraum, von dem aus man einen gedeckten Laubengang und einen eigenen Garten mit Brunnen betrat: ein nettes Apartment, in dem es sich gut leben ließ. Dafür dürfte auch die ob ihrer erlesenen Delikatessen berühmte Klosterküche gesorgt haben. Von einem Besuch König Karls III. wird erzählt, der Monarch und sein Gefolge hätten eines Abends ein Omelette aus tausend Eiern verdrückt.

Weniger gut erging es in Padula jenen 300 Aufständischen, deren Ziel es bereits 1857, drei Jahre vor Garibaldi, war, die Herrschaft der Bourbonen zu stürzen. Unter der Führung von Carlo Pisacane hatten sich die Verschwörer von Sapri in die Nähe der Kartause zurückgezogen und – so eine gern erzählte Sage – die Warnungen des Erzengels Michael, des Schutzpatrons von Padula, in den Wind geschlagen. *Mezza calzetta*, »Halbe Socke«, wie der Heilige hier im Volksmund aufgrund seiner häufigen Darstellung mit einem nur bis an die Waden reichenden Beinkleid genannt wird, konnte daher die Helden vor einem bösen Verrat nicht mehr retten. Ein Bourbonenheer metzelte die 300 Patrioten nieder, ihre Gebeine ruhen nun in der Krypta der Annunziata-Kirche von Padula, im sogenannten *Ossario dei Trecento*.

Das blieb von großen Tagen:
Götter, Gräber und Ruinen

Die Rosen von Paestum

Eine Legende darf nicht sterben: Rührend bemüht sich der Gärtner des Archäologischen Parks von Paestum, dem aus der Antike stammenden Ruf der versunkenen Stadt gerecht zu werden. Schon Vergil, Ovid und Properz rühmten die *biferi rosario Paesti*, die »zweimal im Jahr erblühenden Rosen« des einstigen *Poseidonia*. Gepflegte Rosensträucher in einem kleinen Garten im Schatten mächtiger Tempelruinen bieten heute tagtäglich Hunderten von Fotoamateuren einen attraktiven Vordergrund, der die jahrtausendealten Mauern und Säulen mit kräftigen Farbtupfen aufputzt. Warum die Königin der Blumen, die im süditalienischen Klima auch andernorts im Frühjahr und Herbst aufblüht, ausgerechnet in der im 7. vorchristlichen Jahrhundert als Handelsstützpunkt errichteten Stadt besondere Verehrung genoß, bleibt wohl eines der ungelösten Rätsel der Geschichte. Auch durchaus ernsthafte Historiker neigen daher zu der These, mit der Rose könne der zartere Teil des Menschengeschlechts gemeint gewesen sein. Wer sollte es wagen, der Behauptung zu widersprechen, daß die Frauen von Paestum ob ihrer Anmut weit und breit berühmt waren? Zumal die aus dem allen leiblichen Genüssen zugetanen *Sybaris* stammenden Gründerväter der Siedlung sicherlich auch dem weiblichen Schönheitsideal huldigten.

Kaum zu glauben, wenn man die unproportioniert-klobigen Figuren im Museum von Paestum betrachtet, die von den Lukaniern – ab etwa 400 v. Chr. die neuen Herren der dem Meeresgott Poseidon geweihten Stadt – angefertigt wurden. So häßlich können Griechen einfach nicht gewesen sein, ein Volk, das Tempel von solch zeitloser Schönheit geschaffen hatte. Oder, wie sich der deutsche Archäologenpapst Joachim Winckelmann 1758 ausdrückte, »das Erstaunendste und Liebste, das Ehrwürdigste aus dem ganzen Altertum«. Des Rätsels Lösung: Die Lukanier waren von der Kultur, die sie hier vorfanden, so beeindruckt, daß sie diese nachzuäffen versuchten – oft auf plumpe, unbeholfene Art.

Wie anmutig, wie elegant muten dagegen die zwar ebenfalls in lukanischer Zeit entstandenen, aber wahrscheinlich noch von einem griechischen Künstler stammenden Wandmalereien an, die aus Kastengräbern geborgen werden konnten. Meister der Pinselführung waren bei diesen Darstellungen von Jagdszenen, Pferderennen oder Begräbnisfeierlichkeiten am Werk. Ihr Vorbild dürfte das bereits um 480 v. Chr. geschaffene Werk »Das Grab des Tauchers« gewesen sein, das einzige bisher entdeckte Fresko aus klassischer griechischer Zeit, aus der sonst nur Vasenmalereien erhalten sind. Erst 1968 freigelegt, besticht es durch seine klare Linienführung und erinnert in manchen Details an das Alterswerk Pablo Picassos. Am bekanntesten ist die Deckplatte des Grabes, auf der vor hellem Hintergrund ein nackter Jüngling in makelloser Haltung von einem Turm kopfüber in das hellblaue Meer – oder in ein Schwimmbecken? – springt. Handelt es sich um einen Sprung vom Leben in den Tod? Die Interpretation des Gemäldes bleibt der Phantasie des Betrachters überlassen.

Umweltsünden trugen schließlich zum Untergang Paestums bei, das sich als treuer Bundesgenosse der Römer noch einige Jahrhunderte lang eines regen Handels- und Kulturlebens erfreuen durfte. Die rücksichtslose Abholzung der Gebirgswälder für den Schiffsbau veränderte den Lauf der durch die Ebene führenden Flüsse, Überschwemmungen schufen große Sumpfgebiete, in denen die Malaria wütete. Durch die Anlage

Paestum, Grab des Tauchers, Detail

neuer, an Paestum vorbeiführender Handelswege geriet die Stadt endgültig ins Abseits und versank im wahrsten Sinne des Wortes.

Welche Ironie der Geschichte: Die Wiederentdeckung von Paestum erfolgte durch den Straßenbau. Der Bourbone Karl III. ließ 1752 die Wege nach dem Süden systematisch der Küste entlang anlegen, und dabei standen die Arbeiter in einem beinahe undurchdringlichen Dschungelsumpf plötzlich vor den Überresten einer antiken Siedlung, vor großartigen Tempelbauten, wie sie selbst in Griechenland nicht zu finden sind. Seither hat das Gelände bei jeder Grabungskampagne – auch Archäologen künftiger Generationen werden hier noch Beschäftigung finden – kunst- und kulturhistorische Schätze von höchstem Rang freigegeben.

Die erstaunlich gut erhaltenen Stadtmauern weisen einen Umfang von 4750 m auf. Sie waren einst gut 15 m hoch, zwischen 5 und 7 m stark und von einem tiefen Graben umgeben. Vier Haupttore entsprechen den Himmelsrichtungen: im Norden das »Goldene Tor«, im Süden das »Tor der Gerechtigkeit«, im Osten das »Sirenen-Tor« und im Westen das »Tor zum Meer«. Paestums zweifellos größte Attraktion stellen freilich die drei Tempel dar, an denen sich die Entwicklung griechischer Architektur von noch eher unbeholfenen Anfängen bis zur klassischen Harmonie verfolgen läßt. Alle drei Bauwerke – sie liegen im heiligen Bezirk in der Stadtmitte – sind in Ost-West-Achse errichtet, Symbol des ewigen Kreislaufs der Sonne, alle drei tragen sie Namen, die nicht ihrem ursprünglichen Zweck entsprechen.

Der sogenannte **Poseidon-Tempel** (auch Neptun-Tempel), jüngster, schönster, besterhaltener und aufgrund seiner Lage auf einer leichten Anhöhe monumentalster des Trios, um 450 v. Chr. erbaut, dürfte eigentlich Hera geweiht gewesen sein, wie sich aus der Entdeckung zahlreicher kleiner, gebrannter Tonstatuen in Votivschreinen schließen läßt. Die damals in dieser Gegend meistverehrte Göttermutter höchstpersönlich hat, so erzählt die Legende, Jason und seinen Argonauten den Weg zur Mündung des Sele-Flusses gewiesen, wo die tapferen Seefahrer dann zunächst den Grundstein zu einem anderen Heiligtum legten: Vom **Heraion**, einst einer der berühmtesten Tempel Großgriechenlands und mit der Stadt durch einen rund 9 km langen Prozessionsweg verbunden, blieben nur die Grundmauern erhalten sowie 42 Metopen (Reliefplatten des

Gebälks) mit mythischen Darstellungen, die jetzt im Museum von Paestum bewundert werden können. Kein Zweifel besteht allerdings bei den Wissenschaftlern daran, daß auch Poseidon – immerhin trug ja die Stadt den Namen des Meeresgottes – seinen eigenen Tempel hatte. Bis heute hat man ihn jedoch vergeblich gesucht.

Namen sind freilich Schall und Rauch angesichts eines überwältigenden Bauwerkes wie dem Poseidon-Tempel, der dem Betrachter mit Hilfe genialer architektonischer Kunstgriffe in der Perspektive den Eindruck perfekten Ebenmaßes vermittelt: Durch eine kaum wahrnehmbare Krümmung des Stufenunterbaus und des Gebälks der zwei Fronten nach unten sowie durch die minimale Einwärtsneigung der Säulen der Ringhalle und einige andere ›Tricks‹, wie die Erhöhung der Mittelsäulen um ganze zwei Zentimeter oder die leicht ovale Form der vier Ecksäulen, wird das menschliche Auge überlistet, die vollkommene Schwerelosigkeit der dorischen Architektur erreicht. Da können auch beckmesserische Experten nicht daran rütteln, wenn sie die Abweichungen von der »klassischen Norm« kritisieren, nämlich die Zahl von 14 Säulen an den Längsseiten statt der üblichen 12 oder 13 und der 24 – statt der vorgeschriebenen 20 – Säulen-Kanneluren (senkrechte, parallel verlaufende, konkave Furchen).

Auch die sogenannte **Basilika**, der älteste und größte der drei Tempel, dürfte dem Hera-Kult gedient haben. Der Name des im letzten Drittel des 6. vorchristlichen Jahrhunderts errichteten Bauwerks geht auf das 18. Jh. zurück. Nach der Wiederentdeckung Paestums hielt man es – offenbar wegen des Fehlens der im Laufe der Zeit eingestürzten Giebel wie auch wegen der ungeraden Zahl der Säulen an den Schmalseiten – fälschlicherweise für ein profanes Gebäude, den Sitz hoher Justizbehörden. Aufgrund von Votiv-

Paestum, Poseidon-Tempel

gaben kann aber heute der ursprüngliche Zweck des von einer umlaufenden Säulenhalle (9 Säulen an den Schmal-, 18 an den Längsseiten) umgebenen Baus eindeutig identifiziert werden.

Der **Ceres-Tempel** – wieder ein falscher Name, denn er diente mit Sicherheit der Athene-Verehrung – befand sich einst im Zentrum eines kleinen Heiligtums, von dem nur noch das Opferbecken, die Fundamente zweier Altäre, eine vollständige Votivsäule und die Basis einer weiteren erhalten sind. Das Gebäude, Ende des 6. Jh. v. Chr. entstanden, vereint erstmals in der Geschichte der griechischen Architektur ionische Innenraum-Elemente mit einem dorischen Außenbau, der mit seiner beschwingten Eleganz den höchsten Punkt der Stadt beherrschte.

Sie müssen einfach schön gewesen sein wie Rosen, die Frauen von Paestum, deren Männer zu Ehren von Hera und Athene zu solch ewig gültigen Meisterwerken der Baukunst fähig waren!

Paestum, Grab des Tauchers, Detail

Pompeji und Herculaneum:
Tod
unter dem Vulkan

Nichts kann ewig dauern.
Wenn die Sonne ihr ganzes Licht verströmt hat,
nimmt der Ozean sie wieder auf.

Vers eines unbekannten römischen Dichters aus Pompeji

Der Weltuntergang kam als Blitz aus heiterem Himmel. In seinem grellen Licht bäumte sich die Stadt noch einmal auf, um wenig später als makabre Momentaufnahme für Jahrtausende in Dunkelheit zu versinken. Am 24. August des Jahres 79 n. Chr. zeigte der fatalerweise für harmlos angesehene Vesuv seine Macht. Ein Aschenregen vernichtete Pompeji und tötete ein Fünftel seiner 8000–10 000 Bewohner. Lava verschüttete das nahe Herculaneum, aus dem sich die Bevölkerung allerdings rechtzeitig in Sicherheit bringen konnte. Doch so spektakulär die Naturkatastrophe auch gewesen sein mag, die Plinius der Jüngere als Augenzeuge vom sicheren Kap Misenum aus höchst anschaulich schilderte, kaum ein Geschichtsbuch berichtete heute noch von diesem Vulkanausbruch, wäre nicht die Gier nach Gold unsterblich. Als nämlich in den Staatskassen von Neapels Bourbonenkönig Karl III. wieder einmal Ebbe herrschte, gingen Archäologen 1748 erstmals ernsthaft auf die Suche nach den sagenhaften Römerstädten, von denen die Bauern seit Jahrhunderten immer wieder munkelten. Was die königlichen Goldgräber fanden, übertraf ihre kühnsten Erwartungen. Rücksichtslos plünderten sie im Auftrag seiner Majestät die am leichtesten zugänglichen Ruinen.

Erst 1864 konnte der engagierte italienische Wissenschaftler Giuseppe Fiorelli mit professionellen Ausgrabungsarbeiten beginnen. Diesem Archäologen verdanken wir die wohl erschütterndsten Zeugnisse der Katastrophe, denn er ließ jene Hohlräume in der zu Stein gewordenen Asche mit Gips ausgießen, in denen Menschen und Tiere zu Staub zerfallen waren. Für alle Ewigkeit wurde dank dieser Methode der Todeskampf der Pompejaner festgehalten: Im sogenannten **Haus des Fauns** konnte sich die Herrin nicht von ihren goldenen Armreifen, Haarnadeln, Silberspiegeln und gefüllten Börsen losreißen. Sie starb mit ihren Schätzen in der Hand. Auf der Straße bei der **Villa des Diomedes** fand man eine reichgeschmückte Frau, die ein Kind auf dem Arm trug, sowie zwei junge Mädchen und zwei Männer. In der Villa selbst wollte der Hausherr mit seiner Familie im Weinkeller Schutz finden. Achtzehn Personen erstickten dort inmitten ihrer Vorräte aus Brot und Früchten. Vergeblich versuchte die Tochter des Hauses, ihren Kopf in der Tunika zu verbergen und solcherart den tödlichen Dämpfen zu entgehen. Grabungen in der Nähe der **Porta Nocera** enthüllten 1962 das ergreifende Ende von weiteren dreizehn Menschen. Ein Sklave, einen Sack mit Verpflegung auf den Schultern, führte den Zug an. Hinter ihm gingen Hand in Hand zwei kleine Knaben, ihnen folgte ein Paar mit einem kleinen Mädchen. Die Frau brach in die Knie, der alte Mann am Ende der Prozession fiel zu Boden und versuchte verzweifelt, wieder auf die Beine zu kommen. Hilflos mußte er zurückbleiben. Auf seine Arme gestützt, warf er den Seinen einen letzten Blick nach.

Nur einige wenige Gipsabdrücke der Sterbenden werden in den Vitrinen auf dem Ausgrabungsgelände den Blicken von alljährlich mehr als 1,5 Mio. Besuchern preisgegeben. Die Frage, warum man nicht alle Opfer zu einem wohl einzigartigen *danse macabre* versammelt hat, beantwortet sich angesichts der pietätlosen Kommentare und Witzchen vieler Touristen von selbst. In seiner Begeisterung schrieb Goethe 1787 nach seinem Spaziergang durch die Gassen des eben ausgegrabenen Pompeji leichtfertig: »Es ist viel Unheil in der Welt geschehen, aber wenig, das den Nachkommen soviel Freude gemacht hätte.« Der Dichterfürst erblickte damals freilich nur Tempel, Wohnhäuser, Läden, Lokale und Badeanlagen mit ihren großartigen oder schlüpfrigen Fresken, Mosaiken und Skulpturen – und auch davon bloß einen Bruchteil der seither gefundenen Kostbarkeiten. Wie gräßlich jedoch der Tod im Schatten des Vesuv gewesen sein muß, konnte er noch auf keinem Menschenantlitz sehen.

Um die Hauptsehenswürdigkeiten zu besichtigen, benötigt man heute in Pompeji eigentlich weder Führer noch Stadtplan. Vor den Pforten sämtlicher Attraktionen summen und brummen Touristenschwärme wie Bienen vor ihren Stöcken. *Amantes ut apes vitam mellitam* – »Liebende wünschen sich ein Honigleben wie die Bienen« – gravierte ahnungslos ein Pompejaner vor 2000 Jahren in die Mauer seines Hauses in einer schmalen Nebenstraße der 8,5 m breiten Via Abbondanza. Auch wenn er es nicht so gemeint hat, sein Wunsch ging in Erfüllung, denn Pompeji wurde zum Honigtopf für alle Liebhaber der Antike. Nirgendwo sonst – mit Ausnahme von Herculaneum – präsentiert sich die versunkene Welt des Römischen

Herculaneum, Thermen

Reiches derart lebendig und hautnah. Nicht nur der einzigartigen Kunstschätze wegen wurde Pompeji zum Mekka der Kulturtouristen, in diesem gigantischen Freilichtmuseum können wir Heutigen den Alten buchstäblich in den Kochtopf oder ins Schlafzimmer schauen. Freche Sgraffiti, kämpferische Wahlparolen, zarte Liebesgedichte oder zotige Sprüche erzählen ebenso wie liebevoll ausgeführte Wandmalereien oder flüchtig hingeworfene Karikaturen in Weinschenken und Bordellen, was und wie man im 1. nachchristlichen Jahrhundert lebte und liebte.

Pompeji bedeutet ein unentwegtes Wechselbad der Gefühle. Zutiefst berührt der 1909 entdeckte Freskenzyklus in der Mysterienvilla, den einer der größten Künstler aller Zeiten schuf. Den Namen des Malers kennt man ebensowenig wie die Geheimnisse des dargestellten Dionysoskults, doch die Frische der Farben, die Ausdruckskraft der Gestalten begeistern Laien wie Experten gleichermaßen. Wer frühmorgens seine Wanderung durch Pompeji azyklisch bei der **Villa dei Misteri** beginnt (s. S. 329 f.), wird in völliger Stille und Einsamkeit durch die **Via dei Sepolcri,** eine von Grabmälern flankierte Straße, hinab zum mittlerweile belebten **Forum** schlendern. »Ich staune, Wand, daß du nicht einstürzt unter dem Gewicht des ganzen Unsinns«, schrieb unweit des einstigen und heutigen Zentrums Pompejis ein erboster römischer Bürger an eine Mauer. Trotz der zeitgenössischen Kritik zeugen die antiken Kritzeleien von mehr Geist und Esprit als die heute gängigen »Kilroy was here«-Schmierereien, gleichgültig ob es um Politik – »Das ist mein Rat: Verteilt die öffentlichen Gelder! Sie liegen nutzlos nur in unseren Truhen« – oder um Sex ging. Die Pompejaner ersparten sich die Couch des Psychiaters, indem sie entweder zufrieden erklärten: »Möge ich immer und überall bei den Frauen so leistungsfähig sein, wie ich es hier gewesen bin«, oder locker reimten: »Schamhaare muß ein

Mädchen haben, nicht kahlgeschoren soll es sein; so schützt es dich vor grimmiger Kälte, schlüpfst du zu ihm hinein.«

Daß die Alten Gott Eros nicht bloß mit Worten, sondern gleichermaßen in bildlichen Darstellungen hofierten, davon zeugt eine Unzahl von Wandmalereien und Skulpturen, die an Deutlichkeit nichts zu wünschen übrig lassen. Noch in den 60er Jahren übrigens blieb beispielsweise die Betrachtung der Beischlafszenen im **Haus der Vettier** ausschließlich männlichen Touristen vorbehalten. Jetzt kann man jenen gewissen verlegenen Gesichtsausdruck, den andernorts Besucher beim Verlassen eines Pornokinos zur Schau tragen, auch den Mienen der Damen entnehmen. Die Broschüre »Verbotenes Pompeji«, auf der Piazza an jedem der mit schier unglaublichem Kitsch ausgestatteten Souvenirstände auf deutsch, englisch und sogar japanisch erhältlich, findet jedenfalls reißenden Absatz.

Nahezu ohne Rummel empfängt hingegen **Herculaneum** seine Gäste. Nicht zuletzt deswegen geben Kenner dieser am selben Tag dem Untergang preisgegebenen Stadt gegenüber dem größeren Pompeji den Vorrang. In der unter Lavamassen erstarrten Ansiedlung blieben weit mehr Steine aufeinander, die meisten Häuser sind inklusive Dachstuhl erhalten, in manchen finden sich sogar noch hölzerne Möbelstücke oder anderer Hausrat. Das Grau der antiken Mauern hebt sich kaum von dem unmittelbar benachbarten, schäbigen, 20 m höher liegenden Resina ab, und auch das Pflaster der uralten Gassen unterscheidet sich wenig von den engen Straßenschluchten der modernen Ansiedlung, die zu den wohl häßlichsten Vororten Neapels zählt. Wie gepflegt wohnten dagegen die Herculaner! Mit Mosaiken schmückten sie ihre Villen, mit Statuen ihre Gärten, mit Marmor ihre Bäder. Es muß eine Lust gewesen sein, hier am Fuße des Vesuv zu leben, umgeben vom Grün der Weingärten, vor denen azurblau das Meer funkelte. Kein Wun-

Mosaik aus Pompeji (Nationalmuseum Neapel)

der, daß auch die Reichsten der Reichen ihre Sommerpaläste auf diesem gesegneten und doch letztlich verfluchten Fleckchen Erde errichteten. Eine der wohl prächtigsten Anlagen grub man erst 1967 zur Gänze aus: Die **Villa von Oplontis.**

In Torre Annunziata, zwischen dem Kanal Sarno, der Via Sepolcri und der Via Margherita di Savoia, einer Gegend, die heute *Mascatelle* genannt wird, verbirgt sich jenes Juwel, das der Plünderung bourbonischer Schatzgräber glücklicherweise entgangen ist. Auch heute finden nicht allzu viele den Weg zu dem Meisterwerk römischer Architektur aus dem 1. Jh. n. Chr., das vermutlich Poppaea bewohnte, die 13 Jahre vor dem Vesuvausbruch an den Fußtritten ihres ›göttlichen‹ Gemahls Nero starb. So schrecklich ihr Ende auch gewesen sein mag, zu Lebzeiten umgab sich die Kaiserin jedenfalls mit jedem nur denkbaren Luxus. Alle 37 Räume, aber auch das Atrium, die Innenhöfe und Gärten, zierten Fresken und kostbarer Marmor. Ihr Bad, ein von Skulpturen umgebener Swimmingpool im Freien, weist mit 17 m Breite und 60 m Länge olympische Dimensionen auf. Selbstverständlich gab es in ihrem Heim auch eine Thermenanlage, mit Kalt- und Warmwasserbecken ausgestattet und mit farbenfrohen Malereien geschmückt. Von allen Wänden lächeln Götter oder grinsen Faune, perspektivische Tricks vergrößern optisch die ohnedies mehr als großzügigen Zimmerfluchten. Jedes Detail der in Pompejanisch-Rot oder Neapel-Gelb gehaltenen Mauern verrät den exzellenten Geschmack der Hausherrin, die ihren Palast bis heute unbekannt gebliebenen Nachfolgern vererbte: Ihre Namen erloschen wie der Glanz ihrer Epoche. Nur einer Laune des Schicksals ist es zu verdanken, daß ein schwacher Schimmer einer zur höchsten Kultur erblühten Ära die Zeiten überdauerte – Geschenk und Mahnung der Götter gleichermaßen.

Meist vom Dunst der nahen Industrieanlagen verschleiert, hebt sich die Silhouette des Vesuv zart im Hintergrund ab, kein Zeichen verrät sein Feuer unter der Erde. 1944 grollte er zum letzten Mal, seither vermissen die Neapolitaner die wohlvertraute Rauchfahne aus dem 1182 m hohen Gipfelkrater. Doch anders als einst die Pompejaner und Herculaner, die den Vulkan für erloschen hielten, mißtrauen die Menschen am Golf heute der trügerischen Ruhe. Anschaulicher als alle anderen haben sie schließlich vor Augen, daß nichts auf dieser Welt ewig währt.

Phlegräische Felder: Letzte Grüße aus der Unterwelt

Puteoli, »die Stinkende«, nannten die Römer im 4. Jh. v. Chr. prosaisch jenen Hafen, den freiheitsliebende Griechen nach ihrer geglückten Flucht aus der Tyrannei des Polykrates 300 Jahre zuvor hoffnungsvoll auf *Dikaiarchia* – »Stadt, in der das Recht herrscht« – getauft hatten. Tatsächlich war Pozzuoli in seiner langen Geschichte niemals mit Wohlgerüchen, sondern immer mit einem penetranten Duft nach faulen Eiern gesegnet, zu nahe liegt es den »Phlegräischen Feldern«, der »brennenden Erde«, einem vulkanischen Gebiet, wo die Menschen nach wie vor bisweilen den Boden unter den Füßen zu heiß wird.

Vor allem in der **Solfatara,** in Beelzebubs schwefelgelbem Küchengarten, zischt, dampft und brodelt kochender, grauer Schlamm in einem wahrlich höllischen Kessel. *Agora Hephaistu* nannten die Alten ehrfürchtig diesen Ort, in dem sie die Wohnstatt des

Solfatara

hinkenden Feuergottes Hephaistos sahen. Erst die pragmatischer veranlagten Römer spannten den Olympischen für ihre Zwecke ein und pilgerten gesundheitsbewußt und ohne Scheu zu den von der Natur beheizten Schwitzkammern, den *stufe*. Nur noch selten finden sich in unseren Tagen beherzte Bewohner des nahen Campingplatzes in dieser Gratissauna ein, von einem Kurbetrieb wie noch im 19. Jh. kann keine Rede mehr sein. Seit die meisten Thermalquellen versiegten, herrscht wieder tödliche Stille in diesem Vorzimmer zur Unterwelt.

Umso lauter geht es jeden Morgen im Hafen von **Pozzuoli** zu, wenn die Fischer ihren Fang anpreisen. Unweit der Überreste der antiken Markthalle – irreführenderweise nach der Statue einer Gottheit »Tempel des Serapis« oder »Serapeum« bezeichnet – wird gefeilscht und geschachert wie eh und je. Nach den Punischen Kriegen bis zum Ausbau der Hafenanlage Ostia unter der Herrschaft Neros fungierte *Puteoli* als Umschlagplatz Roms für den Handel mit Griechenland und Kleinasien. Damals mischte sich die schwefelige Luft mit allen Düften des Orients, Menschen aus aller Herren Länder besuchten das zur gleichen Zeit wie das Kolosseum erbaute Amphitheater – Philosophen, Dichter, Denker, Gauner, Spitzbuben und Halsabschneider. Letztere tummeln sich nach wie vor in der von der Camorra regierten Stadt, die sich nicht als Armenvorort Neapels sehen will. Den Ruhm, die Heimat eines Weltstars zu sein, läßt sich Pozzuoli auch von den Neapolitanern keinesfalls rauben. Damit nur ja kein Zweifel aufkommt, wo Sophia Loren ihre Kindheit und Jugend verbrachte, errichtete die Stadt der schönen Italienerin im Sommer 1990 ein Standbild.

Nicht um ihrer Schönheit, sondern um ihrer Klugheit willen wurden mehr als zweieinhalb Jahrtausende zuvor andere Frauen auf dieser Erde geehrt. *Kyme,* das heutige

Cuma, im 8. Jh. v. Chr. von Griechen aus Euböa gegründet, entwickelte sich bald zum Zentrum des Sybillenkults Magna Graecias. Vergil besang die Weisheit dieser Frauen und beschrieb detailliert den Platz, von dem aus sie ihre Prophezeiungen der Welt verkündeten, doch jahrhundertelang nahm niemand die Worte des größten römischen Dichters für bare Münze. 1932 sollte sich das Wunder von Troja im Miniaturformat wiederholen, als ein italienischer Archäologe dem Beispiel Schliemanns folgte und nach Vergils Angaben tatsächlich das verschollene Heiligtum, unmittelbar neben einer römischen Tunnelanlage, fand. Am Ende eines trapezförmigen, in geheimnisvolles Zwielicht getauchten Gangs, nur schemenhaft inmitten betäubender Düfte aus tiefster Tiefe sichtbar, residierten die mächtigen Apollo-Priesterinnen, unantastbar, gefürchtet, bewundert. Selbst in seiner Verlassenheit umgibt diesen Ort bis zum heutigen Tag ein seltsamer Zauber. Sanft streicht der Wind durch die Eichen und Lorbeerbäume, leise wispern ihre Blätter über den Tempelruinen auf jenem Hügel, der so lange in seinem Inneren das Geheimnis der Sybillengrotte verbarg.

Vergilische Landschaft – auch rund um den nahen **Lago d'Averno** findet sie sich wieder. *A-ornitos,* »ohne Vögel«, nannten die Römer schaudernd den Vulkansee, von dem aus Äneas in Sybilles Begleitung ins Schattenreich hinabstieg und den angeblich nicht einmal ein Spatz zu überfliegen wagte. Doch als das Imperium zur Großmacht avancierte, scherten sich die Herren am Tiber keinen Deut mehr um den Gott der Unterwelt. Kühn ließen sie die heilige Stätte mit dem Lucriner See verbinden und einen unterirdischen Tunnel bis zum Ufer von Cumae graben. Auf diese Weise entstand der dringend benötigte Kriegshafen *Portus Julius,* den erst viel später der Stützpunkt am Capo Miseno ersetzte. Nie wieder sollte Hades hier seine Einflußsphäre zurückerhalten.

Cumae

Als die Militärs endlich abzogen, kamen die Kurgäste, wovon die Reste pompöser Thermenanlagen – wie überall in den Phlegräischen Feldern verwirrenderweise als »Tempel« bezeichnet – Zeugnis ablegen. Es galt als chic, am Avernersee Gesundheit zu tanken. Und nicht viel anders als heute tummelten sich die Badenden an seinen Gestaden, die auch für die Vögel längst ihren Schrecken verloren haben.

Nur Gott Mars hielten die Römer stets die Treue. Wie kein anderes Volk huldigten sie ihm und errichteten gigantische Anlagen, die nur einem Zweck dienten: dem Krieg. Während man das *Grab der Agrippina* in Bacoli ruhig links liegenlassen kann, weil es kaum Sehenswertes birgt, lohnt die Suche nach der *Piscina mirabilis* die Mühe. Der 70 m lange, 30 m breite, von 48 gewaltigen, 15 m hohen Pfeilern getragene unterirdische Süßwasserbehälter, aus dem die römische Flotte von Misenum versorgt wurde, gleicht dem Inneren einer Kathedrale. Nur ein durch und durch martialischer Staat konnte solch einen Zweckbau errichten.

Tröstlicherweise zeigen die weit weniger gut erhaltenen Reste grandioser Villen und Thermenanlagen des in der Antike berühmt-berüchtigten *Baiae*, daß römische Architekten sich bisweilen auch noch zu anderen Großleistungen aufschwingen konnten. Man stelle sich die Côte d'Azur während der Belle Epoque vor, dazu Hollywood in den 50er Jahren, vielleicht noch das Milliardärsghetto in Floridas Palm Beach, multipliziere diesen protzigen Reichtum samt der prominenten Namen mit zehn. Dann hat man eine Ahnung davon, was das heute zu einem verschlafenen Dorf herabgesunkene **Baia** einstmals war: eine Sommerfrische der Superlative, wie sie die Welt seither nie mehr zu sehen bekam. In Baiae und nirgendwo sonst liefen alle Fäden zusammen, pulsierte die Macht. Ein paar lächerliche Morgen Land bedeuteten an dieser goldenen Küste, an der ein gottähnlicher Kaiser für wenige Wochen des Jahres residierte, mehr als ein halbes Königreich. Marius, Sulla, Pompeius, Caesar, Tiberius, Nero, Cicero, Lucullus – Persönlichkeiten, von denen heute noch gesprochen wird, umgaben sich an dieser Küste mit jedem nur erdenklichen Luxus. Hoch über den marmornen Villen, den vor Gold und Juwelen strotzenden Palästen, residierten die römischen Kaiser, Herren des Kosmos, um deren Gunst jeder buhlte und denen ein Menschenleben weniger zählte als nichts.

Doch kein Vulkan spie sein Feuer auf dieses römische Sodom und Gomorrha, über dessen verkommene Moral sich Horaz, Properz oder Cicero erregten und lauthals Klage führten über Sittenlosigkeit, Korruption und Dekadenz. Kein Blitzstrahl aus dem Olymp vernichtete die Maßlosen, Jupiter ließ sich Zeit. Erst als die Römer nicht mehr nach den Sternen griffen, als sie ihr Reich verpraßten, schlug auch dem lasterhaften, morbiden, unglaublichen *Baiae* die Stunde. Sein Ende kam auf leisen Sohlen. Die prächtigen Villen, in denen es nichts mehr zu feiern gab, verkamen, kein Stein der kaiserlichen Burg blieb auf dem anderen, verfallen, verschwunden, vom Winde verweht. Träge schleichen heute magere Katzen auf sonnenwarmen Steinen zwischen den Ruinen oder machen Jagd auf leichtsinnige Eidechsen. Ein paar Thermen, Mauerreste, kopflose Statuen, das ist alles, was übrig blieb von Glück, Glanz, Ruhm.

Spartacus: David gegen Goliath

Sie galten als die Champions im Römischen Reich: Die Angehörigen der Gladiatorenschule im Amphitheater von Capua zeichneten sich durch besonderen Mut und Kampfgeist aus. Das nach Blut lechzende Publikum, durch Brot und Spiele von politischen Ambitionen abgelenkt, hatte in dem aus Thrakien südlich der unteren Donau stammenden Sklaven Spartacus seinen absoluten Liebling. Es konnte nicht ahnen, daß der Mann mit den stahlharten Muskeln seine Schicksalsgenossen zu einer Verschwörung vereinigte, die schließlich im Jahre 73 v. Chr. zum größten Sklavenaufstand der römischen Geschichte werden sollte.

Nach dem Ausbruch aus der Gladiatorenschule von Capua, in der die Kämpfer wie Tiere gefangengehalten wurden, verschanzte sich Spartacus am Vesuv, wo ihm Tausende von geflohenen Sklaven zuströmten. Römische Truppen, die gegen ihn anrückten, konnte er zurückschlagen. Fast drei Jahre lang trotzte der geniale Anführer, der bisweilen mehr als 60 000 Mann befehligte, der Weltmacht Rom, die bei einer Schlacht im Apennin sechs Legionen verlor. Spartacus zog nach Oberitalien und kämpfte durch einen Sieg bei Modena den Rückweg der Sklaven in ihre Heimatländer frei, doch verlangte die Mehrheit der Entrechteten weitere Beutezüge. So wandten sich die Aufständischen wieder nach Süden und durchquerten wie einst Hannibal das ganze Land, ohne daß man sie anzugreifen wagte. Erst im Jahre 71 gelang es dem Praetor und späteren Konsul Marcus Licinius Crassus, die Rebellen in Süditalien zu einem Stellungskrieg zu zwingen. Als Spartacus die feindlichen Linien bei *Petelia* (heute Strongoli, Provinz Catanzaro, Kalabrien) durchbrechen wollte, kam er ums Leben. Crassus nahm an seinen Gegnern bittere Rache und ließ 6000 gefangene Sklaven entlang der Via Appia kreuzigen.

Die politischen und wirtschaftlichen Auswirkungen des Aufstandes auf Rom waren jedoch bedeutend. Während die diktatorische Herrschaft des Konsuls Sulla geschwächt wurde, konnten sich die Sklaven einer zunehmend milderen Behandlung erfreuen. Der von antiken Autoren als gerecht und heldenmütig geschilderte Spartacus gilt bis zum heutigen Tag Rebellen in ihrem Freiheitskampf als Symbolfigur.

Am Sonntag, 23. November 1980, um 19.34 Uhr, wurden Kampanien und die Basilikata von einem Erdbeben erschüttert, das als die bisher größte Naturkatastrophe Italiens nach dem Zweiten Weltkrieg in die Geschichte eingegangen ist. Die Bilanz des Schreckens: mehr als 3000 Tote, 7600 Verletzte und 400 000 Obdachlose in 208 Gemeinden der beiden Regionen. Felicitas Maria Konecny, Architekturstudentin an den Universitäten Graz und Neapel, schildert ihre Eindrücke vom Wiederaufbau der kleinen Ortschaft Valva, an dem sie mit anderen jungen Menschen aus vielen Ländern Europas mitgeholfen hat.

Neues Leben
nach dem Beben

Wie oft habe ich, mit dem Autobus in zweistündiger Fahrt von Salerno kommend, dieses Bild gesehen: das Dorf oberhalb des Sele-Tals, direkt unter den Felsabbrüchen des Monte Marzano, ringsherum die Hänge bedeckt mit Ölbäumen, Weinstöcken, Getreide- und Gemüsefeldern, dazwischen die weißen Würfel der Bauernhäuser. Jeder Fleck Erde ist sorgfältig genutzt, das ganze Land scheint ein einziger wunderbarer Garten. Fast vergesse ich, daß diese Mauern, die da drüben in der Abendsonne leuchten, vor kurzem noch Ruinen waren und jetzt eine riesige Baustelle bilden. Valva, 1980 vom Erdbeben zerstört, nimmt wieder Konturen an.

Als ich 1983 zum ersten Mal hierherkam, um beim Bau von Bauernhäusern mitzuarbeiten, konnte man das Ausmaß der Katastrophe noch deutlich erkennen. Während sich die Leute im Dauerprovisorium der Notunterkünfte eingerichtet hatten, zeigte der total verwüstete alte Ortskern alle Spuren der verheerenden Bebenwelle. Nur Gras war inzwischen darübergewachsen. Es sproß zwischen den Pflastersteinen hervor, hatte den großen Platz vor dem Kastell in eine blühende, duftende Steppe verwandelt. Immer wieder durchstreifte ich die engen, steilen Gassen, deren Stufen nach dem Maß der Maultierschritte angelegt sind, betrat die verfallenen Innenhöfe, blickte voller Neugierde in die verlassenen Wohnräume, Keller und Ställe und versuchte mir vorzustellen, wie das Leben hier wohl vor dem Erdbeben gewesen sein mußte, in der idyllischen Trostlosigkeit einer archaischen Welt der Bauern und Hirten.

Terra e casa, also Grund und Hausbesitz, waren (und sind) die einzige soziale Absicherung der Menschen. Die Wohnungen bestanden meist aus zwei oder drei Räumen, von der Straße her betrat man direkt die Wohnküche; der offene Kamin als Kochstelle und einzige Raumheizung bildete den Mittelpunkt. Es gab zwar Strom in den Häusern, aber kein fließendes Wasser, folglich auch kaum sanitäre Einrichtungen – insgesamt vielleicht ein Dutzend Badezimmer, für die das Wasser in Dachbehälter gepumpt wurde. Die Frauen wuschen die Wäsche bei jedem Wetter am Brunnen und trugen die schweren Wäscheeimer auf dem Kopf nach Hause; so wie sie viele andere Lasten auf dem Haupt balancierend schleppten: riesige Korbflaschen mit Öl oder Wein, Kisten voll Tomaten. Oft hatten sie auch die ganze Verantwortung für Haus und Hof zu tragen, weil die Felder – eine Familie besitzt durchschnittlich 4 bis 5 ha – die

Die Nacht des Schreckens

Gerardo war 16, als über seinen Heimatort Valva die Katastrophe hereinbrach: *Wir kamen aus der Bar, Michele, Michelino, Carmine und ich. Kaum hatten wir einige Schritte gemacht, vernahmen wir ein bedrohliches Grollen und Dröhnen – die Erde bebte. Wie angewurzelt blieb ich stehen, und erst als die Leute schreiend umherliefen, wurde mir bewußt, daß etwas Schreckliches passierte. Die Lichter waren ausgegangen, die Menschen hetzten in der Dunkelheit dem Ende des Dorfes zu, während sie immer wieder die Namen ihrer Angehörigen riefen. Sie waren noch nicht weit gekommen, als das letzte Haus an der Straße in sich zusammenfiel. Jetzt liefen alle, von Panik erfaßt, wieder in die andere Richtung, vorbei am Rathaus, das in der Zwischenzeit ebenfalls eingestürzt war. Wir vier waren den anderen voraus. Ein herabhängendes Stromkabel schlug mir wie eine Peitsche ins Gesicht. Ich fiel hin, raffte mich auf und rannte weiter. Erst vor unserem Haus blieb ich stehen. Wie in Trance stellte ich fest, daß unser Nachbarhaus bis auf die Grundmauern zerstört war. Da entdeckte ich meine Mutter unter den anderen Leuten und lief zu ihr. Sie weinte, ich nahm sie in meine Arme und versuchte, sie zu beruhigen. Dann fragte ich nach Papa, verzweifelt, schockiert. Während wir noch redeten, kam er. Viele Menschen weinten und schrien. Ich hörte sie sagen, daß niemand wüßte, wo die Familie des Doktors sei, ob sie vielleicht gar nicht im Dorf war oder unter den Trümmern des eingestürzten Hauses lag. Dann kamen die ersten Schreckensmeldungen über Tote. Plötzlich wieder ein gewaltiges Donnern, es waren zu Tal stürzende Felsmassen. Erneut verwandelte sich der Platz in einen Ameisenhaufen von Menschen, die ziel- und planlos umherliefen. Glücklicherweise richtete der Bergsturz keine weiteren Schäden an. Die eiskalte Nacht verbrachten wir teils an Lagerfeuern, teils in einem Autobus. Die Leute waren mit ihren Nerven am Ende. Das leichteste Zittern der Erde genügte, um abermals Panik hervorzurufen. Diese Nacht des Schreckens werde ich niemals in meinem Leben vergessen können. Wir hatten in Valva zwar ›nur‹ sieben Tote zu beklagen, aber 80% unserer Häuser waren zerstört.*

Menschen zwar ernähren konnten, für alle ›Extras‹ wie Möbel, Kleidung oder Hausrat aber kein Geld vorhanden war. Die meisten Männer mußten daher als Gastarbeiter nach Deutschland gehen. Nur zu den Feiertagen kehrten sie ins Dorf zurück, immer in der Hoffnung, bald genug erspart zu haben, um daheim eine Existenz aufbauen zu können. Gleichzeitig stellte die Großfamilie eine lebenswichtige Wirtschaftseinheit dar, die das Auskommen aller sicherte: die Frauen halfen einander beim Brotbacken, Schlachten und Einkochen, bei der Feldarbeit, bei der Olivenernte; ebenso die Männer untereinander. Für die Ausbildung der Kinder wurde Geld zusammengelegt – der Verdienst der Mutter, die zur Tomatenernte in die Plantagen der Küstenebene gefahren war, die Pension des Großvaters und die Dollar, die der emigrierte Onkel zweimal im Jahr aus Amerika schickte.

Dieses mehr als labile Gleichgewicht zwischen Armut und Überlebenswillen, Heimatverbundenheit und D-Mark-Abhängigkeit fand durch das Erdbeben ein abruptes Ende. Und damit auch die Illusion, weiterhin den Lebensstandard aus dem Ausland importieren und gleichzeitig im Dorf alles unverändert lassen zu können. Plötzlich brach der ›nördliche‹ Lebensstil über Valva herein, in Form von Fertigteilhäusern als provisorische Unterkünfte, alle mit Einbauküche, Bad und Elektroheizung ausgestattet, und in Gestalt von Hunderten von freiwilligen Helfern aus halb Europa, die auf den Baustellen zupackten, bis spät in die Nacht in den Bars ihr Bier tranken, Shorts trugen und per Autostop die Gegend bereisten.

Zu diesen jungen Leuten gehörte auch ich, damals eben am Ende meines ersten Studienjahres an der Technischen Universität Graz. Ich habe mich in diesem Dorf und in dieses Dorf verliebt. Deshalb komme ich immer wieder und beobachte, was sich verändert, wie sich neben der traditionellen Lebensweise, die noch lange fortbestehen wird, andere Strömungen entwickeln. Während ein Teil der Elterngeneration noch immer nicht lesen und schreiben kann, besuchen viele der 20- bis 30jährigen inzwischen die Universität. Dadurch verschaffen sie sich nicht nur mehr Chancen auf dem Arbeitsmarkt, sondern vor allem auch Zugang zu Informationen und damit zu ihren Rechten als Staatsbürger.

Diese Entwicklung prägte die aktive Politik der Gemeindeverwaltung Ende der 80er Jahre. Da sich die seit Jahrzehnten regierenden Christdemokraten in der Zeit nach dem Erdbeben nicht bewährt hatten, verloren sie die Mehrheit an eine linke Bürgerliste mit dem Kommunisten Michele Figluolo an der Spitze: eine ›rote‹ Gemeinde, im katholischen Süden Italiens eine kleine Sensation. Nun kam endlich der Wiederaufbau in Gang. Straßen, Plätze und Häuser des Dorfes wurden vermessen, die schönen alten Steinbögen der Eingänge numeriert, um später an Ort und Stelle wieder verwendet zu werden. Der Gemeinderat verabschiedete einen Flächenwidmungsplan und detaillierte

Durchführungsbestimmungen, die eine weitgehende Erhaltung und Sanierung des historischen Ortskerns vorsahen. Wo dies nicht mehr möglich war, sollten die Neubauten annähernd die gleichen Ausmaße wie die zerstörten Häuser bekommen, um das Gesamtbild von Valva zu bewahren.

Der Staat garantiert die Finanzierung dieser Maßnahmen aufgrund eines 1981 erlassenen Gesetzes, nach dem in die vom Erdbeben betroffenen Gebiete bis Ende 1991 umgerechnet rund 3,5 Mrd. DM fließen. Bezahlt wird nicht nur der Wiederaufbau des einstigen Hausbestandes. Jede Familie erhält so viel Wohnraum, wie ihr nach den Bestimmungen des sozialen Wohnbaus zusteht.

Heute gibt es allein in der 2000-Einwohner-Gemeinde Valva ein Dutzend kleiner Baufirmen. Dabei drängt sich freilich die Frage nach der Zukunft auf, wenn der Bauboom zu Ende ist. Weder eine Wiederaufnahme des Gastarbeiterlebens noch weitere ständige Subventionierung von Landwirtschaft und Industrieansiedlungen, durch die Bedingungen des Gemeinsamen Marktes ohnedies erschwert, scheinen vernünftige Alternativen zu sein. Die Hoffnungen stützen sich daher auf die Entwicklung eines ›sanften Tourismus‹, für den der Ort wirklich gute Voraussetzungen bietet. Da sind das Kastell, ein romantischer Bau aus dem 19. Jh., umgeben von einem riesigen Park mit uralten Bäumen, Brunnen und Statuen sowie ein neoklassisches Amphitheater, das schon oft Schauplatz stimmungsvoller Konzert-, Theater- und Ballettabende war. Das wiederhergestellte Valva wird, sobald der frische Putz ein wenig Patina angesetzt hat, an Charme gewinnen. Schließlich bestimmen ja seine Bewohner die Atmosphäre. Und der Lebensfreude, Spontaneität und Herzlichkeit der Menschen konnte auch das Erdbeben nichts anhaben.

Apulien:

Land des Lichts

Bari: »Wir sind alle Levantiner«

Welch ein Glück, daß die Straftat bald ein Jahrtausend zurückliegt, heutzutage gilt Entführung – und sei es die eines Toten – nämlich nicht mehr als Kavaliersdelikt. Seinerzeit aber überschüttete das Volk beherzte Männer für das Kidnapping ihrer Lieblingsheiligen mit Ruhm und Ehre. Unvergessen blieb der überschäumende Empfang für den Evangelisten Markus, als dieser im Jahre 828, aus Alexandrien kommend, in Venedig landete. Mindestens ebenso spektakulär spielte sich die Begrüßung für Nikolaus aus Myra bei seiner Ankunft im Hafen von Bari am 7. Mai 1087 ab. Noch heute kann man sich ein Bild vom Jubel über den geglückten Raub machen, feiert doch die ganze Stadt nach wie vor alljährlich drei Tage lang dieses ungemein wichtige Ereignis. Nicht die Gebeine irgendeines Heiligen hatte man den ebenfalls wieder auf der Lauer liegenden Venezianern abgejagt, sondern die eines der prominentesten. Als VIP unter den Himmlischen gebührte ihm selbstredend eine funkelnagelneue Kirche – 1197 fand die Weihe der Basilika S. Nicola statt. Die Gläubigen wußten, was sie dem neuen Schutzpatron schuldig waren. Auf Seeleute, Fischer, Kinder, Diebe und Pfandleiher blickt er seit jeher mit Wohlgefallen, kein Wunder also, daß sich der fromme Mann aus dem Osten in Bari, dem Hafen mit den besten Handelsbeziehungen nach Kleinasien, sogleich zu Hause fühlte.

Levantiner, geschäftstüchtige Mittler zwischen dem Orient und Europa, sind die Baresen geblieben, jeder anrüchigen Wertung dieses Wortes zum Trotz. Wie ihre Vorfahren sehen sie nichts Negatives darin, als gewiefte Kaufleute eine gewisse Schlitzohrigkeit an den Tag zu legen. Der Erfolg zählt, und den können sie mit dem höchsten Lebensstandard des Mezzogiorno nachweisen. In Bari rekrutierte sich die gute Gesellschaft stets aus dem Bürgertum, nicht aus dem Adel. Und bürgerlich wie ihre Einwohner präsentiert sich auch die mittlerweile auf eine halbe Million Einwohner angewachsene Hauptstadt Apuliens: sauber, fleißig, wohlhabend, konservativ – und so ganz und gar nicht süditalienisch.

Spritzenwagen reinigen zweimal pro Monat turnusmäßig die Straßen, dann herrscht dort jeweils Parkverbot und jeder hält sich daran. Die auf einer Halbinsel liegende Altstadt, nach einer großzügig durchgeführten Sanierung ein wahres Schmuckkästchen, mag ihre Erhaltung mafiosen Spekulanten verdanken, doch wer fragt in Bari danach? Die Studenten der erst in diesem Jahrhundert gegründeten Universität, so sagt man, können sich eine Wohnung im historischen Viertel ohnedies nicht leisten, sie bevölkern nur untertags die nahe Fußgängerzone in der Via Sparano, in der sich die elegantesten Boutiquen, exquisitesten Läden und teuersten Lokale befinden. Doch auch in der schachbrettartig angelegten Neustadt, von Joachim Murat während seines kurzen Gastspiels als König von Neapel 1813 mit großem Pomp eröffnet, kletterten die Mieten mittlerweile in astronomische Höhen. Erst jenseits der Bahnlinie, die Bari nach wie vor durchschneidet und tagtäglich für ein Verkehrschaos sorgt, lebt man etwas billiger.

Doch zurück in die City, zurück auf den von Palmen flankierten Corso Cavour mit dem Teatro Petruzzelli, nach Mailand, Rom und Neapel das bedeutendste Opernhaus Italiens. Kultur wird überhaupt großgeschrieben. Nicht zufällig avancierte auf diesem Boden der Buchverlag Laterza zu einem der renommiertesten und sympathischsten Verlagshäuser der Apenninenhalbinsel, in dem sogar Neapels Philosoph Benedetto Croce sämtliche seiner Werke veröffentlichte. Baris obligates Profitstreben ignorierend, gibt Laterza unverdrossen süditalienischen Intellektuellen, die mit Sicherheit nie einen Bestseller zustande bringen werden, eine Chance. Einen Besuch in der gleichnamigen Buchhandlung sollte man sich bei einem Bummel jedenfalls gönnen, selbst wenn man nicht italienisch liest.

Glänzende Augen bekommen Baresen aber weder bei dem Gedanken an ihren prachtvollen Dom noch beim Anblick ihrer Nikolauskathedrale. Auch den großzügigen Lungomare mit seinen protzigen Mussolini-Bauten oder das Hohenstaufer-Kastell nehmen sie als Selbstverständlichkeiten hin, so wie alle Schönheiten ihrer Stadt, die sie lieben, ohne wie ein Neapolitaner wortreich in Verzückung zu geraten. Erst die *Fiera del Levante,* jene alljährlich im September stattfindende größte Handelsmesse des Mezzogiorno, läßt ihren Blutdruck wirklich steigen.

Bari, Via Sparano

»Was wollen Sie, wir sind nun einmal alle Levantiner. Gut ist, was für's Geschäft gut ist.« Lässig zurückgelehnt, bringt Baris einflußreichster Tourismusmanager, Franco Desario, die Mentalität seiner Landsleute auf den Punkt. Damit erklärt er alles. Daß Apulien um so vieles sauberer ist als der Rest des Südens, hat nichts mit einem besser entwickelten Umweltbewußtsein zu tun. »Schmutz läßt sich schwerer verkaufen«, lautet die simple Erklärung. »Ein Umweltgesetz, nein, so etwas brauchen wir nicht. Weigert

Die Schlacht von Cannae: Triumph der Strategie

Nach der verlustreichen Alpenüberquerung mit seinem Elefantentroß zog das Heer des karthagischen Feldherrn Hannibal, wahrscheinlich um rund 20 000 Mann geschwächt, unter Umgehung der Stadt Rom südwärts. Statt dem Feind durch eine Ermattungstaktik sukzessive die Initiative zu entreißen, riskierten die Römer eine Entscheidungsschlacht, die für sie katastrophal enden sollte. Die römische Armee, die sich am 2. August des Jahres 216 v. Chr. unter dem Kommando des Terentius Varro auf dem rechten Ufer des Flusses *Aufidus* bei der Ortschaft *Cannae* in den Kampf einließ, umfaßte nicht weniger als 70 000 Mann und 6000 Reiter, denen Hannibal lediglich 40 000 Mann Fußtruppen und etwa 10 000 Reiter entgegenzustellen hatte. Aber auf Zahlen allein kam es bei dem genialen Strategen Hannibal nicht an, und so ist die Schlacht von Cannae, bei der die Römer 70 000 Mann verloren, geradezu zum Lehrstück des Erfolges einer Minderheit und des klassischen Vernichtungsfeldzuges geworden.

Nach eifrigen historischen Studien versuchten Preußens Generäle im Ersten Weltkrieg eine Wiederholung der Cannae-Strategie. Hindenburg und Ludendorff gewannen damit zwar 1914 bei Tannenberg eindrucksvoll eine Schlacht, den Krieg konnten sie aber ebensowenig wie Hannibal entscheiden. Die Römer verlegten sich nach ihrer Niederlage bei Cannae auf eine kluge Defensivtaktik und vermieden offene Konfrontationen mit den Karthagern, deren Mißerfolge sich nun häuften. 183 beging Hannibal in Kleinasien Selbstmord.

Heute ist der Kampf um Cannae erneut aufgeflammt. Gefochten wird um den Schauplatz der historischen Schlacht. Nach offizieller Lesart befindet sich dieser zwischen Canosa und Barletta am Ofanto, der als der antike Fluß *Aufidus* gilt. Ein eigenes Komitee *Pro Canne della Battaglia* sorgt dafür, daß die »Attraktion« der Gegend erhalten bleibt. Schließlich hat man nicht unbeträchtliche Summen investiert und eine kleine Ausgrabungsstätte samt angeschlossenem bescheidenen Antiquarium fremdenverkehrsgerecht ausgestaltet. Den endgültigen Beweis blieben die Historiker allerdings bis dato schuldig. Da kann der praktische Arzt Dr. Mario Izzo aus Castelluccio Valmaggiore im rund 100 km von Canne della Battaglia entfernten Celone-Tal (Provinz Foggia) schon mit handfesteren Fundstücken aufwarten, mit Helmen, Pfeilen und Schwertern, dazu Massengräbern von Männern zwischen 25 und 40 Jahren, die gewaltsam ums Leben gekommen waren. Der Mediziner – er stützt seine Thesen auch auf Schilderungen griechischer und römischer Historiker – scheint indes ein Rufer in der Wüste zu sein. Während auf dem von ihm behaupteten Schlachtfeld tagtäglich unzählige Funde von den Bauern beim Pflügen ans Tageslicht gebracht und vernichtet werden, genießen die busweise herangekarrten Touristen vom Hügel des offiziellen Cannae lediglich den Blick auf das üppig grüne, friedliche Ofanto-Tal und bedürfen einiger Phantasie, um sich das Gemetzel zwischen Römern und Karthagern vorzustellen. Vielleicht fehlte es Dottor Izzo an der nötigen Strategie, um seiner Theorie bei den Bürokraten des modernen Rom zum Durchbruch zu verhelfen.

sich jemand, sein Haus zu streichen, dann malt die Stadt es an und präsentiert anschließend die Rechnung. »Und die mit Hotelanlagen und Privathäusern zugepflasterten Strände, die Verschmutzung des Meeres, regelt sich das auch so einfach? »Da haben wir ein neues Gesetz, bis zu 300 m vom Strand entfernt darf nicht mehr gebaut werden«, meint der Mann, mit deutlichem Bedauern allerdings, da für ihn Fremdenbetten bares Geld bedeuten. Doch wo es eine Vorschrift gibt, da existiert auch ein Hintertürchen, wäre es sonst Italien? »Das gilt glücklicherweise nicht für Campingplätze, die ohnedies wenig einbringen und noch dazu in den schönsten Buchten liegen. Man darf sie aber in Touristendörfer umbauen, jetzt stellen wir dort eben Bungalows hin.«

Vorbei der Traum, daß vielleicht das reiche Apulien Trendsetter für den Süden, Vorbild in der Umweltpolitik werden könnte? Vielleicht liegt die Hoffnung doch bei den Levantinern von Bari. Weil sie es als erste merken könnten, daß ein sauberes Meer und reine Luft bald die kostbarsten Waren der Welt sein werden.

Brindisi: Aufbruch zu anderen Ufern

Kein noch so kleines Abenteuer hielt Jules Verne für Phileas Fogg in Brindisi bereit, nichts zwang seinen Helden, auf seiner »Reise um die Erde in 80 Tagen« länger als notwendig zu bleiben. Aus unerfindlichen Gründen hat der sicherste Naturhafen der Adria noch nie die Phantasie eines Schriftstellers entzündet. Ob als messapisches *Brendon*, griechisches *Brentesion*, römisches *Brundisium* oder italienisches Brindisi, zu allen Zeiten sahen Reisende in dieser Stadt bloß eine Zwischenstation. Genauso wie heute diente sie in der Antike als Brückenkopf zwischen der Apenninenhalbinsel und Hellas. Um dem mächtigen Tarent Überseegeschäfte wegzuschnappen, bauten die Römer 190 v. Chr. ihre Schnellstraße bis zu dem strategisch so wichtigen Handelsstützpunkt aus. Zwei kostbare Marmorsäulen markierten das Ende der Via Appia, eine steht nach wie vor auf ihrem Platz, die andere schmückt seit dem 17. Jh. die Piazza S. Oronzo in Lecce.

Dank der guten Verbindung nach Rom gewann *Brundisium* zwar an Bedeutung, aber kaum an Attraktivität. Nur für Vergil, den Liebling der Götter, war die Stadt eine Station in die Unsterblichkeit: Am 21. September des Jahres 19. v. Chr. starb er hier auf dem Weg von Griechenland, kurz vor seinem 51. Geburtstag. Seinem letzten Willen entsprechend ruht er jedoch nicht hier, sondern in Neapels Erde.

Nach dem Abgang der Römer von der Weltbühne hatte auch die apulische Hafenstadt ausgespielt. Erst als Papst Urban II. 1089 der Christenheit das Startzeichen zur Befreiung Jerusalems gab, übernahm Brindisi wieder die Rolle des begehrtesten Umschlagplatzes im West-Ost-Verkehr. Tausende von Kreuzfahrern schifften sich dort ein. Und viele von ihnen sahen mit diesem Ufer zum letzten Mal in ihrem Leben das Abendland. Dann aber fällt der Vorhang. Venezianer, Franzosen und Spanier übernehmen in Süditalien das Ruder, unter ihrer rücksichtslosen Herrschaft verarmt der einstmals wohlhabende Adriahafen. Erst mit der Eröffnung des Suezkanals im Jahr 1869 erhielt Brindisi nach 800 Jahren endlich wieder eine Chance – als Durchgangsstation. Wer von London oder Paris auf schnellstem Weg nach Bombay wollte, mußte – wie Phileas Fogg – in dem süditalienischen Hafen an Bord gehen. Zwei Weltkriege und ein kurzes Gastspiel als provisorische Hauptstadt Italiens später (unter der Exilregierung Badoglios von September 1943

Brindisi, Kastell

bis Februar 1944) war auch das vorbei. Nur der verblichene Glanz so mancher alter Hotels erzählt noch von jenen spleenigen Engländern, die mit ihren unbeirrbaren Vorstellungen von britischem Komfort und kultiviertem Lebensstil eine ganze Epoche prägten

Seit *presto* anstelle von *adagio* das Tempo des Reisens angibt, wälzt sich ein ganz anderes Völkchen über den Corso Garibaldi zum Hafen, von dem Tag und Nacht Schiffe nach Griechenland auslaufen. Marktschreierisch weisen schon Kilometer vor der Stadteinfahrt Pfeile mit der Aufschrift *Grecia* die Richtung, bereits an den Einfallstraßen kaufen Eilige ihre Tickets für die Überfahrt, um nur ja keine Zeit in Brindisi zu vergeuden. Was sollen sie auch hier, wo die Preise in den Lokalen unverschämt, die Qualität des Essens miserabel und die Einheimischen Touristen gegenüber gleichgültig sind? Brindisi ist doch nichts anderes als eine Transitstation, oder?

Auf die meisten Sehenswürdigkeiten läßt es sich tatsächlich unschwer verzichten. Mussolinis schauerliches **Monument** zu Ehren der italienischen Marine, seit 1933 ›Zierde‹ des Hafenbeckens, ignoriert man am besten. Das staufische **Kastell**, von Karl V. zur Gänze umgebaut, dient wie die meisten dieser Wehranlagen nun als Sitz des Militärkommandos und bleibt somit Zivilisten versperrt. Im **Dom** nahm zwar Friedrich II. im Jahr 1225 Isabella von Brienne, ein halbes Kind noch, aber Erbin des Königreichs Jerusalem, zur zweiten Ehefrau, aber Apulien als Reich der Kathedralen hat Großartigeres zu bieten. Und an der **Fontana di Tancredi,** dem 1192 vom letzten normannischen Herrscher, Tankred von Lecce, errichteten Brunnen, wo angeblich die Kreuzfahrer vor ihrem Aufbruch nach Palästina die Pferde tränkten, braust laut und enervierend der Verkehr vorbei.

Doch auch im geschäftigen Brindisi zwitschern Vögel und duften Rosen, selbst in dieser Stadt ohne Siesta blüht Schönheit im Verborgenen. Die meisten schenken der unscheinbaren Kirche **S. Maria del Casale** an der Straße zum Flughafen wenig Beachtung. Hinter der schlichten, mit geometrischen Mustern aus mehrfarbigem Stein verzierten Fassade vermuten nur Kenner der Gotik eine Überraschung. Tatsächlich schmücken prachtvoll restaurierte Fresken aus dem 14. Jh. nahezu den gesamten Innenraum. Weder das theatralische Rot des brüchigen Samtvorhangs am Eingangstor noch eine mit verstaubten Plastiklilien bedachte Madonna können dem strengen Ernst in den Gesichtern der Heiligen Abbruch tun. Byzantinische Tradition führte zweifelsfrei die Pinsel der apulischen Maler im Dienste der Anjou, denen mit ihren Darstellungen des Jüngsten Gerichts, der Verkündigung, dem Letzten Abendmahl und einem grandiosen Thronenden Christus einzigartige frühgotische Meisterwerke gelangen.

In dem angrenzenden kleinen Kreuzgang übertönt das Summen der Hummeln die vom nahen Airport aufsteigenden Düsenjets, die Zeit hat unter den weit ausladenden Palmen und verwitterten Spitzbögen ihre Bedeutung verloren. Verweilen möchte man auf einmal, bleiben, in dieser Stille in sich ruhen. Irgendwann ruft eine Schiffssirene zurück in die Gegenwart, mahnt zum Abschied. Brindisi entsinnt sich seines Schicksals, nur für eine kurze Weile Aufenthaltsort sein zu dürfen, Zwischenstation vor dem Aufbruch zu anderen Ufern.

Tarent – Stahl statt Gold

Hinter einer verstaubten, gesprungenen Scheibe ordiniert Don Cataldo. Schlichter läßt sich die Tätigkeit des Friseurs, der seinen blütenweißen Kittel ebenso stolz trägt wie den Namen seines Stadtpatrons, kaum bezeichnen. Als Barbier von Tarent steht man dem berühmteren Kollegen von Sevilla jedenfalls um nichts nach, im Gegenteil. Schließlich komponierte Giovanni Paisiello, Zeitgenosse Mozarts, nicht nur für gekrönte Häupter wie Rußlands Zarin Katharina oder Frankreichs Napoleon, bereits vor Gioacchino Rossini schuf er mit seinem »Barbier von Sevilla« der Zunft der Figaros ein musikalisches Denkmal. Heute greifen freilich nur noch wenige Opernhäuser auf die Werke des Süditalieners zurück, lediglich in seiner Heimatstadt erinnern die Via Paisiello und eine Gedenktafel an seinem Geburtshaus an den raketenhaften Aufstieg des Tierarztsohnes aus Tarent zu einem der berühmtesten Komponisten seiner Zeit.

In unseren Tagen erklingen höchst selten Opernarien in den dunklen Gassen der Tarentiner Altstadt. Wenn schon Musik Tristesse und Resignation aus den verfallenen Bourbonenpalazzi vertreiben soll, dann bevorzugen die verbliebenen Bewohner die Hitparade des Radios. Wo sich vor bald 3000 Jahren die mächtige Akropolis einer der reichsten Städte Großgriechenlands erhob, wo 272 v. Chr. ein eherner Zeus als größtes Denkmal der Antike nach dem Koloß von Rhodos mit seinem Gewicht sogar den plündernden Römern widerstand, scheinen heute alle bösen Geister des Mezzogiorno ihre Sünden versammelt zu haben. Vom kultivierten Lebensstil des gerühmten, beneideten *molle Tarentum,* vom *savoir vivre* dieser gelassenen, gänzlich unkriegerischen Metropole blieb nichts, aber auch schon gar nichts übrig. Die meisten der 250 000 Tarentiner drängen in die neuen, gesichtslosen Viertel, im alten Teil will keiner mehr wohnen. Was soll

Tarent, Altstadt

man auch in einer der vier Straßen oder mehr als hundert *vicoletti,* was bieten denn diese mittelalterlichen, engen Gäßchen außer Schmutz, Elend und katastrophalen sanitären Bedingungen?

Abgesehen von einigen glücklosen Einheimischen, denen eine Flucht aus der *Città Vecchia* noch nicht gelungen ist, überqueren nur beflissene Kulturtouristen eine der beiden Brücken zur Altstadt. Einst gerühmt wegen ihrer Lage zwischen dem *Mar Grande* und dem *Mar Piccolo,* den beiden Meeren im Golf von Tarent, verwandelte der Ausbau des Kriegshafens im vorigen Jahrhundert das alte Zentrum durch einen künstlichen Kanal zur Gänze in eine Insel. Dagegen wäre an sich nichts einzuwenden, jede Distanz zum hektischen Verkehrsgetriebe könnte sich heutzutage als Gewinn an Lebensqualität erweisen, wenn, ja wenn kluge Stadtväter mit gefüllten Taschen ans Werk gegangen wären. Für eine Sanierung fehlt es an Engagement und Geld. Statt in großem Stil zu restaurieren und zu revitalisieren, überläßt man die bröckelnden Mauern ihrem Schicksal – oder Spekulanten.

Keine der drei Sehenswürdigkeiten, weder der überraschenderweise vorzüglich instand gehaltene Dom S. Cataldo noch das düstere Kastell des Ferdinand von Anjou und schon gar nicht die kläglichen Reste des Neptuntempels lohnen in Wahrheit einen Besuch. Wer einmal sämtliche Vorurteile bestätigt sehen möchte, eile, noch kann er das endlich einmal zur unbestreitbaren Realität gewordene Klischee vom armen, unterentwickelten Süden hautnah erleben. Doch er sollte dann nicht vergessen, daß auch hier traurige Ausnahmen nicht die Regel und schon gar nicht unabänderliche Tatsachen sind.

Eine Zeitmaschine in die Zukunft können wir, bei allem Optimismus, nicht bieten, wohl aber eine in die Vergangenheit. Gleich zu Beginn der Neustadt, nur wenige Schritte nach der Drehbrücke und dem attraktiven Corso Due Mari, bietet das **Museo Nazionale** neben den Nationalmuseen von Neapel und Reggio Calabria die wohl beeindruckendste Sammlung von Kunstschätzen Großgriechenlands. Doch nicht so sehr die Vasen, Amphoren und Münzen, Skulpturen, Reliefs und Götterstatuen, auch nicht der seines Blitzes verlustig gegangene Zeus lassen das ehemals glanzvolle *Taras* auferstehen. Und auch nicht das berühmte »Gold von Tarent«, jene unglaublich fein gearbeiteten Diademe, Ohrgehänge, Ringe, Blütenkränze und Ketten, Schmuckstücke, wie es sie weltweit kein zweites Mal gibt. Kleine, 5 bis maximal 30 cm hohe Figürchen aus Terrakotta sind es, deren Zauber noch nach Jahrtausenden unvermindert wirkt.

Welchen Charme strahlen diese 50 000 Miniaturskulpturen aus, wie viel erzählen sie uns von Träumen und Mythen, aber auch von Sport, Spaß und Spiel, seit sie bei Bauarbeiten für ein modernes Tarent rein zufällig aus ihren Gräbern befreit wurden. Flügelschlagend springt Eros seiner Mutter Aphrodite mit beiden Knien in den Nacken, mühsam um sein Gleichgewicht kämpfend, während die Göttin der Schönheit, von seinem Gewicht niedergedrückt, von dieser stürmischen Liebesbezeugung wenig begeistert zu sein scheint. Gekonnt zeigen Artisten Handstände und Brücken, mit ausgestreckten und abgewinkelten Beinen; traumverloren tanzt ein umschlungenes Pärchen, anmutig neigt sich ein anderes im Gleichklang zurück. Springende Faune, taumelnde Bacchanten, selbstvergessene Schönheiten in schwingenden Gewändern, Mütter mit ihren Kindern im Arm, christlichen Madonnen verblüffend ähnlich, jede einzelne dieser hinreißenden Terrakotta-Figuren zeugt von der Kultur, vom Humor dieser Stadt.

So gesehen erscheint es erstaunlich, daß ausgerechnet die strengen, kriegerischen Dorer an der Wiege der friedliebenden, genußfreudigen Tarentiner standen. Es war auch nicht ganz so – wer hätte je schon etwas von einem leichtlebigen Spartaner gehört? Sogenannte *Parthenier*, »Jungfernkinder«, gründeten 707 v. Chr. unter ihrem Führer Phalantos die spartanische Siedlung, die einzige in Magna Graecia überhaupt. Motive auszuwandern gab es zwar damals viele, von simpler Abenteuerlust bis zu bitterer Not, dieser Fall aber lag völlig anders. Von ihren Männern während eines jahrelangen Feldzuges allein gelassen, trösteten sich die Spartanerinnen mit ihren Sklaven, den rechtlosen Heloten. Was die schließlich doch heimgekehrten Krieger zum Liebesleben ihrer Frauen und Töchter sagten, ist nicht überliefert, wie die Gehörnten mit den leibhaftigen Beweisen der Untreue verfuhren, hin-

Zeusstatue im Museum von Tarent

gegen schon. Wieder ganz Herren der Lage, warfen sie die Bastarde, pardon, die jung-
fräulich empfangenen Kinder, einfach hinaus.

Erst sehr viel spätere Generationen erinnerten sich wieder gerne an den einer Boule-
vardkomödie gleichenden Anfang, die bald wohlhabend gewordenen Nachkommen der
ersten Siedler hingegen griffen lieber in die bewährte und unerschöpfliche Trickkiste
uralter Mythen: Taras, Sohn des Poseidon und einer Nymphe des Landes, habe den
Grundstein der Stadt gelegt. Und fürwahr, der Gott des Meeres beschenkte sie großzügig, mit Fischen und Seegetier von solchem Reichtum an Arten und Mengen, daß
die tarentinische Küche berühmt werden mußte. Und er gab ihr Berge von Murex-
Schnecken, deren purpurroter Farbstoff in der Antike nur mit viel Gold aufzuwiegen
war. Poseidon sorgte für die Seinen, mindestens 300 000 Menschen lebten an diesem
Golf, handelten mit Meeresfrüchten und Purpur, mit feinster Wolle und kunstvollen
Keramiken. Oder frönten dem Dolcefarniente, dem süßen Nichtstun, worin sie es laut
dem mieselsüchtigen römischen Historiker Strabon mit mehr Fest- als Arbeitstagen
zur wahren Meisterschaft brachten.

Was noch zum Glück fehlte, war ein kluger Staatsmann, der sich um lästige Dinge
wie internationale Beziehungen einerseits und die Geschicke daheim andererseits
kümmerte, der den Frieden garantierte und mit dem man auch reüssieren konnte. In dem
um 400 v. Chr. geborenen Archytas erfüllten sich alle diese Wünsche, dem Philosophen,
Mathematiker und Feldherrn konnte man getrost die Politik anvertrauen. Ohne zu
zögern, bestätigten die Bürger ihn, einen Freund Platons, Jahr für Jahr erneut in seinem
Amt. Als er viel zu früh (etwa 365 v. Chr.) starb, ging zunächst unmerklich, aber unauf-
haltsam das goldene Zeitalter von Taras seinem Ende zu.

Mehr als zweitausend Jahre später verschleiert übelriechender Dunst den Golf von
Tarent, ohne Bedenken hat Rom der Stadt seit den 60er Jahren riesige Eisenhüttenwerke
des *Italsider,* Raffinerien, Zement- und Sägewerke sowie allerlei andere Großunterneh-
men beschert. Freilich, dafür fanden gleich zu Beginn der Industrialisierungskampagne
12 000 Leute Beschäftigung, mittlerweile sind es Hunderttausende. Aber: Doppelt so
viele Menschen wie im übrigen Apulien erkranken an Krebs; Drogenhandel und Kriminalität nehmen überhand. Das Gold von Tarent, unsere Zeit hat es eingetauscht – gegen
Stahl.

Mann aus Apulien: Hollywoods erster Filmliebhaber

Er war das Idol einer ganzen Frauengeneration: Rodolfo Valentino, in den 20er Jahren Inbegriff des ›schönen Mannes‹, der erste echte Star der Traumfabrik Hollywood. Seine Wiege stand in Castellaneta, wo er am 6. Mai 1895 als Sohn eines Tier-
arztes zur Welt kam.

Als er sich 1913 in Neapel in das Zwischendeck eines der vielen Auswanderer-
schiffe drängte, mit denen die Hoffnung von Millionen Emigranten und Abenteurern
aus dem armen Süden Italiens westwärts dampfte, ließ er sich wohl nicht träumen,
daß er einmal zum größten Herzensbrecher des Stummfilms avancieren und wahre
Vulkane an Leidenschaft zum Ausbruch bringen werde.

Aber schon wenige Jahre nach seiner Ankunft in der »Neuen Welt« steht er erstmals vor der Kamera, nachdem er sich zuvor – gar nicht einmal so erfolglos – als Tänzer sein Brot verdiente. Aus Rodolfo Alfonso Rafaele Pietro Filippo Guglielmi de Valentino d'Antonguella, so sein richtiger Name, wird Rodolfo Valentino, der sein begeistertes Publikum als edler Liebhaber zu Tränen rührt. Später übernimmt er auch humorvolle Rollen und beweist damit, daß er nicht nur schön, sondern auch ein talentierter Schauspieler ist. Zu seinen berühmtesten Filmen zählen »Die vier apokalyptischen Reiter« (1921), »Der Scheich« (1921) und »Der Sohn des Scheichs« (1926).

Als er am 23. August 1926 im Alter von nur 31 Jahren an einem Herzleiden stirbt, nehmen in Hollywood mehr als 100 000 Menschen an seiner Beerdigung teil. Es kommt zu hysterischen Ausbrüchen seiner Fan-Gemeinde, Frauen fallen reihenweise in Ohnmacht, Fensterscheiben gehen in Trümmer. Zahlreiche Verehrerinnen folgen ihrem Idol in den Tod, das im Privatleben trotz zweier Ehen alles andere als ein feuriger ›Latin lover‹ gewesen sein soll. Seine letzten Tage beschäftigten die amerikanische Öffentlichkeit mehr als aktuelle politische Themen. Zum ersten Mal in der Geschichte des Films wird selbst noch der Tod eines Darstellers für Hollywood zum Kassenschlager.

Bis heute ist Rodolfo Valentino unvergessen. Auf seinem Grab auf dem Prominentenfriedhof von Los Angeles finden sich beinahe täglich frische Blumen. Auch die Heimatstadt hat ihrem berühmten Sohn ein Denkmal gesetzt: Auf der Panorama-Promenade von Castellaneta wurde Rodolfo 1961 in einer überlebensgroßen, dunkelblau leuchtenden Keramikstatue in seiner Paraderolle als Beduinen-Scheich verewigt. Und an seinem Geburtshaus in der Via Roma 14 erinnert eine Gedenktafel, gestiftet vom »Rodolfo-Valentino-Club« aus Cincinnati, Ohio, an den kleinen Italiener, der mit morbidem Charme die Welt erobert hatte.

Lecce: Barockjuwel in biederer Fassung

Gleich nach dem Aufstehen, wenn sanftes Morgenlicht gnädig die Spuren des Alterns verschleiert und ein unwiderstehlicher Duft sie umgibt, zeigt sie sich in ihrer ganzen üppigen Schönheit: Lecce, die kapriziöse Primadonna unter Süditaliens Städten, verträgt grellen Sonnenschein nicht mehr so gut wie in jungen Jahren. Hitze, Staub und Abgase haben Falten in ihr weiches Antlitz gegraben und eine graue Patina über den honigfarbenen Teint gelegt. Noch weniger aber liebt sie die Nacht, wenn ihr verspieltes Prunkgewand niemand beachtet, weil die Touristen längst gegangen und die Einheimischen in modernen Wohnvierteln zu Hause sind. Frühmorgens aber, wenn in die Büros und Ämter in den alten Palazzi Leben einkehrt, die eleganten Läden in den engen Gassen aufsperren und sich die ersten Besucher auf dem Domplatz einfinden, dann gibt sich das barocke Lecce der Illusion hin, endlich wieder im Mittelpunkt zu stehen.

Tatsächlich läßt sich der einstigen Hauptstadt Apuliens um diese Tageszeit eine gewisse Würde nicht absprechen. Mit den obligaten Aktenkoffern in den Händen streben Beamte ihren Schreibtischen zu, gravitätisch schreiten Bankiers zu ihren Verabredungen, wohin man auch blickt, gehen korrekt gekleidete Männer ihren Geschäften nach. Aus den Bäckereien riecht es köstlich nach frischem Brot, aus jeder Bar strömt der verlockende Geruch von Cappuccino und Brioche. Die Sinne trügen nicht, in Lecce speist man seit der Antike vorzüglich. Was die Römer einst in ihrer Stadt trieben, ist den meisten Bewohnern allerdings ziemlich egal, und dementsprechend gleichgültig nehmen sie auch das römische Amphitheater zur Kenntnis, das sich sensationellerweise bis in unser Jahrhundert mitten im Zentrum verbarg. Doch eine Ausnahme gibt es: Den römischen Dichter Quintus Ennius, 239 v.Chr. vor den Toren Lecces, in *Rudiae*, geboren, kennt und schätzt man, weil er eines der ersten Kochbücher des Abendlandes unter dem Titel *Hedyphagetica*, »Delikatessen«, publizierte. Daß Ennius seinen Ruhm eigentlich nicht diesem kulinarischen Exkurs, sondern den *Annales* verdankt, 18 Bänden, in denen er in Hexametern die gloriose römische Geschichte besang, bewegt die Lecceser ebensowenig wie die Tatsache, daß sämtliche Lexika den Geburtsort des Poeten nach wie vor fälschlich mit Kalabrien angeben.

Bis ins 7. Jh. hielt sich nämlich jene im Altertum für die Salentiner Halbinsel gebräuchliche Bezeichnung »Calabria«. Erst als die Langobarden Brindisi und Tarent eroberten, retteten die Byzantiner den alten Namen hinüber auf den südwestlichen Teil des Stiefels, die Terra d'Otranto mit Lecce als Zentrum ging in Apulien auf.

Lecce, Priesterseminar, Barockbrunnen

An den Verlust nomineller Identität war man zu diesem Zeitpunkt freilich schon gewöhnt. *Syrbar* hieß die Ansiedlung in ihrer Frühzeit in Anlehnung an das sagenhafte Sybaris, die Römer mit ihrem Wolfskomplex taufen es auf *Lupiae* um, *Lycium* lautete schließlich die normannische Variante. Wie es nun einmal ihrer Art entsprach, rissen die Eroberer aus dem Norden das verschlafene Städtchen, seit der Zerstörung in den Gotenkriegen kaum mehr als ein Provinznest, aus seiner Lethargie und erhoben es zu einem der wichtigsten Lehen des Hauses Hauteville. Tankred von Lecce, der letzte Normannenkönig Siziliens, stiftete 1180 mit **Ss. Nicolo e Cataldo** eine der berührendsten romanischen Kirchen des Südens. Vor der ergreifenden Schlichtheit dieses Gotteshauses kapitulierte selbst das frivole Barock, das sich mit seinen Schnörkeln weder an die herrlichen Portale noch an die orientalische Kuppel heranwagte.

Im übrigen hielt Lecce im 17. Jh. von Zurückhaltung und Bescheidenheit nur noch wenig. Die von Karl V. zu einem Bollwerk gegen die Türkengefahr befestigte Stadt begann ihr neues Selbstbewußtsein mit Prunkbauten zu dokumentieren. In dem weichen, goldfarbenen Baustein des Salento fanden die Architekten ein ideales Material, um den Überschwang ihrer Epoche auszudrücken. Unbeeinflußt von bedeutenderen Metropolen entwickelte Lecce seinen eigenen Stil. Ob es mit dieser Eigenwilligkeit nicht ein wenig übertrieb, sei dahingestellt. Mädchen vom Land putzen sich eben gerne heraus, wenn sie sich als Damen von Welt fühlen, und begreifen nur selten, daß weniger oft mehr sein kann. Wer Barock prinzipiell nicht besonders liebt, wird es doppelt schwer haben, diesem Überfluß an Karyatiden und Putti, an steinernen Tieren und Pflanzen etwas abzugewinnen,

vielleicht sogar vor der Sturzflut an Ornamenten und Symbolen die Flucht ergreifen. In diesem Fall erfüllen die grinsenden Affen, zähnefletschenden Ungeheuer und schaurigen Masken ihre Aufgabe, den bösen Blick des Betrachters abzuwenden, nach wie vor tadellos. Gegen ein Lächeln aber sind sie machtlos. Also schenken wir den an ihre Fassaden gebannten Dämonen ein Augenzwinkern auf unserem Weg durch die krummen Gäßchen. Jedes Bürgerhaus der heute noch durch und durch bürgerlichen Stadt erweist sich als Juwel seiner Art, jeder Brunnen, jeder Erker. Wenn sich die hinreißende Piazza vor dem Dom in einen Parkplatz verwandelt und Busse kaum einen Blick auf die perfekte Harmonie des Priesterseminars erlauben, wenn dunkelgrüner Plastiktüll die wieder einmal renovierungsbedürftige Kirche S. Croce verhüllt, dann bleiben immer noch genügend andere Kirchen und versteckte Palazzi mit ihren erstaunlichen Innenhöfen als reizvolle Zufluchtsorte.

In Lecce jedoch bloß eine Kulisse für ein Melodram aus dem aufgeplusterten 18. Jh. zu sehen, die Stadt lediglich nach ihrem kunsthistorischen Wert zu messen, wäre traurig. Mischt man sich für eine Weile unter das Jungvolk, das ungeachtet der strengen Miene des hl. Oronzo unter der antiken Säule aus Brindisi fröhlich lärmt, verschiebt sich die Perspektive. Die Hörer der Universität, Kunstakademie und Restauratorenschule quälen weit weniger Sorgen als ihre Kollegen an anderen Hochschulen des Mezzogiorno. Von wohlhabenden Eltern des salentinischen Mittelstandes mit entsprechendem Taschengeld ausgestattet, läßt es sich in einer der beschaulichsten Universitätsstädte Italiens als Student gut leben. Mit *Malavita*, Mafia und Drogen, hat man wenig im Sinn, ihr Geld investieren die jungen Leute lieber in Autos, gutes Essen und ihr Studium, wovon ein eklatanter Mangel an Parkplätzen, viele gemütliche Trattorien und hervorragend sortierte Buchhandlungen deutlich Zeugnis ablegen.

Provinzialismus der angenehmsten Sorte ist's, womit Lecce bezaubert. Wohlüberlegte Rückständigkeit, ein Schuß Spießertum sowie ein gerüttelt Maß an Mißtrauen gegenüber der großen weiten Welt bewahrten dem Städtchen seine barocke Gartenzwergromantik. Und verschonten es vor Aufständen, Revolten und letztlich auch dem Industrialisierungswahn Roms.

Normannen,
Architekten Gottes

Als um die Jahrtausendwende ein wilder Haufen normannischer Söldner über Süditalien hereinbrach, glaubten die Menschen, das Weltenende sei nahe. Einem Wirbelsturm gleich fegten die Krieger aus dem Norden von Küste zu Küste und erhoben mit der Selbstverständlichkeit von Freibeutern Anspruch auf ein ihnen gänzlich fremdes Land. Daß die Araber, die eben dabei waren, sich nach jahrzehntelangen Kämpfen gegen die Byzantiner hier häuslich niederzulassen, sich heftig wehrten, überraschte die neuen Eroberer kaum. Widerstandslos gibt schließlich niemand ein Paradies wie dieses preis. Sagenhafte Dinge hatte man den Normannen vor ihrem Aufbruch berichtet, von unvorstellbaren Schätzen und der überwältigenden Schönheit der Natur, und die Realität übertraf ihre Erwartungen noch bei weitem. Unter diesem Himmel wollten sie für alle Zukunft bleiben.

Das Schicksal vergönnte ihnen jedoch nur eine kurze Spanne Zeit. Wenig mehr als hundert Jahre durften die Nachfahren der legendären Wikinger ihrer Illusion von einem ewigen Reich im Süden Europas nachhängen, mit dem Tod des letzten Normannenkönigs Tankred im Jahr 1194 endete der Traum. Doch das Erbe dieser erstaunlichen Männer, deren Alltag aus einer ununterbrochenen Folge blutiger Gemetzel, Intrigen und Kriegen bestand, hat nichts von seinem Zauber verloren. Staunend stehen wir vor den Meisterwerken normannischer Baukunst und begreifen kaum, wie diese Rabauken, Glücksritter und Abenteurer zu Architekten Gottes werden konnten. Wie eine Kette aus kostbaren Juwelen reihten sie Kathedrale an Kathedrale. In Otranto fingen sie an.

In **Otranto** legte im Jahr 1080 Robert Guiscards Sohn Bohemund den Grundstein zu einem Gotteshaus, das beispielgebend für alle apulischen Normannen-

Bari, S. Nicola

kirchen werden sollte. Hier, im ehemals griechischen *Hydruntum*, entstand in nur achtjähriger Bauzeit eine Basilika, die mit ihren antiken Säulen und einer symmetrisch ausgerichteten Krypta zu den bemerkenswertesten Kathedralen des Landes zählt. Von manchen Kunsthistorikern ein wenig verächtlich abgetan, begeistert vor allem der erst in den 60er Jahren des 12. Jh. entstandene Mosaikboden, der sich vom Westportal bis zum Altar und zur Apsis wie ein Bilderbuch ausbreitet. In kunterbunter Folge ließ der Künstler einen Lebensbaum wachsen, Adam und Eva aus dem Paradies vertreiben, Noah an seiner Arche basteln, Kain und Abel ihren verhängnisvollen Streit austragen. Zwischen alttestamentarische Szenen mischen sich Dromedare und Elefanten, Drachen und Kentauren, während Göttin Diana auf Hirschjagd geht und König Artus seine

Gebeine der Märtyrer als gespenstisches Memento mori in sieben gläsernen Schreinen in einer Seitenkapelle von Bohemunds Gotteshaus.

Der Normanne selbst fand sein Grab in der ebenfalls ihm zugeschriebenen Kathedrale von **Canosa di Puglia.** Kaum ein Ort erscheint geeigneter, über die Sinnlosigkeit ehrgeiziger Träume, die Vergänglichkeit irdischen Ruhms nachzusinnen, als die in einem schäbigen Hinterhof versteckte und nahezu in Vergessenheit geratene Kapelle an der Südwand der Kirche. Niemand nimmt sich mehr die Mühe, Staub und welke Blätter von der schmucklosen Grabplatte zu kehren, auf der ein einziges Wort zu lesen steht: *Boemundus.* Weder Titel noch Sterbedatum verraten, daß unter diesem Stein seit dem Jahr 1111 gemeinsam mit dem Fürsten die hochfliegenden Pläne der Nordmänner, nach Süd-

Tafelrunde hält. Möglicherweise zählt der vom Mönch Pantaleone geschaffene steinerne Teppich wirklich nicht zu den musivischen Meisterwerken des Mittelalters, die Freude an phantasievollen Darstellungen sollte man sich indes keinesfalls trüben lassen.

Nur 70 km trennen Otranto von Griechenland, eine verhängnisvoll kurze Distanz, wie die östlichste Stadt des italienischen Festlandes im 15. Jh. erfahren sollte. 1480 griff eine aus Rhodos vertriebene türkische Flotte den friedlichen Hafen an, zwei Wochen warteten die Belagerten vergebens auf Entsatztruppen aus Neapel. Die Kapitulation endete mit einem Massaker im Dom, in den sich die verzweifelten Bürger geflüchtet hatten. Erbarmungslos schlachteten die Muselmanen mehr als 800 Gefangene, den gesamten Klerus und Adel, ab. Seither ruhen die

Altamura, Portal des Doms

italien auch Byzanz beherrschen zu können, endgültig begraben liegen. Nur die von grüner Patina überzogenen Bronzetore des Gießers Ruggero von Melfi berichten in Schrift und Bild vom Heldenmut des letztlich gescheiterten Eroberers, dem man mit seinem ausgefallenen Namen eine schwere Hypothek in die Wiege gelegt hatte: Ein Leben lang wollte sich Robert Guiscards ältester Sohn mit den Großtaten des sagenhaften Riesen Bohemund messen. Sein Griff nach den Sternen endete unter dem byzantinisch anmutenden Kuppeldach des Doms von **Venosa,** einem vom Morgenland beeinflußten Bau, in dem der Bischofsthron auf seinen beiden Märchenelefanten und die Kanzel mit ihrem feierlichen Adler von den orientalischen Träumen des Kirchenstifters erzählen.

Stimmt das Grab von Canosa noch melancholisch, so umgibt im nahen **Andria** nicht einmal mehr ein Hauch von Romantik die letzte Ruhestätte von zwei Kaiserinnen. In dem von seinen normannischen Vorfahren ausgebauten Dom *S. Maria Assunta* ließ Friedrich II. seine Gemahlinnen Isabella von Brienne 1226 und Isabella von England 1241 beisetzen. Nach marmornen Särgen oder gar einem würdigen Monument wird der Besucher jedoch vergeblich Ausschau halten. Selbst Hunde verscharrt man liebevoller als diese beiden Frauen, deren sterbliche Überreste in morschen Holzkisten im hintersten Winkel der Krypta vor sich hinmodern. Beflissen schaltet der Mesner auf Wunsch die Beleuchtung ein, worauf man freilich besser verzichten sollte. Das grelle Licht nackter Glühbirnen reißt Schädel, Rippen und Gebeine aus dem gnädigen Dunkel und enthüllt einen traurigen, schaurigen Anblick.

Licht, Luft, Sonne – und vor allem keine Toten mehr. Nichts könnte nach diesem wenig erfreulichen Exkurs schwermütige Gedanken besser vertreiben als eine frische Brise, wie sie im nahen **Trani** selbst an heißen Sommertagen weht. Zärtlich umstreicht ein erfrischender Wind den hellen Kalkstein der Kirche *S. Nicola Pellegrino,* unumstritten die Königin unter Apuliens Kathedralen (s. Abb. S. 89), deren Schönheit selbst die sachlichsten Kunstexperten zu euphorischen Äußerungen hinriß. Für Eckart Peterich ist dieses Bauwerk mit seiner Giebelfassade, dem hohen Glockenturm und den drei turmartig aufsteigenden Apsiden »eine leuchtende Gottesburg am Meeresufer«. Und der deutsche Universitätsprofessor und Süditalienspezialist Carl A. Willemsen verstieg sich gar zu einem erotischen Vergleich mit der aus den Wellen auftauchenden Göttin Aphrodite und schwärmte von

Troia, Rosette an der Domfassade

dem »weißen Leib einer Anadyomene in der blendenden Helle des südlichen Lichts, der bei Sonnenuntergang im goldbraunen Glanz des Gesteins wie eine alte Monstranz vor dem violetten Tabernakel des Himmels steht«.

Tatsächlich verdankt Trani seinen Dom weder einer späten Hymne an antike Gottheiten (was in diesem Land keineswegs undenkbar wäre) noch christlicher Demut: Purer Neid auf die seit 1087 mit ungeheurem Eifer an ihrer Nikolauskirche (s. S. 76) bauenden Baresen stand in Wahrheit Pate für das Unternehmen. Weil aber selbst in Zeiten eines florierenden Reliquienhandels die Herbeischaffung eines respektablen Heiligen, um den man die Kirche herumbauen konnte, auf gewisse Schwierigkeiten stieß, mußte man

sich etwas einfallen lassen. So erschien es den Stadtvätern als Erhörung ihres Gebets, daß im Mai des Jahres 1094 ein griechischer Pilger namens Nicola (!) vor der Kirche S. Maria in Trani zusammenbrach und kurz darauf starb. Einige Wunderheilungen an seinem Grab und ein paar Interventionen bei Papst Urban II. später besaß Trani seinen ›Heiligen‹, einen funkelnagelneuen noch dazu. Exakt ein Dezennium nach der Grundsteinlegung in Bari begannen die Tranenser mit dem Bau ihres Konkurrenzprojekts, das nicht zuletzt wegen seiner einzigartigen Lage »unmittelbar über dem blauseidenen Spiegel der Adria« (Willemsen) einen Vergleich nicht zu scheuen braucht. Doch den Ruhm, mit ihrer Basilika den Prototyp der romanischen Kirchen Apuliens geschaffen zu haben, konnte den Baresen niemand mehr streitig machen.

Während sich der 1150 begonnene und gegen Ende des 13. Jh. fertiggestellte *Duomo Vecchio* des malerischen Städtchens **Molfetta,** dem Beispiel Trani folgend, direkt am Hafen erhebt und zumindest mit seinen byzantinischen Kuppeln dem großen Vorbild Bari einen eigenwilligen Architekturakzent entgegensetzt (s. Farbabb. Nr. 14), hält sich die von 1175 bis 1200 errichtete Kathedrale *S. Valentino* in **Bitonto** fast sklavisch an das Beispiel von S. Nicola. Lediglich ein Turmpaar an der Eingangsfront fehlt, im übrigen weist die dreischiffige Basilika nahezu alle wichtigen Elemente des Bareser Heiligtums auf. In die Reihe der treuen Nachfolgebauten fügen sich auch die Kathedralen von **Bisceglie, Barletta** und vor allem **Ruvo** ein, um nur die wesentlichsten zu nennen. Denn im Hochmittelalter setzte nahezu jedes noch so kleine apulische Städtchen seinen Ehrgeiz darein, es dem mächtigen Bari gleichzutun. Von den Küsten bis tief ins Landesinnere bezeugen die gedrungenen und dennoch von heiterer Leichtig-keit beseelten Meisterwerke romanischer Baumeister und Steinmetze die tiefe Gläu-bigkeit einer Epoche, in der das Kreuz den Kampf mit dem Halbmond aufnahm. Ob sie wie in **Troia** die Fassaden mit einzig-artigen Rosenfenstern schmückten, die an zarte Klöppelspitzen erinnern, wie in **Bitonto** Kanzeln mit unübertreffbaren Reliefs schufen oder reich verzierte Bi-schofsstühle von marmornen Elefanten oder Phantasieungeheuern tragen ließen, auf das Symbol der Macht verzichteten sie bei aller Frömmigkeit fast nie: Mit dro-hend aufgesperrten Rachen oder grimmig erhobenen Tatzen bewachen Löwen, seit der Antike Sinnbild von Heldentum und Stärke, nahezu alle normannischen Got-teshäuser Apuliens. Bereits bei den Assy-rern und Griechen flankierten sie die Pfor-ten der kostbarsten Paläste. Niemand Geringerer als der König der Tiere sollte auch den Kirchen der Christenheit für alle Ewigkeit Schutz und Sicherheit garan-tieren.

Im Reich der steinernen Löwen eine Schönheitskonkurrenz zu veranstalten, mag vielleicht Kunsthistorikern befremd-lich erscheinen, für Reisende, die sich nach der Besichtigung von einem guten Dut-zend Kathedralen von der Fülle beachtens-werter Architekturdetails erschlagen füh-len und bereits Blendarkaden, Ädikulen und Archivolten durcheinanderbringen, wird sie zum amüsanten Zeitvertreib. Gebührt den bedauerlicherweise vom Zahn der Zeit recht angenagten Wildkat-zen der Basilika S. Maria di Siponto oder den etwas besser erhaltenen der Augusti-ner Chorherrenstiftung S. Leonardo di Siponto die Siegespalme? Wer weitere Bei-spiele sucht, wird sich vielleicht in Manfre-donia kaum mehr an den eher uninteres-santen Dom, dafür aber mit Vergnügen an die Kirche S. Domenico mit ihrem reizvol-len Löwenportal erinnern. Löwen wachen in martialischer Haltung vor den Toren der Kathedrale S. Michele von Bitetto, Löwen grinsen froschmäulig neben Barisa-nus von Tranis Bronzeportal von S. Nicola

Ruvo

Pellegrino, Löwen mit schwarzumrande-
ten Augen und neckischen Flügeln blicken
in Ruvo über dem Portal hoheitsvoll über
die Köpfe der Besucher von S. Maria
Assunta hinweg, während das Zerstörungswerk der Verwitterung ihren Art-
genossen zu ebener Erde eine verblüffende
Ähnlichkeit mit verspielten Seehunden
verliehen hat.

Kaum ein Haar konnte die Zeit hingegen den wohl prachtvollsten Vertretern
ihrer Rasse krümmen, die sich ihrer Wär-
terrolle vor der »Königlichen Basilika«
von **Altamura** offensichtlich deutlich
bewußt sind. Tatsächlich stellt die Kathedrale S. *Maria Assunta* als Stiftung Friedrichs II. etwas ganz Besonderes dar. Neben
unzähligen Kastellen und Burgen ließ der
Herrscher nämlich insgesamt nur zwei
Gotteshäuser errichten – in Murgo bei
Lentini auf Sizilien und in den Murge
Apuliens. Auf ausdrücklichen Befehl des
Staufers entstand an der Stelle einer antiken, längst verlassenen Akropolis einer
uralten Stadt nicht nur eine neue Siedlung

Altamura

Ruvo

mit vorwiegend jüdischer und griechischer Bevölkerung, der Kaiser finanzierte
ab 1220 aus seiner Privatschatulle auch den
Bau einer Kathedrale, für die er dem Papst
vor der Weihe zum Jahreswechsel 1231/32
den Status einer *Ecclesia Palatina* abrang.
Damit unterstand diese nicht der Jurisdik-
tion des Bischofs von Gravina, Friedrich
konnte selbst das Recht in Anspruch nehmen, an der Bestellung des jeweiligen
Erzbischofs entscheidend mitzuwirken.

Ein Erdbeben richtete 1316 große
Zerstörungen an, nur die monumentale
Rosette und das zweiteilige Fenster im linken Teil der Fassade stammen noch aus
staufischer Ära. Das Portal mit den Darstellungen aus dem Leben Christi, dem
Abendmahl und der von Engeln umgebenen Madonna mit Kind trägt bereits die
Handschrift des 14. Jh. Auch die höchst
naturalistischen Löwen, an denen der
begeisterte Naturforscher und Raubtier-

liebhaber Friedrich vermutlich seine Freude gehabt hätte, verdanken ihre Entstehung dem Wiederaufbau durch die Anjou von Neapel.

Welch hochfliegende Pläne auch immer der Kaiser mit Altamura verbunden haben mag, in der Hauptstadt der Murge erinnert lediglich ein *Corso Federico II* an große Tage. Heute ist die Stadt eine Idylle aus frisch gekalkten Häusern, vor denen Basilikum, Oregano oder Petersilie in glänzenden Blechdosen wachsen, gemütlichen Wohnhöfen und einem Gewirr blitzsauberer Sackgassen, wo außer Geranien und Oleander vor allem die Kommunikation blüht. Wenn auch die steinernen Zerberusse von Altamura mit ihren ondulierten Locken und drohenden Stirnfalten heutzutage kaum noch Schrecken verbreiten, ihre höchst lebendigen menschlichen Pendants auf den Holzstühlen vor den Haustüren schüchtern vielleicht so manchen ein, der noch keine Ahnung von der Stimmgewalt süditalienischer Frauen hatte. In solch einem Fall sollte man auf dem Domplatz in der sympathischen Bar *Padre Peppe* mit dem gleichnamigen Kräuterlikör Mut tanken. Mehrere Gläser dieses hochprozentigen Digestivs verleihen unter Garantie sogar – Löwenmut.

Castel del Monte:
Kaiserkrone aus Stein

»Hinauf reitend über die grünen Hügel hatte ich das wunderbare Schloß stets vor Augen, dessen gelbe Massen sich immer deutlicher gestalteten. Dies vereinsamte Denkmal einer großen Vergangenheit ruft keine Erinnerungen an Schlachten und Kriege, an höfische und politische Frevel, an Ränke von Päpsten und Pfaffen hervor: vielmehr gilt unser Besuch den friedlichen Räumen, wo der geniale Kaiser sich den Studien in ländlicher Stille und den Freuden der Jagd hingegeben hat.« Erstaunlich, wie kühn und seiner Sache sicher Ferdinand Gregorovius 1875 die fiktive Idylle eines abgeklärten Friedrich in Castel del Monte malte. Bis heute weiß nämlich niemand, wozu die schönste aller Stauferburgen wirklich diente, ob sie eine waffenstarrende Festung war oder luxuriöse Privatresidenz, spartanische Zuflucht oder architektonisches Experiment. Nirgendwo findet sich auch nur der kleinste Hinweis darauf, daß der kaiserliche Bauherr sein Kastell überhaupt jemals betreten hat. Wie auch immer, allein der Anblick dieses majestätisch über der Ebene thronenden »Diadems des Hohenstaufenreichs« muß Gregorovius verhext haben. Mit 54 Jahren dem schwärmerischen Jünglingsalter längst entwachsen, ließ sich der anerkannte Schriftsteller angesichts der »Krone Apuliens« tatsächlich zu den Worten hinreißen: »In einer Fensterscharte fand ich drei rosenrote Vogeleier, größer als solche einer Taube. Sie lagen frei auf dem nackten Stein nebeneinander, und von einem Nest war nichts zu sehen. Dieser Fund machte mir große Freude: es waren Falkeneier. Der Raubvogel, der sie hier niedergelegt hatte, stammte unzweifelhaft in gerader Linie von einem Edelfalken Friedrichs II. Wer das nicht für wahr hält, versuche einmal meinen Irrtum nachzuweisen.«

Abgesehen von dieser letztlich doch liebenswerten Gedankenspielerei eines ernsthaften Kunsthistorikers zählen die »Wanderjahre in Italien« des Gregorovius zu Recht zu den Klassikern der Reiseliteratur. Wie aber das Beispiel zeigt, verwirrt der Mythos um den großen Staufer offenbar selbst noch nach Jahrhunderten die Sinne der Chronisten. Ob Glorifizierung, Geschichtsklitterung oder gar Chronique scandaleuse, der »Mann aus Apulien« garantierte raffinierten Autoren mit Gespür für den jeweiligen Zeitgeschmack stets einen Spitzenplatz in den Bestsellerlisten. Bevor wir also eine Begegnung mit einer der schillerndsten Persönlichkeiten der europäischen Geschichte riskieren, wappnen wir uns besser erst einmal mit handfesten Tatsachen.

Über die Kindheit des früh verwaisten Friedrich gibt es so gut wie keine Aufzeichnungen. Im Alter von nicht einmal drei Jahren verlor er seinen Vater Heinrich VI., wenige Monate danach setzte die Kaiserwitwe Konstanze, kurz vor ihrem eigenen Tod, die Krönung ihres Sohnes zum König von Sizilien durch. Ein von Aufständen zerrissenes Reich war sein Erbe, Papst Innozenz III. sein Vormund. Auch wenn dem designierten Thronfolger im Spiel der Mächtigen damals noch keine Rolle zukam, als unbeaufsichtigter Straßenjunge, wie romantische Legenden gern berichten, wuchs er sicherlich nicht auf. Unter der Kuratel diverser Erzieher eignete sich Friedrich jedenfalls eine gehörige Portion Wissen und Bildung an, bis er nach normannisch-sizilianischem Recht mit vollendetem 14. Lebensjahr mündig und damit regierungsfähig war. Die Vormundschaft aus Rom ist am 26. Dezember 1208 zu Ende, ein lebenslanger Kampf mit den Männern auf dem Stuhl Petri kann beginnen.

Vier Päpste bestimmen das Schicksal Friedrichs, zwei davon, Gregor IX. und Innozenz IV., seine erbitterten Gegner im Kampf um die Vorherrschaft von Kirche oder Staat, verhängen insgesamt drei Mal über ihn den Bann. Seinen strahlenden Aufstieg können sie dennoch nicht verhindern, diplomatisches Geschick und politische Taktik bringen dem normannisch geprägten Staufersohn drei Königs- und eine Kaiserkrone ein. Aus drei Ehen, auf Befehl oder zumindest mit Einwilligung Roms geschlossen, stammen drei Söhne und eine Tochter, seine Geliebten schenken ihm sechs weitere männliche und mindestens ebensoviele weibliche Nachkommen. Seinen Glücksstern vererbt er jedoch keinem, sie alle sterben jung, in Gefangenschaft oder auf dem Schlachtfeld. Noch grausamer ergeht es seinen Enkeln – Konradin endet 1268 in Neapel unter dem Fallbeil, dessen drei Cousins führen als Geiseln der Anjou ein entsetzliches Dasein. Von der Welt vergessen schmachteten die letzten Staufer lebenslänglich in den finstersten Kerkern Süditaliens. Einer der schlimmsten war – Castel del Monte.

Castel del Monte, Portal

Wer sich heute dem imposanten Kastell auf dem höchsten Punkt der allmählich von Osten nach Westen ansteigenden Murge nähert, wird ebenfalls keinen Gedanken an diese Unglücklichen verschwenden, genauso wenig wie man angesichts eines funkelnden Diamanten an die Qual der Minenarbeiter denkt. Und diese Burg ist ein einzigartiges Juwel aus goldfarbenen Mauern, ist Architektur von höchster Perfektion und Harmonie. Leisten wir Gregorovius Abbitte. Wenn jemals ein Profanbau Euphorie verdient hat, dann dieses vollkommen regelmäßige Achteck mit acht völlig gleichen achteckigen Türmen und einem achteckigen Hof. Zahllose Spekulationen ranken sich um die schmucklose Feste, die bar ihrer Marmor- und Alabasterverkleidungen, beraubt ihrer kostbaren Orientteppiche und geschnitzten Möbel, heute mehr denn je einer zu Stein gewordenen mathematischen Formel gleicht. Möglicherweise standen drei oktogonale Gotteshäuser Pate – die Pfalzkapelle in Aachen, die byzantinische Kirche S. Vitale in Ravenna und der Felsendom in Jerusalem. Der Gedanke, mit Castel del Monte eine weltliche Symbiose der von ihm bewunderten sakralen Meisterwerke in Morgen- und Abendland zu schaffen, könnte Friedrich durchaus fasziniert haben.

Wie auch immer, der Schlüssel des Rätsels liegt zweifellos in der Symbolik des Achtecks. Nach mittelalterlichem Verständnis repräsentierte das Quadrat die weltlichen, der Kreis in seiner Unendlichkeit die göttlichen Kräfte. Dazwischen liegt das doppelte Viereck als Zeichen des Kaisers – einzig und allein ihm, kleiner als Gott, aber größer als jeder andere Mensch, steht die Mittlerrolle zwischen Himmel und Erde zu. Imperiales Denken zieht sich wie ein roter Faden durch das architektonische Konzept: Purpurfarben leuchtet das Portal aus Korallen-Breccia, ein antiker Giebel und arabische Arabesken unterstreichen den Charakter einer Triumphpforte. Und just an jener Stelle, die in der christlichen Kirche für den Altar, in der Moschee für den *mihrab* reserviert ist, erhebt sich der

Thron. Reste hellenistischer Reliefs, aber nirgendwo ein Hinweis auf christliche Darstellungen, kostbare Mosaikböden, Alabaster und Marmor an Säulen und Spitzbögen, doch so gut wie keine der damals üblichen Sicherheitseinrichtungen. Nein, als Verteidigungsburg darf man sich Castel del Monte trotz der strategisch idealen Lage sicherlich nicht vorstellen.

Nur ein einziger Hinweis erlaubt einen Rückschluß auf die Entstehungsgeschichte des Gebäudes. Im Januar 1240 weist Friedrich in einem Dekret aus Gubbio den Gerichtsherrn der Capatinata an, Baumaterial für den Fußboden bereitzustellen. Mehr als ein Jahrzehnt ist dem Kaiser danach noch vergönnt, allerdings sind es schlimme Jahre, die ihm kaum Zeit für Jagdvergnügen und Müßiggang lassen: 1244 fällt Jerusalem an die Araber zurück, eine von Innozenz IV. angezettelte Beamtenverschwörung wird 1246 im letzten Moment aufgedeckt. Die Lombardei siegt 1248 über die kaiserlichen Truppen, die neugebaute Stadt Vittoria vor den Toren Parmas geht in Flammen auf – und mit ihr Staatsschatz, Kaiserkrone und Königssiegel sowie das kostbarste Exemplar seines Falknerbuches *De arte venandi cum avibus,* »Von der Kunst, mit Vögeln zu jagen«. 1249 begeht sein engster Vertrauter, Petrus von Vinea, Verrat; hinter einem Giftanschlag des Leibarztes Tibaldo steckt wiederum der unversöhnliche Papst. Wenig später nehmen die Bolognesen den unehelichen Kaisersohn Enzio, König von Sardinien, fest. Der einstmals starke Arm des Herrschers erweist sich als zu schwach, um sein eigenes Fleisch und Blut zu retten. Enzio wird nie wieder freikommen, er bleibt bis zu seinem Tode 1272 ein Gefangener.

Am Ende seines Lebens, an seinem längst überholten Herrschaftsbegriff letztlich gescheitert, aufgerieben von jahrzehntelangen Machtkämpfen mit der Kirche, stirbt mit Friedrich auch seine Staatsidee nach dem Vorbild des altrömischen Cäsarentums. Nach der unerbittlichen Gesetzmäßigkeit einer griechischen Tragödie zerfielen seine Gedankengebäude noch rascher als die Monumente aus Stein. Nicht als großer Reformator, sondern als Endzeitkaiser steht der *stupor mundi,* das »Staunen der Welt«, vor uns. Wir mögen ihn lieben oder hassen, bewundern oder verachten, die Schlußabrechnung der Geschichte kennt keine Emotionen.

Als müßten zumindest sie dem großen Vogelliebhaber Friedrich nach wie vor ihre Reverenz erweisen, umkreisen Sperber das einsame Schloß. In den leeren Gemächern liefern Schwalben einander anmutige Verfolgungsjagden, während Spatzen laut schimpfend ihre Nester in den Badezimmern von erstaunlicher Raffinesse bauen. Vielleicht hätte es den Kaiser amüsiert, daß die Jahrhunderte sein Castel del Monte in eine riesige Voliere verwandelt haben? Von seinen Zeitgenossen wissen wir, wie Friedrich aussah, »rotblond, bartlos und kurzsichtig«. Ob er jedoch Humor besaß, berichteten leider weder Freund noch Feind.

Friedrich II. mit dem Falken (Vatikanische Bibliothek, Rom)

Friedrich II., Sohn des römisch-deutschen Kaisers Heinrich VI. und der sizilianisch-normannischen Königstochter Konstanze, am 26. Dezember 1194 in Jesi bei Ancona geboren. Deutscher König, König von Sizilien, römisch-deutscher Kaiser, König von Jerusalem. Gestorben auf seinem Kastell Fiorentino bei Foggia am 13. Dezember 1250, bestattet im Dom von Palermo.

Die Antworten auf diesen Fragebogen, wie ihn das »Frankfurter Allgemeine Magazin« jede Woche einem Zeitzeugen vorlegt, gab Friedrich selbst. Neben mehr als 2500 von ihm unterzeichneten Dokumenten und sechs Bänden seines Falkner-buchs »Über die Kunst, mit Vögeln zu jagen« sind Hunderte seiner Briefe und Manifeste erhalten.

Wie sehen Sie sich selbst, Kaiser Friedrich?

Was ist für Sie das größte Unglück? Daß mir bei meiner Suche nach dem Sinn des Lebens niemand, nicht einmal die größten Gelehrten meiner Zeit helfen können. An meinem Hof lebten Philosophen wie Michael Scotus aus Schottland, mit dem ich über Aristoteles, die Unsterblichkeit der Seele, über Astrologie und Alchimie diskutierte. Oder der geniale Mathematiker Leonardo Fibonacci, der das Rechnen mit arabischen Zahlen und die Null in Europa einführte. Doch all ihr Wissen bleibt letztlich nutzlos für mich, auf keine meiner unzähligen Fragen bekam ich auch nur eine befriedigende Antwort.

Wo möchten Sie leben? In Apulien, das ich viel zu oft meiner Regierungsgeschäfte wegen verlassen muß.

Was ist für Sie das vollkommene irdische Glück? Ein Friedenskaiser zu sein, ein Bewahrer von Jus und Justitia, Recht und Gerechtigkeit.

Welche Fehler entschuldigen Sie am ehesten? Ungeduld, Widerspruch.

Ihre liebsten Romanhelden? Die schlagfertigen arabischen Schelme in den Makamen des Al Hamadhani oder Al Hariri.

Ihre Lieblingsgestalt in der Geschichte? Mein normannischer Großvater Roger II. Er war Sizilien ein großartiger König. Sein Gesetzbuch ist die Grundlage meiner Reformen. Was er begonnen hat, will ich fortsetzen.

Ihre Lieblingsheldinnen in der Wirklichkeit? Meine Mutter Konstanze, weil sie nach dem überraschenden Tod meines Vaters allein gegen alle für meinen Thronanspruch auf Sizilien gekämpft hat. Und meine erste Frau Konstanze, weil sie im Alter von 25 noch den Mut hatte, mich, ihren frühreifen 14jährigen Ehemann, mit all meinen tollkühnen Zukunftsplänen ernst zu nehmen. Ihr ließ ich die Worte auf den Sarkophag meißeln: »Siziliens Königin war ich, Konstanze, dir angetraute Kaiserin; hier wohne ich nun, Friedrich, die Deine.« Und an ihrer Seite will auch ich einmal im Dom von Palermo wohnen.

Ihre Lieblingsheldinnen in der Dichtung? Mädchen, wie sie Walther von der Vogelweide besingt – tugendhaft und dennoch sinnenfroh. Für seine Minnelieder gab ich dem Deutschen 1215 ein kleines Lehen und nicht für seine politisch ambitionierten Texte, die ich bei aller Kaisertreue weniger schätze.

Ihre Lieblingsmaler? Die Künstler, denen wir die wunderbaren Mosaiken in der von Kaiserin Galla Placida erbauten Kapelle in Ravenna verdanken. Jahrhundertelang waren sie von Geröll und Sand verschüttet, erst ich habe die einzigartigen Werke freilegen lassen und sogar selbst die Ausgrabungsarbeiten überwacht.

Ihr Lieblingskomponist? In meiner Jugend liebte ich die Lieder provenzalischer Troubadoure, die meine erste Gemahlin Konstanze von Aragon nach Palermo holte. Einem verlieh ich sogar die Dichterkrone, bevor ich 1212 Sizilien verließ, um zum deutschen König gekrönt zu werden. Heute habe ich für Liedermacher und fahrende Sänger wenig übrig, ihr loses Mundwerk paßt mir nicht, und so habe ich sie bei meiner ersten Gesetzgebung einem strengen Reglement unterworfen.

Welche Eigenschaften schätzen Sie bei einem Mann am meisten? Treue, Klugheit, Mut und Disziplin. In Wahrheit entspricht ein idealer Falkner dem Bild des vollkommenen Menschen. Er muß sich jederzeit voll und ganz in der Gewalt haben, sollte über scharfen Verstand und ein gutes Gedächtnis verfügen, mutig, geduldig und ausdauernd sein.

Welche Eigenschaften schätzen Sie bei einer Frau am meisten? Treue, Klugheit, Mut. Bei Ehefrauen die Mitgift.

Ihre Lieblingstugend? Geduld. Sie ist die Voraussetzung allen Denkens, allen Forschens.

Ihre Lieblingsbeschäftigung? Die Falkenjagd.

Wer oder was hätten Sie sein mögen? Römisch-deutscher Kaiser, was sonst? Aber Herrscher über ein geeintes Nord- und Südreich, in dem sich kein Papst, kein Kirchenstaat, keine lombardischen Städte dem gottgewollten Kaisertum zu widersetzen wagen.

Ihr Hauptcharakterzug? Diplomatie.

Was schätzen Sie bei Ihren Freunden am meisten? Ehrlichkeit, Treue und Gehorsam.

Ihr größter Fehler? Selbstüberschätzung.

Ihr Traum vom Glück? Erkenntnis über alle Dinge im Himmel und auf Erden.

Was wäre für Sie das größte Unglück? Der Zerfall des Reichs oder gar der Untergang meines Geschlechts.

Was möchten Sie sein? Weise.

Ihre Lieblingsfarbe? Purpur.

Ihre Lieblingsblume? Das Veilchen.

Ihr Lieblingsvogel? Der Falke.

Ihr Lieblingsschriftsteller? Die vom Papst seit 1210 verbotenen Schriften des Aristoteles, auch wenn ich oft anderer Meinung als der Grieche bin. Und Ibn Rushd, genannt Averroes, der in seinem »Großen Kommentar« weit über die aristotelische These hinausgeht, indem er zwar die Ewigkeit der Welt bejaht, die individuelle Unsterblichkeit der Seele jedoch verneint.

Ihr Lieblingslyriker? Ich will jetzt nicht Vergil oder einen anderen der Großen nennen, die nach ihm kamen. Weil sie alle sich ausschließlich der lateinischen Sprache bedienten. Die von mir geförderten Lyriker hingegen zeigen erstmals ihr Können in der sizilianischen Volkssprache, im *volgare*. Von ihnen ist sicherlich Giacomo da Lentini der bedeutendste. Er schreibt nicht nur virtuose Dialoggedichte, er erfand auch eine gänzlich neue, vierzehnzeilige Poesieform – das Sonett.

Ihre Helden in der Wirklichkeit? Mein orientalischer Bruder im Geiste, Malik al-Kamil, Sultan über Ägypten, und sein Abgesandter, Emir Fahr ed-Din. Trotz des massiven Widerstands in der gesamten islamischen Welt wagten sie es, mit mir 1229 während meines Kreuzzuges einen zehnjährigen Friedensvertrag über Jerusalem zu schließen. Wahres Heldentum zeigt sich nicht auf dem Schlachtfeld, sondern im Mut, riskante Entscheidungen zu treffen, um sinnloses Blutvergießen zu vermeiden.

Ihre Heldinnen in der Geschichte? Die Frauen meiner normannischen Vorfahren, die wie Löwinnen an der Seite ihrer Männer um die Eroberung Süditaliens gekämpft haben. Ich denke dabei speziell an Robert Guiscards zweite Gemahlin Sichelgaita, von der man sich heute noch erzählt, wie oft sie todesmutig mit dem Speer in der Hand an seiner Seite im Sattel zu sehen war.

Ihre Lieblingsnamen? Bianca Lancia. So heißt die mir liebste unter all meinen Frauen.

Was verabscheuen Sie am meisten? Verrat.

Welche geschichtlichen Gestalten verabscheuen Sie am meisten? Papst Gregor IX., der da saß auf dem Lehrstuhl des verkehrten Dogmas, der Pharisäer, gesalbt mit dem Öle der Bosheit. Er denunzierte mich in aller Welt. Eine Bestie voll Namen der Lästerung –

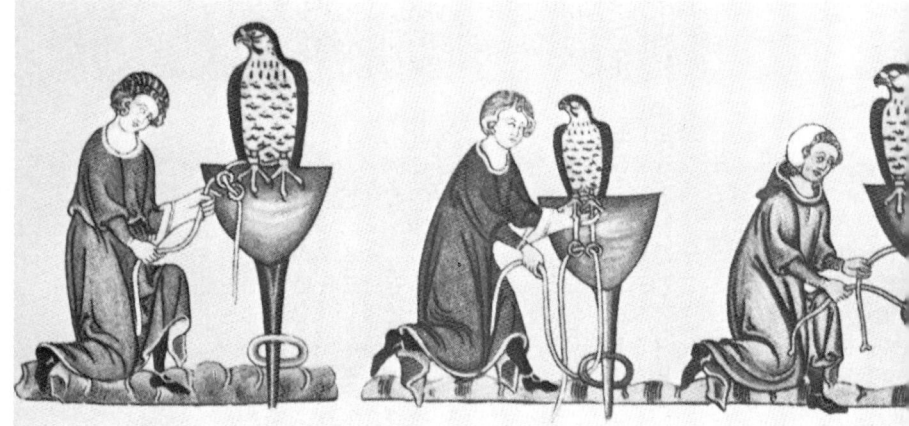

»Wie man einen Falken anbindet.« Abbildung aus Friedrichs »Falkenbuch«

mit diesen und noch viel schlimmeren Worten kämpfte der falsche Statthalter Christi bis zu seinem Tod im Jahre 1241 gegen mich. In Wahrheit war er selbst der große Drache, der unheilvolle Verführer des ganzen Erdenrunds.

Welche militärischen Leistungen bewundern Sie am meisten? Die *Pax Romana.* Eroberung ist eine Sache, die Sicherung eines Weltreiches wie das der Römer eine andere, weit schwierigere.

Welche Reform bewundern Sie am meisten? Die Gesetze des Friedenskaisers Augustus und den Codex Justinianus aus dem 6. Jh. Für die 1231 verkündeten Konstitutionen von Melfi wählte ich hinsichtlich der Systematik und Geschlossenheit Justinian als Vorbild. In die Geschichte eingehen aber soll das erste staatliche Gesetzbuch des Abendlandes, in dem alle Bereiche des gesellschaftlichen Lebens erfaßt sind, als *Liber Augustalis.*

Welche natürliche Gabe möchten Sie besitzen? Die Sprache der Vögel noch besser zu verstehen.

Wie möchten Sie sterben? Astrologen haben mir vorausgesagt, ich werde *sub flore,* »unter der Blume«, sterben. Oder genauer, vor eisernen Wänden, sobald ich in eine Stadt mit dem Namen der Blume gelangt sei. Florenz habe ich seither gemieden. Doch wo auch immer der Tod auf mich wartet, ich möchte bei vollem Bewußtsein und im Frieden mit der Kirche meinen letzten Weg antreten.

Ihre gegenwärtige Geistesverfassung? Durch Innozenz IV. wurde ich 1245 beim Konzil von Lyon nicht nur zum dritten Mal exkommuniziert, der Papst wagte es sogar, mich als Kaiser abzusetzen. Woher diese Frechheit? Woher ein so vermessenes Unterfangen? Noch habe ich meine Krone nicht verloren. Und in einer Hinsicht wird meine Lage dadurch verbessert: Bisher mußte ich ihm einigermaßen gehorchen, wenigstens die Ehre geben. Jetzt aber bin ich jeglicher Verpflichtung ledig, ihn zu lieben, zu verehren und Frieden mit ihm zu halten.

Ihr Motto? Intentio vero nostra est manifestare ea quae sunt sicut sunt – Unsere wahre Absicht ist, sichtbar zu machen die Dinge, die sind, so wie sie sind.

(Diktiert am kaiserlichen Hof zu Grosseto im März 1246)

Trulli-Land:

Schrebergarten in Olivenhainen

Ungefragt serviert der Kellner einen Teller mit Gurken, Karotten, Radieschen und Fenchel, gewaschen zwar, doch ohne Salz, Pfeffer oder Öl. Mit dieser *sopratavola*, wie die im wahrsten Sinn des Wortes ungehobelten Rohkostplatten heißen, überreichen selbst die feinsten Restaurants in der **Murgia dei Trulli,** dem grünen Hügelland im Dreieck zwischen Bari, Brindisi und Tarent, symbolisch ihre Visitenkarte. Der Wink mit der Selleriestange bedeutet: In unserer Küche sind alle Ingredienzien so frisch wie dieses Gemüse. Doch bei allem Respekt vor den lokalen Kochkünsten, ohne ihre putzigen Zwergenhäuser müßten die Bewohner des Schrebergartens von Apulien ihr Grünzeug größtenteils selbst essen. Einzig und allein den seltsamen Trulli verdankt vor allem das liebliche **Valle d'Itria,** das sich von Martina Franca bis Alberobello wie eine flache Schale zum Meer hinneigt, seine weltweite Berühmtheit.

Bis zur Jahrhundertwende interessierte sich freilich niemand für die weißen Häuschen mit den Zipfelmützen. Erst als ihnen 1930 König Viktor Emanuel III. anläßlich der Levante-Ausstellung in Bari einen Besuch abstattete, nahm das offizielle Italien verwundert die steinernen Skurrilitäten zur Kenntnis – und erklärte sie prompt zur *zona monumentale.* Murrend beugten sich die Einheimischen dem staatlichen Gebot, ab sofort nichts mehr am traditionellen Charakter der nunmehr denkmalgeschützten Bauten zu verändern, in denen sie – und nur sie – schließlich leben mußten, und nahmen es als Naturgesetz hin, daß die Obrigkeit offenbar stets ihre Entscheidungen über die Köpfe der Bauern hinweg trifft. Nicht anders erging es schon im 17. Jh. zu Zeiten eines Grafen Gian Girolamo II. zu, der sich die Steuerabgaben – berechnet auf der Basis gemauerter Siedlungen – an seinen Lehensherrn in Neapel ersparen wollte. Statt in ordentlichen Häusern durfte das Landvolk nur noch in mörtellos aufgeschichteten Rundhütten wohnen. Kündigte sich eine königliche Inspektion an, ließen sich diese in Windeseile in harmlose Steinhaufen verwandeln. Das System funktionierte, der gewitzte Adelige blieb steuerfrei – und die Rechnung zahlten wieder einmal die Bauern. Per Edikt verbot nämlich der gefoppte König nun erst recht jegliche Verwendung von Mörtel, eine Vorschrift, die bis ins 19. Jh. ihre Gültigkeit behielt.

Ungeachtet dieser zweifelsfrei belegten Geschichte streiten die Historiker nach wie vor über den wahren Ursprung der archaisch anmutenden Rundbauten. Leitet sich das Wort *trullo* tatsächlich vom griechischen *tholos* (Kuppel) ab, dann reichen die Wurzeln zurück in eine von Mystik und Mythen beherrschte Zeit, als man den Göttern noch auf freiem Feld Opfer zu bringen pflegte. Dienten die aus unbehauenen Steinen aufgeschichteten Geräteschuppen, aus denen sich erst vor wenigen Jahrhunderten Wohnhäuser entwickelten, einst vielleicht gar als Tempelchen? Wo die Wissenschaftler im Dunkeln tappen, findet sich meist eine weite Spielwiese für phantasievolle Autoren. Kein Wunder, daß die geheimnisvollen Trulli die Spekulations- und Formulierungslust unzähliger Reiseschriftsteller anfachten. Mit versteinerten Negerkrals hat man sie verglichen, mit einem Hütchenspiel der Riesen. Sogar der profunde Italienkenner Eckart Peterich verfiel dem »Zauber der Trulli, die vollkommen zeitlos sind – wie Märchen«, und wagte den Schritt zur Magie: »Sind ihre Kegel, so fragt man sich, nicht dem Boden entsprossen und haben die Erde durchstoßen wie Spargelspitzen? War nicht zumindest das erste dieser Häuser ein steinerner Keim?«

Wie Champignons ließen sich Trulli zwar mit Sicherheit nie züchten, doch selbst Realisten können sich ihrer Aura des Unwirklichen nicht entziehen. Bei der Landung

der Alliierten während des Zweiten Weltkrieges glaubten die Amerikaner zu träumen, als sie das Trulli-Land im Mondschein erblickten. Und so mancher kehrte wieder, um nachzuprüfen, ob er nicht doch einer Sinnestäuschung unterlegen war. In der nüchternen Sprache der Architekten stellt ein Trullo einfach ein über nahezu quadratischem Grundriß errichtetes Gebäude aus Kalkstein dar, überdacht von einer Kuppel, die aus horizontalen, stetig nach innen vorkragenden, ringförmig und mörtellos verbundenen Steinschichten gebildet ist. Darüber wird eine regenabweisende Bedeckung aus Steinplatten gelegt, die der Kuppel nach außen die Form eines Kegels gibt.

»Alle Neune!« ist man versucht auszurufen – die Steinkegel führen nämlich selten ein Einsiedlerleben. Bienenwaben gleich fügt sich meist Trullo an Trullo, bis Gehöfte mit allen nötigen Nebenräumen entstehen. Oder ganze Straßenzüge wie in **Alberobello,** das sich sogar des *trullo sovrano,* eines zweistöckigen Gebäudes, und seit 1960 eines ganzen Hotelkomplexes im Trulli-Stil rühmen darf. Während es in der Nobelherberge an keinem Komfort mangelt, erweist sich das Innenleben der Häuser in Alberobellos historischen Vierteln Monti und Aia Piccola als wenig zeitgemäß. 26% der 1070 denkmalgeschützten Trulli verfügen nicht über fließendes Wasser, in 35% der Behausungen muß man ohne Bad und Toilette auskommen. Wer es sich leisten kann, zieht in moderne Wohnungen, das Zentrum der Stadt verkommt mehr und mehr zur Kulisse. Spätabends, wenn die letzten Besucher verschwunden sind, tummeln sich bestenfalls streunende Katzen in den verlassenen weißen Gassen.

Ganz anders die Szenerie am frühen Morgen: Eilfertig stoßen die eben erst eingetroffenen Einheimischen die Fensterläden auf, emsig drapieren sie Spitzen, Webereien, Keramiken, Flaschen mit Kräuteröl, eingelegten Oliven oder Artischocken, Ansichtskarten,

Luftballons und allerlei anderen Krimskrams. Dekorativ auf ihrem Stuhl plaziert, putzt eine schwarzgekleidete Frau Gemüse, eine andere kehrt mit einem Reisigbesen den Staub von ihrer Haustür, Kinder jagen die Gasse hinunter, während die alten Männer zu ihrem ritualisierten Schwatz an den Straßenecken zusammenkommen, bei dem sie die Welt tagtäglich neu erfinden. Das Bild in seiner Beschaulichkeit mutet vertraut an, es gleicht jenem in Hunderten von anderen Orten des Südens – und doch, irgend etwas stimmt hier nicht. Das ganze Arrangement erinnert an eine Bühne, auf der Schauspieler und Statisten auf ihren Auftritt warten. Spätestens um neun Uhr morgens, wenn die ersten Touristen busweise eintreffen, beginnt die Show. Die Regieanweisung des immer gleichen Stücks: »Reizendes apulisches Städtchen, wegen seiner Architektur einmalig auf der Welt, präsentiert sich unverfälscht mit seinem Alltagsleben. Hereinspaziert, meine Herrschaften, hereinspaziert, hier sehen Sie, was Sie noch nie gesehen haben!« Selbstverständlich stellt die Besichtigung Alberobellos auf sämtlichen Apulien-Rundfahrten einen Höhepunkt dar, kein Reiseveranstalter könnte es sich leisten, seinen Gästen dieses Erlebnis vorzuenthalten.

»Treten Sie ein, Signori, wollen Sie nicht mein Haus besichtigen? Ich lade Sie gerne

ein.« Es erweist sich als gar nicht einfach, sich all den freundlichen Aufforderungen zu entziehen, denn natürlich ist so ein Besuch mit einer beinharten Geschäftsverhandlung verbunden. Ohne den Kauf eines Fläschchens Olivenöl, eines Käselaibs oder Knoblauchzopfes kommt man schwerlich davon. Als Gulliver im Zwergenland schlendert man auf dem geweißten, blitzblanken Pflaster vorbei an den ebenso weißen, niedlichen Häuschen – und hat eigentlich bald genug von diesen zwei gänzlich auf Fremdenverkehr ausgerichteten Gassen mit ihren aufdringlich angebotenen Souvenirs zu überhöhten Preisen, wenn sie auch zugegebenermaßen in den meisten Fällen geschmackvoll sind: Handgewebte Schals und Halstücher, handgefertigte *Orecchiette* (für die Gegend typische Teigwaren in Form kleiner Ohren), Wein aus eigenem Anbau oder hausgemachter Quarkkäse. Süditalien hat viele Gesichter, und nicht jedes muß man lieben. Doch selbst das häßlichste ist interessanter als diese Maske, ist lebendiger als dieses Disneyworld aus Stein.

Um das echte Trulli-Land zu finden, bedarf es keines Geheimtips. Wie ein bunter Teppich mit weißen Tupfen breitet es sich gleich hinter der Ortsausfahrt von Alberobello aus. Jeder der zahllosen kleinen, von niedrigen Mäuerchen gesäumten Wege, die sich zwischen Weinhügeln und Weizenfeldern, Olivenhainen und Wiesen dahinschlängeln, führt zu irgendeinem Trullo, in dem man wohnen kann. Viele dieser ehemaligen Bauernhöfe gehören heute Städtern aus Bari, Brindisi oder Tarent, die ihren Zweitwohnsitz nur selten nützen und gern zur Miete anbieten. Ein ungewöhnlicheres Feriendomizil wird man schwerlich finden, doch Vorsicht, in einem Trullo hausen will gelernt sein. Bei näherer Betrachtung entpuppen sich die Zwergenhäuser zwar als gar nicht so zwergen-

Alberobello, Trulli-Kirche

haft, Zwei-Meter-Männer werden dennoch ihre Schwierigkeiten haben, sich in dem winzigen Badezimmer, der Puppenküche oder den diesen Raumverhältnissen exakt angepaßten Betten zurechtzufinden. Des Landlebens Ungewohnte – und man lebt mitten in der *campagna* – könnten sich an all den netten Käfern oder Eidechsen stoßen, die munter aus und ein kreuchen und fleuchen. Auch daß sich bisweilen ein kleiner Skorpion in die gute Stube stiehlt, sollte keine Panik auslösen. Mit den überall in Italien gleichermaßen kühn angebrachten Elektroinstallationen wird sich ein Kenner der Apenninenhalbinsel sicherlich schon abgefunden haben, doch bei einem in ein altes Trullo erst nachträglich eingebauten Badezimmer kommt ein phantasiebegabter Elektriker unter Umständen auf besonders wilde Ideen. Duschen also auf eigene Gefahr, sofern man nicht ohnedies vor der Körperpflege vorsorglich den Strom abschaltet.

Wohnen in einem Trullo bedeutet zugleich Behaglichkeit und ländliches Ambiente. Würzig duftend prasseln die knorrigen Scheite des uralten Olivenholzes im Kamin, der abgesehen von seinem dekorativen Feuer gute Dienste leistet: Wenn nicht gerade die Hochsommersonne herunterbrennt, die sogar innerhalb der meterdicken Mauern für eine gewisse Wärme sorgt, kann es nämlich bitter kalt werden. In mondhellen Nächten nehmen sich die weißen Kegelspitzen mit ihren symbolträchtigen Kugeln, Sternen und Zipfeln gänzlich unwirklich aus. Unter einem von keinen Industrieabgasen getrübten Sternenhimmel leuchten auf allen Dächern die mit Kalkmilch aufgetragenen uralten Zeichen geheimnisvoll aus dem Dunkel. Drudenfüße, Kreuze, Kreise, Mondsicheln und vieles mehr sollen die Dämonen bannen, das Sternzeichen des Schützen die Launen der Himmlischen fernhalten, ein doppelter Ring als göttliches Auge über den Sterblichen wachen. Erst das Morgenlicht bricht den Zauber, nichts Unheimliches verbirgt sich mehr hinter dieser harmlosen, wie von ungelenken Kinderhänden gepinselten Malerei. Die Mächte der Finsternis, sie haben keine Chance gegen Vogelgezwitscher, Frieden, Stille. Nur ein in weiter Ferne verklingendes Traktorengeräusch erinnert daran, daß man doch nicht allein ist mit dieser Natur. Nicht allein in dieser hinreißenden Landschaft, die zu jeder Jahreszeit mit der unnachahmlichen Eleganz des Südens die italienischen Nationalfarben trägt: Grün-weiß-rot. Blendend weiße Trulli auf dunkelroter Erde, gesäumt vom Grün der Mandeln, der Oliven und des Weins.

Bukolische Idylle unter spitzem Dach

Draußen auf den Wiesen blühen roter Klatschmohn und gelbe Margeriten um die Wette, als wüßten sie, daß die sengende Sonne des Südens ihrer Farbenpracht bald den Garaus machen wird. Drinnen in der guten Stube hingegen hält der Mai mit Botticellis »Frühling« das ganze Jahr über hof. Bunte Kunstdrucke an den Wänden, dümmlich lächelnde Riesenpuppen auf bestickten Kissen, Kristallvasen mit Plastikblumen und ein überdimensioniertes TV-Gerät unter der unvermeidlichen Madonna – bukolische Idylle bei apulischen Bauern. Die Wohnzimmereinrichtung der Familie Convertino unterscheidet sich durch nichts von unzähligen anderen irgendwo auf dem Land. Das Haus hingegen besitzt Charakter, es ließe sich nicht so ohne weiteres verpflanzen. Ein echtes Trullo schlägt in der Heimaterde tiefe Wurzeln, was für seine Bewohner gleichermaßen gilt. Als vor der Jahrhundertwende die erste große Emigrationswelle Hunderttausende von

Trulli-Bäuerin

Süditalienern in die Neue Welt schwemmte, blieben die meisten Bauern der *Murgia dei Trulli* ihrer Scholle treu. Auch später, als in den 20er und 30er Jahren erneut bittere Armut ganze Landstriche des Mezzogiorno entvölkerte, verließen nur wenige Auswanderer das Trulli-Land.

»Von meiner Familie sind alle geblieben«, erinnert sich Giuseppe Convertino. »Hunger mußte keiner leiden, auch wenn es ihnen nicht so gut gegangen ist wie uns heute.« Auf seinen 10 ha großen Feldern gedeihen wie seit jeher Bohnen, Oliven und Wein, ein gutes Dutzend Schafe, Ziegen und Hühner fetten die Haushaltskasse zusätzlich auf. Von Neuerungen oder gar Experimenten hält der Landwirt wenig, die Anschaffung eines funkelnagelneuen Traktors geht ebenso auf das Konto von Sohn Nicola wie die Pferdezucht. Neun Rösser stehen mittlerweile im Stall, von denen sich der Jungbauer und gelernte Metzger ein gutes Geschäft verspricht, denn »die Stadtleute sind ja ganz verrückt auf's Reiten«. Daß sich viele Wochenendbesucher aus dem nahen Tarent oder Bari jedoch nicht mit sporadischen Ausritten begnügen, sondern gleich einen der pittoresken Trulli kaufen wollen, mißfällt Senior wie Junior gleichermaßen: »Die Fremden bringen viel Neid. Ein Nachbar gönnt es dem anderen nicht, wenn der für seine halbverfallene Steinhütte ohne Strom einen Haufen Geld bekommt. Wir jedenfalls geben kein Stückchen Boden her, weder an Italiener noch an Deutsche, die jetzt auch schon anklopfen.« Entschieden wehren sich die Convertinos gegen ein ›Toskana-Syndrom‹, obwohl sie kaum etwas vom Ausverkauf einer der schönsten Regionen Norditaliens wissen können. Zu Recht fürchten sie den Verlust ihrer Identität, wenn sich das uralte Bauernland in ein rustikales Freizeitdorado verwandeln sollte. Einzig und allein dieser Instinkt, gepaart mit dem ausgeprägten Konservativismus der Trullibewohner, kann

Alberobello

dem von Trendsettern eben erst entdeckten Winkel Apuliens ein toskanisches Schicksal ersparen.

Nicht ein Tropfen von jenem leichtlebigen levantinischen Blut der Baresen fließt in den Adern dieses Menschenschlages, dem das Festhalten an Traditionen über alles geht. Die 25jährige Angela empfindet es keineswegs als störend, in ihrem Alter nach wie vor bei den Eltern zu wohnen und geduldig darauf zu warten, bis ihr Verlobter genügend verdient, um eine Familie zu gründen. Heiraten könnten die beiden schon längst, dem jungen Mann geht es beruflich nicht schlecht, doch bevor nicht der gesamte Hausstand beisammen ist, läuten hierzulande keine Hochzeitsglocken. Mittlerweile arbeitet die Braut wie die meisten ihrer Schulkolleginnen in einer Teigwarenfabrik und spart auf die Aussteuer. Als Akkordarbeiterin mit Tageslohn lassen sich zwar keine Reichtümer scheffeln, doch das Leben daheim kostet ohnedies so gut wie nichts, und für eine hübsche Garderobe bleibt auch noch etwas übrig. Wozu also etwas überstürzen oder gar aus gewohnten Bahnen ausbrechen? Ebensowenig wie seinerzeit ihre Mutter Anna fürchtet Angela, irgend etwas zu versäumen. Nur äußerlich liegt eine Generation zwischen dem Mädchen in modischer Aufmachung und der weißhaarigen Bäuerin in der geblümten Alltagsschürze, in ihren Wünschen und Erwartungen, in der gesamten Denkungsweise gleichen sie einander völlig.

Die große, weite Welt interessiert beide Frauen nicht im geringsten, außer diese kommt via Fernsehschirm in die eigenen vier Wände auf Besuch. Selbst ihre unmittelbare Heimat kennen sie kaum, weder die unglaublichen Grotten von Castellana noch das bezaubernde Barockstädtchen Martina Franca hinterließen nachhaltige Eindrücke. Und das grellweiße Ostuni, wo Reinlichkeit zur Manie ausartet und jedes zarte Fassadendetail unter groben Kalkschichten erstickt, haben sie nie gesehen, von den großen Städten an den Küsten gar nicht zu reden. Anna Convertinos bisher einzige nennenswerte Reise führte nach Rom, als ihr Sohn dort seinen Militärdienst leistete, Angela geht ab und zu mit ihrem Verlobten in Bari aus, das ist alles. Der Kosmos der Trullibauern dreht sich nur um zwei Fixsterne – Alberobello und Locorotondo, wobei sie letzterem aus rein pragmatischen Gründen den Vorzug geben: Die in den 30er Jahren gegründete und seit 1969 florierende Genossenschaft *Cantina Sociale Locorotondo* garantiert selbst dem kleinsten Winzer bescheidenen Wohlstand.

Unberührt von den ausschließlich zur Weinprobe herangekarrten Touristen träumt **Locorotondo,** der »kreisrunde Ort« hoch über dem Valle d'Itria, friedlich vor sich hin. In der für Süditalien geradezu sensationell ruhigen Altstadt gibt es keine Paläste oder Patrizierhäuser zu besichtigen, denn Mächtige verirrten sich zu allen Zeiten bestenfalls aus Zufall auf diesen wenig spektakulären Hügel der Murge. Nicht einmal mit der stolzen Zahl von sieben Kirchen auf engstem Raum kann das Provinznest in einem Land der Kathedralen auf sich aufmerksam machen. Locorotondo war stets das Reich der kleinen Leute, wovon einige lateinische Inschriften auf rührende Weise Zeugnis ablegen. *Parva, sed apta mihi* – »Klein, aber für mich geeignet« – schrieben am Ende des 18. Jh. unbekannte Handwerker über eine Eingangspforte. Ein gewisser Mercurius Pinto gravierte voll Stolz in Stein, daß er »dieses Haus für sich mit seinen eigenen Händen erbaut hat« – *A. D. 1799 M. Mercurius Pinto domum istam suis sibi construxit manibus.* Andere wiederum kannten ihre Nachbarn nur allzu gut und warnten: *Invidia invidenti nocet* – »Der Neid schadet dem Neider«. Noch so mancher Sinnspruch, versteckt zwischen anmutigen Friesen und Treppenaufgängen, erzählt vom Alltagsleben, von Wünschen, Sehnsüchten und Ängsten der Menschen, denen ein eigenes Dach über dem Kopf – genauso wie den Trullibauern noch heute – das höchste Gut bedeutete.

Basilikata:
Verbanntes Land

Provinz Potenza:
Dichter, Fürsten und Beamte

Unliebsam gewordene Staatsdiener schickt Italien zwar nicht in die Wüste, dafür aber nach Potenza. Ein böses Attribut, fürwahr, das die Hauptstadt der gleichnamigen Provinz sowie der gesamten Region Basilikata eingedenk ihres bitteren Schicksals eigentlich nicht in dieser Schärfe verdient hat. Ein Körnchen Wahrheit freilich steckt schon dahinter: Das 1943 von Bomben und mehrmals von Erdbeben – zuletzt 1980 – arg mitgenommene Städtchen, mit 819 m die am höchsten liegende Provinzmetropole des italienischen Festlandes, ist zum Inbegriff der Langeweile geworden. Wen interessieren schon die vielen ›Tintenburgen‹ mit dem gewaltigen Beamtenheer, das sich offenbar am liebsten selbst administriert, oder die glatten Hochhaus-Neubauten, die wie nackte Finger in den Himmel ragen? Touristen, die auf einige im Grunde zwar altehrwürdige, durch ständigen Wiederaufbau in ihrem ursprünglichen Stil jedoch stark verfälschte Kirchen, auf ein kleines archäologisches Museum und auf das Staatsarchiv mit seinen Pergament-Dokumenten aus dem 14. Jh. verzichten können, dürfen Potenza daher ohne schlechtes Gewissen links liegen lassen, um sich dafür um so intensiver der geschichtsträchtigen Landschaft zu widmen.

Venosa, Melfi und der Monte Vulture sind die wahren Sehenswürdigkeiten der Provinz, die früher nicht Beamte, sondern Fürsten und Dichter angezogen und hervorgebracht hat. Hier findet sich wieder einmal Süditalien pur, ungetrübt durch brutale Eingriffe im Dienste des Fremdenverkehrs. Allerdings muß diese Gegend in alten Zeiten ein gänzlich anderes Gesicht gezeigt haben, schildert sie doch der große römische Poet Horaz, dessen Wiege in *Venusium*, dem heutigen Städtchen Venosa, stand, noch als äußerst waldreich. Auch erfährt man aus einer Handschrift des frühen 17. Jh., daß das Land »reich an Hasen, Kaninchen, Füchsen, Rehen, wilden Ebern, Mardern, Stachelschweinen, Igeln, Schildkröten und Wölfen« und infolgedessen eines der berühmtesten Jagdreviere des lukanischen und apulischen Adels war. Die Tiere wurden von den wackeren Nimroden fast zur Gänze ausgerottet, die Wälder – von einigen Ausnahmen abgesehen – abgeholzt. Solange dichter Baumbestand vorherrschte, konnte auch die Malaria, die Plage des Südens, nicht bis in das 400 bis 700 m über dem Meeresspiegel liegende hügelige Gebiet vordringen. Erst der von der Erosion ausgelaugte, kraftlose Boden ermöglichte ihre Ausbreitung.

Tempi passati. Heute ziehen die Bauern – per Traktor, Auto oder Moped – eben über weitgehend ödes Land aus den Städten auf ihre oft viele Kilometer entfernten Felder – ein typisch mediterranes Phänomen. Es wurzelt im System der Latifundien, das nur Tagelöhner auf seinem Grund und Boden zuließ und die landwirtschaftlichen Hilfskräfte, früher Sklaven, die stets für fremde Herren schuften mußten, in ständig wachsenden Orten zusammenpferchte. Trotz mehrerer Agrarreformen, die den Großgrundbesitz wesentlich schmälerten, hat sich an der Lebensform der Bauern, sich frühmorgens auf den langen Weg zu machen und abends zum Schlafen in die Städtchen zurückzukehren, kaum etwas geändert. Zwar ist das offene Land nicht menschenleer, aber wer sommers und winters, unter freiem Himmel oder in primitiven Unterkünften auf den Feldern lebt, erweckt leicht den Anschein eines Ausgestoßenen. Wie die Schafhirten, die nicht zuletzt aufgrund ihrer mangelnden Bildung am untersten Ende der Gesellschaftsskala stehen.

Venosa, Fünf-Sterne-Ziel jedes Kulturtouristen: eine Agrargemeinde in gesichtsloser Umgebung. Einfache Kleidung, derbe Gesichter mit wettergegerbter Haut beherrschen die Szene, ein Geruch nach Armut und Trostlosigkeit liegt in der Luft. Neugierig scharen sich ein paar ältere Männer um das Auto mit fremdem Kennzeichen. Kaum ein Lächeln erwidert den freundlichen Gruß. Göttin Venus, die der Stadt ihren Namen geliehen hat, dürfte ihre schützende Hand längst zurückgezogen haben. Im Kampf gegen die allmächtigen Landbarone konnte sich offenbar nur ein Menschenschlag behaupten, dem Ausdauer vor Schönheit ging. Die eleganten Römer, die einst hier Geschichte schrieben, die Normannen, die in ihren eigenen Bauwerken ihre letzte Ruhestätte fanden – hinweggefegt von den Stürmen des Lebens. Übriggeblieben ist ein grotesker Friedhof aus Stein, wie schon der englische Italien-Reisende Norman Douglas zu Beginn des 20. Jh. feststellte: »Alte Inschriften gibt es die Fülle. Sie sind im Mauerwerk vieler Gebäude zu finden, andere liegen wie zufällig am Boden. Und dann – die Steinlöwen aus Römertagen! Man sieht sie, wie verloren, an Straßenecken, auf Vorplätzen und an Brunnen hingestreckt, in jedem Stadium des Zerfalls, mit zerbrochenen Kinnbacken und zertrümmerten Mäulern, ohne Beine und Schwänze! Venosa ist ein wahres Beinhaus verstümmelter Antiken dieser Spezies.«

Die Altstadt mit ihren engen Gäßchen, in denen sich selbst italienische Kleinwagen wie Luxuslimousinen vorkommen, trägt Patina. Die einen nennen sie schäbig, die anderen pittoresk. An Horaz, den berühmtesten Sohn des Ortes, erinnern ein nichtssagendes Denkmal auf der Piazza Orazio Flacco, ein den Namen des Dichters spottendes drittklassiges Hotel und ein paar obskure Mauern, die großspurig als »Haus des Horaz« ausgegeben werden. Niemand weiß freilich, ob der Poet seine Jugendjahre tatsächlich in jenem halbkreisförmigen Bau seitlich des Rathauses verbracht hat, er diente vermutlich eher als *Tepidarium* – Lauwarm-Baderaum – einer Thermenanlage in einem römischen Patrizierhaus. Eine fragwürdige Attraktion, auf die selbst begeisterte Lateiner nicht hereinfallen sollten. Auch das 1470 von Graf Pirro Del Balzo errichtete mächtige Kastell ist bestenfalls einen Schnappschuß von außen wert.

Der wahre Schatz Venosas liegt ein wenig außerhalb der Stadt: die **Abbazia**

Venosa, Basilika SS. Trinità, Grab der Alberada

della Trinità. Die Gründungsdaten des Klosters sind umstritten. Jüngsten Forschungen zufolge begannen Benediktiner bereits vor Ankunft der Normannen, die *Chiesa Vecchia* auf den Ruinen eines frühchristlichen Gotteshauses, das wiederum auf einem römischen Tempel stand, zu errichten. 1059 eingeweiht, sollte sie die Grabeskirche der Fürsten aus dem Norden werden. Hier ließ Robert Guiscard nicht nur seine Brüder Wilhelm Eisenarm und Drogo bestatten. Auch er selbst fand nach seinem unerwarteten Tod 1085 auf dem Weg nach Konstantinopel in dem dreischiffigen Bau seine letzte Ruhe – an der Seite der von ihm im Zuge seiner rücksichtslosen Heiratspolitik verstoßenen ersten Ehefrau Alberada, Mutter des Bohemund (s. S. 92).

Zunächst allerdings hatte Robert von einem süditalienischen Cluny geträumt, einer riesigen Abteianlage, die jedoch niemals verwirklicht wurde. 1135 machten sich die Benediktiner daran, dem ursprünglichen Gotteshaus an der Apsis eine *Chiesa Nuova* anzufügen. Für den im französisch inspirierten romanisch-gotischen Stil gedachten, 70 m langen und 24 m breiten Bau fand reichlich Material aus dem nahen Amphitheater Verwendung. Ebenso aus den jüdischen Katakomben der römischen Kaiserzeit und des Frühmittelalters, deren Überreste man zwischen 1853 und 1929 wiederentdeckte. Das Prestigeprojekt kam jedoch nur bis zu den Umfassungsmauern und wurde schließlich ganz gestoppt, nachdem das Kloster einen wirtschaftlichen Niedergang erlitten hatte. Heute präsentiert sich diese architektonische Unvollendete als wuchtige Ruine mit dem Himmel als Dach und drei Apsiden, die sich trotzig in die Landschaft wölben: ein Fragment der Vergänglichkeit, ein Denkmal der uralten Weisheit, daß Bäume nicht in den Himmel wachsen.

Die *Chiesa Vecchia* mußte im Laufe der Zeit so manche Veränderung erfahren und ist seit einigen Jahren wegen Restaurierungsarbeiten (Fertigstellung frühestens 1992) geschlossen. Auch jener seltsame römische Pfeiler, der weit und breit als Fruchtbarkeitssymbol galt, bewacht nicht mehr den Eingang der Kirche. Die Leiber der Frauen haben ihn glattgewetzt, als sie sich – Generation um Generation – in der Hoffnung, schwanger zu werden, zwischen den behauenen Stein und die Mauer zwängten. Norman Douglas dazu mit mildem Spott: »In meinem Land würden Pfeiler mit der entgegengesetzten Wirkung bei den Frauen beliebter sein.« Wenn man Glück hat, so findet sich bei den interessanten Ausgrabungen rund um die Abtei – Reste des frühchristlichen Baptisteriums und einer städtebaulichen Anlage der römischen Militärstation – ein freundlicher Archäologe mit sachkundigen Informationen. Das auf der gegenüberliegenden Straßenseite befindliche Amphitheater dürfte, weil erst zum Teil freigelegt, noch so manche Überraschung bergen. Immerhin hauchte hier 208 v. Chr. auch Konsul Claudius Marcellus, als Kriegsherr zum »Schwert Roms« geadelt, unter den scharfen Klingen von Hannibals Soldaten sein Leben aus.

*

Der **Monte Vulture,** ein erloschener Vulkan, beherrscht die Gegend um Melfi. Angst und Schrecken verbreitet er längst nicht mehr, dafür gedeihen auf seiner fruchtbaren Lava-Erde die schönsten und dichtesten Wälder der Provinz. Nach der schmerzenden Helligkeit der gleißenden Sonne taucht die kurvenreiche Straße in die Düsternis des Kraters ein, den zwei durch eine schmale Landzunge getrennte Seen, die **Laghi di Monticchio,** fast zur Gänze ausfüllen. Eine Oase, die trotz drängendem Tourismus dank rigoroser Schutzmaßnahmen noch einigermaßen intakt blieb. Schleien, Karpfen und Aale tummeln sich im Wasser, ringsum wuchert ein grünes Dickicht von Buchen, Eichen, Eschen, Ahorn-, Linden- und Kastanienbäumen. Zu dieser im Mezzogiorno so raren Flora kommt eine wahre Fauna-Sensation: Die »Europäische Bramea«, ein Nachtfalter, der sonst nur in Asien zu finden ist. Zur Erhaltung dieses seltenen Insekts, das Forscher auf eine ausschließlich auf dieses Gebiet beschränkte Blume namens *Fraxinus oxycarpa*, ein Gewächs asiatischen Ursprungs, zurückführen, wurde bereits 1971 – erstmals in Süditalien – eine 200 ha große Naturschutzzone eingerichtet.

Die Fremdenverkehrseinrichtungen an den Seen halten sich mit einigen kleineren Hotels, Privatbungalows und mehreren Restaurants in durchaus erträglichen Grenzen. Eine 2750 m lange Seilbahn, die früher Besucher innerhalb von zehn Minuten in eine Höhe von 1214 m brachte, rostet beschaulich vor sich hin. Wann die *funivia* wohl wieder in Betrieb genommen wird? Auf diese Frage zuckt die Wirtin eines der Seelokale nur

---

Sprüche-Macher Horaz: Sternstunden der Dichtkunst

Carpe diem (»Nütze den Tag«), *Nuda veritas* (»Die nackte Wahrheit«), *Aurea mediocritas* (»Die goldene Mitte«): Quintus Horatius Flaccus, dem die Nachwelt all diese und noch viele andere ebenfalls in den allgemeinen Sprachgebrauch eingegangene Zitate verdankt, wurde am 8. Dezember 65 v. Chr. als Sohn eines Freigelassenen in Venosa geboren und erhielt in Rom und Athen eine vorzügliche Ausbildung. Nach ereignisreichen Jugendjahren, in denen er sich der Sache des Tyrannenmörders Brutus angenommen und als Militärtribun an dessen Seite in der Schlacht von Philippi mitgefochten hatte, verdiente er sich seinen Lebensunterhalt als Kanzleischreiber bei der römischen Stadtverwaltung und als Gelegenheitsdichter. Seine klassisch reinen, schwungvollen Oden gewannen ihm die Bewunderung und Freundschaft des reichen Patriziers Maecenas, der ihm nicht nur ein Leben ohne Alltagssorgen in seinem Palast in Rom ermöglichte, sondern auch ein Landgut in den Sabinerbergen schenkte.

Horaz wurde gemeinsam mit Vergil der Lieblingsdichter der Römer, ja er galt sogar – nach dem Urteil des feinsinnigen Kunstrichters Quintilian – als »der einzige Lyriker, den zu lesen sich lohnt«. Im Palast des Kaisers Augustus war er gerngesehener und vielgelobter Gast. In Sermonen, Satiren und Episteln zeichnete er in scharfer Charakterisierung die Menschen seiner Zeit. Seine dem griechischen Vorbild nachempfundenen Oden zählen zu seinen reifsten Werken. Gegen den demoralisierenden Reichtum und zunehmenden Sittenverfall in Rom richteten sich die poetischen Werke seiner Altersjahre. Er klagte um die verlorenen Tugenden der Bürger zur Zeit der Republik und erflehte von den Göttern die Wiedergeburt des Staates. Den entwurzelten Großstadtmenschen, die einzig und allein nach »Brot und Spielen« verlangten, schleuderte er sein ebenfalls zum Zitat gewordenes *Odi profanum vulgus et arceo* («Ich verachte das gemeine Volk und halte es mir fern«) entgegen. Horaz starb am 27. November des Jahres 8 v. Chr., knapp drei Monate nach dem Tod seines Freundes und Gönners Maecenas, der durch sein großzügiges Wirken Sternstunden der Dichtkunst ermöglicht hatte.

resignierend die Achseln und meint dann: »Wenn wir eine neue Regierung bekommen. Aber wann kriegen wir die schon?« Den Monte Vulture – die unmittelbare Gipfelregion in 1326 m Seehöhe ist militärisches Sperrgebiet – kann man freilich auch bequem über eine 5,5 km lange Straße per Auto erreichen. An klaren Tagen eröffnet sich eine atemberaubende Aussicht bis zum Gargano und dem kampanisch-lukanischen Apennin.

Wie in einem Bilderbuch thront hoch über den Monticchio-Seen die ehemalige *Benediktinerabtei S. Michele*. 1059 eingeweiht und 1866 geschlossen, drohte ihr der totale Verfall. Nur die Michaels-Kapelle mit byzantinischen Fresken, die noch vor der Klostergründung von griechischen Basilianern für ein Felsenheiligtum geschaffen wurden, war von Zeit zu Zeit für Gottesdienste zugänglich. Seit den 70er Jahren in gründlicher Restaurierung, soll in der Ex-Abtei in Kürze ein internationales Studienzentrum eingerichtet werden.

*

Das bescheidene Landstädtchen **Melfi** läßt in seiner heutigen Erscheinung kaum mehr etwas von seiner einstigen Bedeutung erahnen. Melfi? Richtig! Hier haben 1042 die Normannen in einer für das Schicksal Apuliens entscheidenden Schlacht die Byzantiner geschlagen, im Jahr darauf kamen die Anführer der neuen Herren aus dem Norden im Schatten des Vulkans zusammen, um das Land untereinander aufzuteilen. 1059 belehnte Papst Nikolaus II. Robert Guiscard auf einem der vier Konzile zu Melfi mit Apulien und Kalabrien. Der Normanne baute daraufhin in seiner auf einem halb zerstörten Seitenkrater des Vulture liegenden neuen Hauptstadt eine Kathedrale und ein Kastell. 1089 wurde von hier der erste Kreuzzug ausgerufen. Und dann Friedrich II., der eines der wichtigsten Kapitel in der Geschichte Melfis schrieb: Der Staufer-Kaiser liebte diese Stadt ganz besonders und erwählte sie zu seiner Sommerresidenz. 1223 hielt er in Melfi eine Ständeversammlung ab, acht Jahre später veröffentlichte er an diesem Ort mit den *Constitutiones Augustales* ein bahnbrechendes Gesetzeswerk, seit dem *Corpus iuris civilis* des römischen Kaisers Justinian I. im 6. Jh. die erste Kodifizierung des Rechts.

Die große Vergangenheit liegt weitgehend im Staub der durch Naturkatastrophen immer wieder dem Erdboden gleichgemachten Stadt. Nachdem zuletzt 1930 ein verheerendes Erdbeben einen Großteil Melfis vernichtete, entstanden zahlreiche Neubauten, zweckmäßig, eintönig, schlicht. Der Normannendom besitzt vom Original nur mehr den Glockenturm, ist aber dennoch ein immer noch recht ansehnliches Bauwerk, nach seiner sorgfältigen Restaurierung durchaus besuchenswert. Erhalten blieben auch die mittelalterlichen Stadtmauern und – in beherrschender Position auf der höchsten Erhebung des hügeligen Ortes – das Kastell. Die normannische Struktur mit ihren sieben Türmen, drei rechteckigen und vier fünfeckigen, wurde trotz mehrerer Umbauten durch Karl I. von Anjou und das seit 1531 Melfi beherrschende Fürstengeschlecht der Doria kaum verändert. In einem Trakt der Burg überrascht ein nach modernen didaktischen Gesichtspunkten eingerichtetes Museum mit einigen erlesenen archäologischen Fundstücken aus nahen Siedlungen und Nekropolen – unter ihnen etruskische Bronzen, griechische Keramiken und römische Sarkophage.

Und noch ein Kastell Friedrichs II.: Auf dem Weg von Melfi in Richtung Potenza sticht **Castel Lagopesole** schon von weitem aus der kargen Landschaft hervor. Es gehört

Kühler Süden

dank seiner Lage zweifellos zu den beeindruckendsten Burgen des Mezzogiorno. Kurz vor dem Tod des Kaisers als Jagdschloß konzipiert, sollte der Bau jedoch niemals gänzlich vollendet werden. Seit vielen Jahren wird die Burg, zu deren Füßen sich die schäbigen Häuser eines gottverlassenen Nestes wie gefräßige Raupen Stück für Stück den Berg hinaufschieben, einer Restaurierung unterzogen. Ein Ende der Arbeiten ist nicht abzusehen. Was widerfährt dem Erbe von Dichtern und Fürsten? Sein Schicksal liegt jetzt in der Hand der ob ihrer Verbannung frustrierten Bürokraten.

Anwalt der Verdammten:
Auf den Spuren von Carlo Levi

Aliano

Wie die rauhen, rissigen Finger eines alten Bauern, die ein Stück Brot umklammern, kleben lange, nackte Striemen tonfarbener Erde an den kahlen, zerfurchten Steilhängen der lukanischen Apenninen-Ausläufer. Dort, wo sich nicht einmal mehr Füchse gute Nacht sagen, liegt auf einer Seehöhe von knapp 500 m Aliano. »Wie ein sich schlängelnder Wurm senkte sich der Ort mit seiner einzigen, stark abfallenden Straße auf engem Grat zwischen zwei Schluchten, stieg dann wieder an, um abermals zwischen zwei anderen Schluchten hinunterzuklettern und schließlich im Leeren zu enden«, schrieb der Arzt, Maler und Dichter Carlo Levi (1902–1975), in den Jahren 1935 und 1936 vom faschisti-

schen Regime in dieses gottverlassene Nest verbannt. In seinem 1945 veröffentlichten und seither in alle Weltsprachen übersetzten autobiographischen Roman *Cristo si è fermato a Eboli* (»Christus kam nur bis Eboli«) setzte er den Menschen der Basilikata – als Dokument der Anklage und Liebeserklärung gleichermaßen – ein Denkmal von höchstem literarischem Rang. Der Turiner Intellektuelle verzweifelte nicht an der archaischen Gesellschaftsstruktur, am unvorstellbaren Elend, am Aberglauben und an den primitiven, unhygienischen Wohnverhältnissen des Dorfes. Er wurde – auch durch seinen geistigen Widerstand gegen die opportunistischen Mussolini-Anhänger unter der

Bevölkerung – zur Leitfigur, von der Aliano heute mehr denn je profitiert.

»Mir mißfiel alles«, stellte Levi bei seiner unfreiwilligen Ankunft, begleitet von zwei Carabineri, die Hände mit Ketten gefesselt, fest. »Auf allen Seiten sah man nichts als weiße Lehmabstürze, an denen die Häuser hingen, als schwebten sie in der Luft; und ringsumher noch mehr weißer, baum- und rasenloser Lehm, vom Wasser durchfurcht mit Löchern, Kegeln und gefährlich aussehenden Hängen wie eine Mondlandschaft. Fast alle Türen der rissigen, baufälligen Häuser, die sich kaum über dem Abgrund zu halten schienen, waren sonderbar eingerahmt von schwarzen Fähnchen, von denen einige neu, die anderen von Sonne und Regen entfärbt waren, so daß es aussah, als wäre der ganze Ort in Trauer oder zu einem Totenfest geschmückt.« Das Entsetzen über die Trostlosigkeit verwandelte sich rasch in Liebe und Bewunderung, die der große Humanist für seine Mitbewohner empfand und die ihm in Aliano – im Roman heißt das Dorf Gagliano – auch entgegengebracht wurde. Wehmütig nimmt er nach der Aufhebung seiner Verbannung von der Basilikata Abschied, um nach dem Krieg als unermüdlicher Anwalt der Verdammten, als tatkräftiger Helfer in den sozialen Nöten der Armen und schließlich – gemäß seinem ausdrücklichen Wunsch – zur letzten Ruhe zurückzukehren.

Zögernd und mit viel Verspätung ist der technische und soziale Fortschritt auch in Aliano angekommen, wenngleich das Hauptproblem unverändert bleibt: Der karge Boden ernährt nur einen kleinen Teil der Menschen. Zwar gehört die Malaria, seinerzeit eine der Hauptplagen Süditaliens, der Vergangenheit an, und die inzwischen asphaltierte Straße endet nicht mehr im Leeren. Sie verbindet über den heute knapp 2000 Seelen zählenden Ort

die Täler des Agri-Flusses und des Basento mit ihren autobahnähnlichen Schnellstraßen, den Wegen zur großen, weiten Welt. Aber diese ist den meisten Einwohnern nur von den bunten Ansichtskarten ihrer

Aliano, Carlo Levis Haus

in der Ferne arbeitenden Verwandten und aus dem Fernsehen bekannt. Während Levi im *confino*, der Verbannung, lebte – übrigens nicht nur während der faschistischen Ära als Strafart üblich, sondern immer noch, insbesondere bei verurteilten Mafiosi, angewandt – wanderten die Armen der Basilikata vorwiegend nach Amerika aus.

»Alle jungen, einigermaßen tüchtigen Leute, auch die, welche nur eben noch imstande sind, selbständig ihr Fortkommen zu finden, verlassen die Heimat. Die Unternehmendsten gehen nach Amerika, die anderen nach Rom oder Neapel, und sie kehren nicht wieder zurück. Im Lande bleibt nur der Ausschuß, diejenigen, die

Levi bei seinem letzten Besuch in Matera 1974

gar nichts können, die körperlich Ge-
hemmten, die Unfähigen, die Faulen«,
notierte der Autor kritisch. An anderer
Stelle vermerkt er: »Der Ort gehört den
Weibern. Viele Frauen haben ihre Männer
in Amerika. Er schreibt im ersten Jahr,
vielleicht auch noch im zweiten, dann
erfährt man nichts mehr. Die Frau wartet
ein Jahr, ein zweites Jahr auf ihn, dann bietet sich ihr eine Gelegenheit, und ein Kind
wird geboren. Ein großer Teil der Kinder
ist illegitim; die Autorität der Mutter
herrscht. Gagliano hat zwölfhundert Einwohner, in Amerika sind zweitausend
Gaglianer.« In den Häusern der Bauern
hing damals neben der Madonna von Vig-
giano, »wilde, grausame, dunkel archaische
Erdgöttin, launische Herrin dieser Welt«,
das Bild des US-Präsidenten Roosevelt an
der Wand, »eine Art von Zeus, von wohl-
wollendem, lächelndem Gott, Herr einer
anderen Welt«. Und dazwischen manch-

mal eine Dollarnote. Denn »für die Menschen Lukaniens bedeutet Rom nichts: es
ist die Hauptstadt der Signori, der Mittelpunkt eines fremden und verhängnisvollen Staates. Weder Rom noch Neapel, sondern New York würde die wahre Hauptstadt der lukanischen Bauern sein, wenn
diese Menschen ohne Staat jemals eine
solche haben könnten.«

In der – ausgerechnet! – *Bar Roma*,
einem der zwei Lokale von Aliano, in
denen die arbeitslose Jugend bereits am
Vormittag beim Kartenspiel die Zeit tot-
schlägt, bestätigt der Besitzer, daß auch im
letzten Jahrzehnt des 20. Jh. viele Dorfbe-
wohner gezwungen sind, sich im Ausland
ihr Brot zu verdienen, wenn auch die USA
längst nicht mehr als ›gelobtes Land‹ gelten. »Ich habe ein halbes Jahr in Stuttgart
gearbeitet, mein Bruder lebt immer noch
dort, mein Schwager hat eine Beschäftigung in einer Fabrik in Norditalien gefun-

den, für uns ebenso weit weg und fremd wie Deutschland oder die Schweiz«, umreißt er die offenbar ewigen sozialen Probleme des Ortes. Eines freilich hat sich zum Positiven geändert: Wer sich genügend ersparen kann, kehrt in die Heimat zurück und baut sich dort sein Häuschen, versucht sich mit einem Geschäft, belebt die bescheidene Wirtschaft. Von Wohlstand zu sprechen, wäre zwar vermessen, die trostlose Hoffnungslosigkeit, wie sie Carlo Levi in seinem Roman beschrieben und in seinen Gemälden und Zeichnungen festgehalten hat, ist indes verschwunden. Das soziale Netz des modernen Wohlfahrtsstaates und die jahrhundertelang geübte Kunst des Überlebens bewahren Bauern und Rentner, Junge und Alte ohne Beschäftigung vor dem totalen Absturz ins Elend. War ein alter, klappriger Fiat 509, stolzer Besitz eines ehemaligen ›Amerikaners‹, Mitte der 30er Jahre das einzige Auto im Ort, so gehören Fahrzeuge der Klein- und Mittelklasse – einige noch mit deutschen Kennzeichen, Lohn arbeits- und entbehrungsreicher Tätigkeit in der Fremde – heute zum Alltag. Nur mehr vereinzelt transportieren Bauern ihre Lasten auf Eseln, Kleinlaster und moderne Traktoren prägen vor allem an Markttagen das Bild von Aliano. Und in den Berg gegrabene Höhlenwohnungen dienen höchstens noch als Ställe für das Vieh.

Die jungen Leute des Dorfes sind trotz Arbeitslosigkeit nicht in Lethargie verfallen. Ihnen hat Carlo Levi den richtigen Weg gewiesen. In einer genossenschaftlichen Töpferwerkstatt stellen sie Tonwaren her, Vasen und Aschenbecher, Teller und Tassen, Krüge und andere Gefäße, rührend unbeholfen in ihren primitiven Formen und derben Bemalungen. Die kleinen Souvenirs werden in dem mit viel Liebe zusammengetragenen Volkskundemuseum im ehemaligen Wohnhaus des Dichters verkauft. Levi bleibt schließlich die einzige ›Attraktion‹ des Bergnestes, in das sich als Touristen vielleicht einmal ein paar italienische Schulklassen unter Führung literaturbewußter Lehrer verirren. Ohne aufdringlich ihre Dienste anzubieten, warten die örtlichen Jugendlichen dennoch bereits am frühen Vormittag vor dem Museum, jenem gedrungenen, am Abgrund klebenden, weißgekalkten Steingebäude mit seinem kleinen Gärtchen und seiner Terrasse, die Levi das Gefühl vermittelt hatte, »auf dem Dach der Welt« zu sein »oder auf dem Oberdeck eines Schiffes, das in einem versteinerten Meer verankert war«. Hier, unter dem unendlich weiten Himmel Lukaniens, entstanden einige der bedeutendsten Gemälde und Zeichnungen des Künstlers, hier gediehen die Aufzeichnungen zu dem – von Francesco Rosi am Original-Schauplatz meisterhaft verfilmten – Roman, der ihn auch als Schriftsteller unsterblich machen sollte.

Ganz in seinem Geiste trugen die Bewohner von Aliano zu der volkskundlichen Sammlung bei. Trachten und Hausrat, Werkzeug und Einrichtungsgegenstände dokumentieren eine Vergangenheit, in der Christus offensichtlich wirklich nur bis Eboli gekommen war, einem Städtchen nahe bei Salerno am Rande der fruchtbaren Sele-Ebene, und das Land dahinter vergessen hatte: »Die Häuser der Bauern sind alle gleich; sie bestehen aus einem einzigen Raum, der als Küche, Schlafzimmer und fast immer auch als Stall für die kleinen Haustiere dient«, beschrieb der literarische Chronist die Wohnverhältnisse seiner Zeit, die im Museum mit den von der Bevölkerung gespendeten Objekten anschaulich vor Augen geführt werden. »Das Zimmer ist fast ausgefüllt von einem riesigen Bett, das viel größer ist als ein gewöhnliches Ehebett: in ihm muß die ganze Familie, Vater, Mutter und alle

Kinder, schlafen. Die Kleinsten haben, solange sie gestillt werden, das heißt, bis sie drei oder vier Jahre alt sind, kleine Wiegen oder Weidenkörbchen, die an Stricken von der Decke hängen und so etwas oberhalb des Bettes schweben. Die Mutter braucht nicht aus dem Bett zu steigen, um sie zu säugen, sondern streckt nur den Arm aus und nimmt sie an die Brust; dann legt sie sie wieder in die Wiege, die sie mit einem Schlag ihrer Hand zum Schaukeln bringt wie einen Pendel, so lange, bis die Kinder zu weinen aufhören. Unter dem Bett liegen die Tiere: der Raum ist so in drei Schichten aufgeteilt: auf dem Fußboden die Tiere, auf dem Bett die Menschen und in der Luft die Säuglinge.«

Dagegen lebte Carlo Levi trotz Verbannung im »einzigen zivilisierten Haus des Ortes« wie ein Fürst: »Es bestand aus drei hintereinanderliegenden Räumen. Von der Straße, einem Seitengäßchen rechts vom Hauptweg, kam man in die Küche, von der Küche in das zweite Zimmer, wo ich mein Bett aufstellte; von hier ging es in ein großes Zimmer mit fünf Fensterchen, das mein Wohnzimmer und Atelier wurde. Aus der Ateliertür stieg man auf vier Steinstufen in ein kleines Gärtchen mit einem Feigenbaum, das durch ein Eisengitter abgeschlossen war. Das Schlafzimmer hatte einen kleinen Balkon, von dem ein Treppchen an der Seitenwand des Hauses auf die Terrasse führte; von hier wanderte der Blick zu den fernsten Horizonten.« Und was den zivilisierten Städter am meisten freute: »Es gab dort ein Klosett, ohne Wasser natürlich, aber ein richtiges Klosett mit Porzellansitz. Es war das einzige seiner Art in Gagliano, und vermutlich hätte ich auf hundert Kilometer Entfernung kein andres gefunden.« Levi konnte sich den ›Luxus‹ eines solchen Domizils selbst als Konfinierter leisten, aber man hätte ihn zweifellos auch als bettelarmen Mann dort untergebracht, da der gelernte Mediziner durch seine unermüdliche und selbstlose ärztliche Hilfe höchstes Ansehen genoß.

Nach dem ›glorreichen Sieg‹ Mussolinis im Abessinien-Feldzug begnadigt, bestürmten ihn die Bauern, doch zu bleiben: »Als sich der Tag meiner Abfahrt näherte, erklärten sie, sie würden die Reifen des Autos, das mich wegbringen sollte, durchlöchern. ›Ich komme wieder‹, sagte ich. Aber sie schüttelten den Kopf. ›Wenn du abreist, kommst du nicht mehr zurück. Du bist ein guter Mensch. Bleib bei uns Bauern!‹ Ich mußte ihnen feierlich versprechen, daß ich zurückkehren würde, und ich tat es ganz aufrichtig.«

Der Piemontese, der wie keiner vor ihm aus dem Norden die Probleme des Südens miterlebt, mitgefühlt und mitgelitten hat, hielt sein Versprechen. Nach dem Krieg zog er sich häufig hierher zurück, um zu malen und zu schreiben. Und schließlich, um für immer zu bleiben. Sein schlichtes Grab in der kargen, graslosen Lehmerde des Friedhofs – »die einzige abgeschlossene, frische und einsame Stelle des ganzen Ortes, vielleicht auch die am wenigsten traurige« – trägt alljährlich zu seinem Todestag Blumenschmuck. Carlo Levis Bilder sind in dem nach ihm benannten Studienzentrum im Palazzo Lanfranchi in der Provinzhauptstadt Matera untergebracht, seine Bücher im Besitz der ganzen Welt, er selbst ist am Ende seines Weges zu Hause angelangt: in Aliano, das dank ihm aus der Anonymität eines vergessenen Dorfes gerissen wurde. »Ein Glück«, sagt das junge Mädchen bei der Führung durch das Museum, »daß der Zufall wenigstens ihn zu uns verschlagen hat, wenn schon Christus nur bis Eboli kam ...«

Die Höhlenmenschen
von Matera

»Kommen Sie mit mir, ich zeige Ihnen die Sassi.« Mit Verschwörermiene bietet sich der kleine Junge als sachkundiger Führer an. »Ich kenne mich aus, denn ich bin hier geboren«, unterstreicht der etwa zehnjährige Knirps seine Qualifikation. Die meisten Touristen folgen ihm willig, wissen sie doch nicht, daß ihr Cicerone ganz gehörig flunkert. Denn seine Wiege stand garantiert nicht in einer der vielen hundert Höhlenwohnungen, den *sassi*, die sich steil abfallend wie ein riesiges offenes Geschwür vom Zentrum Materas bis in die tiefe Schlucht des Flusses Gravina ziehen. Er ist sicherlich im klinisch sterilen Kreißsaal des Gemeindehospitals oder in einem der saubereren, modernen Apartments am Rande der Stadt zur Welt gekommen, in die man die 12 000 Sassi-Familien seit Ende der 50er Jahre umgesiedelt hat. Vielleicht aber wird der Junge in einigen Jahren zu den Wurzeln seiner Väter zurückkehren, zum ›Höhlenmenschen‹ werden, wenn es gelingt, eines der bedeutendsten Revitalisierungsprojekte Italiens zu verwirklichen. Die ehemalige Metropole des Elends soll nämlich zu einem kulturhistorischen Denkmal höchsten Ranges aufsteigen.

Nur bei klarer, kalter Winterluft läßt sich die Topographie Materas erkennen, der bloß eine halbe Autostunde vom Meer entfernten Hauptstadt der gleichnamigen Provinz in der Region Basilikata. In den Sommermonaten brennt die Sonne unbarmherzig auf die von tiefen Furchen durchschnittene Felsenlandschaft mit ihrer dürftigen Vegetation. Um überhaupt überleben zu können, flüchteten die Menschen vor der mörderischen Hitze – ebenso wie vor ihren Feinden – schon vor undenklichen Zeiten in die kühlen, in den Tuffstein gehauenen Höhlen. Diese Behausungen zählen zu den ältesten der Welt. Siedlungsspuren reichen bis in das 4. Jahrtausend vor Christus zurück.

Das moderne, lebhafte Städtchen mit seinen 50 000 Einwohnern liegt auf einer hügeligen Ebene hinter der Gravina-Schlucht. Mitten im Zentrum, wo sich üblicherweise die Piazza befindet, bricht ein trichterförmiger, sich nach unten verjüngender Krater ab – das Reich der Sassi: *Sasso Caveoso*, der ältere, südliche Teil und *Sasso Barisano* im Norden, der bereits stärker mit gemauerten Bauten durchsetzt ist. Ein Geisterviertel, tot, leer, das seiner Wiedererweckung harrt.

Mit einer erschütternden Schilderung machte der Dichter und Maler Carlo Levi nach dem Zweiten Weltkrieg die Weltöffentlichkeit erstmals auf die Höhlenstadt und ihre Misere aufmerksam. Mit einem Schlag wurde Matera zum Inbegriff der Unterentwicklung, des Verharrens in einer primitiven Welt und des Fehlens jeglicher Hygiene. Ein Schandfleck Italiens, der während des faschistischen Regimes einfach totgeschwiegen wurde. »So haben wir uns in der Schule Dantes Inferno vorgestellt«, heißt es in Levis autobiographischem Roman »Christus kam nur bis Eboli«. »Ein ganz schmales Sträßchen, das sich in Kehren hinunterwindet, führt über die Hausdächer, wenn man sie so nennen kann. Es sind Höhlen, die man in die verhärtete Lehmwand der Schlucht gegraben hat; jede hat vorn eine Fassade. Die Türen der Behausungen standen wegen der Hitze offen, und ich sah in das Innere der Höhlen, die Licht und Luft nur durch die Türen empfangen. Einige besitzen nicht einmal solche; man steigt von oben durch Falltüren und über Treppchen hinein. In diesen schwarzen Löchern mit Wänden aus Erde sah ich Betten, elenden Hausrat und hingeworfene Lumpen. Auf dem Boden lagen Hunde, Schafe, Ziegen und Schweine. Im allgemeinen verfügt jede Familie nur über eine solche Höhle, und darin schlafen alle zusammen, Männer, Frauen, Kinder und Tiere. So leben zwanzigtausend Menschen.«

Tote Augen: Höhlenwohnungen in Matera

Die Kinder waren entweder ganz nackt oder mit ein paar Lumpen bekleidet. »Ich habe noch nie ein solches Bild des Elends erblickt«, erzählte Levis Schwester, Ärztin aus Turin, ihrem in das Bergnest Aliano verbannten Bruder Mitte der 30er Jahre anläßlich eines Besuches. »Ich sah Kinder auf der Türschwelle im Schmutz unter der glühenden Sonne sitzen mit halbgeschlossenen Augen unter roten geschwollenen Lidern; die Fliegen krochen ihnen über die Augen, und sie schienen es nicht zu spüren. Es war Trachom. Anderen Kindern begegnete ich, deren Gesichtchen voller Runzeln waren wie bei alten Leuten; vor Hunger waren sie zu Skeletten abgemagert mit völlig verlausten, grindigen Haaren. Aber der größte Teil hatte dicke, riesige, aufgetriebene Bäuche und von Malaria bleiche, leidende Gesichter.« Immer wieder riefen die Kinder der Ärztin zu: »Fräulein, gib mir Chinin.«

Vom Grunde der Schlucht bot sich der Besucherin freilich ein anderer Anblick: »Von hier aus wirkte Matera fast wie eine richtige Stadt. Die Fassaden der Höhlen, die wie weiße, nebeneinander stehende Häuser aussahen, schienen mich mit den Türlöchern wie schwarze Augen anzusehen. So ist es wirklich eine sehr schöne, malerische und eindrucksvolle Stadt.«

Bilder, wie sie uns das Fernsehen heute noch aus Äthiopien ins Haus liefert, gehören in Matera längst der Vergangenheit an. Den letzten Malaria-Fall gab es 1948. Vier Jahre später wurde aufgrund eines Gesetzes mit staatlichen Geldern der Bau von musterhaften Wohnsiedlungen begonnen, in die man die Sassi-Familien nach und nach einquartierte. Architektenteams planten die Projekte, und so entstand innerhalb von zwei Jahrzehnten

Die »Kaiserlichen Tische« von Metapont

Mehr als zweieinhalb Jahrtausende dämmerten die Überreste eines einst gewaltigen dorischen Tempels in der Einsamkeit eines Malaria-Sumpfgebietes unbeachtet dahin. Nur Hirten kannten das Heiligtum der von Griechen aus dem Peloponnes zwischen dem 8. und 7. Jh. v. Chr. gegründeten Stadt *Metapont,* und weil ihnen die 15 in den Himmel ragenden Säulen so geheimnisvoll erschienen, nannten sie diese *tavole palatine* (»kaiserliche Tische«) – möglicherweise nach den Paladinen Karls des Großen, die hier gegen die Sarazenen kämpften.

Heute zählt die direkt an der vielbefahrenen Küstenstraße liegende Ausgrabungsstätte mit ihrem kleinen, exquisiten Museum zu den wichtigsten archäologischen Sehenswürdigkeiten der Basilikata. Metapont, mit Kroton und Sybaris verbündet, war aufgrund des fruchtbaren Bodens – nicht zufällig wurde die Ähre zum Symbol der Stadt, das auch seine Münzen zierte – und geschickter politischer Schachzüge eine der reichsten und mächtigsten Siedlungen Magna Graecias. Als Kroton das absonderliche Treiben des Pythagoras und seiner Anhänger (s. S. 178f.) satt hatte und diese aus seinen Mauern verbannte, fanden die ›Spinner‹ in Metapont Unterschlupf, wo der Philosoph und Mathematiker seine Lehren bis zu seinem Tod noch viele Jahre unbehelligt verbreiten konnte. Den der Hera geweihten Tempel bezeichneten Archäologen später auch als »Schule des Pythagoras«. Rötlich-gelb leuchten seine in zwei Reihen stehenden, stark verwitterten Säulen aus mit Stuck überzogenem Kalkstein – ursprünglich waren es 32 – nicht nur im Morgen- oder Abendlicht. Im Museum bestechen vor allem die Beispiele lukanischer Keramikkunst, Terrakotten, Münzen, Marmorskulpturen und Tempeldekorationen.

eine Stadt, die damals in Italien ihresgleichen suchte. Wie es die Menschen aus den Höhlen-Behausungen gewohnt waren, mußten sie auch in den Neubauten nicht auf ihren Gemeinschaftshof, wichtigstes Zentrum der Kommunikation, verzichten. Jeweils ein halbes Dutzend Wohnungen teilt sich einen Hof: keine gesichtslosen Betonburgen, sondern menschengerechte Siedlungen. Kein Wunder, daß sich alle hier wohl fühlen.

Die Sassi freilich begannen zu verfallen. Dächer brachen ein, Terrassen stürzten in die Tiefe. An den ungeschützten Fresken, Kapitellen und Skulpturen der Höhlenkirchen nagte der Zahn der Zeit, Kulturvandalen vollendeten das Zerstörungswerk. Ein unschätzbar wertvolles Erbe schien für immer verloren: Nicht weniger als 120 Felsenkirchen befinden sich im Gebiet der Sassi und ihrer nächsten Umgebung. Dazu kommen Tausende kleiner ›Höhlen-Palazzi‹, reich an Verzierungen und Architraven, Konsolen und Balustraden, Loggien und winzigen Pforten. Die ältesten Kirchen stammen aus dem 6., die meisten jedoch aus dem 10. und 11. Jh., als orthodoxe Basilianermönche vor der Verfolgung durch die islamischen Seldschuken aus Kleinasien flüchteten. In Süditalien fanden sie nicht nur sicheren Unterschlupf, sondern auch eine ihrer Heimat sehr ähnliche Umgebung, die verblüffend dem Göreme-Tal in Kappadokien gleicht. Im Inneren der teils natürlichen, teils in den Felsen gehauenen Höhlen formten die Brüder Gewölbe, Kuppeln, Säulenhallen, Apsiden, Ikonostasen und Altarsockel und schmückten die Wände mit Fresken, eindrucksvollen Beispielen strenger byzantinischer Malerei. Später siedelten sich auch Hirten und Handwerker in der Felsenstadt an. Als die Mönche um 1400 nach Kleinasien zurückkehrten, hinterließen sie ein für Europa einzigartiges Gesamtkunstwerk. Die Bauern hingegen blieben und verliehen der Stadt im Laufe der Jahrhunderte ihr unverwechselbares Gepräge. Viele Krypten und Kirchen verkamen zu Warenlagern, Weinkellern und Ställen. Dennoch überlebten die Sassi als Zeugnis mönchischer und bäuerlicher Kultur.

Das Tal gleicht einem gigantischen natürlichen Amphitheater: auf der einen Seite die Höhlenwohnungen, auf deren Dächern lila blühendes Unkraut wächst, das mit dem Grau der rissigen Felsen, Mauern und Grotten harmoniert; in der Mitte der Gravina-Fluß, gegenüber eine bizarre, unbewohnte Steinlandschaft, ein wildes, primitives Szenarium, wie geschaffen als Kulisse für das Matthäus-Evangelium, das Pier Paolo Pasolini 1964 hier verfilmte. Auf einem Felssporn thront die im 15. Jh. errichtete romanisch-apulische Kathedrale mit prächtiger Fassade und kostbaren Fresken aus dem 12. Jh. Die Sassi als Wendeltreppe der Evolution: Aufsteigend vom Grund des Trichters sind die Schritte der Menschheit in die Zivilisation Schicht um Schicht abzulesen. Im ersten Ring Höhleneingänge, die von Hand vergrößert und geglättet wurden, in der nächsten Etage bereits Stützmäuerchen aus Fels, Andeutungen von Terrassen. Darüber primitive Höhlenhäuschen, von Ring zu Ring mehr aus dem Fels hervortretend, in- und übereinandergeschachtelt, bis sie sich ganz oben zu kleinen Palästen mit Säulen, Gesimsen, Balkonen und Dachgärten entwickeln.

Viel zu lange nach dem Exodus der Sassi-Bewohner begann man sich in Matera all dieser Schätze anzunehmen. Die Initiative ging von Künstlern, Architekten und Historikern aus, die sich in ihrem Kulturverein *La Scaletta* vorerst einmal über eine Nutzung des Viertels den Kopf zerbrachen. Daß die früheren Familien in renovierte Häuser und Wohnungen wieder einzogen, kam nicht in Frage, stellten für diese Materaner doch die Sassi Symbol überwundener Armut, Unterentwicklung und Unterdrückung in menschenunwürdigen Verhältnissen dar. Der Heimatforscher Prof. Franco Palumbo, eifrigster *Scaletta*-Mitstreiter, über das Problem: »Die Höhlen, Palazzi, Kirchen, Höfe und Stiegen sind ein einmaliges historisches Monument, eine Sehenswürdigkeit ohnegleichen. Wir wollen aber kein Museum für 7000 Jahre Geschichte errichten, sondern eine lebendige Stadtlandschaft, in der weiterhin Geschichte geschrieben werden kann. Einzig durch eine gemischte Besiedlung mit Wohnungen, Büros, Geschäften, Künstlerateliers und Werkstätten für altes und neues Handwerk lassen sich auch die enormen Sanierungskosten rechtfertigen.«

Carlo Levi: Portrait der
Haushälterin Julia

Ein Sondergesetz des italienischen Parlaments verschaffte der Gemeinde für die Rettung der Sassi eine erste Finanzspritze von 100 Mrd. Lire (rund 140 Mio. DM), insgesamt rechnen die Planer mit weiteren Ausgaben in mindestens sechsfacher Höhe. Das staatliche Geld soll private Investoren auch auf internationaler Ebene anlocken, zumal die Sassi von der UNESCO zum Kulturdenkmal erklärt wurden. Ohne *Scaletta* aber wäre wahrscheinlich bis heute nichts geschehen. Die Mitglieder des Vereins leisteten alle wichtigen Vorarbeiten – von der Inventarisierung und Zustandsbeschreibung aller Bauobjekte bis zur Veröffentlichung von Büchern über die wichtigsten Höhlenkirchen. Sie veranstalteten Ausstellungen, Vorträge und Diskussionen und machten auf diese Weise Matera zu einem weit über die Grenzen Italiens bekannten Kunstzentrum. Auf eigene Initiative kauften und renovierten sie einen Palazzo im *Sasso Barisano,* in dem alljährlich internationale Kurse für Maler und Bildhauer abgehalten werden. Dieses Paradebeispiel aktiver Verantwortung für die Geschicke der eigenen Stadt, das so ganz und gar nicht in das Klischee vom lethargischen Süden paßt, die wache Intelligenz und das kritische Bewußtsein der Bürger – man spürt es auf Schritt und Tritt. Ob es sich um die rasche Aufdeckung eines von einem deutschen Professor begangenen Freskenraubes handelt, um liebevoll restaurierte Musterhäuser als Pilotprojekte, mit denen zahlungskräftigen Interessenten eine Ansiedlung in den Sassi schmackhaft gemacht werden soll, oder schlicht um die zwei großen Buchhandlungen, die alle Neuerscheinungen des Landes führen, die Materaner verstehen es, ihrer Stadt ein für den Mezzogiorno einzigartiges kulturelles Flair zu verschaffen.

Dabei geht man keineswegs – wie so oft in Italien – ziel- und planlos vor. Ein europäischer Architektenwettbewerb wird die Basis für die städtebauliche Umgestaltung der Sassi liefern. Franco Palumbo träumt bereits von einer internationalen Restauratorenschule, die in einem der Palazzi untergebracht werden soll. Vorbildliches hat die *Scaletta* auch mit der Restaurierung der Höhlenkirchen S. Nicola dei Greci und Madonna delle Virtù geleistet, in denen alljährlich namhafte Bildhauer ihre Werke ausstellen. Einen Termin für die Fertigstellung der Sanierungsarbeiten kann Palumbo freilich nicht nennen: »Das muß langsam wachsen, sich entwickeln. Wichtig ist nur, daß wir uns einmal entschlossen haben, irgend etwas zu tun.« Die steigenden Grundstückspreise sind für den Professor ein untrügliches Zeichen, daß auch das Interesse wächst. »Wir müssen uns nur vor Spekulanten hüten«, meint er. Wie er das tun will, steht allerdings auf einem anderen Blatt.

Unser kleiner Cicerone wird eisern sparen müssen, will er dereinst in ein mit allem modernen Komfort ausgestattetes Haus seiner Ahnen ziehen und einen Anblick genießen, wie ihn bereits 1596 der lokale Geschichtsschreiber Leandro Alberti festgehalten hat: »Man trifft auf ein schönes Tal, wo sich die Stadt Matera befindet. Beim Sonnenuntergang stellt jede der unten wohnenden Familien eine Kerze vor das Haus, so daß diejenigen, die oben leben, den Eindruck haben, unter ihren Füßen einen von Sternen übersäten Himmel zu sehen.«

Materas Attraktionen finden sich aber nicht nur in den Sassi. Die Neustadt bietet neben bemerkenswerten barocken Gebäuden zwei Museen von außerordentlicher Qualität: das *Ridola-Nationalmuseum* im ehemaligen Kloster S. Chiara aus dem Jahr 1698 mit wertvollen archäologischen Funden und einer Kollektion kulturhistorischer Objekte sowie den *Palazzo Lanfranchi*, der eine Pinakothek mit etwa 300 Gemälden der neapolitanischen Schule aus dem 17. und 18. Jh. und das *Centro Carlo Levi* beherbergt. Hier sind alle wichtigen Gemälde und Zeichnungen Levis vereint, unter ihnen das Monumentalbild »Lucania 61«, das der Künstler für die Ausstellung »Italia 61« in Turin schuf, sowie die Arbeiten, die zur Zeit der Verbannung entstanden. Man trifft sie alle wieder, die Levi in seinem Buch beschrieben hat: die Haushälterin Julia, die Hirten und Bauern, die Ortshonoratioren und die alten Frauen, nicht bloße Illustrationen zum Roman, sondern Portraits und Studien von eindringlicher Intensität.

Tradition wird großgeschrieben in Matera – mit einer Ausnahme. Für das größte religiöse Volksfest der Stadt, der Schutzpatronin Madonna della Bruna gewidmet, hat man dem ›Zeitgeist‹ eine gewaltige Konzession gemacht. Seit dem 14. Jh. wurde die »Braune Madonna« alljährlich am 2. Juli in einem von acht prächtig aufgezäumten Maultieren gezogenen, reich geschmückten Karren, begleitet von einer berittenen Eskorte, im Triumphzug durch die Stadt geführt. Kaum war die Statue wieder in der Kathedrale verschwunden, stürzte sich die Menge auf den Wagen, um ihn mit Fußtritten, Messern und Äxten zu demolieren. Die Holzsplitter galten als Amulett, das seinen Träger ein Jahr lang vor Unglück bewahrte. Heute ist dieser Brauch – auch wenn die Umzüge nach wie vor als farbenprächtiges Spektakel ablaufen – nicht mehr ohne weiteres durchführbar: die Madonna thront nämlich auf dem Rücksitz eines chromblitzenden Rolls-Royce.

Kalabrien:
Land im Abseits

Die Krieger von Riace:

Entwicklungshelfer aus der Antike

Einen großen Sohn gibt es immer. Selbst Reggio di Calabria, die ungeliebte Stiefelspitze Italiens, darf sich eines antiken Dichters rühmen, den spätestens seit Friedrich Schiller jedes deutschsprachige Schulkind kennt. Ibykos, der »Götterfreund«, verfaßte im 6. Jh. v. Chr. in seiner Geburtsstadt *Rhegium* vorwiegend erotische Lieder, bevor er es auf Samos am Hof des Polykrates – schon wieder Schiller! – zum Chormeister brachte und schließlich auf seinem Weg »zum Kampf der Wagen und Gesänge« unter die Räuber fiel. Um sein Leben muß zweieinhalb Jahrtausende später selbst in Kalabrien kein Reisender mehr fürchten, auch wenn die Kriminalstatistik der südlichsten Festlandprovinz mit erschreckenden Zahlen aufwartet. Mord und Totschlag stehen zwar auf der Tagesordnung, doch suchen die Killerkommandos der kalabresischen Mafia heute ihre Opfer ausschließlich in den eigenen Reihen. Die Industrie des Verbrechens sei die einzige florierende Aktiengesellschaft Kalabriens, behaupten Zyniker. Und in Reggio sitzen ihre Hauptaktionäre – mit Dependencen in Gioia Tauro und Palmi.

Eine trügerische Ruhe liegt über der einstigen Regionalhauptstadt **Reggio di Calabria,** die dieses Privileg 1971 unter heftigen Protesten an Catanzaro abtreten mußte. Trügerisch in jeder Hinsicht. Der unglückselige Kompromiß aus Rom, das weitaus größere Reggio der Vorrangstellung zu berauben, das unbedeutende Cosenza zum Sitz der »Università della Calabria« zu machen und somit drei gleichwertige Zentren zu schaffen, verstärkte nur den Kampfgeist der Mafia. Seither läuft an der Meerenge zwischen dem Kontinent und Sizilien nichts mehr ohne ihren Sanktus. Gibt der Staat Milliarden um Milliarden nicht freiwillig, so gebraucht man Gewalt – rücksichtsloser als in Palermo, unbarmherziger als in Neapel. Umgekehrt proportional zur Realität präsentiert sich die kalabrische Hafenstadt vergleichsweise recht harmlos, doch die Optik täuscht. Weil das Erdbeben von 1908 in Reggio – ebenso wie in dem von der Welt weit mehr bedauerten Messina – kaum einen Stein auf dem anderen belassen hatte, verschwand auch das düstere Gewirr uralter Gassen, in dem man sich eine ›Unterwelt‹ weit besser hatte vorstellen können.

Daß sich die großzügig angelegten, hellen Straßen als ebenso gutes Pflaster für dunkle Geschäfte eignen, entgeht einem Fremden meist, dem der Sinn nach einem Einkaufsbummel durch die Fußgängerzone des Corso Garibaldi steht. Eingedeckt mit allerlei wohlriechenden Essenzen lokaler Produktion – Parfum aus Bergamotten, Jasmin oder Orangenblüten – und gestärkt durch den Besuch einer der ausgezeichneten Bars oder Konditoreien, könnte er die freundliche, doch völlig gesichtslose Stadt eigentlich gleich wieder verlassen. Wenn, ja wenn nicht ein unergründliches Schicksal zwei außerordentlich interessante Männer nach einer langen, gefahrvollen Reise ausgerechnet nach

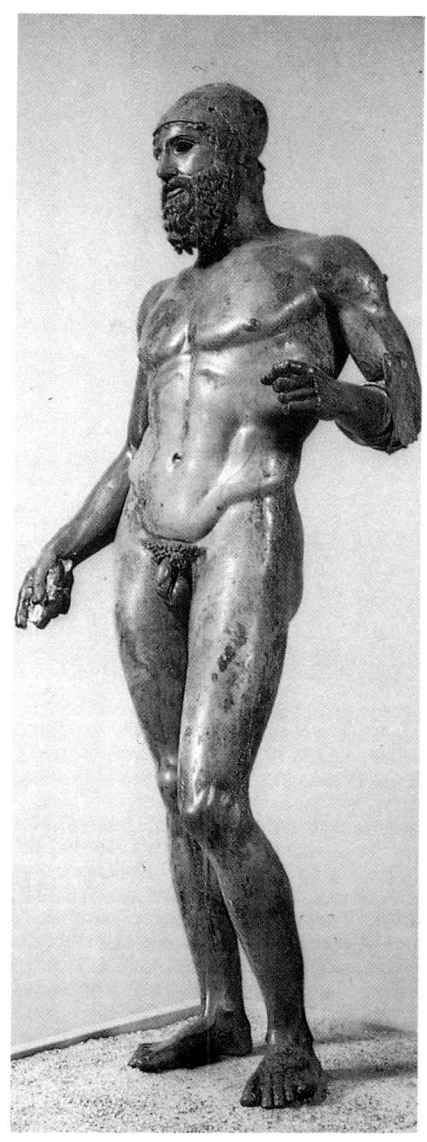

Reggio verschlagen hätte. Täglich außer Montag gewähren sie Besuchern aus aller Welt Audienz, und so mancher Verehrer macht ihnen sogar schon zum wiederholten Mal seine Aufwartung. Wie es sich für Stars gebührt, zieren ihre Konterfeis in allen nur denkbaren Variationen Auslagen, Souvenirläden und Restaurants, Abbildungen der beiden ›Ehrenbürger‹ schmücken Ansichtskarten, Servietten und sogar Plakate, auf denen für ein Motorenöl geworben wird.

Nur wenige Gehminuten vom Hafen und der Anlegestelle der Tragflügelboote von und nach Messina entfernt, steht ihre Residenz: Nach vielen bürokratischen und medialen Schlachten schlugen die »Krieger von Riace« 1981 als prominenteste Untermieter im *Museo Nazionale di Reggio Calabria* endgültig ihr Quartier auf. Ihnen – und nur ihnen – verdankt die Stadt seither einen nie zuvor erlebten Besucherstrom, von dem Tausende von Einheimischen profitieren. Nicht selten bilden sich vor dem Museum lange Warteschlangen, denn nur eine limitierte Anzahl von Personen darf sich gleichzeitig mit den beiden Zwei-Meter-Männern aus Bronze im selben Raum befinden. Zu hohe Luftfeuchtigkeit könnte ihrer empfindlich gewordenen Haut schaden, seit Restauratoren sie ihrer Schutzschicht aus Muschelkalk und Algen beraubten. Zwar kann das weitläufige Nationalmuseum auch noch mit einer Reihe anderer Kostbarkeiten aufwarten. Doch verblassen neben den sensationellen Kriegern selbst die nackten Marmorkörper der Dioskuren oder die rührende Darstellung Persephones mit ihrem Unterwelt-Gemahl

Pluto auf einem Pinax aus Locri, die umfangreiche Münzsammlung aus ganz Magna Graecia oder die neue Abteilung für Unterwasserarchäologie. Die meisten lassen die prähistorischen und antiken Sammlungen links liegen, ignorieren die Pinakothek mit zwei sehenswerten Bildern von Antonello da Messina und umschwirren wie Bienen einen vollen Honigtopf ausschließlich den Eingang zu den geheimnisumwitterten Griechen, wo eine Fotodokumentation zeigt, wie alles begann.

Einen Tag nach Ferragosto, am 16. August 1972, wäre der Chemiker Stefano Mariottini aus Rom beim Schnorcheln vor Schreck fast ertrunken. 300 m vom Strand des eher langweiligen Badeortes Riace Marina entfernt, erblickte der Urlauber in 8 m Tiefe einen ausgestreckten menschlichen Arm. Überzeugt davon, ein Mafiaopfer entdeckt zu haben, ging er spornstreichs zur Polizei. Bei einem Lokaltermin stellte sich rasch heraus, daß auch noch ein zweiter Mann im Sand begraben lag, es sich jedoch keineswegs um Leichen handelte, sondern um etwas weit Interessanteres. Am 21. August bar-

---

Reggios Bergamotten: Ein Duft erobert die Welt

Auf keinem Boden, weder auf Sizilien noch im Westen Indiens (die einzigen Anbaugebiete außerhalb Kalabriens), gedeiht die Bergamotte so üppig wie im engen Umkreis von Reggio. Von der Zehenspitze Italiens aus startete das Zitrusgewächs mit seinen blaßgelben, dickschaligen, bitteren und meist birnenförmigen Früchten im 18. Jh. seine Weltkarriere. Ihr türkischer Name *beg armudy,* Herrenbirne, weckte Erinnerungen an die italienische Stadt Bergamo – so entstand der Name Bergamotte. Der 1709 aus Domodossola in der Provinz Novara nach Köln zugewanderte Gianmaria Farina soll ihre ätherischen Öle erstmals zur Herstellung eines Duftwassers – Eau de Cologne – verwendet haben, nach anderen Quellen gilt der Mailänder Giovanni Paolo Feminis als der Erfinder der oft nachgeahmten, doch nie erreichten Rezeptur. Wie auch immer, die Zusammensetzung der seit 1742 gemixten Originalessenz blieb jedenfalls bis zum heutigen Tag ein streng gehütetes Geheimnis der Familie Farina.

Die Krieger von Riace

gen Taucher der Carabinieri-Brigade von Messina den Sensationsfund: zwei unglaublich gut erhaltene Bronzestatuen, über und über mit Muschelkalk bedeckt. Sofort machten sich Experten des Denkmalamtes von Kalabrien an die Arbeit, eines der größten archäologischen Rätsel unserer Zeit zu lösen: In welcher antiken Werkstatt und wann wurden diese Figuren geschaffen? Wen stellen sie dar und wohin sollten sie gebracht werden? Gingen sie gemeinsam mit einem Schiff unter oder warf man sie in einem Sturm als entbehrlichen Ballast einfach über Bord? Bevor Kalabriens ausgezeichnete Wissenschaftler auch nur eine dieser Fragen beantworten konnten, rissen ihre Kollegen aus der Toskana die Kompetenz an sich. Nur im Norden verfügten Restauratoren über das entsprechende Handwerkszeug respektive Fachwissen, hieß es. Vorsorglich ließ sich das Denkmalamt in Reggio jedoch seine Zuständigkeit noch 1973 vom Ministerium in Rom und später auch die Rückgabe der einzigartigen Skulpturen offiziell bestätigen, reine Vorsichtsmaßnahmen, die sich allerdings noch als bedeutsam entpuppen sollten.

Von 1975 bis 1980 leisteten die Fachleute in Florenz tatsächlich exzellente Arbeit. Was nach der behutsamen Entfernung der Ablagerungen aus Jahrtausenden zum Vorschein kam, übertraf selbst die kühnsten Erwartungen. Künstler des 5. Jh. v. Chr., möglicherweise aus der Schule des Pheidias, schufen vermutlich die Bronzestatuen aus einem Guß. Kupferlegierungen hoben Lippen und Brustwarzen hervor, für Augen und Zähne verwendete man Elfenbein und Silber. Alles weitere jedoch blieb bis zum heutigen Tag reine Spekulation, was die Popularität der rätselhaften Männer aus dem Meer freilich noch steigern sollte. Ihr erstes Auftreten in der Öffentlichkeit löste einen Massenandrang aus, wie man ihn selbst in der toskanischen Hauptstadt noch bei keiner Ausstellung erlebt hatte. Prompt verzögerte sich die Heimkehr der über Nacht zu Weltberühmtheiten avancierten Griechen von Monat zu Monat, bis schließlich der Vorschlag, sie für immer in Florenz zu behalten, zur Diskussion stand. In einer unglaublichen Kampagne in Presse und Fernsehen versuchte der Norden, Kalabrien seines Schatzes zu berauben. Das

Argument: Nur Florenz könne den entsprechenden Rahmen für Millionen Besucher bieten. Wer hingegen verirrt sich schon nach Kalabrien?

Als Chef der Denkmalbehörde von Reggio führte der Archäologe Giuseppe Foti einen verzweifelten Kampf. Ihn erboste nicht nur die Unverfrorenheit der in jeder Hinsicht reichen Toskana, vor den Augen der Welt einen beispiellosen Kunstdiebstahl an einer der ärmsten Regionen Italiens in Szene zu setzen, er betrachtete die »Krieger von Riace« auch ganz realistisch als bitter benötigte Entwicklungshelfer aus der Antike. Ihr Ruhm versprach klingende Münze und Arbeitsplätze, vor allem aber sollte ihr Glanz das seit Jahrhunderten angeknackste Selbstbewußtsein der Menschen des Südens aufpolieren. Mit jedem Zoll ihrer zwei Meter verkörperten *I Bronzi* Magna Graecia, Kalabriens verlorenen Traum. Nach einem letzten unfairen Untergriff aus Florenz – man warf Foti vor, schon bei der Bergung Fehler begangen und die ersten Restaurierungen unsachgemäß ausgeführt zu haben – und einem Zwischenaufenthalt in Rom landeten sie im August 1981, fast auf den Tag genau neun Jahre nach ihrer Entdeckung, endlich doch in Reggio. Noch galt es, sich der in letzter Sekunde vom Norden oktroyierten Bewährungsprobe zu stellen, ob das Interesse ein Verbleiben der Statuen tatsächlich rechtfertigen würde. Der Mezzogiorno bestand die Herausforderung bravourös, das *Museo Nazionale di Reggio Calabria* registrierte in nur zwei Monaten 300 000 Besucher, im Durchschnitt 5000, manchmal sogar bis zu 20 000 pro Tag.

Nie wieder, schworen die Kalabresen den obligaten Eid der Sieger, niemals wieder dürften die Bronzen außer Landes, ein Versprechen, das bald der ersten großen Versuchung standhalten mußte. Um jeden Preis wollten die Amerikaner die antiken Athleten nach Los Angeles locken, als klassischen Aufputz für die Olympischen Sommerspiele 1984. Je heftiger sich die Süditaliener dagegen wehrten, desto hartnäckiger verhandelten die USA mit Rom und desto höher lizitierten sie das finanzielle Angebot. Gebrannte Kinder scheuen das Feuer, es blieb beim Nein. Schließlich hatte eine Reise über das Meer den Kriegern schon einmal Unglück gebracht. Vielleicht wollte sich auch damals eine Weltmacht, das römische Reich, mit ihnen schmücken? So lautet zumindest eine Theorie über den Anlaß der vor Jahrtausenden mißglückten Seefahrt. Noch einmal wollten sie Neptun jedenfalls nicht versuchen.

Daß dieser seine kostbare Beute überhaupt jemals freigegeben hatte, grenzt ohnedies an ein Wunder. Ausgerechnet im sandigen Wasser vor der ionischen Küste, wo es für Taucher absolut nichts zu sehen gibt, fand ein unbedarfter Schnorchler, wonach professionelle Unterwasserarchäologen ein Leben lang vergebens suchen.

Mit rechten Dingen kann es nicht zugegangen sein, so lautet jedenfalls die einhellige Meinung der Leute von Riace. Sind die von den Göttern geforderten Dankopfer denn nicht ein ausreichender Beweis? Ehefrau und Sohn des Entdeckers starben unmittelbar nach dem Sensationsfund, der Lenker des Transportfahrzeugs verunglückte nach der Überführung der Statuen nach Reggio tödlich, und noch eine ganze Reihe von Personen, die unmittelbar mit ihnen zu tun gehabt hatte, ereilte ein frühzeitiges Ende. Auch Giuseppe Foti erlebte die Rückkehr seiner Krieger nicht mehr, er wurde nur wenige Wochen zuvor zu Grabe getragen.

Ungeachtet dieses typisch mediterranen Aberglaubens identifizierten die Einheimischen die zwei Unbekannten auf Anhieb als ihre Lieblingsheiligen Cosimo und Damian. Seit undenklichen Zeiten frönen die Gläubigen in der Ortskirche dem Kult um die Zwillingsbrüder, in denen sich unschwer die Nachfolger von Castor und Pollux erkennen lassen. Als aufopfernde Ärzte bekannt, müssen sie sich seit ihrem Märtyrertod im Jahr 303 um die Gesundheit der Christen kümmern. Alljährlich finden ihnen zu Ehren in Riace im Mai und im September große Prozessionen statt. Was liegt also näher, als daß die beiden ihren treuen Anhängern auch einmal einen Besuch abstatten? Wie so oft kommen auch in diesem Fall Heiden- und Christentum süditalienischer Prägung einander nicht in die Quere. Zutiefst befriedigt über die glückliche Heimkehr ihrer ›Heiligen‹, begab sich das einfache Volk aus Riace und Umgebung bei erster Gelegenheit auf eine Pilgerfahrt ins Museum. »Mit der größten Selbstverständlichkeit streckten sie auf hocherhobenen Armen ihre Kinder den Statuen entgegen, damit diese sie berühren konnten«, schildert Professor Luigi M. Lombardi

Satriani von der Universität Cosenza die Szenen in den Augusttagen des Jahres 1981. »Das sieht man sonst nur an katholischen Wallfahrtsstätten. Durch den Körperkontakt, und sei er auch nur indirekt, begibt man sich gleichsam unter göttlichen Schutz.«

Anhand eines weiteren Beispiels illustriert der Wissenschaftler vielleicht noch deutlicher, wie vielschichtig die physische Ausstrahlung der Nackten aus dem Meer tatsächlich ist. In großer und bald vergriffener Auflage publizierte ein Mailänder Verlag eine Serie von pornographischen Comicbüchern. *Sukia*, die emanzipierte Heldin, ersetzte die »Krieger von Riace« auf ihrem Weg von Florenz nach Reggio durch Kopien und entführte die Originale nach New York. In der Neuen Welt zeigten die beiden, wozu selbst Jahrtausende alte Griechen immer noch imstande sind: Statue A beglückt Sukia, Statue B ihren homosexuellen Partner. In Wort und Bild. »Für manche mag das ein Schock sein, doch als Hauptdarsteller eines Pornos sind

Unmittelbar nach der Bergung

Die Krieger als Comic-Helden

die beiden ebenso erfolgreich wie als Kunstwerk. Man reißt sich um sie, weil sie nun einmal umwerfend sexy sind«, spricht Lombardi Satriani klipp und klar aus, was sich so mancher Betrachter vielleicht nicht eingestehen will: daß sich keiner, egal ob Mann oder Frau, der enormen erotischen Anziehungskraft dieser vollendeten Körper entziehen kann.

Interessanterweise aber schlägt A eindeutig B, in der Publikumsgunst ebenso wie in den Medien. An der Universität von Cosenza versuchte Professor Franco Fileni diesem Phänomen auf die Spur zu kommen, das sich durch Interviews mit Museumsbesuchern und eine statistische Auswertung von Zeitungsartikeln eindeutig nachweisen läßt. Stets bleibt der ernst blickende Krieger im Hintergrund, die Titelseiten beherrscht der Held mit dem lächelnden Mund. »Um genau dieses Lächeln geht es. Es zeigt, mit welchem Selbstbewußtsein dieser Mann seine

Nacktheit trägt, mit welcher Arroganz er der Welt gegenübertritt. Kommt nur, besagt es, ich werde euch schon zeigen, wo Gott wohnt, egal ob Ares oder Eros«, kommentiert der seriöse Kunsthistoriker das Untersuchungsergebnis unwissenschaftlich locker. Geballte Erotik attestiert also auch Fileni den Kriegern, wobei er in erster Linie ihre unfreiwillige und von ihrem Schöpfer nie geplante Entwaffnung für die ungewöhnlich starke sexuelle Ausstrahlung verantwortlich macht: »Vermutlich hatten sie Schilder und Speer respektive Schwert bereits vor ihrer Seefahrt ablegen müssen, der Transport wäre sonst viel zu umständlich gewesen. Doch weil den Skulpturen diese durchaus phallischen Attribute fehlen, konzentriert sich die Aufmerksamkeit der Betrachter um so mehr auf die unübersehbaren Symbole ihrer Männlichkeit. Auf das elegante Spiel der Muskeln, den kraftvollen Schwung der Gliedmaßen und natürlich auf die herausfordernd zu Schau gestellte Beckenpartie.«

Wo auch immer das martialische Handwerkzeug hingekommen sein mag, es blieb bis zum heutigen Tag verschollen. Glücklicherweise verzichteten die Restauratoren auf jegliche Rekonstruktion, weder drückten sie den Kriegern Waffen in die Hände noch ersetzten sie das fehlende Auge oder den verlorengegangenen Helm von Statue B. Lediglich auf Abbildungen dürfen sich die beiden Griechen in voller Montur präsentieren – so schön, wie der gottbegnadete Künstler sie einst schuf. Ob mit der perfekten Pose tatsächlich ein wenig von ihrem Sexappeal auf der Strecke bleibt, wie der Professor meint? Mit Gelehrten soll man nicht streiten, diese rein akademische Frage erübrigt sich ohnedies spätestens nach Verlassen des Museums. Denn im Gegensatz zu vielen anderen Kunstschätzen, die man geschaut für gut befunden und bald wieder vergessen hat, lassen sich die »Krieger von Riace« nicht so einfach in die Schublade flüchtiger Erinnerungen stecken. Eine ganze Weile spuken sie nämlich noch in den Köpfen ihrer Bewunderer, erscheinen zum Greifen nahe – einer Fata Morgana gleich. Doch vielleicht liegt das nicht allein an der unglaublichen Vitalität der beiden Herren, möglicherweise hilft wieder einmal die verspielte Fee Morgan ein wenig nach. Wie schon damals, als die zauberkundige Stiefschwester von König Artus und Lancelots verschmähte Geliebte dem Normannen Roger Hauteville die Erfüllung seiner Träume vorspiegelte. Aus ihrem kristallenen Palast in der Tiefe

der Meerenge von Messina sandte sie ihm die sehnsüchtig herbeigewünschte Flotte zur Eroberung Siziliens. Doch der alte Haudegen verließ sich lieber auf sich selbst und mißtraute solcher Hexerei, der freilich so manch anderer erliegen sollte.

Selbst im Dunstschleier der Industrieabgase narren an dieser Küste noch heute Luftspiegelungen hin und wieder die Sinne, gaukeln Schönheit vor, wo Häßlichkeit regiert. Eine Fata Morgana kennt man mittlerweile in der ganzen Welt, aber nirgendwo wird eine gute Fee dringender benötigt als in Reggio. Weil dieser Stadt wirklich nur noch mit Zauberkraft zu helfen ist. Mit Wundern wie den »Kriegern von Riace«.

Reggio di Calabria

Legenden zu den Farbabbildungen

3

4

5

6

10

11

12

9

15

16

17   18

19

20

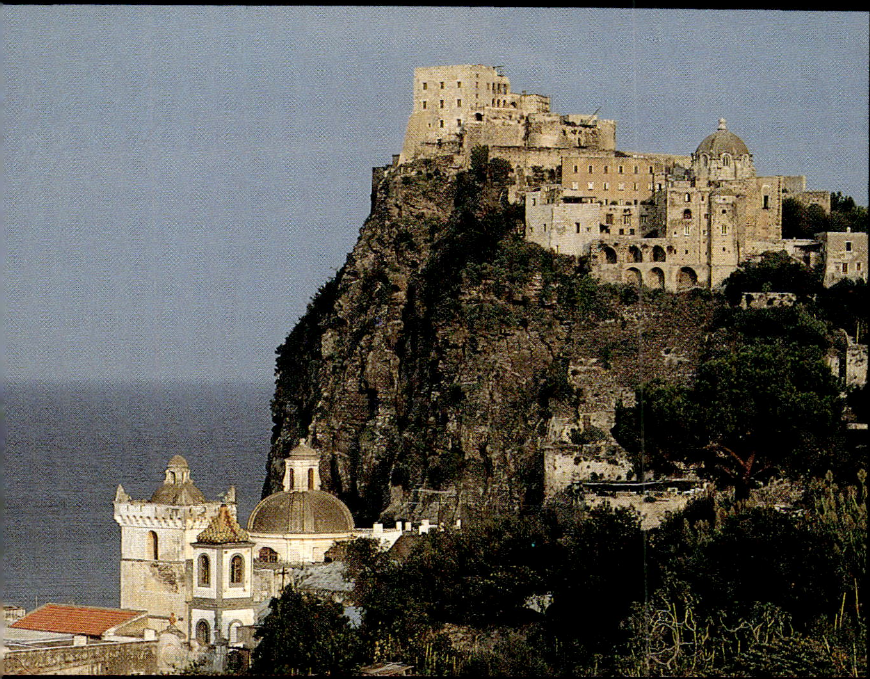
21

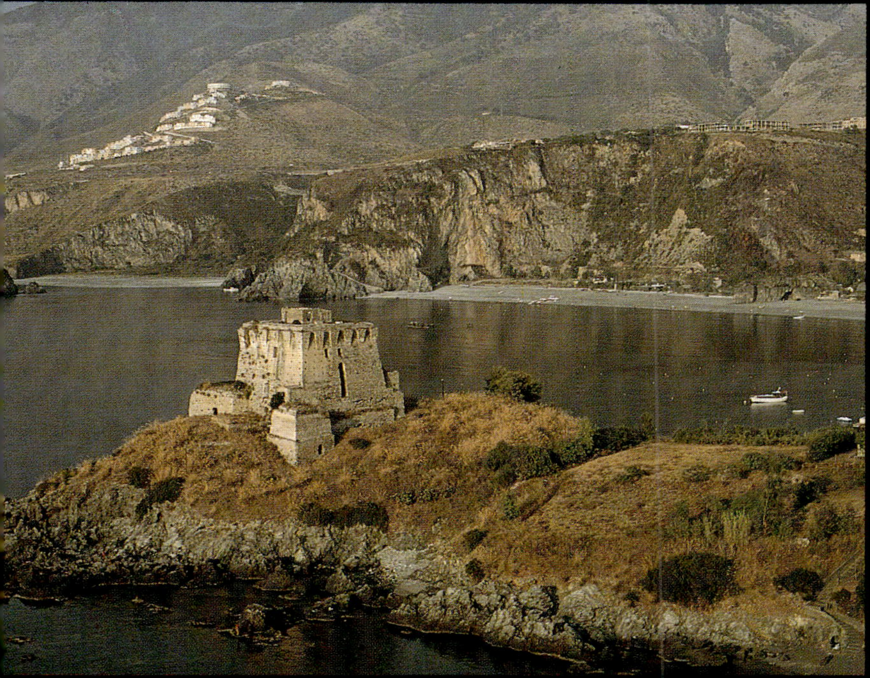
22

23 ▷

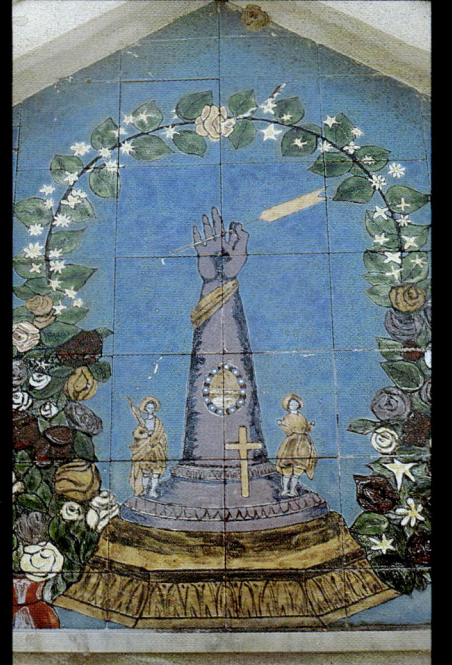

25

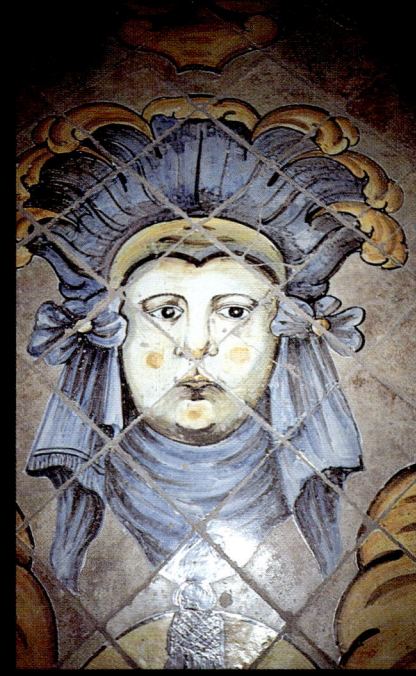

26

27

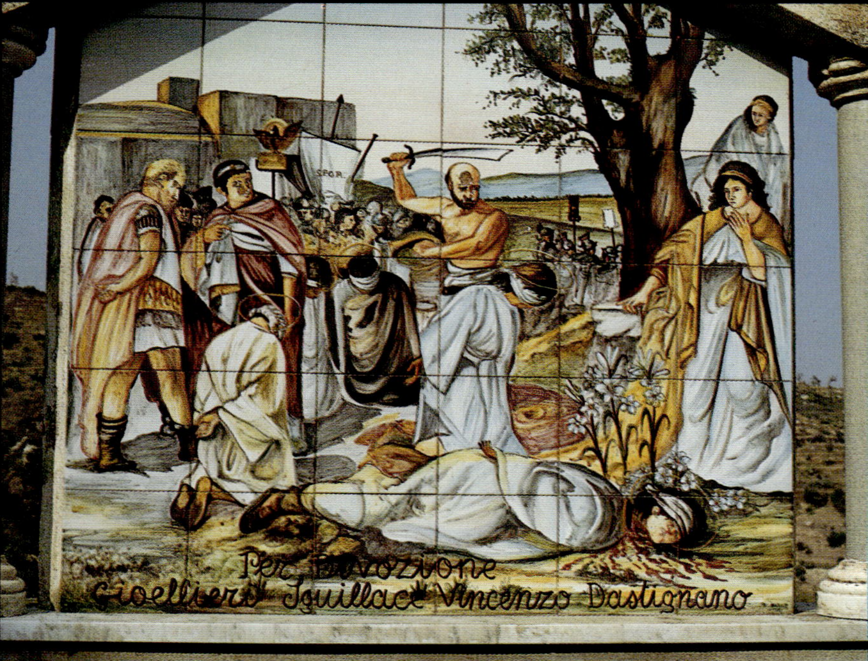
S.P.Q.R.
Per Devozione
Gioellieri Squillace Vincenzo Dastignano

◁ 24

28

29

30

31

32

33

34

Eine Brücke über die Straße von Messina: Utopie, Gigantomanie ... nie?

»Jetzt wird Italien um 200 km länger«, jubelte der Nachrichtensprecher der TV-Gesellschaft RAI, als das Parlament in Rom im Dezember 1985 offiziell den Bau einer Brücke über die Straße von Messina und damit die Anbindung der Insel Sizilien an den europäischen Kontinent beschlossen hatte. Vier Jahre und einige hundert Tote später lagen endlich die Pläne für das Jahrhundertbauwerk vor, das in diesem Jahrtausend wohl kaum mehr verwirklicht werden kann.

Die Architekten und Manager der »Straße von Messina-Gesellschaft«, einer Holding der verstaatlichten Industrie-Giganten *IRI* und *Italstat,* waren sich noch nicht einmal darüber im klaren, ob man eine Brücke oder einen Tunnel projektieren sollte, als bereits auf beiden Seiten der Meerenge Blut floß. Der Kampf der mafiosen Baufirmen um ein Stück vom – vorerst noch imaginären – fetten Auftragskuchen fordert in Sizilien wie in Kalabrien Jahr für Jahr viele Dutzend Opfer. Sie könnten durchaus für eine Utopie gestorben sein, fehlt es doch zunächst einmal am wichtigsten – dem Geld.

Die technischen Daten klingen imponierend: die 3340 m lange Brücke, die sich in einem einzigen kühnen Bogen über den *Stretto,* wie die Italiener die Meerenge nennen, schwingen soll, wird 8 Fahrspuren für den Straßen- und 3 Gleise für den Eisenbahnverkehr aufnehmen. 4300 Fahrzeuge pro Stunde sollen zwischen Cannitello auf kalabrischem und Ganzirri auf sizilianischem Boden über das Bauwerk rollen, das Meeresströmungen und heftigen Stürmen ebenso standhalten muß wie der unruhigen Erde in diesem Gebiet, einer der meistgefährdeten Zonen der Welt. »Ein Erdbeben wie jenes, das am 28. Dezember 1908 mehr als 100 000 Menschenleben forderte, würde der Brücke nichts ausmachen«, gibt sich Gianfranco Gilardini, Direktor der Planungsgesellschaft, optimistisch. »Auch Stürme von 150 km/h hätten wegen der Schwingungsamplitude von etwa 30 m höchstens eine zeitweise Einstellung des Verkehrs zur Folge.« Die Techniker haben auf grünes Licht geschaltet, jetzt kommen die Bürokraten zum Zug. Und das kann ewig dauern.

Über die wirtschaftliche Notwendigkeit der größten Brückenkonstruktion der Welt herrscht absolute Einigkeit. Bei einer Beibehaltung der gegenwärtigen Fährverbindungen würde die Straße von Messina zu einem Flaschenhals in der ökonomischen Entwicklung des Südens werden. Bereits jetzt kosten Gütertransporte aus Sizilien wegen der langen Verzögerungen bei der Überquerung des *Stretto* bis zu 20% mehr, die lächerlichen fünf Fährenkilometer schlagen um 60% höher zu Buche als die Autobahnmaut zwischen Rom und Mailand.

Um das Jahr 2000 werden nach Schätzungen der Planer jährlich 6 Mio. Fahrzeuge von Kalabrien nach Sizilien und in der Gegenrichtung übersetzen – verglichen mit 2 bis 3 Mio. derzeit. Die Fähren nähern sich, auch wenn sie rund um die Uhr im Einsatz stehen, den Grenzen ihrer Leistungsfähigkeit. Die Gefahren von Schiffskollisionen in der ob ihrer widrigen Strömungen schon im Altertum berüchtigten Straße von Messina (jener Meerenge zwischen Skylla und Charybdis, die Odysseus beinahe zum Verhängnis geworden wäre) nehmen mit dem sprunghaften Ansteigen des Verkehrs zu. So wie die Energiekosten der Fähren, die pro Jahr an die 10 Mio. Dollar verschlingen.

Starke Argumente für das gigantische Projekt, das sich Italien allein freilich niemals leisten kann. Um die Milliardenbeträge – Dollar, nicht Lire, versteht sich – aufzubringen, wollen sich die Initiatoren dieses modernen Weltwunders um eine internationale Finanzierung bemühen. Ein mühevoller und schier endloser Weg bis zum Baubeginn, dem noch mindestens weitere zehn Jahre bis zur Fertigstellung folgen werden. Die Botschaft vom Regierungsbeschluß hat man im Mezzogiorno via Fernsehen wohl vernommen, allein es fehlt der Glaube an eine Realisierung. Nur die sizilianischen Mafiosi und ihre kalabrischen Vettern von der 'ndrangheta zweifeln offenbar nicht an den ständig wiederholten Versprechungen aus Rom. Vielleicht ein Zeichen dafür, daß irgendwann einmal das Unmögliche doch möglich gemacht werden wird.

Vom Griechischen Commonwealth zum Reich der Byzantiner

Als Fotomodell hat es das Dorf **Pentedattilo** unter dem »Fünffingerfelsen« an der Südspitze Kalabriens weit gebracht, die bizarre Gesteinsformation zählt zweifellos zu den am häufigsten abgelichteten Motiven der Region. Doch dafür können sich die wenigen noch verbliebenen Einwohner dieses weltvergessenen Winkels auf den rutschenden Hängen oberhalb von Melito di Porto Salvo ebensowenig etwas kaufen wie für ihr griechisches Erbe, das unverkennbar im Ortsnamen durchschimmert. Nach wie vor leben Italo-Griechen im Gebiet zwischen Reggio Calabria und Locri, doch nur noch selten mengen sich archaische Brocken in die Alltagsdiktion dieser *Grecani*. Bis zum Ende des Mittelalters verständigte man sich im gesamten Aspromontegebiet ausschließlich auf Griechisch, wovon nach wie vor die meisten topographischen Begriffe Zeugnis ablegen. Die Wissenschaft sah darin stets bloß eine Tradition aus der byzantinischen Epoche, die immerhin mehr als ein halbes Jahrtausend – von 535 bis 1071 – währte. Erst um 1920 wies ein Forscher nach, daß einige Menschen in dieser entlegenen Bergregion sogar noch bis vor kurzem lupenreines Altgriechisch beherrschten – die Sprache Homers.

Ob Magna Graecia oder Byzanz, die Grenzen zwischen Zeit und Raum verschwimmen in einem Land, in dem die Mittagsglut jedes Leben zur Reglosigkeit verdammt. Noch immer schlägt Pans Stunde, wenn die Luft über den verbrannten Weiden vor Hitze flimmert und kein Hauch sich über dem zu einem Spiegel erstarrten Meer regt. Sobald die Natur selbst Siesta hält und sogar die Zikaden ihr Zirpen einstellen, gibt es an dieser Küste kaum einen stimmungsvolleren Aufenthaltsort als die Ruinen von **Locri Epizefiri**. Im Schatten eines Olivenhains träumen in den Mauerresten der uralten Griechenstadt aus dem 7. Jh. v. Chr. Geister von den großen Tagen, als die gierigen Bewohner Krotons

Landschaft bei Stilo

vergebens nach dem Goldschatz im Tempel der Persephone trachteten. Mit Hilfe der Dioskuren schlugen 10 000 Mann aus Locri den angeblich zehn Mal so starken Gegner an den Ufern des Flusses Sagra. Dieser fast unglaubliche Sieg schenkte dem griechischen Commonwealth ein neues Sprichwort: Wenn etwas beschrieben werden sollte, wofür es keine Worte gab, sagten die Alten schlicht »wie die Schlacht am Sagra«. Pan in seinem verfallenen Heiligtum beschäftigt sich hingegen nicht mit Heldentaten, sondern kichert vermutlich amüsiert bei dem Gedanken an die Entstehungsgeschichte der Stadt. Lebenslustige Griechinnen sollen kurzerhand mit ihren Sklaven durchgegangen sein und Locri gegründet haben, als ihre Männer wieder einmal irgendwo zu lange Krieg führten. Noch im 2. Jh. v. Chr. entrüstete sich der hellenistische Historiker Polybios über diesen lange zurückliegenden Skandal.

Das Ende der Griechensiedlung kam weder mit den römischen Schatzräubern während des Zweiten Punischen Krieges noch mit dem Waffengeklirr der Sarazenen, es kroch allmählich herbei, ein langsames, leises Sterben. Malaria trieb die griechisch-sprechenden Bewohner hinauf in die Berge, wo im 9. Jh., 10 km von der Küste entfernt, aus dem Baumaterial der Antike **Gerace** entstand. Viel hat sich in dem mittelalterlichen Städtchen mit seinem prachtvollen Panoramablick und dem bemerkenswerten Normannendom (in dem sich prompt die Tempelsäulen von Locri wiederfinden) seither nicht geändert. Stille umfängt die kleinen Innenhöfe der alten Häuser, keine Hektik stört die Ruhe einer Stadt, die nur ein einziges Mal den Pulsschlag der Geschichte zu spüren bekam, als sie sich als Bollwerk der Byzantiner gegen die Araber erfolgreich zur Wehr setzte. Lediglich die *Piazza del Tocco,* der »Platz der Berührung«, erinnert an ein zweites historisches Ereignis: Anstelle sich gegenseitig ihre Dickschädel einzuschlagen, fielen an dieser Stelle die Normannenbrüder Roger und Robert Guiscard nach einem bösen Streit einander gerührt in die Arme.

*

Name ist Schall und Rauch. Wer mit Kalabriens sogenannter »Jasminküste« zwischen dem Capo dell'Armi am Eingang zur Meerenge von Messina und Capo Spartivento bei Brancaleone liebliche Assoziationen mit duftenden Gestaden verbindet, muß leider erkennen: Kein Meter der Strecke hält, was die poetische Bezeichnung verspricht. Achtlos wird der Reisende an den unscheinbaren Jasminbüschen mit ihren graugrünen Blättern vorbeifahren, weil selbst der verstaubteste Oleander am Straßenrand interessantere Farbakzente setzt als die vielgerühmte Parfumpflanze. Auch von der Ernte können nur leidenschaftliche Frühaufsteher etwas merken, denn die harte Akkordarbeit der Pflückerinnen beginnt unmittelbar nach Sonnenaufgang, wenn die Blüten ihr intensivstes Aroma verströmen. Nein, es gibt wahrlich keinen Grund, an diesem zubetonierten Streifen Strand anzuhalten. Genau umgekehrt verhält es sich mit dem nächsten Küstenabschnitt Richtung Norden. Die »Costa dei Saraceni« am Ionischen Meer mit aufstrebenden Badeorten wie Bianco, Bovalino Marina, Siderno oder Marina di Caulonia bis zum berühmt-berüchtigten Crotone zählte einst als Spielwiese brutaler Piraten und eroberungswütiger Araber zu den unwirtlichsten Plätzen der Apenninenhalbinsel. Heutzutage garantieren Palmenpromenaden an kilometerlangen Buchten mit weichem Sand oder feinkörnigem Kies ungetrübtes Badevergnügen, dem Abstecher in die Vergangenheit zusätzliche Würze verleihen. Etwa zum Hügel von **Punta Stilo,** dem südlichsten Punkt des Golfs von Squillace, wo italienische Archäologen unweit von Monasterace Marina das antike *Caulonia* ausgruben. Bisher entdeckten sie die Reste eines dorischen Tempels aus dem 5. Jh. v. Chr., eine 3 km lange Mauer und erst 1960 einen nun im Nationalmuseum von Reggio ausgestellten Mosaikfußboden aus einer Thermenanlage.

Nur einen Katzensprung entfernt, wenige Kilometer landeinwärts, liegt eine ganz besondere Kostbarkeit aus griechischer Zeit, die freilich etwas jüngeren Datums ist: die byzantinische *Cattolica* von **Stilo,** eine kleine Kirche von bezaubernder Anmut. »Für mein Gefühl das schönste Bauwerk Kalabriens, dessen Anblick uns fast magisch in eine andere Welt, nach Griechenland, ja nach Anatolien versetzt. Sein Zauber ist seine echt hellenische Reinheit und Schlichtheit: hier fühlen wir eine frühchristliche, eine orientalische, ja eine eremitische Frömmigkeit«, geriet der Kunstkenner Eckart Peterich ins Schwärmen. Einfacher Backstein diente den griechischen Ordensbrüdern im 10. Jh. als Baumaterial, gewöhnliche Ziegel bedecken die fünf Kuppeln – Sinnbilder für Christus und die vier Evangelisten. Ein winziges Gotteshaus, hingeduckt unterhalb der hoch aufragenden Felsenkämme des Monte Consolino; doch welches Feuer muß jene Basilianerbrüder vor einem Jahrtausend beseelt haben, daß sie in den einsamen Bergen Kalabriens allen Verfolgungen zum Trotz solche Monumente ihres Glaubens errichten konnten! Denn mit dem einstmals bedeutenden Stilo als Mittelpunkt besaß das griechische Mönchtum allein an der ionischen Küste acht Klöster, von den anderen tief in den dunklen Wäldern der Sila erst gar nicht zu reden. Wenig mehr als Ruinen blieben jedoch von den gezählten 1500 Basilianerabteien in Sizilien, Kalabrien und dem restlichen Italien übrig, für deren Gründung ein heiliges Dreigestirn Pate stand: San Nilo di Rossano (906 bis 1004), San Bruno aus Köln (1030 bis 1101) und der viel später geborene San Francesco di Paola (1416 bis 1507).

Basilius und seine Glaubensregeln

Einer von vier großen griechischen Kirchenvätern aus Kappadokien, der als Bischof in seinem Geburtsort Caesarea um 370 das von ihm geförderte Mönchswesen grundlegend ordnete, war Basilius. Die meisten Ordensbrüder und Ordensschwestern der orthodoxen Kirche folgten seinen Vorschriften, die unter dem Einfluß der asketischen Tradition, der stoischen Ethik und der neuplatonischen Philosophie das Leben der Mönche organisierten. Basilianer und Basilianerinnen fanden sich bald in ganz Kleinasien, Griechenland, Thrakien, Syrien, Palästina und Unteritalien. Wie nie zuvor wurde die Erforschung des Buches der Bücher gepflegt, die kostbarsten Handschriften entstanden. Buchstäblich federführend waren die griechisch-kalabrischen Mönche, da sich das Ordensgebot des Basilius vornehmlich auf dem Boden der einstigen Magna Graecia, wo die Bevölkerung noch immer griechisch sprach, durchsetzen konnte.

Dem hl. Nilus verdankt Kalabrien in erster Linie das Basilianerkloster *S. Maria del Patire* in der **Sila Greca** nahe seiner Geburtsstadt Rossano, rund 200 km nordöstlich von Stilo. Heute dienen die verfallenden Mauern der Abtei vorzugsweise als Wochenend-Picknickplatz, Stille wurde in der einstigen Eremitage zum Fremdwort. Aus einer unscheinbaren Bar, in der sich Jugendliche beim Tischfußball vergnügen, dröhnen die neuesten Schlager, während andere mit knatternden Mopeds ihre Runden um die verlassene Kirche mit dem prachtvollen Mosaik-Fußboden drehen. Und doch, wenn im

Stilo, Fresko in der Cattolica

Rossano, Codex Purpureus Rossanensis

sanften Abendlicht das gelb-rosa Gestein aufleuchtet, verwandelt sich das bröckelnde Mauerwerk für Minuten noch einmal in jenes ehrwürdige Gebäude, das seinerzeit als reichstes Kloster weit und breit galt. Weit besser mit dem Zahn der Zeit fertig geworden ist die Kirche *S. Marco,* die größere Schwester der Cattolica, in **Rossano** selbst. Aber weder Abtei noch Gotteshaus können es mit dem größten Schatz der Stadt aufnehmen: dem *Codex Purpureus Rossanensis,* der schönsten aller griechischen Evangelienhandschriften aus dem 6. Jh., die im erzbischöflichen Palais aufbewahrt wird. Melkitische Mönche haben dieses älteste erhaltene Bilder-Evangelium aus Syrien oder Konstantinopel mitgebracht, und wieso ausgerechnet dieser kostbare Codex der Zerstörung entging, zählt zu den ungelösten Rätseln der Geschichte.

Zufällig hörte der deutsche Theologe Adolf von Harnack im Jahr 1879 von einem »sehr alten Buch«. Mit keineswegs hochgespannten Erwartungen unternahm er die beschwerliche Reise in den Süden – und landete den Glücksstreffer seines Lebens, von dem er in einem Brief berichtete: »Was sich aber den Blicken darbot, als in feierlicher Audienz beim Erzbischof das Buch aufgeschlagen wurde, war weit mehr als was unter den obwaltenden Umständen die kühnste Phantasie sich hätte träumen lassen können. Hier nun lag ein starker Quartband vor, aus nahe an 200 Blättern bestehend, der Seite für Seite in alter griechischer Unziale, ohne Worttrennung, Spiritus und Akzente, mit Silber auf Purpurpergament beschrieben war. Vollends aber kannte die freudige Überraschung keine Grenzen, als sich zu Anfang des Buches eine Reihe der herrlichsten Miniaturen zeigte, von einer Frische der Farben und Vorzüglichkeit der Erhaltung, wie sie bei so hohem Alter geradezu beispiellos genannt werden darf.« Der unbekannte Künstler malte die Gestalten hintergrundlos einfach auf das rote Pergament. Christus trägt auf allen Darstellungen dieselbe Kleidung – eine blaue Tunika mit Ärmeln, darüber einen schweren goldenen Mantel, der die rechte Schulter freiläßt, seine Füße sind mit Sandalen bekleidet. Reich wallt das dunkelblonde Haar dem Gottessohn über den Nacken, stets blickt er ernst und dennoch milde. Das Haupt umgibt ein großer, goldener Heiligenschein, in dem sich ein griechisches Kreuz befindet.

Wie ein unsichtbarer Bogen spannt sich byzantinisches Kulturgut über Kalabrien, von dem frühchristlichen Pergament von Rossano zu den Fresken in der Cattolica von Stilo, jener Stadt, in deren unmittelbaren Umgebung 1568 mit Tommaso Campanella einer der wohl seltsamsten Kirchenmänner geboren wurde. Für seine Visionen von einem Sonnenstaat kommunistischer Prägung nahm der kalabrische Mönch Verfolgung und Kerker, Spott und Hohn auf sich. Doch noch heute sprechen selbst die einfachen Bürger von Stilo mit Hochachtung von dem ungewöhnlichen Dominikanermönch, auch wenn sie vermutlich keines seiner utopisch-philosophischen Werke gelesen haben. Mit müden, weisen Augen blickt Campanella von seinem Portrait auf die Welt – mit exakt jenem Ausdruck, der sich unter den schweren Lidern griechischer Engel an verblassenden Kirchenwänden wiederfindet.

Ausgerechnet ein Römer des 6. nachchristlichen Jahrhunderts sorgte dafür, daß in Magna Graecia das Band zur Antike noch vor der geistigen Kolonisierung der Basilianer fest geknüpft blieb. Flavius Magnus Cassiodorus kam um das Jahr 490 in **Squillace,** einem Bergstädtchen oberhalb des gleichnamigen Golfs, zur Welt. Er avancierte zum Staatsmann am gotischen Hof zu Ravenna, bevor er sich wieder in die wilde Berglandschaft seiner Heimat zurückzog und das Kloster *Vivarium* errichten ließ. Dort überarbeitete er nicht nur sein erstes Werk, eine zwölfbändige Geschichte der Goten, er verfaßte auch eine Reihe theologischer und enzyklopädischer Schriften, in denen er die wissenschaftlichen Erkenntnisse der Alten an das Mittelalter weiterreichte. Das größte Verdienst des kultivierten Einsiedlers aber war die Aufwertung der Skriptorien in den Abteien. Unter seinem Einfluß verwandelte sich das ganze Land in eine einzige Schreibstube, in der die Mönche im Kopieren von Manuskripten höchste Meisterschaft erlangten. Von der Klosteranlage des Cassiodorus blieben nur verstreute Steine zurück, sein geistiges Gebäude aber überdauerte die Zeiten. Bis zum heutigen Tag kennt jedes Kind von Squillace seinen Namen – weil dieser mehr war als Schall und Rauch.

*

Wie eine Warze schiebt sich vor Crotone eine Halbinsel ins Meer, einst ein Schönheitspflästerchen im Antlitz Großgriechenlands, nun ein wüster, verlassener Landstrich mit verbrannten Weideflächen und steinigen Äckern. Eine einzige, einsame Säule auf **Capo Colonna** erinnert noch daran, daß sich an der äußersten Landspitze des Kaps der größte Tempel der ionischen Küste Italiens erhoben hat. Gegen einen Hintergrund tiefer, dunkler Haine, unmittelbar am schwarzblauen, tiefen Wasser des *Mare Ionio*, erhob sich in leuchtenden Farben das Heiligtum der Hera Lacina. Niemand weiß heute mehr zu sagen, wie alt der Tempel gewesen sein mag, nach Vergil stand er sogar schon in den Tagen des Äneas dort, wo sich ein unendlich weiter Himmel über scharfzackigen Klippen spannt und steter Wind die weißen Schaumkronen der Wellen vor sich her-

Säule auf Capo Colonna

treibt. Noch im 3. Jh. v. Chr. stand der Kult um Hera bei Crotone in höchster Blüte, denn der lateinische Dichter griechischer Abstammung notierte: »Der Tempel war umgeben von dichtem Wald mit hochragenden Fichten, in dessen Mitte Vieh aller Art graste, und zwar ohne Hirten. Am Abend pflegten die verschiedenen Rudel und Herden zu ihren Stallungen zurückzukehren, ohne daß sie lauernden Bestien oder vagabundierenden Menschen zur Beute gefallen wären. Mit diesen Tieren wurde viel Geld verdient. Von den Erträgen konnte eine Säule aus purem Gold der Göttin geweiht werden. Auch der Tempel war berühmt ob seines Reichtums und seiner Heiligkeit, und – wie dies häufig an bekannten Plätzen geschieht – Geschichten von übernatürlichen Ereignissen sind mit ihm verknüpft. So wird etwa behauptet, daß im Vorhof ein Altar stehe, dessen Asche niemals vom Wind aufgerührt werde.«

Angeblich scheute sogar Hannibal vor einer gänzlichen Plünderung des Hera-Tempels zurück, in dem sich außer dem Goldschatz das berühmte Bild der Helena befand, vom gefeierten Maler Zeuxis um 400 v. Chr. geschaffen und in der damaligen Welt ebenso unbezahlbar wie heute die »Lilien« von van Gogh. Sogar der Skandal um die Entstehungsgeschichte des Werkes ist uns überliefert: Erst als der Künstler nach einer antiken Miss-Wahl die fünf schönsten Mädchen des Landes nackt in Augenschein nehmen durfte, nahm er den Auftrag an. Spätere Zeiten nahmen weniger Rücksicht auf die Kunstschätze der Griechen, nach Hannibal bedienten sich die Römer, später die Goten. Den Garaus machte dem Heiligtum schließlich das 16. Jh., als seine kostbaren behauenen Quader für den Hafenausbau herhalten mußten, den endgültigen Todesstoß versetzte ihm jedoch ein Erzbischof von Crotone namens Lucifero, indem er mit den verbliebenen Resten seinen Dom verschönerte. Doch wie so oft im Mezzogiorno erweisen sich die alten Götter vitaler, als christliche Bibelweisheit sich träumen läßt: Jeden zweiten Sonntag im Mai bittet die kleine Madonna di Capo Colonna zum Fest. Daß die Muttergottes in ihrer unscheinbaren Kapelle gleich neben der einsamen Säule von den Gläubigen mit größter Selbstverständlichkeit als »Madonna von Hera« verehrt wird, mag vielleicht den Papst in Rom irritieren, einem Süditaliener erscheint dies völlig normal.

Abgesehen von dem fröhlichen Marienfest liegt Schweigen über dem Kap, die wenigen noch bewohnten Orte wirken verlassen und von aller Welt vergessen. Lediglich Le Castella herrscht an zwei winzigen Sandbuchten vor einem Aragonesenkastell, einer der wenigen Wasserburgen im Mezzogiorno, zumindest in den Sommermonaten ein wenig buntes Treiben. Die meisten Besucher in dem halben Dutzend Strandbars kom-

Sprachinseln in den Bergen: Griechen, Albaner, Franzosen

Von der traditionellen Toleranz der Süditaliener zeugen Sprachinseln in Kalabrien und der Basilikata. Während Arabisch, Hebräisch, Französisch und Spanisch in die Dialekte des Mezzogiorno Eingang gefunden haben, werden neben dem Italienischen drei Sprachgruppen offiziell anerkannt: Griechisch, Albanisch und provençalisches Französisch.

Die knapp 5000 Griechen leben heute in fünf Gemeinden Kalabriens: Bova, Marina, Condofuri, Roccaforte del Greco und Roghudi. Sie sind direkte Nachfahren der Bewohner Magna Graecias und der Byzantiner, die Süditalien in der zweiten Hälfte des ersten nachchristlichen Jahrhunderts beherrscht hatten. Ihre Sprache gleicht trotz mancher archaischer Formen und Ausdrücke jener des modernen Griechenland.

Mitte des 15. Jh. erfolgte die Besiedlung durch die Albaner, die ihre Heimat auf der Flucht vor den Türken verlassen mußten. Im Mezzogiorno konnte die alte Kultur weitgehend erhalten werden, die in Albanien durch die islamische Herrschaft und in den vergangenen Jahrzehnten durch das KP-Regime bloß im Verborgenen blühen durfte. Kein Wunder, daß einer der größten albanischen Nationaldichter des 18. Jh., Giulio Variboba, aus S. Giorgio Albanese in der Provinz Cosenza stammt. Die albanische Bevölkerung Süditaliens – rund 70 000 Menschen – verteilt sich heute auf fünf Gemeinden in der Basilikata und mehr als 40 Ortschaften Kalabriens sowie einige Dörfer in Sizilien. In den Ansiedlungen mit albanischer Mehrheit, so zum Beispiel in S. Basile oder Lungro (beide in Kalabrien), sind sämtliche offiziellen Aufschriften wie Ortstafeln oder Hinweisschilder zweisprachig. Die kulturelle Selbständigkeit manifestiert sich nicht nur in der liebevollen Pflege der farbenprächtigen, religiös geprägten Folklore und zahlreichen Denkmälern des albanischen Nationalhelden Georg Kastriota (1403–1468), besser bekannt unter dem Namen Skanderbeg, sondern auch in der Publikation eigener Bücher und Zeitschriften, etwa dem Monatsmagazin *Zgjimi*, »Wiedererwachen«.

Die kleinste sprachliche Minderheit spricht eine französisch-provençalische Mundart. Die Nachkommen der Waldenser, einer im 12. Jh. von Petrus Waldus in Lyon zur Predigt des Evangeliums und Rückkehr zur apostolischen Einfachheit gegründeten christlichen Sekte, bewohnen heute vor allem das Städtchen Guardia Piemontese (Provinz Cosenza). Von der Inquisition grausam verfolgt und beinahe ausgerottet, konnten die überlebenden Waldenser in die Berge Kalabriens flüchten. Aber auch dort ereilte sie ihr Schicksal, und nur diejenigen, die ihrem Glauben abschworen, blieben verschont. In die von den Dominikanern kontrollierte Gemeinde Guardia Piemontese verbannt, gelang es ihnen aber dennoch, zumindest ihre kulturellen und sprachlichen Traditionen bis heute zu erhalten.

men aus dem nahen *Villaggio Turistico,* das dem ärmlichen Fischerdorf seit kurzem ein wenig Aufschwung beschert. Emigration ist die einzige Chance, lautete bis vor kurzem in dieser hügeligen Halbwüste das Gebot der Stunde. Einem ihrer ersten – allerdings unfreiwilligen – Auswanderer errichteten die Einheimischen von Le Castella sogar ein Denkmal. Als Gian Dionigi Galeni, der Sohn eines Landarbeiters, im 16. Jh. von sarazenischen Piraten verschleppt wurde, begann seine phantastische Karriere. Nach dem Übertritt zum Islam brachte es der kluge junge Mann bis zum Admiral der türkischen Flotte und wurde zum Schrecken des gesamten Mittelmeeres. Respektvoll »Pascha Occhiali« genannt, residierte der nunmehr Ungläubige zum Entsetzen der christlichen Barone sogar viele Jahre lang mit orientalischem Prunk in seiner Heimatstadt, über die nun seine Büste, schnauzbärtig und turbangekrönt, mit strengem Ausdruck wacht.

Keine Probleme mit dem Anschluß an moderne Zeiten hat hingegen die uralte Griechenstadt **Crotone,** doch auch dort setzt man auf Tradition. Wo sich heute eine mächtige Männerorganisation – die Mafia – stark macht, zogen bereits vor zweieinhalb Jahrtausenden Pythagoras und seine Jünger einen einflußreichen Geheimbund auf. Wie heute hing das Wohlbefinden der Bürger davon ab, wie gut sie sich mit der ehrenwerten Gesellschaft arrangieren konnten. Als Pythagoras, Sohn eines Goldschmieds, 570 v. Chr. auf der Insel Samos geboren, nach Großgriechenland kam, führte er in seinem Reisegepäck nicht nur die Weisheiten ägyptischer Priester mit sich, er wußte auch ganz genau, was er wollte: Macht und Mythos. Beides erlangte der Gründer einer nach ihm benannten Geistesschule sehr bald. Wie jeder Sektenführer umgab er sich erst einmal mit einem Nimbus und behauptete, Anhänger der Reinkarnation, bereits mehrmals auf dieser Welt gewandelt zu sein. Zweitens setzte er auf Askese, was sich in dem von Luxus und Lastern degenerierten Kroton erstaunlich genug ausmachte. Zu guter Letzt stellte er eine Reihe recht merkwürdiger Regeln auf, denen sich sämtliche Mitglieder seines Geheimbundes zu unterwerfen hatten. So durfte kein Pythagoreer einen weißen Hahn anrühren, Brot brechen oder sich neben einem Lichte im Spiegel betrachten. Als schlimmstes Sakrileg aber galt es, Bohnen zu verzehren, ein wahrhaft prophetisches Verbot, denn in einem Bohnenfeld sollte der Mathematiker, Politiker und Philosoph nach einer Version sein Erdendasein für dieses Mal beenden.

Tatsächlich rankt sich um Leben und Sterben des Pythagoras eine Unzahl von Legenden. Fest steht nur, daß unter seinem moralisierenden Einfluß Kroton dem luxuriösen Sybaris den Krieg erklärt und die sagenhafte Stadt der Genüsse und Lustbarkeiten dem Erdboden gleichgemacht hat. Nicht alle Krotonen jedoch zeigten sich über diesen barbarischen Sieg begeistert, auch erschien die Sekte in ihrer Machtentfaltung und Arroganz so manchem langsam gefährlich. Ob ihr Meister nun wirklich auf der Flucht in einem Acker zwischen dem ihm verhaßten Gemüse starb oder ob er sich im Musentempel von Metapont durch Nahrungsverweigerung verabschiedete, bleibt für alle Ewigkeit wohl ungeklärt. Fest steht jedoch, daß der durch den pythagoreischen Lehrsatz unsterblich gewordene Grieche mit seinem mafiosen Intrigenspiel um Geld und Einfluß bereits seinen Zeitgenossen nicht ganz geheuer war. Erst die Historiker späterer Zeiten bis hinauf zum romantisch-verklärten 19. Jh. verliehen dem »Weisen von Kroton« das zuckersüße Image edlen Hellenentums. Dem klugen Engländer Norman Douglas muß

Sybaris, Ausgrabungen

Pythagoras jedenfalls von Herzen zuwider gewesen sein, schreibt er doch in seinem geistreichen, 1915 in London erschienenen Reisebericht »Old Calabria«: »Es ist so sehr viel vornehmer – und soviel leichter –, leeres Gerede über Seelenwanderung von sich zu geben, als eine Mondfinsternis zu berechnen oder sich um die Erkenntnis des Blutkreislaufs zu mühen. Daß ein Mann seiner Spekulationskraft, der so viele außergriechische Völker kannte, gelegentlich auch einmal einen guten Einfall gehabt hat, ist schließlich zu erwarten. Aber seine paar guten Gedanken sind bloß Nebenprodukte. Im übrigen verband sich mit unserem reformfreudigen Weisen die in solchen Fällen unvermeidliche Scharlatanerie. Auch seine wärmsten Bewunderer müssen zugeben, daß an ihm in nicht geringem Grade der Geruch frommen Betruges haftet. Alle diese Zauberformeln und Amulette, diese dunklen gnomischen Sprüche, die zum Vorrat aller religiösen Geschäftemacherei gehören, die Lockung mit einem künftigen Leben, die priesterliche Aura, gekoppelt mit der unvermeidlichen Unaufrichtigkeit, die Geheimhaltung der Lehre, das wichtigtuerisch-mysteriöse ›Entweichen‹, die ›heilige Vier-Zahl‹, der Humbug mit den Bohnen . . . Er hatte etwas vom richtigen Derwisch an sich.«

Mit einer Piazza Pitagora ehrt das heutige Crotone trotzdem noch einmal den großen Mann, den man in seiner Wahlheimat nicht zuletzt gerade wegen seines Showtalents bis zum heutigen Tag schätzt. Riten und Zeremoniell zählen eben nicht ganz zufällig nach wie vor zum Handwerkszeug der Einflußreichen unter dieser Sonne. Italoamerikanische Mafiosi, gestylt wie in Hollywood-Filmen aus den 50er Jahren, bekommt man in solch lupenreiner Ausführung selbst in Kalabrien nur noch selten zu sehen. Versteckt hinter spiegelnden Sonnenbrillen oder breitkrempigen Hüten geben sie sich

179

zigarrenrauchend ihr Stelldichein auf dem Platz des Pythagoras. Und entscheiden dort vor aller Augen das Schicksal des modernen Sibari. Im Gegensatz zu den antiken Krotonen will die »Ehrenwerte Gesellschaft« die Nachbarstadt jedoch nicht zerstören, sondern aufbauen, um aus einer funkelnagelneuen Ferienkolonie mit künstlichen Häfen, Jachten und Bungalowdörfern noch mehr Reichtum, noch mehr Macht zu gewinnen. In der Theorie können die Nachfahren dem alten Philosophen sicherlich nicht das Wasser reichen, in der Praxis aber sind sie ihm offensichtlich eindeutig überlegen.

*

Als müsse es für die Sünden seiner Väter Buße tun, präsentiert **Sibari** sich als einer der häßlichsten Orte von ganz Kalabrien. Ein gänzlich uninteressantes, staubiges Straßendorf am Schnittpunkt zweier Eisenbahnlinien, eine archäologische Zone mit ein paar Mauerresten – mehr blieb von dem unermeßlich reichen *Sybaris* nicht übrig, das in alle europäischen Sprachen als Synonym für verschwenderischen Luxus Eingang gefunden hat. Unglaubliche Dinge werden von der Weltstadt zwischen den beiden Flüssen Crati und Coscile erzählt. Ihre Gewässer quollen über vor Fischen, ein gesätes Weizenkorn an deren Ufern ergab hundert neue; die Rebhühner verdunkelten den Himmel, umliegende Höhenzüge sorgten für Überfluß an Wild und somit an Wolle oder Fellen; Holz gab es, so viel man nur brauchte, aber auch Honig und Wachs; in den nahen Bergen der Sila Greca fand sich Silber in Hülle und Fülle; und das Klima erwies sich als so zuträglich, daß Themistokles noch kurz vor der Zerstörung der im 8. Jh. v. Chr. gegründeten Stadt meinte, es wäre gut, ganz Athen dorthin zu verpflanzen, wo wohlschmeckendes Olivenöl und Wein in Strömen fließe. Lust ist der ideale Lebenszweck, lautete schon bald die Losung der Sybariten, und so verbrachten sie ihre Tage mit Schlemmereien, wie sie die antike Welt nie zuvor gekannt hatte. Als wüßten sie, daß ihnen die Götter nur zwei Jahrhunderte vergönnen würden, kosteten sie jede Stunde bis zur Neige aus. Nebenbei erwiesen sich die Bewohner dieses Schlaraffenlandes freilich auch als gewitzte Geschäftsleute, indem sie im 6. Jh. mit Paestum einen Handelsstützpunkt auf der gegenüberliegenden Seite des Stiefels gründeten. Jetzt verdienten sie auch noch an den Exportgütern aus Griechenland oder Kleinasien, die nicht mehr länger durch die Straße von Messina nach Cuma transportiert werden mußten. Die Reeder löschten ihre Waren gleich in Sybaris, von dort brachten Karawanen die kostbaren Güter auf dem Landweg in die neue Hafenstadt am Tyrrhenischen Meer.

Aus Mißgunst, Neid und einem von Pythagoras geschürten moralischen Bewußtsein erklärte im Jahre 510 v. Chr. Kroton der sündigen Nachbarstadt den Krieg. Nicht länger sollten die aufgetakelten Sybariten mit parfümiertem Haar unter Baldachinen in ihren Straßen lustwandeln, sich an ihren Gastmahlen erfreuen, für die sie die besten Köche zu Ehrenbürgern ernannten. Mehr als zwei Monate dauerte das Sterben der stolzen Stadt, dann stand kein Stein mehr auf dem anderen. Fürwahr, die Krotonen leisteten ganze Arbeit. Nach ihrem Sieg leiteten sie sogar den Fluß *Kratis* um. Was von den goldenen Tempeln und Palästen noch übrig war, versank unter einer 6 m dicken Schlammschicht, wer nach dem Untergang noch lebte, ertrank. Nur wenig hatten die Archäologen ans Tageslicht gebracht – eine Votivtafel, ein Stück Mauer, einen Keramikscherben –, bis sie 1966 eine Hiobsbotschaft erreichte. In der Ausgrabungszone sollte der größte Ölhafen Italiens, kombiniert mit einer riesigen Industriezone, errichtet werden. Buchstäblich im letzten Moment stoppten unerwartete, vielversprechende Funde, dank derer man endlich das so lange gesuchte antike *Sybaris* lokalisieren konnte, das Wahnsinnsprojekt. Möglicherweise müssen noch Jahrzehnte vergehen, bis tatsächlich Spektakuläres ans Tageslicht kommt, doch dem Landstrich blieb das Schicksal von Tarent oder Augusta auf Sizilien erspart. Wo der Rauch aus Fabrikschloten den Himmel an dieser seit jeher gepriesenen Küste verschleiert hätte, entstand an den Lagunen der Sibari-Seen ein gepflegtes Erholungsgebiet mit Gourmet-Tempeln zwischen Palmen und duftenden Mimosen, in denen frischer Fisch, Langusten und allerlei Köstlichkeiten mehr kredenzt werden.

Ein Ruf aus längst vergangener Zeit schenkte den Heutigen zumindest einen letzten heilen Rest jener Umwelt, die den Alten noch als selbstverständlich und keineswegs als Luxus galt: sauberes Wasser und reine Luft. Wie schön, daß sich die begnadeten Schlemmer von Sybaris auf ihrem Platz im Olymp ins Fäustchen lachen dürfen, weil sie mit ihrem Traum von Lebensqualität doch noch einmal triumphieren konnten.

Sila und Aspromonte:

Hinter den blauen Bergen

Die letzten Strahlen der Sonne streicheln noch einmal über die tiefgrüne Ebene von Sibari, bevor sie im Erlöschen das gesamte Firmament mit rosaroter Farbe übergießen. Jetzt ist die Zeit der blauen Berge angebrochen, denn zu dieser Stunde vertauschen die Gebirgsketten der **Sila Grande** ihr braungraues Tageskleid mit ihrer Abendrobe. Leichter Dunst legt sich als Tüll über die in Vergißmeinnichtblau getauchte Silhouette, bis jede Kontur verschwimmt und sich die zerfurchten Hänge in zweidimensionale Kulissen verwandeln. Wie auf einem mit Tintenfingern gemalten Aquarell heben sich Spitzen und Gipfel ein letztes Mal furchterregend schön vom dunkel gewordenen Himmel ab, bis sie endgültig mit ihm verschmelzen. Kalt und unnahbar funkeln die Sterne, Sicherheit und menschliche Wärme verheißen die Lichter in den Dörfern. Zwar muß sich heutzutage niemand mehr vor Wölfen, Räubern oder Briganten fürchten, doch wer bis jetzt kein Quartier hat, sollte sich schleunigst eines suchen. Allzu dicht sind die Unterkünfte im Inneren Kalabriens nicht gestreut, weder auf den schon in der Antike kahl geschlagenen Hochebenen noch in den nach wie vor beachtlichen Wäldern, die für den Namen Sila (von *silva;* Wald) Pate standen.

Das Schild *Antro delle Ninfe* in einer Kurve auf der steilen Straße unweit von Cerchiara di Calabria weckt Neugier, denn *antro* bedeutet so viel wie Höhle (aber auch Spelunke), *ninfe* eindeutig und verheißungsvoll – Nymphen. Welche hübschen weiblichen Naturgeister mögen den Wanderer wohl hier erwarten? Ein mit tiefem Baß gesprochenes *Buona sera* läßt jedoch keinen Zweifel offen, daß die Phantasie mit den Reisenden wieder einmal durchgegangen ist. Mit Elfenwesen haben die Brüder Giuseppe und Pietro Carlomagno, Pächter der bei Einheimischen weithin bekannten Schwefelquelle in der sogenannten »Nymphengrotte«, wenig gemeinsam. Wohl aber mit jenem sympathischen Menschenschlag, dem man in Kalabrien immer wieder begegnet. In Windeseile zaubert Giuseppe für die späten Gäste noch ein einfaches Mahl herbei, bevor er sie in der Dunkelheit zu dem kleinen Apartmenthaus begleitet. Viel Schweiß und Arbeit stecken in dem schmucken Häuschen, das Geld dafür mußte sich Giuseppe zuerst als Gastarbeiter in Stuttgart und anschließend in New York verdienen. Ein Emigrantenschicksal wie Tausende, doch dieses fand ein Happy-End.

Stolz flattert das Sternenbanner neben der italienischen Nationalflagge über den Köpfen der ersten Besucher, die sich schon frühmorgens zu einem Gesundheitsbad einfinden. Aus einer Höhle fließt lauwarmes, schwefelhaltiges Wasser, Eimer voll heilkräftigen Fango-Schlamms stehen bereit. In Windeseile verwandeln sich zivilisierte Badende in Urzeitwesen. Manch einer hat sich die heilkräftige Erde nur ins Gesicht geschmiert, das solcherart einer furchterregenden Totenmaske gleicht, andere wiederum bedecken sich zur Gänze mit einer grauweißen Schicht, die ihnen das Aussehen einer Horde von Neandertalern oder eines afrikanischen Negerstammes auf Kriegspfad verleiht. Sobald jedoch dem Pizza-Ofen verlockende Düfte entströmen, ist der Spuk vorbei. Bei Tisch haben Gespenster nichts zu suchen, wer sich nicht unter einer der kräftigen Schwallbrausen seines Schlammkleides entledigt, unter dem jede Speckfalte, jeder noch so kleine Schönheitsfehler überdeutlich sichtbar werden, hat keine Chance auf Bedienung. Giuseppe Carlomagno hält auf Stil, schließlich ist er das seiner glückbringenden Nymphe schuldig.

Naturgeister und Götter, in dieser Landschaft konnten ihnen weder die Jahrtausende noch das Christentum den Garaus machen. Vital wie seit Beginn der Zeiten hausen sie in den Gebirgsdörfern der Sila Grande und beschützen Olivenhaine und Getreidefelder, die Flüchtlinge aus Albanien im 15. Jh. der Wildnis abrangen. Mit wundertätigen Madonnenbildern wie in dem Städtchen Castrovillari oder in Altomonte haben sich Pan und Konsorten längst arrangiert. Weil die Olympischen wissen, daß sie von den Menschen inmitten der tiefen Schluchten und fruchtbaren Hochebenen noch ebenso gebraucht werden wie die Muttergottes. Lungro oder Spezzano Albanese, Bisignano oder Acri, das Tor zur **Sila Greca,** jede noch so kleine Stadt trägt ihren unverwechselbaren Stempel, jedes Detail in den buckligen Gassen ist echt: die Trachten der Frauen, getragen der Schönheit und nicht der touristischen Attraktivität wegen, die traditionellen Feiern zu den kirchlichen Festtagen, aber auch die liebevoll behüteten, verstaubten Dorfmuseen, in denen sich der Bogen mühelos von den Ureinwohnern über die albanischen Siedler bis zur Neuzeit spannt.

Wie es dem Herzstück der Sila gebührt, richtete die Region Kalabrien südlich von Longobucco, dem Zentrum der kostbaren Webarbeiten in der Provinz Cosenza, den ersten Teil des Nationalparks ein, der seine Fortsetzung in der Sila Piccola in der Provinz Catanzaro und im Aspromonte in der Provinz Reggio Calabria finden sollte. Von saurem Regen und sterbenden Bäumen hat man in den dunklen, tiefen Wäldern vor den Toren von **Cosenza** noch nichts gehört, in 1000 bis 1400 m Höhe, wo sich Eichen und Kastanien zu einem dichten Laubdach vereinigen und riesige Tannenbäume Märchenstimmung herbeizaubern, leben sogar noch etwa 30 Wölfe.

Glückliches Cosenza, das wie nur wenige Städte Süditaliens mit solch einem Naherholungsgebiet aufwarten kann, ist der Reisende versucht zu denken, sobald die Silhouette der einstigen Bruttier-Siedlung auf den grünen Hügeln in der Ferne auftaucht. Doch spätestens beim Anblick der Altstadt verdrängt Mitleid jeden euphorischen Gedanken. Armes Cosenza, was hat man dir bloß angetan? Kläglicher kann einstiger Glanz nicht verblassen, armseliger kaum ein Erbe sich erweisen. Kein Lichtblick erhellt die Tristesse der Altstadt, heute ein Slum rund um den Corso Telesio und den gotischen Dom, in dem Isabella von Aragon ihr Grab fand. Mit dem besten Willen läßt sich nichts Pittoreskes an den abblätternden Fassaden der Renaissancepaläste finden, in denen Menschen zwischen feuchten, ungesunden Mauern hausen müssen. Friedrich II. krönte im Jahr 1222 durch seine Anwesenheit die feierliche Einweihung der Kathedrale, damals, als die Stadt am Zusammenfluß von Crati und Busento als reich und angesehen galt. Jahrhunderte später verhalf der Philosoph Bernardino Telesio (1509 bis 1588) seiner Vaterstadt, die man dank seiner Geistesgröße das »Athen von Kalabrien« nannte, zu neuem Ruhm. Jedem deutschsprachigen Schulkind zum Begriff aber wurde Cosenza durch den Dichter August von Platen, dem die sagenhafte Bestattung des Westgotenkönigs Alarich im Jahr 410 n. Chr. jene berühmt gewordenen, schwülstigen Verse eingab: »Nächtlich am Busento lispeln, bei Cosenza, dumpfe Lieder. Aus den Wassern schallt es Antwort, und in Wirbeln klingt es wieder.«

Aus dem Rinnsal Busento, wo der Gote hoch zu Roß mit seinem kurz zuvor in Rom zusammengerafften Schatz von seinen Getreuen angeblich bestattet wurde, schallt heute nichts wider. Eine unappetitliche wilde Mülldeponie am Fuße einer Teigwarenfabrik ›lispelt‹ mit vom Winde verwehten Plastiktüten und läßt wahrlich keinerlei Romantik mehr aufkommen. Vielleicht thront der König mit all seinem Gold tatsächlich, vor Schotter bedeckt, irgendwo auf seinem Pferd unter diesem brackigen, übelriechenden

Opernleidenschaft und Realität: Der »Strafakt Bajazzo«

»Lache, Bajazzo«, die wahrscheinlich berühmteste aller Tenorarien der italienischen Opernliteratur, geht auf einen Kriminalfall zurück, der sich am 5. März 1865 in dem kleinen kalabresischen Bergstädtchen Montalto Uffugo nahe Cosenza ereignet hatte. Nach der gemeinsam besuchten Vorstellung eines Wandertheaters wurde der 22jährige Gaetano S. von den Brüdern Luigi und Giovanni A. durch Messerstiche so schwer verletzt, daß er acht Stunden später in seiner Wohnung starb. Gaetano und Luigi hatten um eine Frau, vermutlich ein Mitglied der Theatergruppe, gebuhlt, schon einmal war es daher zwischen ihnen zu Auseinandersetzungen gekommen. Vom Schwurgericht in Cosenza erhielten die Brüder lebenslange beziehungsweise 20 Jahre Haft aufgebrummt, die Strafen wurden später auf 10 respektive 7 Jahre Zuchthaus reduziert.

Ein alltäglicher, banaler Eifersuchtsmord, der niemals in die Operngeschichte eingegangen wäre, hätte nicht der Vater des aus Neapel gebürtigen Komponisten Ruggiero Leoncavallo den Fall als Untersuchungsrichter bearbeitet. Obwohl Leoncavallo – er verbrachte einige Jahre seiner Kindheit in Montalto Uffugo – zur Tatzeit erst sieben Jahre alt war, erinnerte er sich später an den Strafakt, als er, trotz zahlreicher Operetten und Revuen erfolglos geblieben, nach einem dem damaligen Stil des *verismo* entsprechenden dramatischen Opernstoff suchte. Und diesen, wie er zunächst glaubhaft machen konnte, in den verstaubten Aktenbergen seines Vaters und dank seines guten Gedächtnisses fand. Zwar bediente er sich in Wahrheit schamlos und ohne Skrupel einer Textvorlage eines französischen Autors, verlegte jedoch sicherheitshalber den Ort der Handlung nach Montalto Uffugo und die Zeit auf den 15. August, das Fest Mariä Himmelfahrt.

Um nach der umjubelten Premiere des »Bajazzo« – Originaltitel *Pagliacci* – am 21. Mai 1892 unter Arturo Toscanini an der Mailänder Scala peinlichen Plagiatsvorwürfen zu begegnen, trieben Leoncavallo und sein Verleger in dem pittoresken kalabresischen Städtchen angebliche Zeugen auf, die beschworen, daß sich der Mord wie in der Opernhandlung ereignet und ein eifersüchtiger Wanderkomödiant seine Frau und deren Liebhaber auf offener Bühne erstochen habe. Sogar einer der inzwischen längst freigelassenen Täter mußte sich zur Ehrenrettung des Komponisten als Vorbild für die Figur des Bajazzo zu erkennen geben.

Dichtung oder Wahrheit, wen kümmert es angesichts eines solchen musikalischen Geniestreichs? Montalto Uffugo, auf verschlungenen Wegen in den Opernhimmel geschlüpft, sagte dafür seinem Ehrenbürger mit einer Gedenktafel und einer Via Ruggiero Leoncavallo Dank. Die verwaschenen und ausgebleichten Hinweise auf den Komponisten sind zwar kaum mehr lesbar – um so deutlicher dafür die auf eine Hausmauer gepinselten Namen der modernen Helden der Musikszene wie Pink Floyd und Bruce Springsteen –, alljährlich im September ehrt ihn die Gemeinde aber mit einem ganz und gar untouristischen, unverfälschten Folklore-Festival auf den Stufen der Kirche vor der Madonna della Serra, wo sich die Kinderkapelle des Ortes mit rührend falschen Tönen sogar an die Ouvertüre der Oper heranwagt – »Lache, Bajazzo«.

Wasser, doch nur selten suchen heute noch Archäologen nach dem geheimnisumwitterten Grab.

Rotkäppchens Sommerfrische

Holz, wohin man blickt. Aus Holz bestehen die roh gezimmerten Häuser rund um den Lago Passante, die sich mit ihren spitzen Dächern genauso gut an Abhänge irgendwo in den Alpen ducken könnten. Holz, liebevoll angepinselt, diente als Baumaterial für die wohl eigenwilligste Architektur inmitten der **Sila Piccola**. Doch zugleich weist das *Villaggio Mancuso* in 1300 m Höhe vor den Toren des Nationalparks verblüffende Ähnlichkeit mit einem karibischen Dorf auf. Auf kurzen, stummelartigen Pfählen erheben sich gedrungene, weiß, grün und braun bemalte Bretterhütten zwischen himmelhohen Tannen und Fichten. Weiß gestrichene Lattenzäune markieren dezent Picknick- und Parkplätze vor dem Hotel *Parco delle Fate,* dem »Feenpark«, das sich perfekt seiner Umgebung anpaßt. Kleine Holzveranden, ein hölzernes Treppenhaus, geschmackvolles, schlichtes Mobiliar und dennoch mit höchstem Komfort ausgestattet – seltsam unwirklich präsentiert sich dieses Gästehaus an einem Ort, an dem sich mittlerweile naturgeschützte Wölfe, schwarz-weiße Eichhörnchen und braun-schwarze Kaiseradler wieder Gute Nacht sagen dürfen. Nur Rotkäppchens Auftritt auf dem weichen Moosteppich fehlt noch, dann wäre die Szenerie perfekt.

»Mein Vater hat das Hotel mit seinen 60 Zimmern und 118 Betten im Jahre 1933 in nur 60 Tagen erbaut. Damals stiegen in erster Linie Franzosen, Engländer und Malteser bei uns ab.« Stolz erzählt der Hausherr Silvano Mancuso höchstpersönlich seinen Gästen die Geschichte seines Feenreichs, das abgesehen von der ungewöhnlichen Nobelherberge eine Reihe von bescheidenen Holzhäuschen und eine Pianobar, ebenfalls aus den 30er Jahren, sowie ein prächtiges Gestüt umfaßt. Signor Mancuso, an diesem Platz geboren, ungefähr jahrgangsgleich mit seinem ererbten Villaggio und ebenso gut erhalten, lebt als Gutsbesitzer mit Managerqualitäten zwar in der Gegenwart, sein Herz jedoch gehört der Vergangenheit. Nach einem typisch kalabresischen Mahl, serviert bei Kerzenlicht vor einem Kaminfeuer, sinniert der kultivierte Hobby-Historiker bei einem Gläschen des herbsüßlichen Kräuterdigestivs *Amaro Silano:* »Der letzte zum Tode verurteilte kalabresische Brigant, Pietro Corea, starb 1861 in Catanzaro auf der Guillotine. Doch in Wahrheit war auch er wie die meisten seiner Mitstreiter eigentlich ein Partisan. Er hat gegen die Bourbonen und für die Freiheit gekämpft. Die Briganten von heute sind die Touristen, und sie sind in Wahrheit viel gefährlicher als die ungestümen Männer von damals. Alles trampeln sie nieder, alles wollen sie vereinnahmen, besitzen, ruinieren. Ich führe dieses Haus im alten Stil. Meine Gäste fahren mit Pferden und alten Karossen in die Wälder, nicht mit Autos.«

Sympathie, mehr noch, Solidarität mit den Gesetzlosen – gänzlich unerwartete Worte aus dem Mund dieses feinsinnigen Kalabresen. Doch offenbar ist nichts unmöglich in diesem Land, in dem sich seit jeher ungezügelte Wildheit mit uralter Kultur paarte. Silvano Mancuso weiß noch um verzauberte Plätze, um Feenwiesen ebenso wie um vergessene Hinrichtungsstätten. Er kennt die Hexen in den Dörfern, hört von stigmatisierten weisen Frauen oder gar Wundern, die sich auch heute noch in seinen Bergen ereignen.

Das vorerst letzte geschah am Ostermontag des Jahres 1987, als in der Nähe des Dorfes S. Onofrio ein Ast von einem Olivenbaum brach und an der Bruchstelle das Antlitz des gemarterten Heilands freigab. Die Ähnlichkeit mit dem berühmten Leichentuch von Turin ist tatsächlich erstaunlich, wie Fotografien aus dem Privatalbum der Mancusos beweisen. Wie das einfache Volk pilgerte auch der reiche Grundbesitzer zu jenem Baum, der sich – wie könnte es anders sein – auf einem Galgenhügel erhebt und in Windeseile zu einem Wallfahrtsort wurde. Vierzig Tage nach seiner ersten Erscheinung verschwand das Bild, jedes Jahr zu Ostern ist es seither an dem Olivenstamm auszunehmen, bis es erneut verblaßt.

Villaggio Mancuso

Ein knappes Jahrhundert ist vergangen, seit der Engländer Norman Douglas sein »Old Calabria« bereiste und dem staunenden West- und Mitteleuropa von dem geheimnisvollen Land hinter den sieben Bergen am Ende Italiens berichtete, von Aberglauben und tiefer Frömmigkeit, von unglaublichen Ereignissen und archaischen Sitten. An den von Fremden überschwemmten Küsten oder im lauten und dennoch langweiligen Catanzaro, wo es angeblich mehr Autos gibt als Einwohner, geschehen keine Absonderlichkeiten mehr. Doch in den dunklen Wäldern treiben die Faune, Kobolde und Werwölfe wie eh und je ihr Unwesen. Dort fürchtet man noch ihren bösen Blick, dort ist im Rauschen der Wipfel noch ihr Gelächter zu hören, dort herrscht noch Angst vor ihren Verwünschungen. Im Jahr 1915 schrieb Douglas: »Es wird noch eine Zeitlang dauern, ehe diese abergläubischen Vorstellungen ausgerottet sein werden. Die Magie Süditaliens verdient ein eingehendes Studium; denn das Land ist ein Hexenkessel der Dämonologie, worin orientalische Glaubensvorstellungen – unmittelbar aus Ägypten, dem klassischen Land der Hexen-Kunst – sich mit solchen des Abendlandes gemischt haben.«

Daß selbst an der Schwelle zum dritten Jahrtausend seine Erfahrungen in den Schluchten der Sila noch Gültigkeit besitzen würden, hätte jedoch selbst der Skeptiker Douglas nicht gedacht.

Aspromonte oder Rauhe Wirklichkeit zwischen schroffen Felsen

Gespannt blickte Europa in den Augusttagen des Jahres 1862 auf einen weltvergessenen Winkel Italiens. Zwei Jahre nach seinem spektakulären »Zug der Tausend« hatte sich der Berufsrevolutionär Giuseppe Garibaldi mit seinen Rothemden in den Höhen des Aspromonte verschanzt, wo er einer Abteilung des italienischen Heeres ein blutiges Gefecht lieferte. Erstmals verließ ihn da sein Glück. Er wurde verwundet und geriet in Gefangenschaft, doch mehr noch als seine Verletzungen schmerzte den Volkshelden der tiefe Kratzer an seinem Image. Die Erfahrung, daß selbst ein Mann vom Charisma eines Garibaldi vor Niederlagen nicht gefeit war, bescherte dem italienischen Freiheitskampf eine schwere Krise. Doch ein Garibaldi-Mausoleum, 3 km von dem zu einem Fremdenverkehrszentrum avancierten Gambarie d'Aspromonte entfernt, erinnert daran, wen die Geschichte schlußendlich doch zum Sieger erklärte.

Keine Helden, sondern Verbrecher der übelsten Sorte sorgten mehr als hundert Jahre später dafür, daß diese gottverlassenen Berge in den Schlagzeilen der Medien nach wie vor Erwähnung finden. Menschenraub zählt zu den einträglichsten Geschäften der kalabresischen Mafia 'ndrangheta, die ihre Opfer vorzugsweise in die unwegsamen Schluchten an der Stiefelspitze Italiens verschleppt. Nomen est omen, denn Aspromonte bedeutet nichts anderes als »rauhe, harte Berge«. Und rauh ist heute noch die Wirklichkeit, allem Fortschritt und jeder Entwicklungshilfe zum Trotz. Nach polizeilichen Schätzungen verbergen sich bis zu 2000 Menschen in dem offiziell kaum besiedelten Gebiet, in dem der Reisende immer wieder auf ein Großaufgebot an Polizei stößt. Allerdings nehmen in der Regel weder die Mafiosi noch die schwer bewaffneten Carabinieri-Einheiten in ihren gepanzerten Fahrzeugen Notiz von harmlosen Touristen, die sich die wilde Schönheit der schroffen Felsen und tiefen Abgründe nicht entgehen lassen wollen. Auf Wegelagerer wird man kaum noch stoßen, heute geht es den Banditen um erpreßbare Millionenbeträge – in Dollar – und nicht um unbedeutendes Reisegepäck. Doch eine zufällige Begegnung oder Beobachtung könnte der Gesundheit nicht unbedingt zuträglich sein, und wenn Einheimische ohne große Erklärungen vor einer Weiterfahrt warnen, dann halten Kluge sich daran.

Die 'ndrangheta ist allgegenwärtig in der Provinz Reggio Calabria, an den Küsten ebenso wie im Hinterland. Ortschaften von unglaublicher Häßlichkeit wie Palmi oder Gioia Tauro vermitteln jene ungreifbare und doch spürbare Atmosphäre von Angst und Resignation. Skrupellose Spekulationen wie der Bau eines mittlerweile gänzlich unnötigen Stahlwerks ruinierten 300 ha uralter Olivenbaumbestände. Die fruchtbaren Ebenen verwandelten sich in »Kathedralen in der Wüste«, wie jene mit großem Aufwand errichteten Industrieanlagen genannt werden, an deren Bau einige ein Vermögen verdienten. Nachdem gigantische Summen in die entsprechenden Taschen geflossen sind, richtet sich das Interesse auf andere Projekte, zurück bleiben technische Ruinen, die weder Arbeitsplätze schaffen noch sonst für irgend etwas zu gebrauchen sind.

Als Zeitgenosse der Französischen Revolution schrieb der neapolitanische Sozialreformer Antonio Genovesi über Kalabrien: »Das Land ist arm; wollt ihr wissen warum? Sagt nicht, es sei aus Faulheit, Verschwendung, üblen Sitten und weil niemand mehr einen eigenen noch allgemeinen Glauben hätte. Das ist alles Geschwätz. Alle diese Mißstände sind nicht die Ursache, sondern die Folgen der Armut. Aber woher kommt diese? Nicht von der Bodenbeschaffenheit, nicht vom Klima, sondern von der politischen Verfassung.« Viel hat sich seither offenbar nicht geändert, denn außer parlamentarischen Untersuchungskommissionen fällt Rom bis zum heutigen Tag wenig ein, um im Sorgenkind unter Italiens Regionen mit Mord und Erpressung aufzuräumen. Man nimmt zur Kenntnis, daß der kalabresische Volkscharakter unter einer dünnen Tünche moderner Zivilisation in alter, verzweifelter Härte durchschimmert. Mit wenigen Worten hatte der Priester und Journalist Vincenzo Padula, 1819 in Cosenza geboren, in seiner kleinen Zeitung *Il Bruzio* die Gedankenwelt seiner Landsleute umrissen: »Ich küsse dem Herrn die Hand – am liebsten, wenn sie abgehackt ist!«

Autostrada del Sole: Völkerverbindendes Betonband

Sie öffnete den Süden Italiens für den Waren- und Fremdenverkehr: die *Autostrada del Sole,* Sonnen-Autobahn, technisches Wunderwerk der 50er und 60er Jahre. Goethe mußte für seine Reise nach Sizilien ab Neapel das Schiff benützen, erst im 20. Jh. eroberte die Eisenbahn das »wilde Kalabrien«. Vor Eröffnung der Autostrada nahm zum Beispiel die Strecke von Rom nach Cosenza auch für schnelle Autofahrer zwölf nervenaufreibende Stunden in Anspruch. Heute ist diese Distanz in lockeren fünf Stunden zu schaffen, sofern sich nicht gerade – wie zu Ferragosto – ganz Italien auf Achse befindet.

Am 19. Mai 1956 wurde in S. Donato Milanese der Grundstein für den Bau der Autobahn Mailand–Neapel (A 1) gelegt, die Fertigstellung der 755 km langen Strecke erfolgte am 4. Oktober 1964. Zur Überwindung von Berg und Tal mußten 113 Brücken und Viadukte sowie 38 Tunnel angelegt werden. Seit Juli 1988 steht auch eine großräumige Umfahrung von Rom (Fiano–S. Cesareo) zur Verfügung, mit der sich der stets überlastete Autobahnring um die Tiber-Metropole (Grande Raccordo Anulare) vermeiden läßt.

Die größte Herausforderung für die Ingenieure stellte jedoch der rund 450 km lange Abschnitt zwischen Salerno und Reggio di Calabria dar. Auch die Finanzierung drohte das Projekt zu sprengen. Die italienische Regierung vergibt den Autobahnbau grundsätzlich an Privatfirmen, die sich die Kosten über die Benutzungsgebühren wieder hereinholen – und dabei blendend verdienen. Im dünn besiedelten, armen Süden wollte jedoch niemand sein Geld investieren, zumal die technischen Schwierigkeiten beinahe unüberwindlich schienen. Da sprang – auch im Sinne einer Entwicklungshilfe – die staatliche Straßenbaubehörde ANAS ein. Zwischen 1960 und 1974 waren Tausende von Menschen beim Autobahnbau beschäftigt, die Autostrada fungierte gute zehn Jahre lang als der größte und wichtigste Arbeitgeber Kalabriens.

Welchen Aufwand die Gebirgsstrecke erforderte, läßt sich allein daran ermessen, daß mehr als 10% der gesamten Route südlich von Salerno über Brücken, durch Tunnel oder entlang künstlich abgesicherter Berghänge verlaufen. Mit 1015 m erreicht die Autostrada in den Bergen der Provinz Basilikata ihren höchsten Punkt. Glatteis, Nebel und Schnee sind im Winter in diesem Gebiet übrigens keine Seltenheit. Mit der Streckenführung abseits der entlang der Küste fahrenden Bahn wurde auch das Landesinnere Kalabriens erschlossen.

Das völkerverbindende Betonband zwischen Nord und Süd hat wesentlich zum wirtschaftlichen Aufschwung des Mezzogiorno beigetragen. Insbesondere der Tourismus erfuhr durch die Sonnen-Autobahn einen enormen Impuls, seit man von Salerno bis nach Reggio nur mehr gute vier Autostunden benötigt. Diese Strecke ist übrigens mautfrei zu befahren.

Blumengarten
am Tyrrhenischen Meer:

Armer König,
reicher Prinz

Weh dem, der kalabresisches Temperament unterschätzt. Joachim Murat, für eine kleine Weile König von Neapel, bezahlte seinen Irrglauben, einfache Fischer wären weder der Denunziation noch der Grausamkeit fähig, mit dem Leben. Als er, der Schwager Napoleons, 1815 nach der Restauration der Bourbonenherrschaft im Königreich beider Sizilien mit einigen Getreuen in dem kalabresischen Dorf Pizzo an der tyrrhenischen Küste an Land ging, bescherte die Bevölkerung dem Mann in seiner mit Federn und Diamanten geschmückten Operettenuniform und seinen Begleitern alles andere als einen herzlichen Empfang. Gerupft wie Hühner, zerkratzt und geschunden, doch immerhin vor der Lynchjustiz sicher, fanden sich die Franzosen im Kerker wieder. Doch die Hinrichtung des »Hochverräters Murat« auf Befehl Ferdinands IV. sollte nicht lange auf sich warten lassen. Von Eilboten aus Pizzo verständigt, bestand der Bourbone auf Tod durch Erschießen. Als Judaslohn verlieh er dem Städtchen auf einer Klippe hoch über dem Meer den Titel *fedelissima* – »Allertreueste« – und ließ ein Jahr lang kostenlos Salz an die Einwohner verteilen.

Fehleinschätzungen der Mentalität kosten heutzutage zwar nicht gleich den Kopf, doch nach wie vor können diese recht teuer zu stehen kommen. Wie den Prinzen Hermann von Sachsen, dem seine traumhaft schöne Clubanlage *Rocca Nettuno* im malerischen Ferienort Tropea keine rechte Freude mehr bereiten dürfte. Dabei fing alles so harmlos an. Als der Adelssproß 1985 das Hotel mit sämtlichen Sportanlagen und Nebengebäuden erwarb, glaubte der studierte Jurist und Betriebswirt, der nebenbei noch eines der größten Weingüter an der Mosel besitzt, an einen guten Handel. Tatsächlich warf das Haus unter deutscher Leitung schon in den ersten Monaten schöne Gewinne für den Prinzen ab – weit mehr jedenfalls, als dieser den italienischen Fiskus wissen ließ. Bald wurde es ihm zur lieben Gewohnheit, in seiner Privatmaschine hübsche runde Summen außer Landes zu fliegen. Doch merke: Behörden lassen sich vielleicht täuschen, Mafiosi nie. Weil der Deutsche dezente Hinweise, den obligaten Obolus an die wahren Herren des Landes abzuliefern, ebenso ignorierte wie massive Drohungen, schlugen die Ehrenwerten zum genau kalkulierten Zeitpunkt zu. Gemeinsam mit seinem Piloten wanderte der Prinz von Sachsen ins Gefängnis von Lamezia Terme, nachdem die Polizei aufgrund eines ›Hinweises‹ 100 Mio. Lire in seinem Flugzeug beschlagnahmt hatte. Drei Tage später erfreuten sich Prinz und Flugkapitän zwar wieder der Freiheit, doch das Geld war weg. Zur Gänze. Die erste Hälfte fiel sofort an den Staat Italien, die zweite entsprach in ihrer Höhe exakt der in einem Eilverfahren verhängten Geldstrafe.

Schmerzhafter als dieser Verlust traf den Adeligen die zusätzliche Verurteilung zu einem Jahr Haftstrafe ohne Bewährung. Auch wenn er bisher noch keinen einzigen Tag davon absitzen mußte, ist der Gerichtsspruch rechtskräftig – und er wird auch nicht so bald verjähren. Im Klartext: Ein kleiner Wink von einflußreicher Seite, sofern der Prinz nicht ›funktioniert‹, und dieser atmet statt der frischen Brise in seinem nach wie vor florierenden Unternehmen ›gesiebte Luft‹. »Es erscheint mir immer bedauerlich, wenn Fremde Probleme haben, unsere Lebensphilosophie zu verstehen.« Ein leises Lächeln nimmt den Worten des Dottor Battista Foderaro jegliche Schärfe. Gedankenverloren wischt der sportliche Akademiker über einen der vielen Pokale in seinem Büro in Lamezia Terme. Im Autorennsport errang er offenbar ebenso viele Siege wie in der Geschäftswelt, brachte er es doch zum größten Busunternehmer Süditaliens. Mit

Hermann von Sachsen arbeitet er neuerdings recht gerne zusammen, organisiert Ausflüge für dessen Hotelgäste, erledigt die Transfers und vieles mehr. »Ein angenehmer Mann, durchaus. Vielleicht ein bißchen naiv, aber schließlich kann man ja im Leben dazulernen.« Armer reicher Prinz, eine Marionette in seinem eigenen Reich. Er zahlte ein hohes Lehrgeld, denn jetzt ziehen die Puppenspieler die Fäden, in denen er sich restlos verstrickt hat.

Tropea entspricht unter allen Badeorten an Kalabriens tyrrhenischer Küste wohl am perfektesten mitteleuropäischen Vorstellungen von einem gepflegten Urlaubsort. Verwitterte Palazzi und dekorative Torbögen verleihen den verwinkelten Gassen das entsprechende Ambiente, gut sortierte Boutiquen laden zum Einkaufsbummel und der erstaunlich gut erhaltene Dom aus der Normannenzeit stillt mit seinen klaren, einfachen Linien selbst anspruchsvolle kulturelle Bedürfnisse. Daß es am 4. August 1943 mit dem alten Tropea, seinem romanischen Gotteshaus und dem berührenden Holzkruzifix aus dem 15. Jh. um ein Haar vorbei gewesen wäre, dokumentieren zwei meterhohe

---

Der Giotto der Vorgeschichte

Mit seinen kühnen, drängenden Linien könnte er von einem modernen Künstler stammen, obwohl sein Alter auf mindestens zehntausend Jahre geschätzt wird: Der Stier von Papasidero, eine Ritzzeichnung in der *Grotta del Romito,* gehört zu den faszinierendsten prähistorischen Kunstwerken Italiens, in seiner Bedeutung den Felszeichnungen von Lascaux (Frankreich) und Altamira (Spanien) durchaus ebenbürtig.

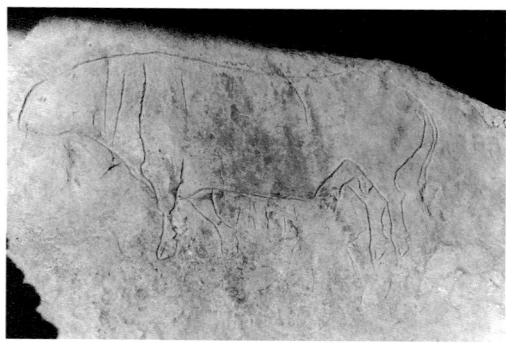

Die Höhle an einem Abhang des Lao-Flusses diente den Menschen der Altsteinzeit als Unterstand, wie die Funde von drei Skeletten – eines mit von einem Pfeil durchbohrter Brust – und zahlreichen Steinwerkzeugen beweisen. Geradezu sensationell war allerdings die Entdeckung der Ritzzeichnung, die aus drei Abbildungen des *Bos Primigenius* (Auerochse) besteht. Während zwei davon bloß angedeutet sind, ist die dritte deutlich sichtbar. Aufgrund der Präzision und Sicherheit der Linienführung sowie der Andeutung perspektivischer Darstellung bezeichneten Archäologen den steinzeitlichen Künstler als »Giotto der Vorgeschichte«.

Tropea

amerikanische Fliegerbomben im Kircheninneren, die wie durch ein Wunder nicht explodierten. »So hat die Muttergottes ihren Sohn gerettet« – auf einem kleinen Metallschild bedanken sich die Einwohner demütig für das Eingreifen der Madonna. Nicht zuletzt ihr zu Ehren schufen die Kalabresen nach dem Zweiten Weltkrieg an diesen Stränden einen Blumengarten von üppiger Schönheit. Wohin immer man sich nördlich oder südlich von Tropea wendet, der Duft von Lilien und Narzissen, Veilchen und Rosen begleitet den Reisenden, die Farbenpracht der Bougainvillea wetteifert mit dem Rot der Weihnachtssterne, leuchtende Orangen konkurrieren mit dem intensiven Gelb der Zitronen.

Will man jedoch eines der interessantesten Gewächse des Mezzogiorno sehen, muß die Fahrt Richtung Norden, an die **Riviera dei Cedri** zwischen Tortora bei Praia a Mare und Paola führen. Nur an diesen oft irreführenderweise mit »Zedernküste« übersetzten Stränden sowie auf einem schmalen Streifen im Hinterland gedeiht nämlich die sogenannte Cedrat-Zitrone, *il Cedro,* die diesem Teil Kalabriens ihren Namen verlieh. Schon die Römer kannten die *Citrus medica macrocarpa,* von ihnen allerdings »medischer Apfel« benannt, nach ihrem Ursprungsland Medien, der antiken Landschaft im Nordwesten des heutigen Iran zwischen Elbrus, Salzwüste und Mesopotamien. Die besonders dicken Schalen dieses Zitrusgewächses fanden, in Zucker eingekocht, noch vor einigen Jahrzehnten als Zitronat Verwendung, bevor dieses von billigeren Nachahmungen wie kandiertem, aromatisiertem Kürbis weitgehend aus den Küchen verdrängt wurde.

Daß die Bauern Kalabriens *il Cedro* nach wie vor in großem Stil pflanzen, geschieht aus einem anderen Grund. Unter dem Namen *Esrog* zählt diese Frucht nämlich zu einem der

193

vier Bestandteile des Feststraußes beim jüdischen Laubhüttenfest. Der Überlieferung nach verspielte Adam das Paradies mit einem Biß in eben jenen »medischen Apfel«, von denen einige wenige Exemplare nach wie vor an der bräunlich verfärbten Spitze, auf der die vertrocknete Blüte sitzt, die Spuren seiner Zähne zeigen. Bereits im Mittelalter zählte Kalabrien zu den Hauptlieferanten für die in den jüdischen Gemeinden Mittel- und Osteuropas benötigten Cedrat-Zitronen. Nach dem Zweiten Weltkrieg entwickelte sich ein florierender Handel mit den USA, die sich die kalabresischen ›Adamsäpfel‹ einiges kosten lassen. Höchstpersönlich untersuchen amerikanische Rabbis alljährlich die 3 bis 4 m hohen Zitrusbäume und prüfen, ob sie nicht vielleicht auf andere Agrumen gepfropft sind, was sie unrein und somit wertlos machte. Rabbiner, die sich mit der Lupe in der Hand im tiefkatholischen Bauernland Italiens selbst als Erntearbeiter betätigen, weil Christenhände die Früchte nicht berühren dürfen, zählen zweifellos zu den exotischsten Erscheinungen, mit denen man im Mezzogiorno rechnen kann.

Einen vertrauteren Anblick bietet dafür der Kult um den ›echten‹ Franziskus des Südens, San Francesco di Paola, jenen frommen Mann, den der Medici-Papst Leo X. 1519, nur zwölf Jahre nach dessen Tod, heilig sprach. Das nach wie vor ungemein beliebte Wallfahrtsziel erreicht man von dem Städtchen **Paola** über einen rund 2 km langen Pilgerpfad, wie er sich ›typischer‹ nicht denken läßt. Flankiert von Tabernakel-Tempelchen mit Mosaikdarstellungen der Wundertaten des Heiligen, stimmt jeder Meter Weg die frommen Büßer bereits auf das *Santuario di S. Francesco*, seine Eremitenklause, und das von ihm gegründete Kloster mit einem bezaubernden Kreuzgang ein.

Über die *Ponte del Diavolo*, die »Teufelsbrücke«, geht es zur Grotte, deren Sortiment an Votivgaben mit jedem Fachgeschäft für orthopädischen Bedarf spielend mithalten könnte: Krücken, Prothesen, Bruchbänder stapeln sich an den Wänden, ein schaurig bizarrer Anblick, den freilich keiner der einheimischen Gläubigen als solchen empfindet. Für sie ist es völlig normal, ihrem göttlichen Fürsprecher künstliche Gliedmaßen zu überbringen, sei es aus Dank für oder in Erwartung auf Heilung. Und es würde sie auch kaum erstaunen, wüßten sie, daß bereits ihre Vorfahren vor Tausenden von Jahren es so hielten: Auch die Griechen erhofften durch das Opfern tönerner Arme, Beine oder gar Gebärmuttern Gesundheit und Fruchtbarkeit, wie unzählige Funde beweisen.

Zu den Diamanten der an reizvollen Fischerdörfern reichen *Riviera dei Cedri* zählt trotz explodierender Fremdenverkehrsindustrie – der Name sagt es – der gemütliche Ort **Diamante.** Daß er auch originell sein kann, beweisen die 1981 von 77 Künstlern aus ganz Italien gestalteten Wandmalereien, die allesamt Kalabrien zum Thema haben. Mittlerweile zählen die *Murales* zu den Attraktionen, an denen sich auch Tagestouristen auf ihrem Weg in den Süden gerne delektieren. Als ›Hauptquartier‹ für einen Badeurlaub erweist sich das Städtchen mit seinem verwinkelten Zentrum und den großzügig geschwungenen Buchten ebenso ideal wie als Ausgangspunkt für Exkursionen ins Landesinnere, das mit schroffen Höhen, kurvenreichen Straßen und abenteuerlichen Schluchten ohne sanften Übergang bereits unmittelbar hinter der Küste ankündigt, was Eindringlinge erwartet: Ein rauhes, widerspenstiges Land hinter dem Strand, das seine Schätze nicht anbietet, seine Geheimnisse nicht leichtfertig preisgibt. Eben Kalabrien pur – eine spröde Schöne, die wie zu allen Zeiten erobert und vor allem verstanden sein will.

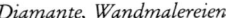

Diamante, Wandmalereien

Hitparade
der Traumküsten

Über Geschmack läßt sich streiten. Über Träume ebenso. Nur wenige Dinge entziehen sich einer subjektiven Beurteilung, weil ihre Schönheit zeitlos ist, wenn auch ihr Wert je nach Zeitströmung schwankt. Ein Beispiel? Einsame Buchten an einem glasklaren Meer galten schon immer als Inbegriff von schön, doch noch nie bedeuteten sie etwas so Kostbares wie heute. Andererseits nützt unberührte Natur niemandem, weil sie sich dem Menschen verweigert. Erst der Bau von Straßen verwandelte unwegsame Gegenden in Landschaften. Oder zerstörte sie. Von Bestand bleibt stets nur, was sich behutsam verändern darf; was gewaltsam ausgebeutet wird, geht für immer dahin. Wie jene Wälder, die den Umweltverbrechen der Antike zum Opfer fielen. Wie die vom 20. Jh. zubetonierten Strände. In Windeseile verwandelten sich Traumküsten in Alpträume. Einen Schutz vor Torheit gibt es nicht, die Spekulanten schlagen überall zu – an prominenten Gestaden ebenso wie an gänzlich unbekannten. Nur einige wenige Küsten Italiens konnten sich ihren Charme bisher noch bewahren – und diese wenigen liegen vor allem im Mezzogiorno.

Amalfitana: Himmelsleiter aus Asphalt

Superlative sind angebracht. Jene 40 km Straße, die sich seit 1857 zwischen den Städten Positano und Vietri sul Mare hoch über dem Golf von Salerno an den Fels krallen, setzen den Maßstab für alle Küsten Europas: Nirgendwo wird man atemberaubendere Ausblicke, romantischere Einblicke finden, nirgendwo eine perfektere Symbiose von Himmel, Wasser und Land. Und nirgendwo solch eine Harmonie von Menschenwerk und Natur. Einer Himmelsleiter aus Asphalt gleich schlängelt sich ein schmales Band vorbei an tiefen Schluchten und schroffen Felsen, um wenige Meter später aus der Einsamkeit ins volle, pralle Leben der mediterranen Welt einzutauchen. Kleine Ortschaften und einstmals mächtige Städte, beides verträgt sich an diesen Gestaden nebeneinander. Zugegeben, ehemalige Fischerdörfer wie Positano haben heute längst mehr Touristen als Seegetier an der Angel, doch ihre Identität mußten sie bei diesem Handel nicht in Zahlung geben. Genausowenig wie Amalfi, vor einem Jahrtausend eine der mächtigsten Seerepubliken des Mittelmeeres. Glanz und Ruhm, sie gehören ebenso der Vergangenheit an wie Elend und Überlebenskampf. Heitere Gelassenheit liegt nunmehr über den pastellfarbenen Häusern, keine Melancholie trübt den Blick zurück. Geblieben ist Schönheit, die sich selbst genügt. Wie einst, als alles begann. Mit einem Märchen.

Nur zwei Familien lebten vor urdenklichen Zeiten in diesem rauhen Land am südlichen Hang der Lattari-Berge, im Osten die des wunderschönen Mädchens Vietri, im Westen die des jungen Mannes Positano. Wie ihre Eltern und Geschwister fuhren die beiden tagtäglich zum Fischfang aufs Meer hinaus, aber nie bekam einer den anderen zu sehen. Eines Tages brach ein Unwetter los. Die beiden gehörten zu den wenigen, die sich retten konnten. Engumschlungen wurden sie an Land gespült und es geschah, was geschehen mußte – sie verliebten sich ineinander. Doch als der Sturm vorbei war, mußte jeder zu den Seinen zurückkehren. Nur von den hohen, weit entfernten Klippen aus versuchten sie, einander zärtliche Worte zuzurufen, jeden Morgen, jeden Mittag, jeden Abend. Über so viel Sehnsucht gerührt, schwieg der Wind, und eine sanfte Brise trug den Liebenden ihre Botschaften zu. Mit einem Mal herrschte ewiger Frühling, und wo zuvor nur Disteln oder Unterholz gewachsen waren, gediehen die üppigsten Früchte, blühten die schönsten Blumen. Auch das Meer erwies sich als Verbündeter, es blieb spiegelglatt und verführte die beiden zu ihrem ersten Rendezvous. An jenem Strand, an den sie sich einst gerettet hatten, zeugte Positano mit Vietri ihr erstes Kind: Amalfi. Als es heranwuchs, wurde es so schön wie seine Mutter. Niemand geringerer als Herkules ließ sich von dem armen Fischermädchen betören, das er auf Götterart mit einer funkelnagelneuen, nach der Geliebten benannten Stadt beschenkte.

Tatsächlich zählt Amalfis ›Vater‹ **Positano** zu den ältesten Ansiedlungen dieser Küste, auch wenn es seinen Namen vermutlich erst im 8. Jh. von Flüchtlingen aus Paestum erhielt. Die Positanesen können freilich mit einer weit hübscheren Version von der Taufe ihrer Stadt aufwarten. Demnach habe im 13. Jh. ein Marienbild auf der Schiffsreise von Byzanz nach Neapel den Matrosen befohlen: *Posa* – »Setzt mich ab«. Gesagt, getan. Seither wacht die Muttergottes von Positano unter der gelb-grünen Majolikakuppel (s. Farbabb. Nr. 28) der Kirche S. Maria Assunta energisch über die Moral in ihrer Wahlheimat. Abgesehen von der kleinen Madonna und einem langobardischen Drachen an der Fassade des alten Glockenturms lohnt die Kirche kaum einen Besuch, zuviele ›Verschönerungen‹ hat sie im Lauf der Zeit über sich ergehen lassen müssen.

Zum Trost für entgangenen Kunstgenuß tritt dafür ganz Positano an. Nicht zufällig schlagen hier seit Jahrzehnten Maler und Bildhauer, Schriftsteller und Regisseure, Schauspieler und Schausteller des Lebens ihr Winterquartier auf. Wenn sich die letzten Touristen wie Oktoberfliegen auf und davon gemacht haben, entfaltet das anmutige Städtchen seinen ganzen Charme. Der weltberühmte Architekt Le Corbusier ließ sich von dem eigenwilligen Stil der Puppenhäuser mit den Bögen und Rundungen inspirieren, der Dichter John Steinbeck verwirren: »Positano ist ein Traum, der nicht wirklich ist,

Amalfi, Chiostro del Paradiso

wenn man dort weilt, und der erst real wird, wenn man wieder fort ist«, schrieb der amerikanische Nobelpreisträger auf einer der blütenübersäten Terrassen des Hotels Le Sirenuse. Wie diese acht Stockwerke tiefe, an den Felsen geschmiegte Villa wurde noch so manch anderer Palazzo aus dem 18. oder 19. Jh. zur Luxusherberge umfunktioniert. Erhalten blieb auf diese Weise nicht nur altes Gemäuer, sondern auch jener unnachahmliche Lebensstil, der sich um keinen Betrag der Welt kaufen läßt.

Als der deutsche Schriftsteller Stefan Andres zwischen 1937 und 1949 »den Anblick gewisser uniformierter Staatsorgane nicht mehr ertragen wollte« und seiner Heimat den Rücken kehrte, bot ihm dieser Ort mit selbstverständlicher Grandezza Zuflucht vor den Kriegswir-

Positano

ren. Er bedankte sich mit »Geschichten aus einer Stadt am Meer«, Zeile für Zeile eine Liebeserklärung, für die sich Positano seinerseits 1990, 20 Jahre nach dem Tod des zum Freund gewordenen Gastes, mit einer Gedenktafel revanchierte. Für solche Worte darf man sich schließlich nicht lumpen lassen: »Sie wartet, die kleine, uralte und doch so unverwüstliche Poseidonstadt; und manchmal, wenn die Frühlingssonne sie lieb-kosend überfällt, liegt ein Glanz von Gewißheit über ihr, und sie lächelte golden und rund unter dem dunklen Laub der Orangenbäume, und sie weiß: ihre Steine sind bestän-diger als der Streit der Menschen, und das Meer bestätigt gleichmutsvoll im Schlag der Brandung solch wissende Erwartung.«

Die Weiterfahrt entlang der Amalfitana wird zum unvergeßlichen Erlebnis: Tief unter säumt türkisfarbenes Wasser mit weißen Spitzenborten den ockerfarbenen Sand, schie-fergrau glänzen bizarre Klippen, ungestüm öffnen sich landwärts schmale, widerwillig dem Meer preisgegebene Einschnitte in die senkrecht und bedrohlich aufragende Fels-wand. Keine lieblichen Blumen klammern sich an das abweisende Gestein, nur zäher Gewächsen gewähren Salzluft und Wind eine Überlebenschance. Nach dem Fischerdorf Vettica Maggiore am Capo Settile, unmittelbar nach Praiano, einstmals Sommerresidenz der unermeßlich reichen Dogen von Amalfi, spannt sich eine Brücke über das **Vallone di Furore.** »Tal des Zorns« nannte man mit gutem Grund jene unergründliche Fels-schlucht, die allen Entführungsopfern der Sarazenen, für die sich keiner mit einem Löse-geld einstellen wollte, zum Grab wurde. Die Inszenierung der Natur könnte perfekter nicht sein, noch heute bedarf es wenig Phantasie, die bedrohliche Einsamkeit dieser Kulisse zu empfinden. So seltsam es klingen mag, ausgerechnet ein Zauber holt der

Reisenden wenig später wieder auf den Boden der Realität zurück, bestätigt, daß er sich nicht vielleicht irgendwo im geheimnisvollen hohen Norden, sondern an den südlichen Gestaden des Mare Tirreno befindet. Verhext vom Spiel des Lichtes in der **Grotta di Smeraldo** versenkt er jeden düsteren Gedanken bereitwillig im smaragdgrünen Wasser der erst 1932 durch Zufall entdeckten Tropfsteinhöhle. Auch wenn Capris *Grotta azzurra* in aller Munde ist, an Schönheit und Reiz steht die Smaragdgrotte ihrer berühmten Schwester jedenfalls um nichts nach.

Wie im Traum gleiten nach diesem Märchen aus Farben und Formen die Dörfer Conca dei Marini und Vettica Minore vorbei, erst **Amalfi,** die stolze, großartige Stadt, wischt mit einem Schlag das Vexierbild der funkelnden Grotte beiseite. Denn andere Götter duldete die einst durch den Orienthandel reich gewordene Seerepublik selbst in den bitteren Tagen der Bedeutungslosigkeit nicht neben sich. Und erst recht nicht seit ihrer Wiederentdeckung durch die verklärten Blicke der Reisenden des 19. Jh., denen sie mit ihrem verschlissenen Pomp als Inbegriff süditalienischer Romantik erschien. Auch heute noch profitiert Amalfi von der beispiellosen Hochblüte um die erste Jahrtausendwende, als Schiffe unter der Flagge seiner Dogen nach Zypern und Ägypten, in den Libanon, nach Syrien und Konstantinopel segelten. Damals wurden die für das gesamte Mittelmeer gültigen Seegesetze, die *Tavole amalfitane,* erlassen und ein eigenes Münzwesen, die *Tari,* eingeführt. Rund 300 Jahre währten Glück, Glanz und Ruhm dieser Handelsmacht, über deren Geschicke seit dem 13. Jh. niemand geringerer als der Apostel Andreas, Bruder des Petrus, wachte. Die sterblichen Überreste des Heiligen, allerdings ohne seinen Kopf, hatten die Amalfitaner kurzerhand aus Konstantinopel geraubt und in ihrem aus dem 9. Jh. stammenden Dom würdig bestattet, um einen Schutzpatron der ersten Garnitur (mit Zweitklassigem wollte man sich hier nie zufriedengeben) ihr eigen nennen zu können.

Unberührt von Aufstieg und Niedergang seiner unfreiwilligen Wahlheimat ruht der Jünger Christi nach wie vor in der Krypta des nach ihm benannten Gotteshauses. 50 000 Schäfchen hatte er einst, heute wirkt die prunkvolle Freitreppe vor der Kathedrale und dem anschließenden Kloster *Chiostro del Paradiso* für die nur noch knapp 6500 Einwohner zählende Stadt vielleicht ein wenig zu groß geraten. Überlegungen dieser Art behalte man jedoch besser für sich, die Bürger aus Amalfi dachten seit jeher in anderen Dimensionen. Als Beweis dafür verweisen sie gerne auf ihren berühmtesten Sohn, Flavio Gioia, dem die Welt die Erfindung des Kompasses verdankt. Freilich nehmen auch die Positanesen diesen Ruhm für sich in Anspruch. Dem Selbstbewußtsein der Einheimischen kann solch ein Streit jedoch keinerlei Abbruch tun, wissen sie doch um die Einzigartigkeit ihrer Stadt besser Bescheid als jeder andere. »Der Tag, an dem ein Amalfitaner in den Himmel kommt, wird für ihn wie jeder andere sein«, formulierte der 1843 geborene italienische Schriftsteller Renato Fucini voll Bewunderung. Fürwahr bemerkenswerte Worte, schließlich stammte der Dichter aus Florenz, wo man sich seit jeher den Göttern näher fühlte.

Von Stendhal bis Maxim Gorki schätzte die Prominenz des vergangenen Jahrhunderts den Komfort der zu den Luxusherbergen »Hotel Luna« und »Hotel dei Cappuccini« umfunktionierten Klöster von Amalfi, von Henrik Ibsen bis zu Victor Hugo hinterließen sie je nach Temperament kluge, euphorische oder melancholische Statements. Unkommentiert kam auch **Ravello,** das versteckte Bergnest, nicht davon, das ausgerechnet einer der größten Schnorrer der illustren Künstlerrunde unsterblich machen sollte. Als Richard Wagner, begleitet von seiner unvermeidlichen Cosima, im Mai 1880 den Park des *Palazzo Rufolo* erblickte, war die schöpferische Krise, die den 67jährigen während seiner Arbeit an der Oper »Parsifal« befallen hatte, mit einem Schlag vorbei. »Wir haben in Ravello Klingsors Garten gefunden«, notierte die angetraute Muse des genialen Musikers in ihrem Tagebuch. »Welch glücklicher Zufall.« Tatsächlich inspirierte der bloß einen Steinwurf von der sehenswerten Kathedrale entfernte Palazzo der Familie Rufolo aus dem 13. Jh. den deutschen Komponisten, der in der verträumten Anlage lustwandelte. »Im Inneren Verliese eines nach oben offenen Turmes. Steinstufen führen nach dem Zinnenrande der Turmmauer; Finsternis in der Tiefe« – Wagners Szenenanweisungen zum »Parsifal« beschreiben mit unveränderter Aktualität den Zustand des verfallenen Adelspalastes.

Wie es einem Genie zusteht, nahm er es weder mit dem Bezahlen von Rechnungen noch mit der Wahrheit allzu genau, doch beides haben ihm die Bürger von Ravello längst verziehen. Lira für Lira und noch viel mehr holen sie sich zurück, was der Künstler samt Gefolge ihnen einst schuldig blieb, denn alljährlich veranstalten sie mit großem Erfolg ein Wagner-Festival. Dekorativer noch als der Originalschauplatz in dem altehrwürdigen Palazzo Rufolo erweist sich allerdings der Park der *Villa Cimbrone,* einen halbstündigen Fußmarsch vom Zentrum entfernt. Kehrt man dem zwischen 1904 und 1931 geschaffenen Architektur-Monster eines spleenigen Engländers den Rücken, eröffnet sich ein wahrhaft atemberaubender Ausblick. »Terrasse des Unendlichen« nannte der neureiche E. W. Beckett, geadelte Lord Grimthorpe, sein Belvedere, *dell infinito,* und hat damit ausnahmsweise einmal nicht übertrieben. Für dieses honigfarbene Steinplateau,

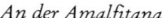

An der Amalfitana

schwerelos schwebend zwischen der Farbskala von Himmel und Wasser, fehlen einfach die Worte.

Unerwartet weich und zärtlich empfängt das Meer die Heimkehrer aus dem Gebirge, breit ausladend locken die palmenbestandenen Uferpromenaden von Minori und Maiori. An die einst permanente Bedrohung durch beutehungrige Piraten und eroberungswütige Araber erinnert die *Torre normanna* vor dem **Capo d'Orso**, wo 1528 die Spanier während der Erbfolgekriege von den Genuesen vernichtend geschlagen wurden. Noch vor dem Ende des *Vallone grande* klammert sich die ebenfalls von einem Sarazenenturm flankierte Ortschaft **Erchie** mutig an einem Felssporn fest, einem verschreckten Kind gleich duckt sich **Cetara** zwischen den grünen Hängen der nächsten Bucht. Fremden begegnet das kleine Dorf, in dem die meisten nach wie vor von der Hochseefischerei leben, höflich, aber reserviert. In Ermangelung einer genügenden Anzahl eigener Hotels verweist man Herbergsuchende ohne Bedauern ins nahe **Vietri sul Mare** – und bleibt selbst lieber ungestört. In der bunten, fröhlichen Keramikstadt am Ende der *Costiera divina*, der »göttlichen Küste«, findet ein Touristenherz alles, was es begehrt. Brieftaschen bitte festhalten, denn neben dem obligaten Allerweltskitsch produzieren engagierte Künstler allerlei Bemerkenswertes zu ebenso bemerkenswerten Preisen. Putzsüchtig ist es auch noch nach Jahrtausenden, das wunderschöne Mädchen Vietri, und so nimmt es nicht Wunder, daß jeder Gemüse- oder Fischhändler, jeder Bäcker oder Friseur sein Portal mit bunten Kacheln schmückt, auf denen Szenen aus dem Alltagsleben vom Humor der Bewohner zeugen.

In den schrägen Strahlen der Abendsonne glänzen zwei dunkle Klippen wie kostbarer Obsidian, während im Hintergrund bereits die ersten Lichter von Salerno aufblitzen. Als steinerne Wachposten markieren sie das unwiderrufliche Ende der Costa di Amalfitana. *I due fratelli* nennen die Einheimischen diese Felsen, die »beiden Brüder«, um die sich – wie könnte es anders sein – ebenfalls eine Legende rankt. Doch dieses Märchen von Liebe und Leid sollte man sich besser an Ort und Stelle erzählen lassen, weil es ebenso wie edler Wein an Geschmack und Aroma verliert, sobald der lichte Seidenhimmel des Südens, der Wellenschlag des Meeres und der Duft aus den Orangengärten als Untermalung fehlen.

Maratea: Paradies bis auf Widerruf

Das Stück vom Kuchen ist mehr als bescheiden: Lächerliche 25 km Gestade am Tyrrhenischen Meer überließen die an Stränden überreichen Regionen Kampanien und Kalabrien der kleinen Schwester Basilikata. Ausnahmsweise aber zog diese einmal das große Los, denn der von manchen Reisebüchern erst gar nicht zur Kenntnis genommene Küstenstreifen am Golf von Policastro zählt – bis auf Widerruf – zu den letzten Badeparadiesen Süditaliens. Zwischen der Fadesse des flachen, zubetonierten kampanischen Strandes von Sapri im Norden und den ebenso langweiligen wie lauten kalabrischen Feriensilos vom Zuschnitt eines Praia a Mare im Süden träumt die Costa Maratea von Bauspekulation und Massentourismus weitgehend unbehelligt vor sich hin. Nicht Politik, sondern die Natur selbst hat glücklicherweise die regionalen Grenzen gezogen. Unmittelbar bei den Felsenriffen von Acquafredda klettert die Straße aus der Ebene steil empor, um sich

Kurve für Kurve von einem landschaftlichen Höhepunkt zum nächsten zu schlängeln. Sobald die Route wieder uninteressanter zu werden droht, verabschiedet sich Lukanien mit einer letzten Biegung vor der Flußniederung des Fiume Noce o Castrocucco.

»Wer am Abend im Santavenere ankommt, hört als einziges Geräusch Meeresrauschen, das gemeinsam mit hundert Düften der mediterranen Macchia – Wildrose, Pfeffer, Honig, Anis, Minze – durch das Fenster dringt, und sieht keine anderen Lichter als die Sterne. Wenn er am Morgen das Fenster öffnet, wird er eine wunderbare Aussicht haben: jenseits des mit Blumen geschmückten Balkons glitzert, unregelmäßig von schwarzen Klippen, grünen Halbinselchen und Gruppen dichtgewachsener Pinien umrahmt, ein weites und einsames Meer, türkis, grün und am Horizont indigoblau«, notierte im Sommer 1956 die italienische Schriftstellerin Camilla Cederna in ihrem Tagebuch. Mehr als dreißig Jahre später zeigen sich in diesem Garten Eden zwar auch die Folgen von so manchem Sündenfall, doch noch immer hält das Hotel Santavenere in Maratea Fiumicello seine stilvollen Pforten offen, noch immer duftet die Macchia, nach wie vor ist das Badevergnügen ungetrübt, sofern der Scirocco nicht fremden Dreck in die sauberen Buchten spült: »Es ist wie früher. Von sanften Felsen gleitet man ins Wasser, schwimmt zwischen ihnen hindurch, läßt sich ab und an auf einem nieder, weich wie ein Plüschkissen, und erreicht die einsamen kleinen Strände, die in kurzen Abständen aufeinander folgen. Das Meer ist kristallklar, der Grund abwechselnd felsig und sandig.«

Wer erstmals die anthrazitgraue Küste in ihrer stolzen Einsamkeit erblickt, vermag kaum zu glauben, daß auch hier ›fortschrittliche‹ Bürgermeister dem Städtchen Maratea mit seinen fünf Strandgemeinden Acquafredda, Cersuta, Venere, Porto und Marina schwer vernarbende Wunden schlugen. Freilich, es hätte alles noch viel, viel schlimmer kommen können, als sich 1978 Politiker daran machten, das geltende Umwelt- und Landschaftsschutzgesetz aus dem Jahr 1939 außer Kraft zu setzen. Der christdemokratische Magistrat billigte damals tatsächlich einen Bebauungsplan, der 70 000 (!) Fremdenbetten an der Costa Maratea vorsah. Nach einem Protest der Region reduzierte man das Irrsinnsprojekt auf 20 000 Übernachtungsmöglichkeiten. Doch erst als sich nach der Beschwerde eines beherzten Bürgers der Verwaltungsgerichtshof einschaltete, wurde der gesamte Plan für null und nichtig erklärt. Zivilcourage kontra Baumafia – nach einem weiteren derartigen Beispiel mutiger Privatinitiative wird man im Mezzogiorno lange suchen müssen. Niemand konnte jedoch die blitzschnellen Parzellierungsaktionen vifer Architekten verhindern, die noch während des laufenden Verfahrens in Windeseile einen Apartmentkomplex plus zugehörigem Hotel für insgesamt 600 Touristen aus dem Boden stampften. Ein ganzer Hügel fiel dem Objekt zum Opfer, auf dem sich nie wieder das Gelb des Ginsters mit dem Silbergrün der Johannisbrot- und Olivenbäume abwechseln wird.

Buschwerk aus Geißblattgewächsen, Kapern-, Mastix- und Myrtensträucher, Wälder aus Eschen, Buchen, Eichen aber dürfen überall sonst überleben, rund um das alte, 300 m hoch liegende und vom Meer aus unsichtbare Städtchen Maratea Superiore ebenso wie auf den äußersten Spitzen der unzähligen Felsklippen, die wie dunkelgrüne Zungen in die gleißende Helle des Wassers ragen. Üppige Vegetation vom Strand bis zu den höchsten Höhen im Hinterland – diesen Anblick bietet in Italien sonst nur noch der Gargano.

Die letzten werden die ersten sein – an dieses Christuswort ist man angesichts der 21 m hohen Erlöserstatue auf dem Monte S. Biagio hoch über den grünen Hügeln einer heilen Umwelt versucht zu denken. Als wolle er nicht nur dieses den Statistiken nach arme, aber gesegnete Land, sondern gleich die gesamte Erde umarmen, breitet dieser Jesus aus Stahlbeton seine mächtigen Arme aus. Neben der Wallfahrtskirche mit der 1619 errichteten barocken Kapelle des hl. Blasius – zuständig für alle Halskrankheiten – und den Ruinen von Maratea Vecchia ragt die weiße Gestalt weithin sichtbar seit 1963 in den Himmel. Daß sich des öfteren Wolken wie ein neckisches Ballettröckchen um ihre schmalen Hüften bauschen, stört den imposanten Eindruck kaum. Auch das zuckerlrosa oder giftgrüne Licht der Scheinwerfer, die den Heiland Nacht für Nacht in eine gespenstische Erscheinung verwandeln, steht ihm seltsamerweise recht gut zu Gesicht. Vielleicht lehrt die Schlichtheit der Menschen in diesem gottverlassenen Winkel selbst weltgewandte Kulturbe-

Maratea, Christusstatue

wußte, endlich einmal naiv wie Kinder zu empfinden. Warum sollte man sich nicht ab und zu den Luxus leisten, Ja sagen zu dürfen zum Kitsch – vor allem, wenn er sich in dieser Größe und Großartigkeit präsentiert?

Ein wenig Beten kann bei der Rückfahrt durch die halsbrecherischen Kurven auf der kühn angelegten, auf rostenden Stelzen ruhenden Straße jedenfalls nicht schaden. Doch dann hat uns die Erde mit ihren weltlichen Genüssen wieder. In 5 km Entfernung wartet eines der besten Restaurants von ganz Süditalien: *Za Mariuccia* in Porto di Maratea. Längst dem Stadium des Geheimtips entwachsen, kocht man bei »Tante Mariechen« ungerührt von verliehenen Gourmet-Hauben oder Sternen und grenzüberschreitender Berühmtheit wie eh und je die beste Fischsuppe. Zwei Stockwerke über dem kleinen Hafen dekorativ plaziert, garantiert das exquisite Lokal auf seiner winzigen Terrasse einen Augen- und Gaumenschmaus gleichermaßen. Inmitten einer Kulisse aus verschachtelten Häusern mit abblätterndem, pastellfarbenen Verputz, geweißten Blecheimern, aus denen Basilikum und Oregano sprießen, im Schatten von Lauben aus Jasmin und wilden Rosen, scheint sich die Zeit an diesem Ort mit einem amüsierten Lächeln selbst ausgetrickst zu haben.

Als wäre jeder Fremde noch ein unerwartet hereingeschneiter Gast, den es herzlich zu empfangen gilt, nehmen die Leute von Maratea ihre Besucher auf, bevor sie sich wieder ihrer Alltagsbeschäftigung widmen. Vom Fischfang zurückgekehrt, preisen die Männer von Porto jeden Morgen ihre Ware an, um anschließend im Hafen die Netze zu flicken. Vertrauend auf die Kraft ihrer Stimmbänder, rufen die Frauen zum Mittagessen oder tauschen ebenso unüberhörbar die Tagesneuigkeiten von Balkon zu Balkon aus, bevor sich der Frieden der Siesta über die hitzeglühenden Dächer senkt. Mit der Präzision

An der Costa Maratea

eines jahrhundertelang erprobten Uhrwerks finden sich Stunden später in der Kühle der Dämmerung alle, Junge wie Alte, wieder auf der Bühne ihres Lebens ein, bevölkern Gassen, Plätze, Bars.

Dieser Atmosphäre wegen sind Reisende in den 50er Jahren erwartungsvoll in den Süden gekommen. Weil sie für eine kleine Weile teilhaben wollten an jenem undefinierbaren Mikrokosmos mediterraner Lebensart, nach der sich spätestens seit Goethe alle Deutschen verzweifelt sehnen. Damals durften sie noch an die Zauberkraft des Mezzogiorno glauben. Touristen von heute haben es viel schwerer, allzu oft bezahlen sie teuer für ihre Illusionen: mit bitterer Enttäuschung. An der Costa Maratea aber hält man sich noch immer an die Regeln des Fair Play – man läßt Außenseiter mitspielen.

Cilento: Alte Männer und das Meer

Als sich Ernest Hemingway 1953 für drei Monate in dem kleinen süditalienischen Dorf Acciaroli in der Provinz Salerno einquartierte, erlebte er eine Begegnung mit seiner eigenen Schöpfung. Ermattet von der Arbeit an seinem Buch »The Old Man and the Sea«, das im Jahr zuvor erschienen und sofort zum Weltbestseller avanciert war, traf er in dem Fischer Antonio Masarone ›seinen‹ alten Mann: »Alles an ihm war alt bis auf die Augen, und die hatten die gleiche Farbe wie das Meer und waren heiter und unbesiegt.« Mit diesen Worten hatte der amerikanische Schriftsteller den Romanhelden Santiago aus Kuba beschrieben. In *Tonio il vecchio* – dem »alten Tonio« – stand dieser mit einem Mal leibhaftig vor ihm: nicht in der Karibik, sondern ausgerechnet im tiefen Süden Italiens – und er wurde dem Kubaner mit jedem Schluck Hochprozentigem ähnlicher.

»Der Amerikaner hat viel Zeit mit mir auf meinem Boot verbracht«, erinnerte sich Tonio, dem diese Bekanntschaft großen Ruhm als »alter Mann von Acciaroli« eintragen sollte, auch noch mit 84 Jahren vergnügt in einem seiner letzten Interviews. »Fast täglich fuhr Hemingway mit mir zum Fischfang aus. Stets hat er krauses Zeug geredet, wenn er nicht gerade mit einer Zigarre zwischen den Lippen schrieb oder einen Zug aus der Rumflasche nahm, die stets zu seinen Füßen stand. Er besaß so seine Eigenheiten, aber er war ein großer Schreiber. Jawohl!«

Ein Buch Hemingways wollte – oder konnte – der alte Tonio freilich nie lesen. Die auf hoher See oder in der winzigen Bar gegenüber der Kirche vollgekritzelten Notizblöcke genügten dem einfachen Fischer zur ehrfürchtigen Beurteilung der Bedeutung seines ungewöhnlichen Freundes vollauf. Erst ein Jahr später sollte eine internationale Expertenkommission zu demselben Ergebnis kommen und dem US-Literaten den Nobelpreis verleihen. Ein kräftiger Strahl des Glanzes aus Stockholm fiel von Stund an auch auf die damals gänzlich unbekannte Küste im Mezzogiorno. Denn von diesem Zeitpunkt an galt Signor Masarone als kleine Berühmtheit. Der schlichte Fischer verwandelte sich erstaunlich mühelos in einen großen, würdevollen Alten, der Journalisten und hübschen Mädchen routiniert von seinem Leben auf dem Meer und seinen Abenteuern mit dem Autor erzählte. Ob er selbst allmählich daran geglaubt haben mag, tatsächlich das ›Original‹ von Hemingways Meisterwerk zu sein, oder ob er in echter Pulcinella-Manier alle Welt zum Narren hielt, wird niemand mehr klären können. Mehr als drei Jahrzehnte lang durfte sich Tonio jedenfalls seiner Existenz als reale Legende erfreuen. Er wurde seinem ›Kollegen‹ Spencer Tracy, der den »Alten Mann« in der Romanverfilmung bravourös verkörperte, äußerlich nicht nur immer ähnlicher, sondern bestellte diesem auch in jedem Gespräch mit einem Amerikaner »besonders herzliche Grüße«.

Heute erinnert in Acciaroli nichts mehr an Hemingway und seinen Fischer. Ein besonders hübscher Fremdenverkehrsort mit einem großzügigen Lungomare ist aus dem Dorf geworden, das einst sporadisch auf den Feuilletonseiten von Zeitungen Erwähnung fand. Unberücksichtigt blieb dabei zumeist jedoch die Tatsache, daß der spätere Nobelpreisträger den ersten Entwurf für seinen »Old Man« bereits 1936 in der US-Zeitschrift »Esquire« unter dem Titel »On the Blue Water« veröffentlicht hatte und es damals noch keinen Tonio gab, »dünn und hager, mit tiefen Falten im Nacken«, wie es im Text heißt. Denn die schlohweißen Haare des angeblichen Vorbilds waren in den 30er Jahren mit Sicherheit noch tiefschwarz.

*

Mit Agropoli, dem letzten Städtchen im Golf von Salerno, beginnt der Cilento. Ein Rhomboid aus einer keck ins Tyrrhenische Meer vorragenden Küste und großzügig mit dem Grün von Wiesen und Wäldern bedachten Bergen schwingt elegant im Golf von Policastro aus und wird im Landesinneren vom fruchtbaren Vallo di Diano begrenzt. An 330 Tagen im Jahr scheint die Sonne auf die 105 km langen Strände des südlichsten Teils von Kampanien: Einmal locken sie einladend breit, mit weißem, weichem Sand, dann wieder verstecken sie sich als schmale, anthrazitfarbene Buchten hinter scharfzackigen Klippen. Die Natur hat es hier gut gemeint, die Menschen miteinander offenbar weniger. Unzählige Wachtürme entlang der Küste erzählen von grausamen Zeiten, in denen die Bewohner dieses gesegneten Landstrichs unter den Überfällen beutegieriger Seeräuber oder eroberungswütiger Sarazenen leiden mußten. Gewarnt durch die Leuchtfeuer der Türme – den Vorläufern moderner Alarmanlagen – flüchteten die Frauen mit Kind und Kegel in die unwirtlichen Bergregionen, während ihre Männer so manche blutige Schlacht zu schlagen hatten. Die jahrhundertelange Übung im Abwehren von Gefahren erweist sich heute als so nützlich wie eh und je. Nun gilt es, die Horden bauwütiger Großstädter fernzuhalten, die landauf, landab nach preiswerten Grundstücken für ihre Zweitwohnungen Ausschau halten.

Der römische Ärzteclub von Velia

Elitäre Männerbünde sind keine Erfindung der Neuzeit. Österreichische Architekten unter der Leitung von Professor Dr. Fritz Krinzinger vom Institut für Klassische Archäologie der Universität Wien entdeckten im Herbst 1989 ein »Clublokal der Ärzte von Velia«. Sie gruben togabekleidete römische Skulpturen aus, auf deren Sockeln griechische Inschriften belegen, daß sich renommierte Mediziner vor zwei Jahrtausenden selbst diese Prestige-Statuen errichten ließen. Als berühmtester Medizinmann seiner Zeit galt ein gewisser Oulis Euxino, der sogar die ihm verliehene Amtsbezeichnung »Rektor« eitel für alle Ewigkeit verkündet sehen wollte. Natürlich durfte in der illustren Runde auch ein Konterfei des Philosophen Parmenides nicht fehlen, die römische Ärztegesellschaft hielt auf Tradition und erwies dem vier Jahrhunderte zuvor gestorbenen großen Griechen damit die gebührende Reverenz.

»Ganz vorsichtig ausgedrückt, könnte es sich bei diesem Fundkomplex um ein dem Kaiserkult verbundenes Ärzte-Priester-Kolleg gehandelt haben, dem möglicherweise eine Ausbildungsstätte für Jungärzte angegliedert war«, meint der Wiener Archäologe. Seit 1968 forscht der Wissenschaftler in Velia, wo Prominente der Antike wie Cicero oder Oktavian auf ihrer Reise von Rom nach Sizilien gerne Zwischenstation machten.

Bisher haben so gut wie alle der gemütlichen Cilento-Dörfer einem Ausverkauf ihrer Substanz an eine skrupellose Freizeitgesellschaft widerstanden. Castellabate, der dekorativ auf einer Bergspitze liegende Ort, ebenso wie die dazugehörige Marina. Keine lieblos hingeklotzten Apartmenthäuser beleidigen das Auge, nirgendwo stören Betonburgen die Harmonie, gleichgültig ob an den Felsstränden der Punta Licosa oder den sandigen Buchten zwischen Ogliastro, Acciaroli und Ascea. Gelb blüht im Frühling zur Begrüßung der Ginster in Pioppi, dunkelrot und schneeweiß leuchtet bis tief in den Winter der Oleander in dem bescheidenen Dörfchen, das sich mehr noch als alle anderen des nördlichen Cilento seinen herben Charme bewahren konnte. Überall jedoch verführen Abgänge zum Meer zu einem Bad in einem wirklich und wahrhaftig noch glasklaren, tiefblauen Wasser. Doch vorerst steht wieder einmal Kultur auf dem Programm, denn die nächste Station ist der Ort **Velia**. Oder besser gesagt das, was vom griechischen *Elea* übrigblieb.

Wie über allen Ausgrabungsstätten von Format liegt eine vielsagende Stille über den sonnendurchglühten Ruinen jener Stadt, die – um 540 v. Chr. von den Phokäern, ionischen Flüchtlingen aus Kleinasien, gegründet – für lange Zeit zu einem der geistigen Zentren Magna Graecias werden sollte. Im Gegensatz zu Paestum fiel Elea nie in die Hände der Lukaner, im Unterschied zu Sybaris oder Kroton ließ es sich in keinen der unzähligen Händel verwickeln, in denen sich die Griechen mit masochistischer Lust am Streit gegenseitig bis zum bitteren Ende aufrieben. Die Eleaten setzten gänzlich untypisch auf Diplomatie und, geschult von den klügsten Köpfen des 6. und 5. vorchristlichen Jahrhunderts, auf die Waffen des Geistes. Xenophanes, Parmenides und Zenon, drei Stars unter den Sternen antiker Philosophen, errichteten mit ihrer sogenannten »Eleatischen Schule« ein Gedankengebäude von unvorstellbarem Ausmaß.

Vermutlich um das Jahr 565 v. Chr. in Kolophon an der ionischen Küste geboren, hat Xenophanes erst nach langer Wanderschaft in Kampanien seine Heimat gefunden. »Siebenundsechzig Jahre schon sind bis heute entschwunden, seit es mein sinnend Gemüt treibt durchs hellenische Land«, klagt er in einer seiner Elegien. Wir dürfen ihn uns also durchaus als alten Mann am Tyrrhenischen Meer vorstellen, der seinen Zeitgenossen als Gründer und Chef der Denkschule von Elea manch Unangenehmes entgegenschleuderte: »Alles haben sie auf die Götter geschoben, was bei den Menschen als Schimpf und Schande betrachtet wird; Diebstahl und Ehebruch und auch gegenseitige Täuschung.« Für Homers Olympische brachte er ebenso große Verachtung auf wie für alle, in deren Vorstellung Zeus und seine himmlichen Kollegen bestenfalls als besonders gelungene Menschenexemplare ihr Unwesen trieben. Für ihn existierte »nur ein einziger Gott, unter Göttern und Menschen der größte, weder an Aussehen den Sterblichen ähnlich noch in Gedanken. Ganz sieht er, ganz denkt er, ganz hört er. Doch ohne Mühe bewirkt er den Umschwung des Alls durch des Geistes Denkkraft. Immer verharrt er am gleichen Ort, sich gar nicht bewegend; ziemt es sich doch nicht für ihn, hierhin und dorthin zu gehen.«

Worte von unglaublicher Sprengkraft, pures Dynamit, erstmals gedacht und gesprochen vor zweieinhalb Jahrtausenden in den Mauern eines unbedeutenden Städtchens in Süditalien. Ein wenig zahmer gingen die beiden anderen Großen mit ihren Mitbürgern um, aber schließlich waren sie auch keine verbitterten Emigranten wie Xenophanes, denn ihre Wiegen standen bereits in Elea. Neben der Philosophie beschäftigten sie sich auch mit Politik, Parmenides erfolgreich und ruhmbedeckt, der jüngere Zenon glücklos. Ersterem flicht die Historie noch heute in lokalen Reiseführern den Ruhmeskranz, da

ihm als Stadtoberhaupt die eigentliche politische Gründung Eleas zu verdanken sei. Von Zenon hingegen weiß man mit Schaudern zu berichten, daß er nach einem mißglückten Anschlag auf einen heute in Vergessenheit geratenen Schmalspur-Tyrannen unter gräßlicher Folter starb. Unsterblich wurde er dennoch, und zwar in erster Linie mit der Entwicklung von Paradoxa wie jenem vom siegreichen Wettlauf einer Schildkröte mit Achilles, mit denen Philosophieprofessoren ihre Schüler bis zum heutigen Tag zu verblüffen pflegen.

Weithin sichtbar markiert das **Capo Palinuro** den nächsten Aufenthalt nach einer Fahrt durch stille Olivenhaine, vorbei an unberührten Kies- und weiten Sandstränden. *Baia del Silenzio* taufte man vor noch nicht allzu langer Zeit eine »Bucht der Stille« bei Pisciotta, eine Namensgebung, die Hoffnung auf ein erwachendes Bewußtsein von Lebensqualität im oft allzu lauten Mezzogiorno macht. Und schließlich das elegante Seebad unserer Tage, vor dem einst Horaz in Seenot geriet. Jener Ort, der wiederum einige Jahrhunderte zuvor dem Steuermann des Äneas zum Schicksal geworden war. Palinuro nämlich hieß der unglückselige Gefährte des griechischen Helden, der vor dieser Küste, vom Schlaf überwältigt, ins Meer stürzte – und durch seinen Tod Unsterblichkeit erlangte.

Nach Marina di Camerota, wo die Sandbuchten enden und einer jener seltenen straßenlosen Küstenabschnitte beginnt, überrascht der Cilento mit einem letzten, unerwarteten Höhepunkt: dem von hohen Bergen umrahmten **Golf von Policastro.** Verträumte Fjorde, Grotten und Höhlen, unberührte Natur über und unter Wasser, Einsamkeit, bezahlt nur mit dem Preis einer Bootsfahrt – auf wenigen Kilometern werden Träume von einem längst verloren geglaubten Italien wahr. Wer jetzt noch weiter in den Süden will, der muß für eine kleine Weile die Küste verlassen und auf engen Serpentinen ein Stück durch ein immer grüner erscheinendes Landesinnere fahren. Gärten mit zarten Kirsch- und Pfirsichbäumen umrahmen **Scario,** den letzten bezaubernden Fischerort vor dem großen, häßlichen Sapri. Trinken wir unseren Campari noch schnell auf dem hübschen Dorfplatz in einer der kleinen Bars, in denen sich die Altherrenriege der Einheimischen an jedem Vormittag ihr erstes Stelldichein gibt. Wo müde gewordene Kämpfer einander die immer gleichen Geschichten über das Meer, den Fischfang, das Leben erzählen.

Vom hellsten Türkis bis zum tiefsten Tintenblau funkeln die Wellen mit dem blendenden Weiß des Leuchtturms um die Wette. An klaren Tagen legt selbst das Mare Tirreno bisweilen ein karibisches Farbenkleid an. Hemingways Déjà-vu-Erlebnis von Acciaroli, die Vision von einem kubanischen Fischer, den er an dieser Küste wiederfinden sollte, vielleicht war es doch mehr als ein Traum? Seltsame Dinge passieren zwischen Himmel und Erde – wer wüßte das besser als alte Männer und das Meer?

Salento: Ein kleines Stück vergessenes Glück

Terra incognita, unbekannte Erde, *Fines terrae,* das Ende der Welt – was muß das für ein Winkel Europas sein, dem solche Attribute noch immer anhaften? Dem Stöckel von Italiens Stiefel zollte man zu allen Zeiten bloß flüchtige Aufmerksamkeit. *Salento* nannten schon die Alten die von zwei Meeren umspülte Halbinsel, wobei vermutlich schon das Wort *sal* für »Sumpf« Pate stand. Ausgebreitet wie ein Tischtuch, wehrlos feindlichen wie freundlichen Einflüssen ausgeliefert, stand dieses Land in Sichtweite der Balkanküste bereits mit den ältesten mediterranen Kulturen in Verbindung. Doch es mußte stets auf der Hut sein. In keinem anderen Teil Süditaliens vermittelte der Schreckensruf *Mamma li Turchi!* – »Mutter, die Türken« – so oft Angst und Schrecken wie zwischen Brindisi und S. Maria di Leuca. Und nirgendwo in Süditalien stehen heute noch die Ruinen von so vielen sogenannten Sarazenentürmen wie an diesen zerklüfteten Adriaständen. Im Jahr 1748 betrug die Gesamtzahl dieser Alarm- und Vorwarnsysteme im Königreich beider Sizilien 379, doch allein in Apulien zählten die Beamten des Hofes von Neapel 121 Türme – davon 25 in der Capatinata, 16 im Gebiet um Bari und nicht weniger als 80 in der *Terra d'Ortranto,* wie die Salentinische Halbinsel damals offiziell hieß.

»Nur ein armes, stets ausgebeutetes Land wechselt in seiner Geschichte oft den Namen«, erklärt der sizilianische Historiker Fabio Oliveri die Tragödie einer Region, die einst Iapygien, Peucetien, Messapien und schließlich Kalabrien hieß, bis es auch diese Bezeichnung im späten 7. Jh. an südwestlichere Gefilde abtreten mußte. Seit dem Einfall der Langobarden gilt die *Peninsula Salentina* als Teil von *Puglia.* Doch während der Rest von Apulien zumindest in der Epoche der Normannen und Staufer eine Hauptrolle auf der Weltbühne spielen durfte, gestand die Geschichte dem Salento wiederum nur den undankbaren Job eines Statisten zu. Mitgegangen, mitgefangen, mitgehangen – unter diesem Motto mußte die Salentinische Halbinsel ohne vorheriges Mitspracherecht stets im nachhinein auslöffeln, was die anderen eingebrockt hatten. Dementsprechend wehrlos steht sie auch heute der Bauwut an ihrer ionischen Küste gegenüber, wo sich langsam aber sicher rund um das bezaubernde Städtchen Gallipoli die Offensive apulischer Tourismusmanager bemerkbar macht. In wenigen Jahren wird *Kallipolis* – die »schöne Stadt« der Griechen – vom Feind unserer Tage, lieblosen Hotelsilos und halbleeren Apartmenthäusern, restlos umzingelt sein. An den scharfzackigen Adriaständen hingegen erweist sich der südliche Salento so sicher wie noch nie, denn an diesen bis zu 100 m tief abfallenden Klippen zerschellte bisher noch jede Spekulantenlust. Als kleines Stück eines in Vergessenheit geratenen Glücks eröffnet sich dort dem Reisenden unerwartet eine Traumküste wie aus dem Bilderbuch.

Die herbe Idylle beginnt unmittelbar südlich des Kaps von Otranto, dem östlichsten Punkt des italienischen Festlands. Fast zur Gänze in den Fels gehauen, krallt sich die Straße wie ein todesmutiger Bandwurm an bizarren Felsen fest. Einer Achterbahn gleich senkt sie sich einmal unvermittelt hinab bis zum Meer, um nach einer Kurve plötzlich wieder bis zu einer Höhe von 80 m anzusteigen. Zwischen Torre S. Emiliano und der 1970 entdeckten Steinzeitmalereien wegen nicht zugänglichen Grotta dei Cervi liegt **Porto Badisco,** ein Naturhafen von dramatischer Schönheit, von salentinischen Lokalpatrioten hartnäckig als Landungsplatz des Äneas und seiner Gefährten bezeichnet. Ob die Flüchtlinge aus Troja tatsächlich an diesem Gestade ihren erleichterten Begrüßungsschrei *Italiam, Italiam!* ausgestoßen haben, sei dahingestellt. Wer sich aber mit geringerem als einem Originalschauplatz Vergilscher Geschichtsschreibung zufrieden gibt, für den hält der nächste Ort eine ungewöhnliche Legende bereit.

In längst vergangener Zeit lebte im heutigen **S. Cesarea Terme** ein Mann namens Aloysius, der über den Tod seiner Frau nicht hinwegkommen konnte und deshalb seine

S. Cesarea Terme

eigene Tochter, das Ebenbild der geliebten Verstorbenen, heiraten wollte. Entsetzt über dieses Vorhaben floh das Mädchen, und die Gottesmutter zeigte Erbarmen. Während sie den ruchlosen Aloysius ertrinken ließ, öffnete sich für seine Tochter Cesarea ein licht-durchfluteter Felsen, aus dessen Innerem sie wie in einem Fahrstuhl kerzengerade in den Himmel fuhr. Noch heute erzählen Fischer am Vorabend des Himmelfahrtstages manchmal von einer geheimnisvoll von innen erleuchteten Klippe. Cesarea gilt jeden-falls seit ihrem Verschwinden als Heilige und Schutzpatronin des kleinen Thermal-kurortes, der schon bessere Tage gesehen haben dürfte. Doch mögen auch die altmodi-schen Badeanlagen, die schaurig-schöne Villa in ›maurischem Stil‹ oder die mosaik-geschmückte Synagoge ein wenig heruntergekommen sein, ihr Charme ging nicht ver-loren. Es ist zu hoffen, daß nicht irgendwann einmal ein modernes Kurzentrum inmitten dieser grandiosen Einsamkeit entsteht, in der außerhalb der wenigen Dörfer nur Felsen, Bäume und Meer regieren.

Felsen, Bäume und Meer unter einem endlos weiten Himmel, ab und zu ein am Steil-abfall zur Küste verborgenes Haus, mehr gibt es auch auf der Weiterfahrt zu dem male-rischen Badeort **Castro** nicht zu sehen. Die Abstecher zu den Grotten *Romanelli* – mit prähistorischen Felszeichnungen, aber für Besucher gesperrt – und *Zinzulusa* – eine eher uninteressante Tropfsteinhöhle mit Stalagmiten und Stalaktiten (Apulisch *zinzuli*) – lohnen kaum, ein Mittagsmahl im verträumten Castro Marina hingegen sehr wohl. Gourmets überlassen spätestens jetzt das Erforschen der zahlreichen weiteren Grotten und Höhlen bis zum Kap neuzeitlichen Troglodyten und delektieren sich im »Ristorante L'Aragosta« an allerlei Seegetier, das hier garantiert immer frisch und köstlich zubereitet auf den Tisch kommt.

Grotta Zinzulusa

Mit winzigen Fischerdörfern und dazwischen nur Natur pur hält auch weiterhin jeder einzelne der 50 km von Otranto bis zum »Ende der Welt«, was der vorhergehende versprach. Unterhalb der strahlend weißen, bis zu 60 m in den Himmel ragenden Kalkfelsen des **Kaps von S. Maria di Leuca** vereinigen sich die blauen Wogen des Adriatischen und die grünen des Ionischen Meeres. Vielleicht kann man an manchen Tagen oder zu gewissen Stunden tatsächlich das vielzitierte Farbenspiel sehen, dieses Glück ist jedoch, wie selbst die Einheimischen zugeben, nur wenigen beschieden.

Das Schicksal meint es dennoch gut mit jedem, der seinen Fuß auf diese Stelle setzen darf, auf der sich einst ein Minerva-Tempel erhob und heute die Kirche S. Maria di Leuca, auch S. Maria de Finibus Terrae genannt, steht. Denn obwohl der Vatikan bis jetzt Garantieerklärungen hartnäckig verweigert, glaubt jeder echte Pilger fest daran, daß er sich mit einer Wallfahrt zur Muttergottes von Leuca eine Freikarte in den Himmel erwirbt. Weil nämlich der Apostel Petrus selbst an diesem Platz einst an Land ging, öffnet er angeblich nur jenen die Pforten des Paradieses, die seinem Beispiel folgen und den weiten Weg nicht scheuen. Ausreden wie Mangel an Gelegenheit während des Erdenlebens läßt der gestrenge Pförtner Christi nicht gelten. Wer nicht zur rechten Zeit kommt, muß sich eben nach dem Tode zur Marienstatue auf der uralten griechischen Säule oder besser noch gleich zur wachsbleichen Madonna in ihrem gläsernen Schrank im Inneren der Wallfahrtskirche begeben.

Ob man sich nun die Sinne von all den umherflitzenden Seelen bei ihren Aufwartungsbesuchen oder gar noch vom heidnischen Zauber der Minerva verwirren läßt, das Capo di Leuca zählt zweifellos zu jenen wenigen magischen Plätzen, wo seit Anbeginn des Menschengeschlechts den himmlischen Mächten gehuldigt wurde. Einer der größten Leuchttürme Italiens krönt heute dieses Kap, seine antiken Vorgänger dürften einst nicht weniger beeindruckend gewesen sein. Denn zu allen Zeiten hielten Seefahrer ungeduldig nach dem »Ende der Erde« Ausschau – um danach mit frischem Elan neue Welten zu erobern.

Halbinsel Gargano: Jenseits von Eden

Es war einmal ein Land – so schön wie der Garten Eden. In dunklen, kühlen Eichenwäldern tummelten sich Wildschweine, Rehe und Hasen, aus weichem, duftendem Moos sprossen wohlschmeckende Pilze, an sonnigen Abhängen wuchsen allerlei wilde Beeren und heilkräftige Kräuter. Nur Auserwählte kannten das Zauberreich, in dem Feen über Blumenwiesen tanzten, Faune ihren Schabernack zwischen den silbrigen Blättern der Olivenhaine trieben und Nymphen die kostbaren Quellen bewachten. Ein tiefblaues Meer umfloß die grünen Berge, schaumgekrönte Wellen brachen sich an hellen Klippen und goldfarbenen Stränden oder verschwanden in einer der vielen geheimnisvoll funkelnden Grotten, um den wunderschönen Seejungfrauen in ihren Höhlen einen Abglanz des Sonnenlichtes zu schenken. Alle Wald- und Wassergeister standen mit den wenigen Menschen, die vom Fischfang oder der Jagd ein bescheidenes Dasein fristeten, auf gutem Fuß, denn nie kamen Sterbliche und Unsterbliche einander in die Quere. Nur einmal griff ein armer Bauer nach den Sternen und verliebte sich in Cristalda, die wunderschöne Tochter eines Meeresgottes. Zur Strafe für diesen Frevel verwandelte ihn der erzürnte Vater in Stein. *Pizzomunno*, die »Spitze der Welt«, tauften die Einheimischen diesen hohen, kreideweißen Felsen, der wie ein einsamer Riese mahnend in den Himmel ragt. Nur alle hundert Jahre, so erzählt die Sage, verwandelt sich dieser für eine kurze Nacht in den Jüngling zurück, damit er sein Mädchen suchen kann.

Niemand kennt den Tag, an dem der Verwunschene erneut nach seiner Cristalda Ausschau halten darf. Doch wann immer es auch sein mag, wünschen wir ihm, daß Liebe auch nach langer Zeit noch immer blind macht. Denn der Anblick des vertriebenen Paradieses, das einmal seine Heimat war, könnte den Mann vom Gargano vor Entsetzen wieder – und diesmal gleich für alle Ewigkeit – erstarren lassen. Nicht nur ein auf Pizzomunno getauftes Viersterne-Hotel erhebt sich in Wurfweite zu dem 26 m hohen Monolithen direkt am Strand von Vieste, das ganze einstmals verträumte Fischerdorf auf einer ins Meer vorgeschobenen Klippe ist heute von einer Ansammlung besonders scheußlicher Betonburgen belagert. Stolz nennt sich der alte Ort an der äußersten Spitze des italienischen Stiefelsporns »Zentrum des Gargano-Tourismus«, eine Bezeichnung, die bedauerlicherweise im erschreckendsten Sinn des Wortes zutrifft. Wenig mehr als ein Vierteljahrhundert hat genügt, um aus einer der schönsten Küsten der Adria dicht unter dem 42. Breitengrad an der Ostseite des Apennins eine Ferienfabrik zu machen – mit Liegestuhlreihen an den Hotelstränden, geschmackfreier Einheitskost in den Restaurants und Nepp, wo immer man seine Brieftasche zückt.

Noch in den frühen 60er Jahren fand der britische Reiseschriftsteller H. V. Morton eine gänzlich andere Szenerie vor: »Es gibt in Italien nur wenige dem Touristen wirklich unbekannt zu nennende Gebiete; verglichen mit den bekannteren Regionen

Am Gargano

ist die Halbinsel Gargano, das Vorgebirge, unerforscht und wird vermutlich auch noch einige Zeit ziemlich isoliert bleiben. Ich entdeckte, daß das bezaubernde Rodi nur ein einziges Hotel, und zwar eines der vierten Klasse und mit elf Betten, aufzuweisen hat. Dann kam ich nach Peschici, einem anderen hübschen kleinen Ort, der im Gegensatz zu Rodi auf einer Klippe hoch über dem blauen Meer nistet. Etliche Kilometer weiter erreichte ich Vieste, einen winzigen Fischerhafen. Mein Blick fiel auf eine einladend wirkende ›trattoria‹. Sie hatte nur sechs Tische und keine Speisenkarte, doch bat man mich in die Küche, wo mir frisch gefangene Fische und Schalentiere gezeigt wurden. Man riet mir zu Garnelen von der Größe eines Hummers, die gebraten, ohne Soße oder sonstige Würze, nur mit einer Zitrone garniert gereicht wurden. Der Rotwein war von der gleichen kräftigen Sorte, die ich erst-

mals in Monte S. Angelo gekostet hatte. Für das Ganze zahlte ich etwa drei Mark.«

Nicht für 10, ja nicht einmal für 100 DM könnte sich der Reisende 25 Jahre später auch nur einen Hauch jener Atmosphäre kaufen, die einst den Charme des Gargano ausmachte. Im »winzigen Fischerhafen« **Vieste** leben heute 15 000 Einwohner, in der Hauptsaison beherbergt das mittlerweile zur Stadt angewachsene Dorf ein Vielfaches an Menschen. **Peschici** mit seinen rund 4000 Bewohnern läßt trotz des gesichtslosen modernen Ortsteils vielleicht am ehesten Erinnerungen an einst aufkommen. In den engen, alten Gassen findet sich ein wenig von jenem Geist, der auch den Keramiker Frammichele noch beseelt. In seiner kleinen Werkstatt entsteht Traditionelles von guter Qualität, doch am liebsten experimentiert er mit neuen Formen und Farbkombinationen. In Mortons »bezauberndem Rodi«, dem

Haupthafen für die Fähren zu den Tremiti-Inseln, hat Handwerkskunst jedoch schon längst keinen goldenen Boden mehr. Weil hier nach den sterbenslangweiligen Lagunen Lago di Lesina und Lago di Verano endlich die Felsküste des nördlichen Gargano beginnt, bleiben in dem mittlerweile reichlich mit Hotels ausgestatteten Ort alle jene hängen, denen eine Weiterfahrt zu beschwerlich erscheint.

Als idealer Ausgangspunkt für eine Erkundung der zu einem Fünftel bewaldeten Halbinsel bietet sich nicht der Norden, sondern **Manfredonia** auf der anderen Seite an. »Manfreds Stadt«, 1256 vom König als neue Heimat der von einem Erdbeben vertriebenen Flüchtlinge aus dem nahen Siponto gegründet, besticht durch Gemütlichkeit. Nur wenige Touristen machen sich die Mühe, nach einem Besuch der rund 3 km außerhalb liegenden romanischen Kathedrale S. *Maria di Siponto* oder der etwa 7 km entfernten ehemaligen

Klosterkirche des Deutschen Ritterordens S. *Leonardo di Siponto* auch noch die schachbrettartig angelegten Gassen der nahen Industriestadt zu erkunden. Nachdem vor einigen Jahren die Luftverschmutzung sogar für den Mezzogiorno nicht mehr tolerierbare Ausmaße angenommen hatte, bekamen die Betriebe Umweltauflagen. Heute kann man in Manfredonia nicht nur wieder atmen, sondern sogar an den städtischen Stränden im durchwegs sauberen Meer baden.

Doch um in der Ebene zu dümpeln, reist keiner in den Gargano. Postkartenperfekt breitet sich der Golf von Manfredonia erst dann vor dem Betrachter aus, wenn dieser, noch vor dem Dörfchen Mattinata, an Höhe gewinnt. Tatsächlich läßt sich ab jetzt nichts einfacher erlangen als Überblick – die vielgepriesene »Panorama-Tour« kann beginnen. Bewaldete Klippen ruhen wie grüne Hände von Nixen auf dem Azurblau des Wassers, mit jeder

Keramikkunst am Gargano

217

Kurve steigt die Straße höher und höher, taucht einmal in den lichten Schatten von Pinienwäldchen ein, stellt sich dann wieder knapp an den Rändern der lehmgelben Steilabfälle dem strahlenden Licht der Sonne, um nach einer Biegung erneut eine unvergleichliche Symphonie aus Farben und Düften preiszugeben. Würzige Waldluft mischt sich mit salziger Meeresbrise, ein frischer Geruch nach Farnen und Kräutern verbindet sich mit dem unverwechselbaren Aroma hitzedurchglühter Macchia. Verführerisch locken tief unten winzige Buchten mit glitzerndem Wellenspiel, alle Sinne drängen danach, hineinzuspringen in dieses einladende Naß.

Der erste Anlauf, auf einem Stichsträßchen zum Strand vorzudringen, mißlingt, Schilder mit den Hinweisen »Nur für Hotelgäste« oder »Campingplatz. Zutritt verboten« können der Euphorie zunächst noch keinen Abbruch tun. Spätestens aber bei dem Versuch, in Pugnochiuso das Meer zu erreichen, macht sich, je nach Temperament, wilde Wut oder abgrundtiefe Traurigkeit breit. Auf einem der bezauberndsten Flecken der Halbinsel errichteten skrupellose apulische Bauherren aus den Mitteln der Entwicklungshilfe des Nordens ein von hohem Maschenzaun abgeschirmtes und durch grimmige Aufseher bewachtes Urlauberghetto. Sogar eine russische Kaserne dürfte mehr Reiz besitzen als diese Ferienfabrik, der sich in ihrer Tristesse auch noch die umliegenden Hänge perfekt anpassen. Seit einem Waldbrand im August 1983 ragen trotz Aufforstungsbemühungen noch immer verkohlte Baumstümpfe aus der versengten Landschaft. Nicht überall wird derartig drastisch demonstriert, in welchem Ausmaß der Gargano vom Tourismus vergewaltigt wurde. Das Hotel »Baia delle Zagare« in Sichtweite der berühmten Klippen, die sich wie von Künstlerhand geschaffen als Torbögen aus

dem Meer erheben, hat man gekonnt und weitgehend unsichtbar in den Kiefernwald hineingebaut. Aber auch hier gilt das Prinzip, daß nur Hotelbewohner in den Genuß der beiden Traumstrände vor der Haustüre kommen dürfen. Die Zimmerpreise sind jedoch bloß bei Buchung über ein Reisebüro erschwinglich. Wem der Sinn nicht nach einem Pauschalarrangement oder einem Urlaub am Busen der Natur steht, der bleibt auf der Strecke. Die meisten Campingplätze haben sich sehr zum Verdruß gewinnorientierter Tourismusmanager rechtzeitig in den schönsten Buchten eingenistet und blockieren somit glücklicherweise wertvolle Baugründe, doch ein Zelt oder Wohnwagen ist nun einmal nicht jedermanns Sache. Die Alternative: keineswegs billige Privatquartiere oder ein Hinterhofzimmer in Vieste, wo sich die meisten Mittelklassehotels fernab des Strandes mit mehr oder minder gepflegten Pools aushelfen.

Eine weitere Möglichkeit bietet das Landesinnere mit der *Foresta Umbra*, dem »schattigen Wald«, der sich als unberührte Naturlandschaft erweist. In den kleinen Gebirgsdörfern am Rande des rund 100 qkm großen Schutzgebietes wähnt sich der Reisende aus dem Norden inmitten von Eichen, Kiefern und Efeu jedoch überall anders als im sonnigen Süden. So entpuppt sich der Stiefelsporn für den Individualreisenden letztlich als herbe Enttäuschung. Mit einem letzten zornigen Blick nimmt er Abschied von der Illusion, daß der Erzengel Michael in seinem nahen Heiligtum am Monte S. Angelo wie der als Wächter des Gartens Eden abkommandierte Cherubim für den Gargano zuständig gewesen wäre. Ungehindert durften die Menschen die Pforten passieren, bis sie schließlich das Paradies selbst vertrieben haben. Wiederkehren wird es jedenfalls kaum mehr: Jenseits von Eden gibt es kein Zurück.

Heiliges
und
Heidnisches

Ein Himmelreich für Männer: Märtyrer, Asketen, Missionare

Siziliens Beispiel, wo seit Anbeginn der Zeiten Frauen regierten, machte keine Schule. Von archaischen Fruchtbarkeitsgöttinnen über Demeter bis zur Jungfrau Maria spannt sich nahtlos der Bogen, 90% aller sizilianischen Kirchen sind der Gottesmutter geweiht, nahezu alle Schutzpatrone – Rosalia von Palermo, Lucia von Syrakus oder Agata von Catania – tragen weibliche Namen. Auf dem Festland hingegen haben eindeutig Männer das Sagen: San Gennaro in Neapel und San Nicola in Bari zählen zu den Prominentesten. San Bruno in den tiefen Wäldern Kalabriens, Sant' Alfonso de Liguori oder San Gerardo Maiella in den grünen Hügeln der Hirpinischen Berge Kampaniens mögen vielleicht weniger bekannt sein, doch auch sie lassen kaum eine Madonna, geschweige denn eine einfache Heilige groß werden. Den Frauen des Mezzogiorno wäre eine einflußreiche Geschlechtsgenossin vor Gottes Thron schon recht, doch was können sie tun, solange nicht Maria selbst ein Machtwort spricht?

Wenn auch die Emanzipation im Himmel wie auf Erden langsam, aber dennoch voranschreitet – man denke an die Madonnen dell'Arco, del Soccorso oder die allerjüngste, nämlich jene von Pompeji –, rächen sich die Süditalienerinnen doch immer noch auf subtile Art, indem sie ihre Söhne vorzugsweise nach jenem Heiligen taufen, der wohl am allerwenigsten dem Idealbild des italienischen Mannes entspricht: Jeder zehnte Bewohner des Mezzogiorno hört auf Giuseppe, Beppe, Pepe oder Peppino, als Pate fungiert also Joseph – der geduldige, fleißige, treue und vor allem keusche Ehegemahl Mariens, der Anti-Macho par excellence. *»Non e vero che sei stato cornuto, poiche e stato lo Spirito Santo«,* ruft seine weibliche Anhängerschar dem Heiligen bisweilen bei Prozessionen tröstend zu – »Es ist nicht wahr, daß dir Hörner aufgesetzt wurden, denn es war der Heilige Geist.« Doch wer weiß, wer weiß, denken die Männer des Südens – und halten sich lieber an Vorbilder, die erst gar nicht in den Verdacht eines ›Gehörnten‹ geraten konnten, weil sie mit Frauen ohnedies nie etwas im Sinne hatten.

Neapels Stadtpatron San Gennaro ist solch ein Heiliger von echtem Schrot und Korn. Als das Haupt des Bischofs von Benevent im Jahr 304 endlich unter dem Beil des Henkers in den Staub des Amphitheaters von Pozzuoli fiel, müssen seine Häscher einem Nervenzusammenbruch nahe gewesen sein. Januarius ließ und ließ sich nämlich mit herkömmlichen Methoden einfach nicht umbringen. Einem glühenden Ofen entstieg er ebenso unversehrt wie einem Käfig voller mordlüsterner Bestien, die sich zu seinen Füßen in zahme Kätzchen verwandelten. Daß selbst nach mehr als eineinhalb Jahrtausenden das Blut des zähen Streiters Christi alljährlich zweimal – aus besonderen Anlässen sogar noch öfter – in Wallung gerät, erstaunt daher im Mezzogiorno niemanden. Ganz selbstverständlich applaudieren die Neapolitaner, wenn sich am 19. September, dem Geburtstag des Märtyrers, sowie am ersten Mai-Wochenende in ihrem Dom das Wunder der Blutverflüssigung ereignet. Kritisch wird es nur, wenn San Gennaro diesen Dienst verweigert, denn dann steht ein Unglück – Pest, Cholera, Erdbeben oder Krieg – ins Haus, wie die Geschichte nicht nur einmal bewies.

Grundlos verzichtet Januarius nämlich niemals auf seinen Auftritt, zu groß ist die Konkurrenz jener Heiligen in Kampanien, die dieses Kunststück mittlerweile ebenso gut beherrschen wie ihr Chef, der sich seine Vormachtstellung nicht auch noch von den eigenen Leuten streitig machen läßt. Ihm genügen die Attacken aus Rom, denn der Vatikan,

Blutwunder des San Gennaro

der Zweifel an seiner Existenz hegt, stufte ihn in den 70er Jahren anläßlich einer Kalenderreform als »Heiligen dritter Kategorie« ein. Wütend kochte daraufhin das Blut in den Phiolen, ganz Neapel jubelte seinem San Gennaro zu wie sonst nur dem Fußballstar Maradona, und alles blieb beim alten. Wäre ja noch schöner, wenn auf einmal der Papst bestimmen wollte, wer im Süden als Heiliger gilt und wer nicht! Den Himmel bevölkern ohnedies genügend langweilige, saft- und kraftlose Gottesmänner. Beispielsweise San Bruno.

San Bruno in seiner Kartause tief in den Wäldern von Kalabriens Serre zählt zweifellos zu den bemerkenswertesten Heiligen des Landes, aber einen Zugang zu den Herzen der Süditaliener fand der gebürtige Kölner und Stifter des Kartäuserordens nie. Ganz so uninteressant, wie ihn die Süditaliener einschätzen, kann er aber nicht gewesen sein, erschien er doch sogar Roger von Sizilien aus einer Distanz von mehreren tausend Kilometern im Traum, um diesen vor einem Verrat zu warnen. Zum Lohn erhielt er 1090 ein Stück Land inmitten einer Wildnis, das allerdings ohnedies niemand wollte. Dem Asketen, unglücklich über die mangelnde Strenge in den vorhandenen Orden, kam dieser unwirtliche Ort gerade recht. Sein erster Versuch, ein Büßerleben in den französischen Alpen bei Grenoble zu führen, hatte sich nämlich als Fehlschlag erwiesen. Zu viele Wallfahrer verirrten sich in die von ihm gestiftete *Cartusia,* nicht einmal das absolute Schweigegebot konnte dem Zustrom der Gläubigen Einhalt gebieten.

Im undurchdringlichen Inneren des kalabrischen Berglandes fühlte er sich endlich sicher vor der lauten, sündigen Welt. Wo lediglich Wölfe und Füchse einander ein Stelldichein gaben, gründete er gemeinsam mit sieben Gleichgesinnten den Kartäuserorden ganz nach seinem Geschmack: Alles Streben galt dem Tod, als Dekorationen schätzte er Knochen, Totenköpfe, Sensenmänner und was es sonst noch an Symbolen für die Vergänglichkeit gibt. Die Mönche verständigten sich nur durch Zeichen. Schweigend aß jeder für sich allein Wurzeln, Grünzeug, Beeren (das Brauen köstlicher Kräuterschnäpse erlernten die Kartäuser erst viel später) und hin und wieder Fisch. Fleischgenuß war streng verboten. Zusammenkünfte fanden nur bei der sonntäglichen Messe statt, sonst ging jeder seiner Wege. Bruno lenkte seine Schritte zumeist zu einer Quelle und kniete dort oft tagelang bis zur Hüfte im eiskalten Wasser. Jetzt betet sein steinernes Abbild inmitten eines Teiches – an jener Stelle, wo nach dem Tod des frommen Bruders im Jahre 1101 dessen sterbliche Überreste den ersten Ruheplatz fanden. Als man seine Gebeine ausgrub, um sie in die Kartause zu überführen, entsprang nach der Überlieferung der Erde heilkräftiges Wasser. Alljährlich findet seither zu Pfingsten eine »Prozession der Besessenen« zum Bosco S. Maria mit dem Kirchlein und der Grotte, in dem der Heilige wohnte, statt, bei der die Gläubigen die Statue San Brunos vom Kloster in den Wald tragen. Geistig Behinderte oder Nervenkranke werden bei diesem Anlaß manches Mal auch heute noch in das gesegnete Wasser getaucht, um ihnen alles Böse und damit ihre Krankheit auszutreiben.

Hartnäckig verteidigen zumindest an diesem Ort die wenigen noch verbliebenen Mönche das Erbe ihres erst 1514 selig- und schließlich 1623 heiliggesprochenen Vorbilds, dem es erspart blieb, die Verweltlichung seines Ordens nach der Reformationszeit, den Prunk der mächtig gewordenen Kartäuserklöster und den Verfall seiner Idee zu erleben. Nur selten verlassen die Brüder in ihren zeitlosen Kutten in gebrochenem Weiß die Abgeschiedenheit ihrer Zellen, kaum jemals wandeln sie durch die uralte, einsame

Lindenallee, die das fröhliche Städtchen Serra S. Bruno und seine fünf bezaubernden Rokokokirchen mit ihrem Konvent verbindet. Vom 20. Jh. unbehelligt, leben diese Männer in ihrer mittelalterlichen Welt, zu der sie ausschließlich männlichen Besuchern Zutritt erlauben. Lediglich in das Tannendickicht rund um die ursprüngliche Einsiedelei – eine einzigartige Landschaft im Süden Italiens – dürfen Frauen eindringen, die Klosterpforte bleibt ihnen verschlossen. In diesem stillen Vorzimmer zum Himmelreich, wo selbst der Bomberpilot von Hiroshima seinen Seelenfrieden wiederfand, haben sie nichts zu suchen.

Weltoffen geht es hingegen in dem von dem Neapolitaner Alfonso Maria de Liguori (1696–1787) in der kampanischen Provinz Avellino gegründeten Redemptoristenorden zu. Dem bereits 1839 offiziell zum Heiligen erklärten Gottesmann ging es nämlich weniger um sein eigenes Seelenheil, er stellte vielmehr sein Leben in den Dienst der Ärmsten. An Gelegenheit, christliche Nächstenliebe auszuüben, mangelt es auch seinen Erben nicht. Das schwere Erdbeben von 1980 traf die sanfte Hügellandschaft der sogenannten »Grünen Hirpinien« besonders hart und legte nicht nur Liguoris Klosterbau, sondern mehr als 90% der Häuser im nahen Camposele in Schutt und Asche. Ein Jahrzehnt später lebt ein Großteil der Bevölkerung von *Irpinia* nach wie vor in Behelfsbaracken, doch das Konvent, vor allem aber die daran angeschlossene, ebenfalls zerstörte Wallfahrtsstätte S. Gerardo Maiella, auch S. Maria Materdomini genannt, erhebt sich bereits wieder mächtiger als je zuvor auf einer Terrasse hoch über dem von der Katastrophe heimgesuchten Land. Das Sanktuarium des in nördlicheren Breiten gänzlich unbekannten, von Papst Pius X. 1904 heiliggesprochenen Gerardo – ein Lokalpatron, wie er typischer nicht sein kann – zählt mittlerweile zu den meistbesuchten Pilgerzielen des Mezzogiorno.

Mitteleuropäern mag es unbegreiflich erscheinen, daß ein Volk zuerst seine Heiligtümer wieder aufbaut, bevor es an die eigenen leiblichen Bedürfnisse denkt. Doch in eben diesem Wesenszug offenbart sich die wahre Mentalität des Südens. Wer den Schlüssel zu den Herzen dieser Menschen sucht, findet ihn nicht unbedingt in den prunkvollen Barockkirchen, nicht in diesen Zurschaustellungen kirchlicher Macht, sondern in den neuerrichteten Sanktuarien aus Stahlbeton. Lira für Lira tragen die Gläubigen zusammen, bis sie ihren Himmlischen ein Dach über dem Kopf errichten können, auch wenn sie selbst für unabsehbare Zeit in Wellblechhütten hausen müssen. Für Gotteslohn – auf diesem Boden denkt man noch so, und daran wird sich auch im nächsten Jahrtausend kaum etwas ändern.

Weil er einer von ihnen war, ein Kind armer Eltern, liebt das Volk den 1726 in Muro Lucano in der Provinz Potenza geborenen und bereits im Alter von nur 29 Jahren gestorbenen Gerardo ganz besonders. Glühend sehnte sich dieser danach, sein Leben als Kapuziner zu verbringen, doch einen schwächlichen Burschen wie ihn wollten die Mönche nicht in ihre Reihen aufnehmen, mehr als ein Laienbruder durfte er nicht sein. Nach dem frühen Tod des Vaters mußte Gerardo seine Mutter und drei Schwestern mit seinem kargen Schneiderlohn durchbringen. Angesichts dieses Elends erbarmte sich das Jesuskind. Immer wieder erschien es dem gottesfürchtigen Jüngling auf dem Arm seiner Mutter, spielte mit ihm, und als die Not am höchsten war, brachte es ihm täglich sogar ein frisches Stück Weißbrot – eine Delikatesse, wie sie in dieser Gegend kaum jemand kannte. Wunder über Wunder geschahen in seiner Gegenwart, schon bald holte man ihn, wenn bei einer Geburt Mutter oder Kind zu sterben drohten. Als Schutzpatron der

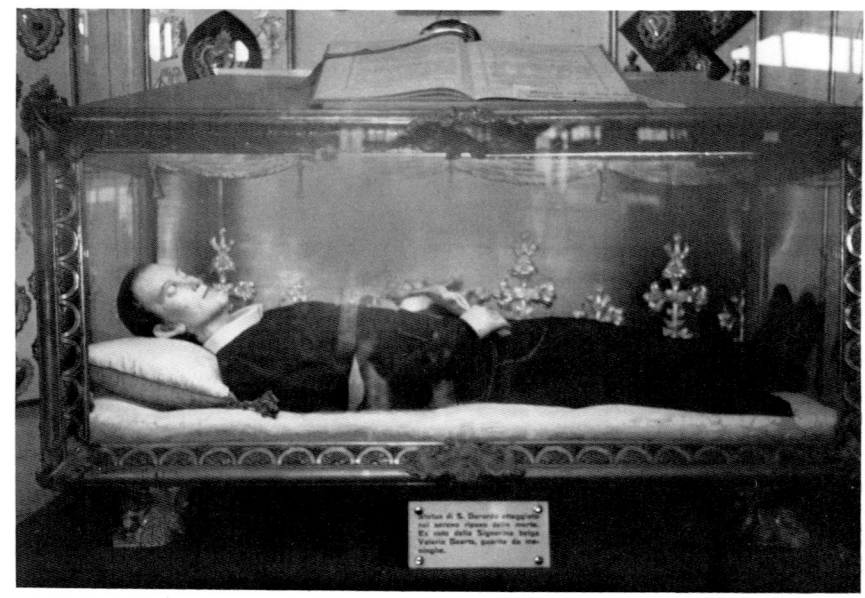

San Gerardo

Wöchnerinnen genießt er nach wie vor besondere Verehrung, wie eine Unzahl rührender Votivbildchen beweist.

Doch nicht nur anhand der meist von ungelenken Fingern gemalten Darstellungen läßt sich das kurze Erdendasein dieses Volkshelden minutiös nachvollziehen. Die Souvenirstände am Rand des unglaublich großen und an Feiertagen bis zum letzten Fleckchen genützten Parkplatzes vor dem gigantischen Santuario halten sogar Comic-Hefte mit den Taten des San Gerardo Maiella feil. Erstaunlicherweise rekrutiert sich nämlich die Fan-Gemeinde dieses Volksheiligen reinsten Wassers zum Großteil aus der jüngeren Generation. Die meisten Gläubigen beugen in Jeans und Minirock ihre Knie unter der von der Decke schwebenden, gewaltigen Christusgestalt im Inneren einer der modernsten Wallfahrtsstätten des Südens.

Erzengel Michael und Padre Pio: Konkurrenzkampf am Gargano

Ein ›Newcomer‹ macht seit ein paar Jahrzehnten in den Bergen des Gargano dem Erzengel Michael Konkurrenz. Knapp 25 km sind die Ortschaften Monte S. Angelo und S. Giovanni Rotondo voneinander entfernt, beide gehören zu den meistbesuchten Zentren religiösen Lebens in Süditalien. Doch es scheint, als ob die Wirkungsstätte des Kapuzinermönchs Padre Pio (1887–1968) dem uralten Heiligtum des Erzengels Michael nach und nach den Rang abläuft. Der stigmatisierte Geistliche, dem viele noch persönlich die bandagierten Hände geküßt haben, war eben ein »Heiliger zum Anfassen« gewesen, an den die Erinnerung lebendig blieb. Um den Himmelsfürsten ranken sich hingegen bloß Legenden, mehr als eine winzige Fußspur hinterließ er nicht – auch diese ein Gebilde der Phantasie.

Doch wer von den Pilgern, die aus uralter Tradition zum »Heiligen Berg« ziehen, fragt schon nach handfesten Beweisen? Die meisten Gläubigen wollen mit ihrem Besuch beim Erzengel nichts anderes als ein Gelübde erfüllen, ihm seine Reverenz erwiesen zu haben genügt vollauf. Monte S. Angelo bedarf keiner farbenprächtigen Prozessionen, sein Zauber wirkt vor allem in der schlichten Stille. Wenn flackerndes Kerzenlicht die dunkle Grotte des mächtigen Streiters Gottes erhellt und ehrfürchtiges Gemurmel der Betenden den Raum erfüllt, kann sich wohl kaum einer jener unerklärlichen Magie entziehen, die allen uralten Heiligtümern innewohnt.

Von drei Erscheinungen berichten die Legenden, von Wundern und von dem mehr oder weniger strikten Befehl Michaels, ihm ausgerechnet an diesem Ort zu huldigen. Es begann am 4. Mai 490 mit einem Pfeilschuß, den ein verärgerter Hirte auf einen entlaufenen Stier abgab. Das Geschoß kehrte wie ein Bumerang zurück und traf den Schützen ins Auge. Vorhang auf für den ersten Auftritt des Erzengels, der jenem wie vom Donner gerührten Mann erklärte, das Tier stehe unter seinem persönlichen Schutz und die Grotte, in der es Zuflucht gesucht habe, sei heilig. Jedem, der ihn, den Fürsten des Himmels, künftig dort verehre, werde Heil widerfahren. Zwei Jahre später, als Truppen des Germanenfürsten Odoaker die Stadt Siponto in der Nähe des heutigen Manfredonia bedrohten, vertrieb ein gewaltiges Unwetter die gefürchteten Eindringlinge. Kühn verfolgten die Sipontiner, mit dem Bild Michaels auf ihren Fahnen, die überraschten Germanen bis nach Neapel. Am 29. September 493 forderte der Engel seinen Lohn ein und befahl, die Höhle in ein ihm gewidmetes Heiligtum zu verwandeln. Seither pilgern Arme und Reiche, Kranke und Gesunde, Heilige und Heiden, Büßer und Mächtige auf den Berg, um den Sieger im Kampf des Lichts gegen die Finsternis zu feiern.

Über Arbeitsmangel mußte der Streiter Gottes jedenfalls seit seinem ersten Erscheinen auf Erden niemals klagen. Er gab den Kreuzfahrern, die sich am Engelsberg von Europa verabschiedeten, seinen Segen. Kirchenvätern wie Franz von Assisi, Thomas von Aquin oder Bernhard von Siena spendet er Kraft und Weisheit. Barfuß pilgerten die deutschen Kaiser Otto III. und Heinrich II. zur Grotte, um demütig um Gnade zu bitten. Auf Knien rutschen auch heute noch ganze Pilgergruppen die 86 Stufen zum Heiligtum hinab und berühren wie in Trance die nackten Felsen der Höhle, auf daß die Kraft des Fußabdruckes Michaels – die wunderbare Spur befindet sich, den Blicken der Gläubigen entzogen, hinter einer silbernen Türe unter dem

225

Altar – auf sie übergehe. Hinter dem Allerheiligsten entspringt, wie auch an allen anderen Stätten des Michaelkults, eine heilkräftige Quelle. Zu sehen ist sie nicht mehr, doch ein dumpfer Geruch nach Moder, vermischt mit Weihrauch und Schweiß, verrät die Feuchtigkeit der von Kerzenruß geschwärzten Felsen.

»Dies ist ein Ort, der Ehrfurcht gebietet, das Haus Gottes und das Tor zur Hölle«, verkündet die lateinische Inschrift auf einem der gotischen Doppelbögen am Treppenabgang. Der Mahnung hätte es nicht bedurft, in dieser mystischen Umgebung will keiner lärmen oder lachen, selbst wenn die aus dem 17. Jh. stammende Michaelsstatue in ihrem Zuckerbäckerstil kaum Respekt einflößt. Dieser liebenswerte Jüngling, mehr Kind noch als Mann, soll jener Multifunktionär des Himmels sein, der »Sekretär Gottes, Befreier von den höllischen Fesseln, Verteidiger in der Stunde des Todes, Wächter des Papstes, Geist des Lichtes, Weisester der Richter, Schrecken der Dämonen, Oberbefehlshaber der Heere des Herrn, Geißel der Irrlehren, Verehrer des fleischgewordenen Wortes, Wegweiser der Pilger und Führer der Sterblichen«, wie nur ein Bruchteil seiner Titel lautet? Doch die Erdentage dieser christlichen Personalunion der heidnischen Götter Mars, Merkur, Herkules, Apoll und Mithra scheinen gezählt. Schon längst pilgern nicht mehr wie noch um die Jahrhundertwende mindestens 30 000 Menschen alljährlich zu seiner Höhle. Die Gläubigen vertrauen ihre Sorgen heute lieber einem Mann an, dessen Güte sogar das Schwert eines Himmelsfürsten stumpf werden ließ.

Padre Pio, schon zu Lebzeiten als Heiliger verehrt, bedarf nicht erst des Segens aus Rom, um als solcher zu gelten. Als der Kapuzinermönch aus Pietrelcina bei Benevent unmittelbar nach dem 50. Jahrestag seiner Stigmatisierung im September 1968 starb, fanden sich mehr als 50 000 Gläubige in S. Giovanni Rotondo, der Stätte seines Wirkens, zu seinem Begräbnis ein. Nicht alle konnten damals in dem inzwischen zu einer der größten und bekanntesten Wallfahrtsstätten des Südens gewachsenen Städtchen Quartier finden, viele kampierten auf freiem Feld oder verbrachten die Nächte beim Gebet in der erst 1956 errichteten Kirche Maria der Gnaden. Als hätte Padre Pio, dem seine Wahlheimat neben einem Krankenhaus auch einen enormen wirtschaftlichen Aufschwung verdankt, nur noch auf die Fertigstellung der neuen Krypta seines Konvents gewartet, erlosch sein Leben wenige Stunden nach der Einweihung.

Dort ruhen nun die Gebeine des großen Menschenfreundes in einem 60 Zentner schweren Sarkophag aus blauem Granit. Flüsternd erzählen sich die Gläubigen angesichts des Schreins von den Wundern um Padre Pio. Seine Wundverbände um die Kreuzigungsmale Christi sollen den Duft von Rosen und Veilchen verbreitet haben, Kranke habe er sonder Zahl geheilt, und auch die Fähigkeit der Bilokation, der gleichzeitigen Anwesenheit an zwei verschiedenen Orten, wird ihm zugeschrieben. Nicht jeder mag diese Berichte für bare Münze nehmen, doch an einer Tatsache kommen selbst die größten Skeptiker kaum vorbei: Daß nämlich ein schlichter Mönch, der sein Kloster ein halbes Jahrhundert lang niemals verließ, den Armen in diesem weltvergessenen Winkel einzig und allein aus Spenden ein Krankenhaus zu stiften vermochte, das damals zu den fortschrittlichsten Europas zählte. Das fast unglaubliche Charisma dieses Mannes, dem sich kaum einer entziehen konnte, war das wahre Wunder am Gargano.

Pure Neugier, gewürzt mit einer gehörigen Prise Mißtrauen, veranlaßte Mitte der 60er Jahre den britischen Journalisten, Reiseschriftsteller und Nicht-Katholiken

H. V. Morton zu einem Abstecher nach S. Giovanni Rotondo, um sich das Spektakel um den damals weltweit vermarkteten Klosterbruder (»Wollen Sie Pater Pio sehen? Dann buchen Sie eine Ave-Maria-Tour« oder »Ich erlebte, wie sie seine Wunden reinigten«) anzusehen. Nachdenklich notierte er nach seinem Besuch jedoch: »Ich hatte bisher nur Sanktuarien von Heiligen besucht, die schon tot waren – ein Zustand übrigens, den die Kirche entschieden bevorzugt. In der neuen, großen Basilika, ein kahles Gebäude mit einer Empore, das auf mich wirkte wie ein Postamt, das man rasch für höhere Zwecke hergerichtet hatte, standen die Menschen dicht gedrängt. Das Flüstern der Menge verstummte plötzlich und schweigend erhob sich die Gemeinde, als sich eine Tür öffnete und zwei Mönche mit schwarzen Bärten einen sehr alten Mann ins Innere geleiteten. Sie stützten

Padre Pio

den nur mühsam sich Bewegenden. Pater Pio ist grauhaarig und weißbärtig. Die Wangen sind hohl, und in sein Gesicht haben sich die Spuren des Lebens in Gebet und Schmerzen eingegraben. Wie gebannt starrten die Menschen auf die braune Gestalt und auf die Hände. Als der Priester den Altar verließ, stürzten die Männer auf die Sakristei zu. Ich schloß mich ihnen an und befand mich plötzlich in einer sehr schönen Halle mit einer Marmortreppe, die in das Obergeschoß führte. Dies war der Weg, den der Pater von der Empore zu seiner Zelle nahm.«

Audienzen, so erfuhr Morton, fanden dort täglich, jeden Morgen und jeden Abend, statt. Allerdings durften auch hier Frauen ihren Fuß nicht über die Schwelle des Klosters setzen, während es allen männlichen Besuchern gestattet war, dem Geistlichen unter die Augen zu treten. »Wir mußten nicht lange warten. Es war wie bei einer Papstaudienz: Alle sanken auf die Knie, als sich Pater Pio, auf die Schultern der beiden Mönche gestützt, näherte. Wenn auch das Leben in Meditation, Kasteiung und Schmerzen die Gesichtszüge des Paters verfeinert und stärker ausgeprägt hat, so ist an seiner äußeren Erscheinung doch nichts, was Ungewöhnliches vermuten ließe. Diese Augen schienen mir durchaus eines bauernschlauen Blickes fähig zu sein, und ich konnte mir gut vorstellen, daß er sogar jetzt noch, als Achtzigjähriger, einem Sünder unverblümt ins Gewissen zu reden vermochte. Mir hat von jeher gerade der beißende Spott der Heiligen gefallen, und so würde ich nach meiner Begegnung mit Pater Pio auch ohne weiteres jene Antwort für wahr halten, die er angeblich auf die Frage eines Besuchers, ob denn seine Wunden schmerzten, erteilte: ›Ja glauben Sie denn, daß der Herr sie mir als Zierde gab?‹ Ich beobachtete, wie er langsam Schritt für Schritt über den schmalen Teppich ging. Er war seit fünf Uhr morgens auf den Beinen gewesen, hatte die Messe zelebriert und viele

Stunden im Beichtstuhl verbracht. Man sah ihm an, wie müde und begierig er war, wieder in der Stille seiner einfachen Zelle zu sein.«

In den Medien erscheint heute nur noch selten eine Notiz über Pater Pio, dessen Heiligsprechung auf sich warten läßt. Doch sein Werk in San Giovanni Rotondo wächst unvermindert weiter. Das verschlafene Gebirgsdorf mauserte sich zu einem respektablen Höhenkurort mit religiösem Flair. Zu Tausenden strömen Tagesbesucher und Langzeiturlauber herbei, so daß selbst der riesige Parkplatz vor dem Sanktuarium und der Treppenanlage mit der Statue des unvergessenen Gottesmannes bald zu klein sein wird. Der unvermeidliche Devotionalienhandel treibt die buntesten Blüten – Padre Pio Superstar. Sein Konterfei blickt aus allen Schaufenstern der von Corso Umberto auf Corso Padre Pio umbenannten Hauptstraße wie einst die Portraits Herbert von Karajans während der Salzburger Festspiele. Aber selbst dagegen hätte der fromme Mann vermutlich nichts einzuwenden gehabt, fließt doch ein gehöriger Prozentsatz der Einnahmen in jene Musterklinik, die neben dem offiziellen Titel *La Guardia* (benannt nach dem ehemaligen Bürgermeister von New York, weil von dort die meisten Spenden stammten) sein Lebensziel als Motto trägt – »Haus zur Linderung des Leidens«.

Selig die Armen im Geiste: Der fliegende Mönch von Copertino

Orte wie Copertino in der Provinz Lecce finden sich in Apulien zu Dutzenden. Mit einem Kastell oder einer Kollegiatskirche aus der Renaissance macht ein Städtchen in einem Land, in dem es von romanischen Kathedralen und Burgen nur so wimmelt, keinen Stich. Daß dennoch zumindest ein kurzer Hinweis auf ihre wenig interessante Gemeinde in keinem guten Tourismusführer fehlen sollte, verdanken die Copertiner dem brillanten britischen Reiseschriftsteller Norman Douglas. Durch puren Zufall war der Autor von »Old Calabria« um die Jahrhundertwende in einem neapolitanischen Antiquariat auf einen Bericht über die Wundertaten des Giuseppe Desa, genannt »Der fliegende Mönch von Copertino«, gestoßen. Neugierig geworden, stöberte er eine Reihe zeitgenössischer Quellen in Wort und Bild auf, die allesamt keinen Zweifel an dem bemerkenswerten Talent dieses wohl außergewöhnlichsten Franziskanerpaters des 17. Jh. aufkommen ließen. »Er flog. Da er ein Mönch war, blieben seine Taten vorerst natürlich auf Klöster und ihre nächste Umgebung begrenzt. Aber das ändert nichts an den Tatsachen«, schreibt Douglas in seinem 1915 in London erschienenen Bericht. »Von den Flügen, die er allein in der kleinen Stadt Copertino unternahm, finden sich mehr als siebzig in den Protokollen beglaubigt, die die eidlichen Aussagen von Augenzeugen nach seinem Tode enthalten.«

Setzte der 1603 als Sohn eines Zimmermanns auf der salentinischen Halbinsel geborene Joseph vorerst bloß seine unmittelbare Nachbarschaft in Erstaunen, wenn er mit lauten Entzückensschreien in der Kirche kerzengerade in die Höhe stieg und hoch über dem Altar eine Runde drehte, so nahmen mit seinem Ruhm auch die Flugdistanzen zu. Neapel, Rom oder sogar Assisi in direkter Luftlinie aufzusuchen, bereitete ihm nicht die geringsten Schwierigkeiten. Bald trieb er es so bunt, daß sogar die Inquisition begann, sich mit diesem seltsamen Mönch zu beschäftigen, der ganz ohne Formalitäten geweiht werden mußte, weil seine Intelligenz für das Priesterexamen nicht ausreichte. Dennoch als Armer im Geiste selig, eroberte sich Joseph bereits zu Lebzeiten ein Stück des ihm ohnedies sicheren Himmelreichs. Zwischen seinen Exkursionen trieb er Teufel aus, vervielfältigte Brot und Wein oder ließ Lahme gehen und Blinde sehen. Ganz besonders glücklich aber machte es ihn, wenn er vor einem honorigen Publikum seine Kunststücke vollbringen durfte. Einen seiner spektakulärsten Auftritte in der Heimat seines Ordensgründers lieferte er vor Zeugen, deren Glaubwürdigkeit außer Frage stand. Hier der Auszug aus einem in Rom bestätigten Bericht:

»Als der Fürst Großadmiral von Kastilien, spanischer Gesandter beim Vatikan, im Jahre 1645 durch Assisi kam, befahl der Guardian des Klosters dem Joseph, aus seiner Zelle in die Kirche zu kommen, wo die Admiralsgattin auf ihn wartete, in dem Verlan-

gen, ihn zu sehen. Kaum daß er die Kirche betreten und seine Augen zu einer über dem Altar stehenden Statue erhoben hatte, schwang er sich in die Luft, um deren Füße in einer Höhe von zwölf Schritten zu umarmen, wobei er über die Köpfe der ganzen Versammlung hinwegflog. Nachdem er einige Zeit so verweilt hatte, flog er mit seinem üblichen Schrei zurück und begab sich sogleich in seine Zelle. Der Admiral war aufs höchste erstaunt, seine Gattin fiel in Ohnmacht, und alle Zuschauer waren von frommem Schrecken ergriffen.«

Zu Josephs Anhängerschar zählten keine geringeren als Papst Urban VIII., Prinzessin Maria, Infantin von Savoyen, Fürst Kasimir, der spätere König von Polen, Fürst Leopold von Toskana sowie Herzog Friedrich von Braunschweig, der sogar zum Katholizismus konvertierte, nachdem er Zeuge einer Flugshow geworden war. Auf die Ehre, sich gemeinsam mit dem Mönch selbst in die Lüfte zu erheben, verzichtete der Deutsche jedoch. Auch diese Gunst vergab der Ordensmann des öfteren, wobei er sich nicht erst lange nach dem Einverständnis seiner Passagiere erkundigte. »So sah man ihn einmal, als die Mönche beim Gebet waren, aufstehen und eilig auf den Beichtvater des Klosters zugehen, dann faßte er ihn an der Hand, hob ihn mit übernatürlicher Kraft vom Boden hoch und zog ihn in jubelnder Ekstase mit sich fort, wobei er ihn in einem *violento ballo* herumwirbelte; der Beichtvater wurde von Joseph bewegt und Joseph von Gott«, schilderte ein Augenzeuge nicht frei von Schadenfreude.

Nach dieser Eskapade verhängte der Abt ein Flugverbot. Als auch das nichts nützte, ließen die Mönche ihren unberechenbaren Bruder kaum mehr aus den Augen. Unmittelbar vor seinem Tod im Jahre 1663 entwischte er ihnen noch einmal für einen letzten kurzen Rundflug zu den Deckenfresken der Kathedrale von Osimo bei Loreto. In dem angeschlossenen Franziskanerkloster in den Marken mußte er auf höheren Befehl – fern seiner Heimat – seinen Lebensabend verbringen.

Berührender jedoch als alle Überlieferungen von Josephs Kunststücken sind seine Worte auf dem Sterbelager. Stets hatte er von sich selbst als *asinello* gesprochen, sich »kleinen Esel« genannt. »L'asinello macht sich daran, den Berg zu besteigen; l'asinello ist schon halb oben; l'asinello hat den Gipfel erreicht; l'asinello kann nicht mehr weiter und wird sein Fell jetzt hinter sich lassen«, flüsterte er – und verschied mit einem Lächeln.

Die sterblichen Überreste des Heiligen aus dem Salento – die Kanonisierung erfolgte 104 Jahre nach seinem Tod – blieben in der Provinz Ancona, doch sein Herz kehrte schließlich doch noch zurück. Seit 1953 ruht es unter dem Altar in der 1754 unmittelbar vor seinem unscheinbaren Geburtshaus errichteten Kirche. Als Patron seiner Heimatstadt darf der fliegende Mönch von Copertino bis zum Ende aller Tage, nun sogar ganz offiziell und ohne um Erlaubnis bitten zu müssen, hoch oben im Himmel über den Häuptern seiner Schutzbefohlenen schweben – so lange und so oft er nur will.

Denkmalpflege:

Ungewisse Zukunft
für die Vergangenheit

Verwinkelte Häuser, denen man ansieht, daß sie über Jahrhunderte immer wieder aufgestockt, erweitert, umgebaut wurden; Fassaden mit fünf verschiedenen Fenstertypen und einem Balkongitter, das von der abstrakten Kunst inspiriert scheint; altehrwürdige Palazzi, wo jede Familie ihren Bereich anders getüncht hat; ein römischer Aquädukt, in dessen Bogen spätere Generationen ihre Häuser hineingebaut haben: Dies sind nur einige Beispiele dafür, wie die Menschen im Mezzogiorno mit dem ›architektonischen Erbe‹ umgehen, das – bei allem Respekt für seine kunsthistorische Bedeutung – doch zu allererst ihr Lebensraum ist.

Ganz selbstverständlich nehmen sie das Recht in Anspruch, die eigene Umgebung nach ihren Bedürfnissen zu gestalten und dabei auch den Außenraum – ob Innenhof oder ein Stück der Straße – miteinzubeziehen. Sie wissen aber auch durchaus die Schönheit der alten Häuser zu schätzen und verfolgen daher bei allen Veränderungen die Philosophie, so viel wie möglich zu bewahren und so wenig wie nötig zu erneuern. In diesem natürlichen Verhältnis zur gebauten Umwelt liegt sicherlich ein Gutteil der Faszination, die süditalienische Dörfer und Städte ausstrahlen. Gleichzeitig ist es die einzige tragfähige Basis für deren Erhaltung über die Jahrhunderte hinweg.

Roberto Pane, der große neapolitanische Architekturhistoriker und Theoretiker der Denkmalpflege, wies immer wieder auf diesen Zusammenhang hin: »Wenn das Neue und das Alte nicht nebeneinander bestehen können, heißt das einfach, daß zwischen uns und der Vergangenheit ein unüberwindbarer Bruch entstanden ist. Das bedeutet, daß Geschichte und kulturelle Tradition ohne Sinn sind und daß die Vergangenheit nur mehr Anlaß für archäologische Neugierde bietet, von dem Moment an, da sie nicht mehr dazu dient, unsere Gegenwart zu erhellen...«

Leider hat auch – trotz der eingangs geschilderten Einstellung – im traditionalistischen Süden die Entfremdung der Menschen von ihren Häusern und Wohnvierteln stetig zugenommen, sei es in den großen Städten oder unter der Landbevölkerung. Doch die Ursachen der fortschreitenden Zerstörung vieler Baudenkmäler, ja ganzer Stadtteile und Dörfer, sind vielfältiger: Naturkatastrophen wie Erdbeben, die mangels präventiver Maßnahmen unermeßliche – und oft unnötige – Schäden zur Folge haben; Landflucht und Emigration, durch die viele Ortschaften verfallen oder zu Wochenendkolonien umfunktioniert werden; rücksichtslose Industrieansiedlungen und die Bauspekulation, vor allem in den Küstenregionen angeheizt durch die Zuwanderung aus dem Landesinneren; eine ›autogerechte‹ Verkehrsplanung, der alles im Weg Stehende weichen muß und die Mitverursacherin der Luftverschmutzung ist, Kunstdiebstahl, Vandalismus und nicht zuletzt die sträfliche Gleichgültigkeit der Kommunalpolitiker, ob sie nun in schierer Unfähigkeit, Korruptheit oder Überforderung durch die elementaren

Restauratoren in Martina Franca

Probleme des Mezzogiorno (Kriminalität, Arbeitslosigkeit, Wohnungsnot) wurzelt. In der Hand der gewählten Volksvertreter würde es liegen, durch Flächenwidmungspläne, Revitalisierungsprojekte und ähnliche Maßnahmen die politischen und finanziellen Rahmenbedingungen für die Bewahrung des architektonischen Kulturgutes zu schaffen.

Archivierung, Erhaltung und Restaurierung zählen zu den Hauptaufgaben der *Soprintendenze per i Beni Ambientali e Architettonici*, der Denkmalschutzbehörden. Diese Ämter leisten aufgrund der großen Zahl der zu betreuenden Kulturgüter eine wahre Sisyphusarbeit. Das läßt sich allein an der Tatsache ablesen, daß die 1969 begonnene Katalogisierung »aller Immobilien und Mobilien von historischer, architektonischer, paläontologischer und künstlerischer Bedeutung«, also die Anlage von Karteien, die alle Daten eines Objektes enthalten sollen, bis heute

nicht abgeschlossen werden konnte. Wissenschaftliche Diskussionen werden auf internationalem Niveau geführt, und auch die Ausbildung an der Universität sowie an der Restauratorenschule von Neapels Kunstakademie ist sehr fundiert, doch die Erkenntnisse bleiben häufig graue Theorie.

Die finanziellen Mittel reichen bei weitem nicht aus, um die kontinuierliche Instandhaltung der schützenswerten Bauwerke zu ermöglichen, geschweige denn eine umfassende Sanierung größerer Ensembles oder Stadtteile, die in enger Zusammenarbeit mit den Gemeindeverwaltungen erfolgen müßte. Die Maßnahmen konzentrieren sich daher auf einige wenige bereits total baufällige Meisterwerke. Diese werden dann mit großem Aufwand und komplizierten Technologien wiederhergestellt, während andere Gebäude zunehmend verfallen, bis auch sie sich in einem so schlechten Zustand befinden, daß eine schwierige und kostspielige Rettungsaktion stattfinden muß. So entsteht eine Politik der Notoperationen. Diese läuft freilich allen Prinzipien der modernen Denkmalpflege zuwider und führt außerdem zu der bequemen Meinung, alle Schäden ließen sich ohnedies jederzeit wieder beheben – eine Illusion, die weder dem Wesen der Bauten als authentische Dokumente der Geschichte noch den realen Möglichkeiten der Restaurierung entspricht.

Besonders schwer trifft dieser Mißstand die ›anonyme‹ Architektur, also beispielsweise die kleinen Dörfer, deren Wert nicht in der baukünstlerischen Qualität der einzelnen Häuser liegt, sondern im Charakter des ganzen Ensembles aus Gebäuden, Gassen, Gärten und Feldern. Wird ein Dorf nicht mehr von seinen Bewohnern instandgehalten, beginnt der Verfall. Schließlich sind die Schäden so groß, daß die Sanierung um vieles mehr kosten würde als ein Neubau.

Ein Ende dieser Entwicklung läßt sich nicht absehen, da ihre Ursachen weniger im Kompetenzbereich der Denkmalämter als in der politischen und ökonomischen Situation liegen. Dennoch gibt es auch Grund für einen vorsichtigen Optimismus: Süditalien entwickelt ein neues Selbstverständnis, es ist nicht mehr bereit, in der Passivität eines kolonialisierten Landes zu verharren. Zunehmend wird sich die Bevölkerung ihres Reichtums an herrlichen Naturlandschaften und Kulturgütern aus allen Epochen bewußt.

Wenn die Menschen eine Chance bekommen, ihre Qualitäten – geistige Beweglichkeit, handwerkliches Geschick und Improvisationsgabe – nicht mehr in der Emigration entfalten zu müssen, kann die tiefe Verbundenheit mit dem eigenen Land und seiner Geschichte wieder zu einem konstruktiven Element werden. Gerade für das Landesinnere, im Gegensatz zu weiten Bereichen der Küstenregion

Arbeit am Marmorfußboden im Dom von Salerno

von Bauspekulation, Plantagenwirtschaft und Industrialisierung eher verschont geblieben, besteht noch Hoffnung: Die zerstörerischen Entwicklungen könnten hier vermieden werden, wenn die Erkenntnis über den Wert und die Unersetzbarkeit einer ökologisch und ästhetisch intakten Kulturlandschaft rechtzeitig in das Bewußtsein der verantwortlichen Politiker eindringt.

Daß dieser ideelle Wert auch einen realen wirtschaftlichen Faktor darstellt, zeigen die Überlegungen zur Entwicklung des Fremdenverkehrs. Die Auswirkungen solcher Konzepte auf den Bestand des architektonischen Erbes sind schwer abzusehen: Vielleicht gelingt es, dem von den Fachleuten seit langem geforderten »integrativen Denkmalschutz« zum Durchbruch zu verhelfen, so daß umfassende, wissenschaftlich fundierte Projekte zur Erhaltung bzw. Revitalisierung der histo-

rischen Zentren in Übereinstimmung mit den anderen Aspekten der Regionalplanung durchgeführt werden können. Freilich besteht auch die Gefahr, daß die Praxis, einige wenige Monumente mit viel Aufwand zu ›Aushängeschildern‹ zu machen und Stadtviertel ›nostalgisch‹ zu gestalten, weitergeführt wird. Ein Urteil darüber, welcher der bessere Weg ist, werden neben der betroffenen Bevölkerung auch die Touristen zu fällen haben. Die Vergangenheit darf nicht einer ungewissen Zukunft ausgesetzt werden, denn, so Roberto Pane: »Der Schaden, den unsere Kunst- und Naturschätze erleiden, ist nicht nur ein ökonomischer und ästhetischer, sondern auch ein schwerer Schaden für unser Seelenleben.«

Felicitas Maria Konecny

233

Mamma mia,

was ist bloß mit den Frauen los?

Zu Beginn der 70er Jahre schüttelten sie über die Kampfparole *Tremate, tremate, le streghe son tornate!* – »Erzittert, erzittert, die Hexen sind zurück!« – noch amüsiert die Köpfe. Zwei Jahrzehnte später ist den Männern von Neapel bis Palermo das Lachen bisweilen vergangen. Mit einiger Verspätung hat nämlich die italienische Frauenrechtsbewegung auch den Süden erreicht. Zwar existierte landesweit das Recht auf Scheidung bereits seit 1969 (woran selbst eine Volksbefragung zur Rücknahme des Gesetzes 1974 nichts mehr ändern konnte), doch der konservative Mezzogiorno nahm diesen ›Unsinn‹ zunächst nicht zur Kenntnis. Dort setzte man weiterhin auf die bewährte Rollenverteilung: Auf der Piazza, in der Bar, im Büro gibt sich der Mann als Herr im Haus, daheim regiert in Wahrheit die Frau. In der Öffentlichkeit wahrt er das Gesicht, während sie in der Intimität der vier Wände alle wesentlichen Entscheidungen trifft.

Erstaunlicherweise waren es die Süditalienerinnen selbst, die den Befreiungsversuchen ihrer Geschlechtsgenossinnen nördlich von Rom lange Zeit den heftigsten Widerstand entgegensetzten. Geprägt von tiefer Skepsis einer jahrhundertelangen Erfahrung, daß jede Änderung ihre Lage ohnedies nur verschlimmern würde, zeigten sie sich kaum bereit, auch nur einen Millimeter Boden ihres Herrschaftsterrains für eine Vision preiszugeben. Trotz aller moderner Attitüden dominierte diese Haltung in den großen Metropolen ebenso wie auf dem Land. In den weltabgeschiedenen Dörfern Kalabriens oder der Basilikata regiert das Mißtrauen gegenüber Emanzipationsbestrebungen bis heute.

»Es kommt immer aufs Gleiche raus: Wir Frauen tun alles, was keiner machen will. Das hat man uns beigebracht, und das erwartet man von uns. Die Männer reden über Politik. Wir erledigen das übrige. Und wenn wir die ganze Arbeit tun, müssen wir auch bestimmen dürfen. Wir entscheiden, aber wir reden nicht groß darüber. Wenn Sie wollen, können Sie das Macht nennen. Die jungen Mädchen, auch meine Töchter, sind verzogen, nein, ruiniert. Arbeit ist unter ihrer Würde, das haben ihnen die Schulen beigebracht. Bloß, es gibt keinen leichten Weg, also warten sie auf ein Wunder. Und sie wissen noch nicht, daß Wunder bloß in der Kirche passieren.« Das bekam die 1926 in Ohio geborene Schriftstellerin Ann Cornelisen im Jahr 1983 bei einem Besuch in ›ihrer‹ lukanischen Kleinstadt zu hören, in der sie von 1953 bis 1964 als Sozialhelferin lebte.

Die wohl kompetenteste Expertin einer fast unbegreiflichen Welt versteht diese Menschen, »die keine Freude in ihrem Leben sehen, sondern nur einen endlosen Kampf, in dem sie nie so recht siegen können«. In brillant formulierten Büchern erzählt diese erstaunliche Amerikanerin von den »Frauen im Schatten«, von ihrem Realitätssinn, von ihrer gewaltigen Stärke. »Ich stand am Rande und sah zu, wie Süditalien sich während der vergangenen zwanzig Jahre bemühte, eine Entwicklung von hundertfünfzig Jahren aufzuholen. Manchmal hatte ich den Eindruck, daß nur ein langer, schwach beleuchteter Tunnel dieses Land mit unserem Jahrhundert verbinde. Jetzt zeigt sich Licht, wenn auch vielleicht nur Neonlicht. In jeder formellen Situation aber werden die süditalienischen Frauen weiterhin alles tun, das Image zu bestärken, das ihr Mann von sich selbst hat, und sie würden nie seine Vorrangstellung innerhalb der Familie in Zweifel stellen«, zog Ann Cornelisen nach einem Dezennium Erfahrung mit dem Mezzogiorno Zwischenbilanz.

Eine Ahnung davon, wie schwer es für eine Frau des Jahrgangs 1936 gewesen sein muß, durch diesen dunklen Gang den Weg in die Selbständigkeit zu finden, gibt die Neapolitanerin Fabrizia Ramondino mit ihrem 1981 mit dem *Premio Napoli* ausgezeichneten autobiographischen Roman »Althenopis«: »Auf jeden von uns warfen die ehrgeizigen Wünsche und Pläne der Eltern ein zuweilen beruhigendes, dann wieder unheimliches Licht. Die ältere Schwester meiner Freundin Agnese war dazu ausersehen, Lehrerin zu werden. Agnese aber war, da es sich die Familie nicht erlauben konnte, mehr als ein Kind studieren zu lassen, schon im Alter von acht Jahren dazu bestimmt, Schneiderin zu werden und den Cousin zu heiraten, der in Neuseeland Arbeiter war. Die junge Tochter der Haushälterin des Pfarrers war, zumindest wurde so gemunkelt, dazu bestimmt, dessen Geliebte zu werden. Ebenso war für uns Geschwister alles vorbestimmt. Der Junge sollte der Erbe des Namens und der Fortführer der Familienglorie werden, ich dagegen Vestalin der frustrierten Liebe meines Vaters zu historischen Studien und in späteren Jahren Krankenpflegerin seines gealterten Körpers sein. Unser Schwesterchen, die runde, die schöne, die blonde, würde man einem reichen und feinsinnigen Mann zur Frau geben.«

Fabrizia emanzipierte sich im ursprünglichen Sinn des Wortes, riß aus, finanzierte sich selbst ihr Studium in Deutschland und kehrte 1957 in ihre Heimat zurück – unter Hunderttausenden eine, die es geschafft hatte. Erst drei Jahrzehnte später bewiesen die vom Zentralen Institut für Statistik Italiens (ISTAT) erhobenen Zahlen, daß sich auch südlich des Brenners das Blatt langsam wendete: Mehr als 40% der italienischen Frauen bezeichneten sich Mitte der 80er Jahre als finanziell unabhängig, wenngleich ihr Durchschnittseinkommen unter dem der Männer lag. Auch die Eheschließung ist für die Italienerin heute nicht mehr das oberste Ziel: 48,8% waren verheiratet, 39,1% ledig, 0,3% geschieden und 0,7% lebten von ihren Angetrauten getrennt. Der verblüffend niedrigen Scheidungsrate stand allerdings ein Rückgang der Eheschließungen von 28,1% innerhalb von einem Jahrzehnt gegenüber. Die neue Frauengeneration sprengte allmählich die Fesseln, drängte auf den Arbeitsmarkt und vor allem zu den Ausbildungsplätzen. Sie stellte nicht nur 88,1% aller Grundschullehrer des Landes, 2,1% weibliche Akademiker standen 3,6% männlichen gegenüber, der Anteil an Universitätsprofessorinnen betrug sogar stolze 34,9%.

Endlich aufgewacht, versuchten die Frauen des Südens nun sogar, den Kampf gegen die letzte Bastion der Männer aufzunehmen: die Mafia. Um dem Terror der »Ehrenwerten« ein Ende zu bereiten, versammelten sich Vertreterinnen aller Gesellschaftsschichten zu Protestkundgebungen und zogen mit verzweifelten Parolen durch die Straßen. Ihrem Kampf war freilich bisher ebenso wenig Erfolg beschieden wie der Initiative der mutigen Neapolitanerin Tanja Molinari, die im Mai 1985 mit dem Schlagwort *Madri Coraggio,* »Mütter Courage – Frauen gegen Drogen« auf die Barrikaden stieg. Als die prominente italienische Regisseurin Lina Wertmüller den Aufstand der Mütter unter dem spröden Titel *Strane storie di intrighi, donne, vicoli e delitti,* »Seltsame Geschichten von Intrigen, Frauen, Gassen und Verbrechen«, mit Laiendarstellerinnen aus den neapolitanischen Elendsvierteln auf Zelluloid bannte, rüttelte sie an einem Tabu: In ihrem Film solidarisierten sich erstmals auch die Frauen der Mafia-Bosse mit ihren Geschlechtsgenossinnen gegen ihre Männer, ein bis dato ungeheuerlicher Gedanke. Wie es nämlich in den zutiefst bürgerlichen mafiosen Clans nach wie vor tatsächlich zugeht, weiß die kalabresische Anwältin Beppa Arioti in ihrem Beitrag für das 1988 erschienene Buch »Italien der Frauen« zu berichten: »Eine Mafiafamilie bei Tisch zu sehen, ist wie im Handbuch für patriarchalische Lebensweisen und Regeln zu blättern: Stillschweigen, Ehrfurcht, äußer-

liche Ruhe und geschlossenes Verhalten gegenüber dem Rest der Welt. Ich habe vielfach das Verhalten von Müttern, Töchtern oder Ehefrauen der Mafiosi untersucht und muß feststellen, daß ihre Verhaltensweisen alle auf dem gemeinsamen Nenner beruhen, der Omnipotenz und Wundertätigkeit ihrer männlichen Angehörigen zu vertrauen. Es scheint fast unglaublich, doch jede von ihnen ist davon überzeugt, daß das mit einem göttlichen Heiligenschein versehene Oberhaupt des Hauses in der Lage sei, jedweden Wunsch zu erfüllen.«

Doch nicht einmal die »Paten« halten noch an der Tradition vom blutigen Leintuch, als Beweis für die Unberührtheit der Braut nach der Hochzeitsnacht zur Schau gestellt, fest. An solche Klischees klammern sich schlimmstenfalls noch drittklassige Drehbuchautoren, denen zum Mezzogiorno nach wie vor wenig mehr einfällt als blutige Vendetten aus verletzter Männerehre, von ihren Brüdern sorgsam bewachte Jungfrauen oder rasch verblühte Schönheiten, die sich nach der Hochzeit allzubald als dickliche Matronen mit Oberlippenflaum entpuppen. Nur als Kuckucksei unter aktuellen Reisebüchern sollte man daher die 1969 publizierte »Süditalienische Reise« des Franzosen Dominique Fernandez betrachten. Der Professor für italienische Literatur irrte nämlich nicht nur gewaltig, als er dem Scheidungsrecht vor der Jahrtausendwende kaum Chancen einräumte, in seinem weltfremden Pessimismus beschwor er auch eine düstere Zukunftsvision herauf, die Männer wie Frauen gleichermaßen für alle Zeiten als Verlierer dastehen läßt:

»Wegen des Südens, wegen der unzähligen jungen und bereits unförmigen Frauen, die durch die Einrichtung der Scheidung zu Einsamkeit und Elend verdammt wären, ist eine Reform des Eherechts im Augenblick unmöglich. Seit dem hundertjährigen Beste-

Lieber dolce vita als bambini

Die Apenninenhalbinsel, einst Symbol für Kindersegen und Überbevölkerung, die Millionen Menschen in die Emigration trieb, hat nach einer Studie der Agnelli-Stiftung inzwischen die niedrigste Geburtenrate der Welt. Sollte dieser negative Trend anhalten, wird die Bevölkerungszahl Italiens schon bis zum Jahr 2007 von gegenwärtig 57 auf 56 Mio. sinken und 2037 gar nur noch 45 Mio. betragen. Derzeit nimmt die Zahl der Italiener täglich um rund tausend ab, und lediglich die etwas höhere Kinderfreudigkeit des Mezzogiorno verhindert einen dramatischeren Bevölkerungsschwund.

Was steckt hinter dem Phänomen, daß plötzlich immer mehr Italiener auf Nachwuchs verzichten? Soziologen, Theologen und Bevölkerungsexperten machen die Kombination von Frauenbefreiung, schwindendem Einfluß der katholischen Kirche auf das Familienleben und die Moral sowie steigende Lebenskosten für die Geburtenpleite verantwortlich. Prof. Luciano Galino, Präsident der Soziologischen Gesellschaft in Rom: »Die Italiener haben das süße Leben entdeckt. Für Kinder gibt es da keinen Platz und auch kein Geld mehr.« Zwischen 1976 und 1989 konnten nach Angaben von Antonio Golini, dem Direktor des Bevölkerungsforschungsinstitutes, in Italien 1,3 Mio. neue Arbeitsplätze geschaffen werden. Rund 100 000 davon, die ursprünglich für Männer vorgesehen waren, wurden dann von Frauen übernommen. Golini: »Die Mutterschaft hat in der modernen italienischen Gesellschaft jenen sozialen Stellenwert verloren, den sie einst einnahm. Ein guter Job zählt heute mehr.«

hen Italiens beutet der Norden den Süden aus und bereichert sich auf seine Kosten, dafür aber knechtet der Süden das sexuelle und moralische Leben der gesamten Halbinsel. Die italienische Ehe schließt eine Auflösung aus dem einfachen Grunde aus, weil sie nicht zwei Partner bindet. Die Frauen heiraten einen Vater, der ihnen und ihren Kindern als Tutor dient. Was die Männer betrifft, so wollen auch sie keine Scheidung. Sie sind ebenso wenig fähig wie begierig danach, eine Frau in einer zweiseitigen Beziehung zu lieben, und vergnügen sich damit, die mütterliche Gattin mit Gelegenheitsgeliebten zu betrügen. Es gibt keine Paare in Italien, es hat sie nie gegeben, Mann und Frau haben nie versucht, einander gegenüberzustehen, sich zu vereinen, sich gegenseitig zu bereichern. Die Werke der Literatur bezeugen es.«

Doch sehen wir uns einmal frühabends auf einer Piazza, dem Wohnzimmer des Mezzogiorno, um. Sobald die Sonne sinkt, bietet sich überall das gleiche Bild: Untergehakt promenieren junge wie alte Männer zu zweit über den Hauptplatz, stehen heftig gestikulierend in kleinen Gruppen beisammen oder debattieren vor einer der umliegenden Bars. Nur wenige junge Mädchen flanieren kichernd an ihnen vorbei, niemals eines allein, sondern ebenfalls stets einige gemeinsam. Ihre Mütter, Tanten und Großmütter ziehen es vor, entweder von einer Parkbank oder von wackeligen Stühlen vor der Haustür das Leben und Treiben zu verfolgen. Pärchen sind höchst selten zu sehen, nur ab und zu entführt ein Jüngling unter dem Gejohle der Umstehenden seine Angebetete auf dem Rücksitz seines knatternden Mopeds zu einer kurzen Runde. Je provinzieller das Städtchen, desto klarer trennt eine unsichtbare Mauer die Geschlechter. Behält also Professor Dominique Fernandez mit seinem Urteil vielleicht doch recht?

Mitnichten. Hinter den tradierten Verhaltensweisen verbirgt sich eine zumindest für Frauen höchst erfreuliche Realität. Sie sind es nämlich, die aus gutem Grund an der alten Rollenverteilung festhalten, weil sie heute damit nur gewinnen können – und auf diese Weise ihren Geschlechtsgenossinnen jenseits der Alpen, aber auch schon nördlich von Rom, an Emanzipation weit überlegen sind. Ungehindert können sie ihrer Ausbildung oder ihrem Beruf nachgehen, ohne auf den häuslichen Machtbereich verzichten zu müssen. Daran gewöhnt, daß alle wesentlichen Familienentscheidungen von Frauen getroffen werden, kommt es den Männern gar nicht in den Sinn, an diesem System etwas zu ändern, solange ihre Sphäre unangetastet bleibt. Und diese ist, läßt man das Showelement einmal außer acht, ohnedies dürftig genug.

Die Frau verwaltet heute nicht nur ihr, sondern auch weiterhin sein Geld. Ihr obliegt es, eine neue Wohnung, Möbel, das Urlaubsziel, den Studienplatz der Kinder auszusuchen. In der Wahl ihrer Kleidung läßt sie sich ohnehin nichts dreinreden, auch ihn kleidet sie nach ihrem Geschmack ein. Zufrieden, daß daheim eigentlich fast alles wie bei Mamma abläuft, erweist der gutdressierte Ehemann seiner Frau weiterhin den gebührenden Respekt, an dem freilich auch sie es ihrerseits in der Öffentlichkeit nie fehlen läßt. Niemals wird eine Süditalienerin – und sei sie noch so emanzipiert – am männlichen Image kratzen. Begeht sie einen Seitensprung – und auch das ist heute durchaus denkbar –, so darf vielleicht ihr Angetrauter, doch keinesfalls irgendein anderer davon erfahren, weil sie ihn nicht als *cornuto* – einen von aller Welt verachteten Gehörnten – preisgeben will. In Diskussionen auf der Piazza mischt sie sich nicht ein, dort soll er mit seinen Ansichten brillieren, auch wenn sie es zehnmal besser wüßte. Und in die Hinterzimmer der Bars, in denen ausschließlich Männer dem Glücksspiel frönen, verirrt sie sich keinesfalls.

Bei oberflächlicher Betrachtung könnte man fast Mitleid mit dem Pfauenrad schlagenden Geschlecht empfinden, das Stück für Stück seines Terrains preisgeben und sich nun auch im Berufsleben mit einer massiven weiblichen Konkurrenz herumschlagen muß. Ahnungslos stellten Männer seit jeher ihre Ehefrauen voll Hochachtung mit *La mia signora* – »Meine Herrin« – vor, doch wie konnten sie die volle Bedeutung dieser Worte einst ahnen? Was als bloße Courtoisie gemeint war, kommt jetzt der Realität sehr nahe. Dennoch will kaum ein Süditaliener nach anfänglichen Positionskämpfen und Rückzugsgefechten noch den Höhenflug der Frauen stoppen, im Gegenteil. Die Männer des Mezzogiorno erkannten nach dem ersten Schock vielleicht sogar rascher als ihre Kollegen im Norden, daß Gleichberechtigung eine gute Sache sein kann, sofern keiner von beiden die bewährten Spielregeln verletzt. Mit vertauschten Rollen können sie freilich nichts anfangen, zu ›babywickelnden Hausmännern‹ fühlen sie sich nach wie vor nicht berufen, aber das verlangt auch niemand von ihnen. Vielmehr wollen sie heute mit dem Rückhalt ihres angestammten Platzes Partner ihrer zu Partnerinnen avancierten, selbstbewußteren, attraktiveren Frauen sein, auf deren Klugheit sie sich mit Recht verlassen können.

Ungleiche Brüder
oder
Wer profitiert von wem?

Die Kluft wird immer breiter

Der Pessimismus drückt sich in nüchternen Zahlen aus. Alljährlich veröffentlicht die 1986 per Gesetz gegründete Entwicklungshilfe-Organisation *Agenzia per lo Sviluppo del Mezzogiorno (Svimez)* Wirtschaftsdaten, die das Nord-Süd-Gefälle Italiens als immer rasantere Talfahrt erscheinen lassen. Im Bericht für 1989 heißt es wenig verheißungsvoll: »Die Arbeitslosigkeit ist im Norden deutlich geringer geworden und hat im Süden dramatisch zugenommen, während gleichzeitig die öffentlichen Investitionen für den Mezzogiorno im gesamtitalienischen Vergleich gesunken sind.« Im Klartext: Der Süden, vielgeschmähtes ›Faß ohne Boden‹, erhält pro Kopf der Bevölkerung weniger staatliche Gelder als der Norden. Kein Wunder, daß sich die Kluft von Jahr zu Jahr verbreitert und die Gegensätze krasser werden. Je nachdem, von welcher Seite man das Problem betrachtet, stellt sich die ›Südfrage‹ als hausgemachte Misere oder als Schicksal eines ungeliebten Stiefkindes dar. Seit der italienischen Einigung 1860 streiten die Gelehrten, wer von wem profitiert.

Die Wurzeln der wirtschaftlichen Gegensätze reichen tief in die Geschichte der Apenninenhalbinsel hinein, auf der sich im wesentlichen zwei verschiedene Strukturen entwickelt hatten: im Norden unabhängige Kleinstaaten mit selbstbewußten Bewohnern, im Süden Fremdherrschaften mit einem brutalen Feudalsystem, das die Menschen durch Armut und Unbildung bewußt in Abhängigkeit hielt. Auch die ›Befreiung‹ unter italienischer Flagge brachte nicht den erhofften Aufschwung, sondern nur neue Herren und alte Sklaven; und mit ihnen Mißverständnisse, noch drückendere Steuerlasten und Behörden-Schikanen. Die piemontesische Kolonialpolitik im Mezzogiorno war nicht auf Geben, sondern nur auf Nehmen aus. Das änderte sich erst im Laufe des 20. Jh., insbesondere nach dem Zweiten Weltkrieg. Mit der Gründung der *Cassa per il Mezzogiorno* im August 1950 gab Rom grünes Licht für die ökonomische Entwicklung des ehemaligen Königreiches beider Sizilien mit seiner zur Provinzhauptstadt degradierten Metropole Neapel.

Den intellektuellen Boden für das radikale Umdenken der römischen Bürokraten bereitete eine Gruppe von Historikern, Philosophen, Schriftstellern und Wirtschaftswissenschaftlern, die als »Meridionalisten« zum Begriff geworden sind: Benedetto Croce (1866–1952), Gaetano Salvemini (1873–1957), Guido Dorso (1892–1947) und vor allem Tommaso Fiore (1884–1973). Fiores Sohn Vittore gehört noch heute zu den führenden Köpfen dieser geistigen Bewegung, die Denker aller politischen Schattierungen umfaßt, aber trotz häufig gegensätzlicher Ansichten ein gemeinsames Ziel verfolgt: die Stärkung des Föderalismus gegen die zentralistische Politik der italienischen Regierung. Darin sehen sie – auch in einem vereinten Europa – die Chance für den Mezzogiorno, aus dem Schatten der Vergangenheit zu treten.

Übereinstimmung herrscht bei den Meridionalisten über die schweren Fehler und Versäumnisse, die sich der junge Einheitsstaat gegenüber dem Süden hatte zuschulden kommen lassen. Das Sündenregister der Piemontesen reichte von protektionistischen Zollschranken zum Schutz der Industrie – aber zum Nachteil der Wein und Südfrüchte exportierenden Bauern Unteritaliens – bis zur Ausdehnung des für ein bereits industrialisiertes Land gedachten Steuersystems auf die armen, rückständigen Provinzen, die zudem gezwungen wurden, im Norden Schulden zu machen und dafür hohe Zinsen zu bezahlen. Durch die Konfiszierung der reichen Kirchengüter im ehemaligen Königreich beider Sizilien entzog man dem Süden zugunsten der nationalen Finanzen ein enormes Kapital, über das heute, wenn es um Unterstützungsgelder für den Mezzogiorno geht, geflissentlich der Mantel des Schweigens gebreitet wird. Schließlich betrauten die neuen Machthaber die alte Führungsclique der Bourbonenzeit mit der Verwaltung – in der irrigen Annahme, sie könne die Aufgaben übernehmen, die das Bürgertum im Norden erfüllte; eine Gesellschaftsschicht, die sich zwischen Neapel und Palermo erst seit den 50er Jahren langsam gebildet hat.

Gaetano Salvemini formulierte bereits 1898, was später noch viele aussprachen: »Die Einigung Italiens war für den Süden eine wirkliche Katastrophe, und der letzte der Bourbonen hatte recht, als er bei seiner Flucht nach Gaeta seinen ehemaligen Untertanen sagte, er verliere den Thron, ihnen aber würden die Piemontesen nur die Augen zum Weinen lassen.« Tommaso Fiore drückte sich 1925 nicht weniger drastisch aus: »Man muß es offen sagen, die Zwangsherrschaft der Bourbonen war aufgrund ihrer Machtlosigkeit weniger verhängnisvoll als die der Einheitsregierung.« Im selben Jahr wetterte der Philosoph Guido Dorso aus Avellino noch schärfer: »Unser Land wurde zu einer Kolonie der Ausbeutung für die Kapitalbildung des Nordens, der nicht nur nichts tat, um dem Süden seine jahrhundertealte Krise überwinden zu helfen, sondern daran interessiert war, jeden wirtschaftlichen und sozialen Fortschritt zu verhindern, da er die dringende Notwendigkeit erkannte, sich einen Absatzmarkt zu erhalten.«

Im Zuge des allgemeinen Wirtschaftswunders blieb auch die Entwicklung des Mezzogiorno nicht stehen, aber je schneller sich das Kapitalkarussel in Mailand dreht, um so weiter, schier hoffnungslos abgeschlagen, hinkt der Süden hinterher. Ein Dilemma, gegen das offenbar kein Kraut gewachsen ist und das sich in den Statistiken, allen Beschönigungsversuchen der Regierenden in Rom zum Trotz, mit demaskierender Deutlichkeit niederschlägt. Ein paar Beispiele gefällig? Im Jahre 1988 konnten in Italien 266 000 neue Arbeitsplätze geschaffen werden; 95% davon im Norden. Gleichzeitig stieg die Zahl der Beschäftigungslosen italienweit um 52 000, im Mezzogiorno aber kletterte sie um 139 000, während sie in der Industrieregion zwischen Mailand und Turin um 87 000 zurückging. 70% der neuen Arbeitslosen im Süden waren Jugendliche auf der Suche nach ihrer ersten Stelle. 1989 betrug der Anteil der Menschen ohne Arbeit im Norden 7,1%, in Süditalien 21,9%, bei jungen Leuten bis zum 29. Lebensjahr sogar bis zu 45%. Auch beim Brutto-Inlandsprodukt drückt der Süden die gesamtitalienische Statistik: Es erhöhte sich 1988 landesweit um 3,9%; im Norden freilich um 4,2%, in den Südregionen dagegen nur um 3,2%. Die Konsumausgaben der Familien unterscheiden sich zwischen den ungleichen Bürgern gar um 33%.

Gewiß, solche Daten veranschaulichen zwar die Situation, spiegeln aber nicht immer das wahre Bild wider, das durch die unnachahmliche Kunst der Improvisation, des Sich-

Die verzweifelten >Wirtschaftsflüchtlinge< des Mezzogiorno, die auf ihrem Weg in die Neue Welt unge-
heure Strapazen auf sich nehmen mußten, sind noch heute Motiv für Künstler des Südens

Arrangierens und des Überlebens im Mezzogiorno gemildert wird. Armut und Elend
beschränken sich vorwiegend auf die Peripherien der großen Städte und betreffen nur
jene, die aus irgendeinem Grund durch das dichte informelle Sozialnetz gefallen sind –
ein Phänomen, das sich auch im Norden findet.

Doch die in den 60er und 70er Jahren mit missionarischem Eifer begonnene und als
Patentrezept gepriesene Industrialisierung des Südens konnte die Probleme keineswegs
lösen. Aus den Landarbeitern wurde städtisches Proletariat, das seine Beziehung zur
Scholle, seine Wurzeln verlor. Die Zwangsbeglückung mit qualmenden Stahlwerken
und chemischen Giftschleudern, meist ohnedies schwer defizitären Betrieben, brachte
nicht wiedergutzumachende Umweltschäden. Dutzende Fabriken, an dafür ungeeig-
neten Standorten aus dem Boden gestampft, ragen heute als traurige »Kathedralen in
der Wüste« gegen den blauen Himmel: nur kurzfristig Arbeitsplätze für Tausende von
Menschen, die wieder auf der Straße standen, nachdem sich herausgestellt hatte, daß es
sowohl an Rohstoffen als auch an Aufträgen mangelte. Süditalien wird sich, so schwören
die Meridionalisten, nur aus dem Teufelskreis der Krisen befreien können, wenn es sein
Schicksal selbst in die Hand nimmt und nicht ergeben auf Rat und Hilfe aus Rom oder
Brüssel wartet.

243

Integrierte Wirtschaft in offenen Märkten

Die 1982 gegründete Zeitschrift *Delta* gilt als wirtschaftstheoretisches Organ der Meridionalisten. Ihre Redaktion befindet sich im Hauptgebäude der *Cassa di Risparmio di Puglia,* der Apulischen Sparkasse in Bari. Das Geldinstitut fördert die Publikationen des Herausgebers Vittore Fiore und seines Chefredakteurs Mario Dilio, die zu den prominentesten liberalen Ökonomie- und Sozialexperten Süditaliens zählen, alljährlich mit namhaften Beträgen. Ein Einsatz für Apulien, der sich bezahlt machen wird.

Vittore Fiore, geboren 1920, Journalist, Dichter und langjähriger Berater der *Cassa per il Mezzogiorno,* und Mario Dilio, Jahrgang 1926, Wirtschaftspublizist, in den 60er Jahren Konsulent des italienischen Finanzministers und Pressechef der Levante-Messe in Bari, eröffnen das Gespräch unisono mit der lapidaren historischen Feststellung: »Die Probleme der Unterentwicklung des Mezzogiorno begannen mit der Vereinigung Italiens.«

Vittorio Fiore

– *Worin besteht der Unterschied zwischen der »Cassa per il Mezzogiorno« und ihren Nachfolgeorganisationen?*
Die *Cassa* – sie bestand von August 1950 bis März 1986 – war eine von Rom zentralistisch gesteuerte Behörde, die einmal mehr, einmal weniger Geld ausschüttete, im Durchschnitt etwa 7000 Mrd. Lire (an die 10 Mrd. DM) pro Jahr. Die Investitionen erfolgten nicht immer nach einem sinnvollen Plan. Da wurden Straßen gebaut, die ins Nichts führten, oder Industrien ohne Infrastrukturen errichtet. Die internationale Ölkrise 1973 brachte den Finanzfluß beinahe völlig zum Versiegen, eine Katastrophe für den Süden, der ja auf alle wirtschaftlichen Schwankungen ungleich empfindlicher reagiert als der Norden. Unsere Ansicht von der dringend notwendigen Dezentralisierung hat sich dann mit der Gründung der *Agenzia per lo Sviluppo del Mezzogiorno (Svimez)* durchgesetzt, der das *Dipartimento per il Mezzogiorno* zur Seite gestellt wurde. Dieses Amt prüft alle Projekte und leitet sie im Falle der Bewilligung an die *Svimez* weiter. Im Gegensatz zu früher gehen heute die Initiativen nicht mehr von oben, sondern von der Basis, von den Gemeinden, Provinzen und Regionen, aus, die besser als irgendwelche Bürokraten am Tiber wissen, wo Hilfe nötig ist. Darüber hinaus gibt es noch andere Instrumente der Finanzierung von Wirtschaftsprojekten, Bankenkonsortien etwa, die das Geld mit *Svimez*-Garantien vergeben. Leider werden die finanziellen Mittel für den Süden immer geringer, nur mehr ungefähr 4000 Mrd. Lire jährlich, das sind nicht einmal 5 Mrd. DM, die allerdings durch die Neuorganisation jetzt wesentlich effektiver zum Einsatz kommen als früher.

Bis 1986 jährlich umgerechnet 10 Mrd. DM ausgeschüttet

– Hat die trotz allem recht massive Entwicklungshilfe nicht zu einer Verschärfung des Nord-Süd-Konfliktes beigetragen?

Wir vertreten die Theorie, daß die Ausgaben für den Süden in Wahrheit der Wirtschaft des Nordens geholfen haben, daß sich jede Lira für den Mezzogiorno im Norden mindestens verdoppelt hat. Im übrigen liegen die staatlichen Investitionen für die norditalienische Industrie um ein Vielfaches höher als die Beträge, die bei uns eingesetzt wurden. Wann immer es in Turin kriselt, wird der Geldhahn für den Süden kleiner gedreht. Welche Summen dem Norden zugute kommen, erfährt man nie so genau, darüber spricht niemand. Nur die *Cassa per il Mezzogiorno* mußte stets in aller Öffentlichkeit Bilanz legen. Und vergessen Sie eines nicht: Ohne den Süden wäre das Wirtschaftswunder im Norden nicht möglich gewesen, dessen Industrie nach dem Krieg zum Großteil mit der Arbeitskraft der Menschen aus dem Mezzogiorno aufgebaut wurde.

– Wie stehen die Meridionalisten heute angesichts schwerer Umweltprobleme zur weiteren Industrialisierung des Südens?

Haben wir früher die Errichtung von Großbetrieben absolut befürwortet, so denken wir jetzt anders. Wir glauben, daß es notwendig ist, ein gesundes Gleichgewicht zwischen Industrie, Landwirtschaft und Tourismus zu finden, immer unter Berücksichtigung der Eignung und des Charakters der jeweiligen Landschaft. Auf einem schönen Strand sollte kein Stahlwerk errichtet werden. Aber die Forderung mancher konfuser Naturapostel, ganz zur Landwirtschaft zurückzukehren, ist ebenso unsinnig. Da sind eben vernünftige Kompromisse notwendig. Glücklicherweise kommt – natürlich unter dem Druck der Ökologen – auch in der Industrie langsam, ganz langsam ein gewisses Umweltbewußtsein auf. Die Petrochemie in Brindisi etwa leitet ihre Abwässer nicht mehr direkt ins Meer, sondern über Kläranlagen, die Stahlkocher in Tarent wollen ihre Abgase mit Filtern reinigen. In Apulien haben wir den großen Vorteil einer potenten Agroindustrie, saubere, umweltfreundliche Betriebe, in denen unsere eigenen landwirtschaftlichen Produkte, Obst, Gemüse, Öl, Wein, Pasta, verarbeitet werden. Wir brauchen also in Zukunft keine neuen Großindustrien mehr, zumindest in Apulien nicht, und die bestehenden müßten nach den neuesten umwelttechnischen Erkenntnissen umgerüstet werden.

– Welche Region des Südens bereitet die größten Sorgen?

Dramatisch ist die Situation in Kalabrien und einigen Teilen Kampaniens – mit steigender Arbeitslosigkeit, Überbevölkerung und organisierter Kriminalität. Dort sind auch die meisten Industrieprojekte gescheitert. Die Basilikata gilt zwar als arm, geht aber mit Klein- und Mittelbetrieben einen gesunden und vernünftigen Weg. Apulien steht am besten da und befindet sich auf dem Sprung in die wirtschaftliche Autonomie, was unserer Idealvorstellung schon sehr nahe kommt.

– Hat die »Cassa per il Mezzogiorno« auch Bildungsaufgaben erfüllt?

Das war sicherlich ihr größtes Verdienst. 1950 betrug der Anteil der Analphabeten in Süditalien noch 40 bis 45%, in manchen entlegenen Gebieten sogar mehr als 50% der Bevölkerung. Heute können nur mehr knapp 5%, hauptsächlich alte Leute auf dem Land, nicht lesen und schreiben. Die Einführung der Schulpflicht hat dieses Problem gelöst. Wir besitzen ausgezeichnete Schulen im Mezzogiorno. Jetzt geht es vor allem um eine Qualitätssteigerung in der beruflichen Ausbildung, um der Jugend bessere Arbeitsmöglichkeiten zu verschaffen. Darum kümmert sich eine Nebenabteilung der *Svimez*, die *Formez*, der die Kultur- und Bildungsentwicklung obliegt.

– Wie wird die Arbeitslosigkeit in den Griff zu bekommen sein?

Das ist unser größtes Problem, weil wir wissen, daß die Wirtschaft des Südens niemals alle Menschen wird beschäftigen können, niemals. Zwischen 1950 und 1965 zogen 6 Mio. Emigranten nach dem Norden, nach Turin und Mailand, nach Belgien, Deutschland, Frankreich und in die Schweiz. Das waren vor allem Tagelöhner, Bauern ohne Land, ohne Kultur und ohne Bildung, aber mit vielen Kindern. Mit ihrer Hände Kraft bauten sie, wie schon gesagt, die Industrien in Norditalien, im Rhein- und Ruhrgebiet, im Elsaß auf. In ihre Heimat zurückgekehrt, investierten sie ihre Ersparnisse in Häuser, Geschäfte und Grundstücke und ermöglichten ihren Kindern und Enkeln eine gute Schulbildung. Die Jungen mit Abitur-Zeugnissen und Universitätsdiplomen denken nicht mehr ans Auswandern. Dafür stellen sie das Hauptkontingent der Arbeitslosen. Sie sind meist gut angezogen und verlassen sich auf die Unterstützung durch ihre Familien. Manuelle Arbeit finden sie unter ihrer Würde. Die Nachkommen der Habenichtse benehmen sich nach dem Muster des archaischen Herren-Sklaven-Systems. Wäre das Problem, das speziell den Süden betrifft, nicht so ernst, müßte man darüber lachen.

– Wer verrichtet dann eigentlich noch die sogenannte »niedrige Arbeit«?

Gastarbeiter aus Indien, der Türkei und Nordafrika. Sie haben vorwiegend in der norditalienischen Industrie jene Posten am Fließband erobert, die früher von den Leuten aus dem Mezzogiorno eingenommen wurden. Die Farbigen drängen sich aber auch zum Ernteeinsatz in Apulien und Kampanien. Unseren arbeitslosen Abiturienten und Doktoren würde es nicht einmal im Traum einfallen, eine solche Beschäftigung anzunehmen. Das hat nichts mit Faulheit zu tun, das sitzt viel tiefer, ist eine Tragödie. Wer den sozialen Sprung geschafft hat, betrachtet eine Arbeit in der Landwirtschaft als Schande. Im übrigen würde sich sicherlich auch seine ganze Familie dagegen aussprechen. In Amerika ist das ganz anders. Dort findet niemand etwas dabei, bei der Weinlese oder beim Äpfelpflücken ein paar Dollar zu verdienen. Bei uns aber heißt es: »Ich bin doch kein Bauer, ich habe Abitur.« Das trifft in erster Linie auf die jungen Männer zu, Mädchen dürften nicht so vorbelastet sein. Sie sind sich auch mit Hochschuldiplom meist nicht zu gut dafür, auf den Feldern oder in einer Restaurantküche anzupacken.

– Was soll Ihrer Meinung nach geschehen?
Wir müssen die ökonomischen Strukturen, die den Dualismus zwischen Nord und Süd bestimmen, von der Wurzel an ändern. Wir müssen versuchen, uns am eigenen Schopf aus dem Sumpf zu ziehen. Das bedeutet: integrierte Wirtschaft, also ein gesundes Nebeneinander von Landwirtschaft und Klein- und Mittelindustrie bei optimaler Verwertung unserer eigenen Produkte, die wir auf den offenen Märkten Europas anbieten können. Der Mezzogiorno hat die geistige Kapazität für Innovationen. Es ist an der Zeit, daß wir uns der internationalen Konkurrenz stellen!

Emigrantendenkmal in Acciaroli

Mafia:
Die Filialen einer Weltfirma

Von einem Mord bleibt nichts als ein Toter   Leonardo Sciascia

Sonntag vormittag in einem kleinen apulischen Dorf. Dicht drängen sich bäuerlich-festlich gekleidete Männer auf dem Kirchplatz. Die Frauen sind nach dem Gottesdienst längst nach Hause gegangen, um das Mittagessen vorzubereiten. Im Zentrum der zwanglosen Versammlung hält ein im Gegensatz zu den Umstehenden keineswegs abgearbeiteter Mann im eleganten, schwarzen Nadelstreif Hof. Um ihn scharen sich die Honoratioren der Gemeinde in ihren altmodischen, schlecht sitzenden Anzügen. Die Gespräche, kaum mehr als knapp hingeworfene Sätze, bleiben jedem Fremden unverständlich. Ernste Mienen lassen auf geschäftliche Verhandlungen und Rechenschaftsberichte schließen. Eines freilich scheint klar: Der Elegante muß ein *Capo* sein. Seine zentimeterlangen Nägel an beiden kleinen Fingern signalisieren unmißverständlich, daß manuelle Tätigkeit nicht seine Sache ist.

Ein Bild aus einem billigen Mafia-Film? Mitnichten. Solch dörfliche Szenen, nur für oberflächliche Betrachter eine Idylle, kann man immer noch Sonntag für Sonntag in zahllosen Ortschaften Süditaliens erleben. Und auch der Mafioso sieht stets gleich aus, die Realität bestätigt das Klischee. Natürlich bildet der lokale Boß nur ein winzig kleines Rädchen in der internationalen Firma Mafia, die nicht nur im Mezzogiorno über ein dichtes Filialnetz verfügt.

In Apulien ist die Welt der »Ehrenwerten Gesellschaft« oder der »Freunde der Freunde«, wie sich die – Ausnahmen bestätigen die Regel – absolut von Männern beherrschte Organisation gerne selbst bezeichnet, noch einigermaßen heil. Hier funktionieren noch die alten straffen Strukturen, nach denen die »Heilige Familie« mit ihren weiten Verzweigungen ihre Mitglieder beschützen und ihnen Vorteile verschaffen muß. In jedem Dorf weiß man, wer der Chef ist, der für Ruhe und Ordnung sorgt. Nichts haßt ein Capo mehr als geschäftsstörendes Chaos oder gar wohlstandbringenden Fortschritt, hat er doch an wirtschaftlicher Stagnation Interesse, da diese seine Macht und die Abhängigkeit der Menschen von seiner ›Gnade‹ festigt.

Seit jedoch die Mafia in den 70er Jahren ihre Aktivitäten von Erpressungen, Bauspekulationen, gelegentlichen Entführungen und dem Zigarettenschmuggel auf den Waffen- und Drogenhandel ausgeweitet hat, herrscht in Süditalien permanenter Kriegszustand. An diesem Milliardenkuchen will jeder mitnaschen. Jeder will an das schnelle Geld, die rivalisierenden Gruppen bekämpfen einander bis aufs Messer.

Längst haben viele der alten bäuerlichen »Paten«, die in der Bevölkerung so etwas wie Vaterfiguren repräsentierten, ausgedient, an ihre Stelle sind Technokraten getreten, die ihr Reich ebenso mit Computern wie mit Maschinenpistolen regieren. Aus der respektvollen Ehrfurcht, mit der man früher den Bossen begegnete, wurde nackte Angst, aus einem als Gegengewicht zur Zentralregierung in Rom historisch gewachsenen, notwendigen Übel ein brutales Terrorregime.

Nach vorsichtigen Schätzungen von Drogenexperten der Vereinten Nationen verdient Italiens Mafia allein am Suchtgifthandel jährlich bis zu 20 Mrd. Dollar. Diese unvorstellbaren Gewinne, die Jahr für Jahr mit Hunderten – zählt man die Drogenopfer hinzu, sogar Tausenden – von Toten bezahlt werden, bilden die finanzielle Basis für den Aufbau einer kriminellen Weltmacht, die weit über den Mezzogiorno hinausreicht und ihr tödliches Netz über ganz Europa bis in den Fernen Osten und nach Amerika gesponnen hat. Die Mafia ist damit – durch die Hintertür sozusagen – zum »Paten« der Großindustrie geworden, schmutziges Geld, in Luxemburg, Österreich, der Schweiz oder den USA weißgewaschen, arbeitet mit entsprechenden Profiten in internationalen Konzernen und trägt durch den Kauf von Wertpapieren sogar zur Finanzierung der Staatsschulden einiger Länder bei.

Regierung und Kirche, die beiden anderen Machtfaktoren Italiens, scheinen diesem Phänomen völlig hilflos gegenüberzustehen. Resignierend mußte Domenico Sica, Hochkommissar zur Bekämpfung der Mafia, vor dem Parlament in Rom eingestehen, daß die organisierte Unterwelt in weiten Teilen Siziliens, Kalabriens und Kampaniens »die totale Kontrolle übernommen« hat. Nach den Niederlagen in mehreren Großprozessen, in denen einige hundert Bosse zu teils lebenslangen Haftstrafen verurteilt worden waren, gelang es den »Ehrenwerten« Ende der 80er Jahre, wieder ein absolut undurchlässiges System aufzubauen, das sich nicht zuletzt auch auf skrupellose Komplizenschaft mit gewissen Kreisen der Politik stützen kann, wie selbst die italienischen Bischöfe im Herbst 1989 in einer – freilich eher zahmen – gemeinsamen Erklärung feststellten. Zu einer generellen Exkommunizierung der Mafiosi wollte sich der Vatikan, dem man

---

Mafia entschuldigt sich für Todesdrohung

Auch die Mafia kennt manchmal Manieren: Für eine versehentliche Todesdrohung haben sich die »Ehrenwerten« bei einem Pizzakellner in aller Form entschuldigt. Mehr als eine Woche lang hielt sich der 25jährige Giuseppe Bruno aus Turin bei Freunden versteckt, weil er um sein Leben fürchtete. Seit ihm aber mitgeteilt wurde, daß eine Verwechslung vorlag, kann Bruno wieder lachen. Ganz anders war ihm freilich zumute gewesen, als er auf dem Sitz seines Wagens eine Handvoll ungebrauchter Patronen vorgefunden hatte – eine traditionelle Warnung der Mafia. In Panik verließ der Kellner Wohnung und Arbeitsplatz in der Pizzeria »Bella Napoli«. »Ich fühlte mich wie in einem Alptraum«, gestand er später Reportern. Nach zehn langen Tagen in Todesangst entdeckte Bruno erneut eine Nachricht in seinem Wagen. Ungeöffnet brachte er den Umschlag zur Polizei. In ihm fand sich ein anonymer Brief mit dem Text: »Es tut uns leid, wir haben das Auto verwechselt.« Die Behörden vermuten, daß das Fahrzeug des Kellners zufällig ebenso wie ein anderer Wagen des gleichen Typs in der Nähe des Schauplatzes eines internen Mafia-Mordes geparkt war. La Stampa/Turin

Mafia Sprachforscher sind sich nicht sicher, ob sich der Begriff etymologisch aus dem arabischen *mahias*, Dreistigkeit, Stolz, Gewalttätigkeit, oder von *maha* (mafa gesprochen), riesigen Steinbrüchen, in die sich verfolgte Sarazenen geflüchtet hatten, ableiten läßt. Der Ausdruck *Mafia*, erstmals nachweislich 1862 in einem Volksstück von Giuseppe Rizzotto, *I mafiusi di la Vicaria di Palermo,* verwendet, stand im sizilianischen Dialekt auch für »Wagemut, Arroganz, Schönheit, Kühnheit«. In der Toskana bedeutete er »Armut, Misere«, im Piemont hießen Geizhälse *mafiun.*

Camorra Auch der Ursprung dieses Namens läßt viele Theorien zu. *Kumar* war ein Würfelspiel, das schon dem Propheten Mohammed mißfallen hatte, *gamara* der Ort, an dem es betrieben wurde. Als *camurra* bezeichnete sich eine sardische Schutztruppe pisanischer Kaufleute des 13. Jh., im Neapolitanischen versteht man unter *morra* eine Bande.

'ndrangheta Dieser Begriff dürfte aus dem griechischen *andragatia* stammen, was soviel wie »Tapferkeit, Männlichkeit« bedeutet.

Kleines Mafia-Lexikon

Gli amici degli amici Die Freunde der Freunde, ein mafioses Beziehungsgeflecht einflußreicher Personen aus Politik und Wirtschaft, allgemein auch als Ausdruck für die Mafia gebräuchlich, ebenso wie *onorata società,* »Ehrenwerte Gesellschaft«.

Cosca Kleinste Einheit, gleichsam die ›Zelle‹ des Mafia-Systems, bestehend aus nur einigen Dutzend Mitgliedern. Mehrere *cosche* bilden einen Clan oder eine Familie.

Lupara Die »Wolfsflinte« (Schrotflinte) mit abgesägtem Lauf ist die traditionelle Waffe der Mafia.

Lupara bianca Der Mord ohne Leiche. Das Opfer verschwindet, ohne eine Spur zu hinterlassen.

Omertà Die männliche Pflicht der Verschwiegenheit.

Pentito Reuiger, geständiger Angeklagter in Mafia-Prozessen, der seine Mittäter preisgibt. Nur wenige dieser ›Verräter‹ sterben im Bett.

Pezzi da novanta: Große, schwere Kaliber, Bezeichnung für Mafia-Bosse.

Picciotto: Unterwelt-Nachwuchs, ein ›Lehrling‹ in der Mafia-Hierarchie, ein billiger Killer.

La piovra Blutsauger, populäres Synonym für Mafia.

Pizzo oder **tangente** Erpreßtes Geld, Mafia-Steuer.

manch dubioses Finanzgeschäft mit ebensolchen Banken nachsagt, allerdings nicht durchringen. Wahrscheinlich wäre eine solche Maßnahme, die den Kriminellen, zumindest im tiefkatholischen Süden, einst den gesellschaftlichen Boden hätte entziehen können, heute auch kaum mehr wirksam, haben die »Freunde der Freunde« doch schon seit längerem jegliche Basis in der Bevölkerung verloren, die nur noch durch nackte Gewalt zur traditionellen *omertà,* dem angeblich so mannhaften Schweigen gegenüber den Behörden, verpflichtet werden kann. »Nur ein Stummer, Tauber und Blinder lebt hundert Jahre«, lautet ein altes Sprichwort, das im Mezzogiorno mehr denn je Gültigkeit besitzt.

Die Motive dafür waren früher allerdings anderer Natur. Über die Entstehung der Mafia gibt es zwar verschiedene Theorien, alle Behauptungen, die »Ehrenwerten« seien einst eine Schutzmacht der armen, unterdrückten Bauern gewesen, müssen jedoch ins Reich der Robin-Hood-Legenden verwiesen werden. Im Gegenteil: Die Großgrundbesitzer vor allem Siziliens bedienten sich nach der Einigung Italiens in der zweiten Hälfte des 19. Jh. ihrer *gabellotti* (Hauptpächter), um aus den sozial unterprivilegierten Landarbeitern, die Grund und Boden in Subpacht bestellten, das Letzte herauszupressen. Aus diesem System der Ausbeutung entwickelte sich im Laufe einiger Jahrzehnte die Mafia mit ihren auf Blutsbanden und einem strengen Ehrenkodex aufgebauten bürgerlichen Familienclans, die sich aufgrund ihrer im Gegensatz zur staatlichen Ordnung straffen Strukturen im autoritätsgläubigen Volk bald einer gewissen Achtung erfreuen konnten. Zumindest arrangierte man sich lieber mit den Mächtigen auf lokaler Ebene als mit denen im fernen Rom.

Der Schriftsteller Leonardo Sciascia (1921–1989), Siziliens einsamer literarischer Rufer gegen das organisierte Verbrechen, sah in dem Phänomen eine »tragische Vision der Existenz«. »Die Mafia steht für eine große Strenge und Steifheit im Verhalten«, wie er einmal in einem Interview erklärte. »Sie geht Risiken ein und verbindet diese mit einem Willen zur Totalität, den man bei den Mafiosi aller hierarchischen Stufen findet. Sie verkörpert das, was Montesquieu die ›Tugend der herrschenden Klassen‹ nannte. Aber die Mafiosi sind auch in einem einfacheren Sinne extrem tugendhaft. Es ist unmöglich, bei ihnen den leisesten Skandal auszumachen. Es gibt keinen Ehebruch, keine Drogen und keine linksextremen Sympathien. Sie hassen die Unordnung und die Mißachtung der Normen. Der Mafioso ist puritanisch, im individuellen wie im sozialen Bereich. In einer Gesellschaft, die völlig hilflos der Auflösung ihrer Werte zusieht, lebt der Mafioso in einem kohärenten System, an dem Calvin durchaus Gefallen finden könnte.«

Diese Beschreibung trifft indes auf die Vertreter der »Neuen Mafia«, die in den 80er Jahren weitgehend das Ruder übernommen haben, kaum mehr zu. Ein Vergleich mit dem Gangstertum amerikanischer Prägung wäre passender. Dennoch unterscheiden sich die Filialen der Weltfirma sogar in Süditalien von ihren Wurzeln und vom Aufbau nicht unwesentlich voneinander.

Die »Clans der Sizilianer«, sozusagen die Nachfahren der »Urväter«, beherrschen nicht nur die größte Insel des Mittelmeeres, sondern sind auch in Norditalien und den wichtigsten europäischen Märkten sowie – durch ihren Ableger, die *Cosa Nostra* – in den USA ein nicht zu unterschätzender Machtfaktor. In Kalabrien hat sich die *'ndrangheta* etabliert, die sich nach Ansicht von Werner Raith, dem führenden ›Mafia-Spezialisten‹ deutscher Sprache, ursprünglich aus den untersten Schichten, den Bauern und Landarbeitern, rekrutierte und sich – anders als die Camorra in Neapel und Umgebung, die eine durchorganisierte Stadtkriminalität repräsentiert – bis zum Beginn der Drogen-Ära sogar politischen und sozialrevolutionären Ideen durchaus aufgeschlossen zeigte. Inzwischen freilich sind die alten Ideale der *'ndrangheta* einer blutigen Gangsterfehde gewichen, die pro Jahr an die 300 Menschenleben fordert. Der Einfluß der nach Polizeischätzung mindestens 150 kalabrischen Clans, deren Mitgliederzahl auf etwa 8000 geschätzt wird, beschränkt sich ausschließlich auf die lokale Ebene, jede Familie verteidigt ihr kleines Territorium mit Zähnen und Klauen, die internationalen Beziehungen der *Mafia calabrese* bleiben angesichts ihrer Uneinigkeit ohne Bedeutung.

Elendsviertel: Brutstätten der Mafia

Die Ohnmacht der Staatsgewalt hat auch Kampanien, traditionelles Herrschaftsgebiet der Camorra, zum Nährboden für das organisierte Verbrechen werden lassen. Von den Bourbonen in Neapel als Polizeispitzel und Gefängnisaufseher mit halblegalen Machtposten betraut, entwickelten sich die Camorristi bald zu einer zwischen Regierung und Volk stehenden Kaste, die sich nach oben arrangierte und nach unten brutal ausbeutete. Im Gegensatz zur Mafia sizilianischer Prägung haben, so Raith, Camorra-Bosse fast niemals hohe politische Posten bekleidet, wenn auch immer wieder geschäftliche Verbindungen mit mittleren staatlichen Beamten und Parteifunktionären auffliegen. Raffaele Cutolo, legendärer Gründer und Chef der *Nuova camorra organizzata* (NCO), der sein Killerheer vom Gefängnis aus befehligt, kann sich sogar damit brüsten, dank seiner weitreichenden Beziehungen das Leben des von der linken Terrororganisation »Rote Brigaden« 1981 entführten christdemokratischen Regionalministers Ciro Cirillo gerettet zu haben.

Auch in Neapel fordern die Bandenkriege einen ungeheuren Blutzoll. Der NCO Cutolos stehen die Gangs der *Nuova famiglia* unter der Leitung von Assunta Maresca, genannt *Pupetta,* der einzigen Frau an der Spitze dieses brutalen Geschäftes, gegenüber. Mehr als 30 Clans kämpfen zwischen Neapel und Castellammare di Stabia um die Vorherrschaft, auch hier bleiben Jahr für Jahr mindestens 300 Leichen auf dem Schlachtfeld. Um die Ehre geht es dabei längst nicht mehr, lediglich Geld regiert heute die Welt dieser Mafia und ihrer lokalen Filialen.

Nur in Apulien finden sich noch Reste der ehemals »Ehrenwerten Gesellschaft« mit den alten Strukturen, wie sie Sciascia beschrieben hat. Aber schon machen die internationalen Technokraten der lokalen Bossen den Platz in dieser Region streitig, die

Überlebensmotto

infolge ihrer 800 km langen Küste eine ideale Anlaufstelle für den Drogenschmuggel aus dem Nahen Osten darstellt.

Opfer der internen Mafia-Fehden sind fast ausschließlich Mitglieder der gegnerischen Clans, fallweise auch Politiker und Geschäftsleute, die meist nicht gerade weiße Westen haben. In jüngster Zeit häufen sich allerdings die Mordanschläge auf Richter und andere Vertreter der Justiz – eine Personengruppe, die vom Staat schmählich im Stich gelassen wird. Eine 1962 vom Parlament eingesetzte Anti-Mafia-Kommission hat in zweieinhalb Jahrzehnten nichts als nutzlose Aktenberge produziert und mehrere Berichte über die Aktivitäten des organisierten Verbrechens veröffentlicht, die zwar für einiges Aufsehen sorgten, aber kaum rechtliche Konsequenzen nach sich zogen. Ein paar mutige Kämpfer gegen die Mafia, wie der Polizeipräfekt von Palermo, Carabinieri-General Alberto Dalla Chiesa, der 1982 zusammen mit seiner jungen Frau im Kugelhagel eines Killer-kommandos starb, standen und stehen auf einsamem, verlorenem Posten. Der politischen Mafia-Lobby in Rom gelingt es stets, sie in ihren Ermittlungen so massiv zu behindern, daß die meisten Untersuchungen im Sande verlaufen. Rücktritte frustrierter Richter oder Demissionen von Bürgermeistern sorgen nur kurz für Schlagzeilen, ehe man wieder zur Tagesordnung übergeht.

»Der Staat hat nie wirklich die Mafia zu bekämpfen versucht«, stellte Leonardo Sciascia nüchtern fest. »Ihm kommt im Gegenteil eine große Verantwortung für die Ausbreitung dieses Krebsgeschwürs zu. Man kann sogar sagen, daß die Mafia an der Brust des Staates groß geworden ist.« Pessimismus prägt daher auch alle Voraussagen, beschränkt sich doch das mafiose Prinzip, nämlich die Durchsetzung von illegalen Geschäften mit einer treu ergebenen Freundesclique, keineswegs auf Italien und findet seinen Ausdruck in politischen und wirtschaftlichen Skandalen aller Länder. *La piovra*, der Blutsauger, wie die Mafia in der Bevölkerung genannt wird, gleicht der Hydra, jenem sagenhaften Ungeheuer, dem sämtliche von Herakles abgeschlagenen Köpfe doppelt nachwuchsen. Der Held der Antike wurde mit dem Untier fertig, doch wo gibt es heute einen Herkules, der es mit der Mafia aufnimmt? Fast alle polizeilichen Maßnahmen erweisen sich als ein Schlag ins Wasser, denn für jede beschlagnahmte Waffe kommen zehn neue in Umlauf. Und für jeden Boß, der ins Zuchthaus wandert, stehen genügend Anwärter für die Nachfolge bereit.

Für Touristen aber gilt: Keine Angst vor der Mafia. Ihnen wird mit Sicherheit kein Haar gekrümmt, solange sie mafiose Interessen nicht stören. Die Kleinkriminellen, wie überall auf der Welt auf rasche Beute aus, bilden zwar das Reservoir, aus dem das organisierte Verbrechen seine Handlanger und späteren Killer schöpft, werden aber von der Mafia in ihren Aktivitäten kontrolliert und bei Überhandnahme der Delikte sogar gebremst. Schließlich läßt sich die »Ehrenwerte Firma«, die auch im Fremdenverkehr, durch Beteiligung an Hotelprojekten zum Beispiel oder als Eigentümer von Reiseunternehmen, kräftig mitmischt, nicht gerne ins Handwerk pfuschen. Seinen Obolus entrichtet der Fremde ohnedies bei jedem Kaffee, bei jedem Glas Wein und bei jeder Mahlzeit in einem Lokal, ja selbst beim Einkauf in einer Boutique oder auf dem Markt, denn Gastwirte oder Geschäftsleute müssen das erpreßte »Schutzgeld« in ihre Preise einrechnen. Kluge Urlauber schneiden das Thema, über das zwar täglich in den Medien ausführlich berichtet wird, gar nicht erst an. Über die Mafia spricht man nicht.

Umwelt:
Dantes Inferno läßt grüßen

»Dieser Wald von Masten, Röhren und Flammen, diese Trauben von Glühbirnen an metallischen Schäften, diese großen, flach auf dem Gras liegenden Zylinder des petrochemischen Werkes bieten einen wunderbaren Anblick. Anstatt die Landschaft mit den Oliven und dem Meer zu stören, vervollständigen diese klaren, kalten Linien das Bild, so wie die kubistische Malerei die impressionistische zur Vollendung bringt, anstatt sie zu zerstören.« Diese Worte stammen nicht etwa aus der Feder eines Satirikers. Allen Ernstes pries solcherart der 1929 geborene Franzose Dominique Fernandez, Professor für italienische Literatur, in seinem Mitte der 60er Jahre erschienenen Buch »Süditalienische Reise« die rücksichtslose Industrialisierungswelle im Mezzogiorno. Daß für das Eisenhüttenwerk von Italsider bei Tarent 20 000 Olivenbäume gefällt und für die Chemiefabriken von Brindisi Artischockenfelder, viermal so groß wie die Oberfläche der Stadt, geopfert werden mußten, bezeichnete der blind fortschrittsgläubige Autor als »wahren Segen«.

Mit seiner Meinung stand er damals freilich keineswegs allein. Fachleute und Medien beteten die »industrielle Revolution« als Allheilmittel für alle Nöte des Südens an. Sie würde, so prophezeite etwa der *Corriere della Sera*, das soziale Antlitz der Regionen, die jahrhundertelang nur von Landwirtschaft, Schiffahrt und Handel lebten, »von Grund auf verändern«. Der Jubel ist inzwischen längst verklungen, die Euphorie in Resignation übergegangen. Die Stahl- und Zementwerke, Raffinerien, Automobilfabriken und Chemieunternehmen, unter dem Schlagwort »Entwicklungshilfe« rund um Neapel und am Rande der apulischen Städte Bari, Brindisi und Tarent mit gigantischem finanziellem Aufwand aus dem Boden gestampft, kommen meist aus den roten Zahlen nicht heraus. Und das bißchen Wohlstand, das sie den Menschen bescherten, die das Glück hatten, dort eine Arbeitsstelle zu finden, mußte teuer erkauft werden: mit der Zerstörung von Gesundheit, Umwelt und alten sozialen Strukturen.

»Von Grund auf verändert« haben sich die Landschaften rund um die qualmenden und stinkenden Industrie-Ungetüme in der Tat. Sie bieten weitgehend ein Bild der Verwüstung. Riesige Agrarflächen liegen brach, seitdem Hunderttausende, den Verlockungen der tarifvertraglich geregelten Fließbandarbeit erlegen, Haus und Hof verließen. Die Probleme verlagerten sich in die Städte und ihre häßlichen Satellitensiedlungen. Der Teufelskreis von Arbeitslosigkeit, sozialem Elend, Gleichgültigkeit, Hoffnungslosigkeit, Drogen, Kriminalität und Abhängigkeit von der Mafia zieht sich immer enger zusammen. Wilde Mülldeponien, von Schlaglöchern übersäte Straßen, die ins Nichts führen, verkümmerte Bäume und Sträucher mit abgestorbenen, von Abgasen schwarzen Blattresten, innerhalb weniger Jahre verfallene und zu Slums verkommene Wohnhäuser inmitten einst grüner, heute staubig-schmutziger Wiesen, Flüsse, Bäche und Kanäle, übelriechende, mit tödlichen Giften gefüllte Kloaken, die ungefiltert ins Meer fließen, und verpestete Luft, die den azurblauen mediterranen Himmel verdunkelt – Dantes Inferno läßt grüßen.

Umweltschutz, seit den 80er Jahren zumindest ein politisches Thema, scheitert am Fatalismus der Bevölkerung und an der Unfähigkeit der Regierenden. Mit Gelassenheit werden Katastrophenmeldungen über die Verschmutzung der See hingenommen, über den Verfall von Kunstwerken oder das Sterben der Bäume. »Speziell dem Süden«, notierte Joachim Fest in seinen italienischen Reisebetrachtungen »Im Gegenlicht«, »ist Vorsorgedenken fremd, weil die Menschen auf die Unerschöpflichkeit und Allmacht der Natur vertrauen, was wiederum nur die Kehrseite der Ohnmachtsempfindungen ist, die sie ihr gegenüber ausgebildet haben.«

Was die Gesetzgebung betrifft, so bleibt das Problem in einem Kompetenzdschungel stecken. »Mindestens zwölf Ministerien« – die genaue Zahl weiß offenbar nicht einmal der verantwortliche Ressortchef in Rom – »sind bei uns für die Ökologie zuständig, ganz abgesehen von den einzelnen Regionen, die ihr Mitspracherecht auf diesem Gebiet mit Zähnen und Klauen verteidigen«, mußte der italienische Umweltminister Giorgio Ruffolo in einem Interview seine Macht- und Hilflosigkeit eingestehen. Selbst angesichts der allsommerlichen Algenkatastrophen an der Adria, die einer breiten europäischen Öffentlichkeit erstmals das ganze dramatische Ausmaß des Desasters vor Augen führen, konnte man sich in Rom nicht einigen: Fragen des Meeres teilen sich nach wie vor fünf Ministerien. Ruffolo zeigte sich daher auch nicht gerade optimistisch, daß das mit seinen Toleranzgrenzen für die Verschmutzung längst überholte Wasserschutzgesetz aus dem Jahre 1976 bald novelliert werden könnte. Der Bau von Kläranlagen, so der Minister weiter, wurde sträflich vernachlässigt, und von den wenigen existierenden – ihre Zahl liegt unter 2000 – funktioniert mindestens die Hälfte nicht richtig oder überhaupt nicht, weil die Gemeinden kein Geld für den Anschluß haben.

Dieses Problem beschränkt sich keinesfalls auf den Süden, der einen Großteil der Verschmutzung überdies unfreiwillig aus dem Norden ›importiert‹. In der Po-Ebene lebt ein Drittel der italienischen Bevölkerung, 60% der landwirtschaftlichen Güter werden im Einzugsbereich des großen Stromes erzeugt, 70% der Industrie sind dort angesiedelt. Aber die Abwässer der meisten Haushalte in Mailand oder Turin fließen ungeklärt in Richtung Meer, die Industrie spült jährlich 65 t Quecksilber, 90 t Nickel, 75 t Phenole, 82 000 t Stickstoff, 20 000 t Phosphor und 65 000 t Kohlenwasserstoffe in die Adria. Ein Horror-Szenario, das in kleinerem Maßstab auch auf die Industriegebiete des Mezzogiorno zutrifft. Ist das der ›Fortschritt‹, von dem Dominique Fernandez und die Verfechter des Wirtschaftswachstums um jeden Preis geschwärmt haben? Die Geister, die man rief, wird man wohl kaum mehr los, es gelingt aber offenbar nicht einmal, sie regional zu bannen.

Die Geschichte hat die Menschen nichts gelehrt. Vor bald 800 Jahren war nämlich der Süden der Apenninenhalbinsel so etwas wie ein ökologisches Musterland. Friedrich II. erließ die wahrscheinlich ersten Umweltgesetze der Geschichte und sorgte auch für deren Einhaltung. Der Kaiser, mit 37 Jahren nach siegreichem Kreuzzug und Versöhnung mit dem Papst auf dem Höhepunkt seiner Macht, ersann in seinen Residenzen in Foggia und im waldreichen Bergland von Melfi Regeln zum Wohle der Allgemeinheit, unter diesen strenge Bestimmungen zur Reinhaltung von Luft und Wasser. Er sei »gesonnen, die durch göttlichen Ratschluß gewahrte Gesundheit der Luft durch Unsere eifrige Sorge, soweit Wir es vermögen, zu erhalten«, dekretierte er und verfügte, »daß keiner in den irgendeiner Stadt oder Burg benachbarten Gewässern in einer Entfernung von einer Meile oder weniger Flachs oder Hanf wässern darf, damit nicht dadurch, wie Wir sicher wissen, die Beschaffenheit der Luft verdorben wird«. Der Herrscher bestimmte ferner, was mit Abfällen oder Kadavern geschehen solle, wie Grabstätten anzulegen und Schlachthäuser zu errichten seien. Er hätte gewiß auch Industriekomplexe nicht zu menschenfeindlichen Monstern werden lassen.

Wie zum Beispiel am Golf von Neapel, wo mitten in das am dichtesten besiedelte Gebiet Europas Hunderte von Betrieben gepflanzt wurden. Die Folgen sind verheerend. Die Sterblichkeitsraten aufgrund von Lungenkrebs und anderen Krankheiten der Atemwege liegen weit über dem italienischen Durchschnitt. Dies gilt auch für die Industriezone von Tarent. Immer mehr Unternehmen werden von den Behörden als »risikoreich« eingestuft, ohne daß eine Chance besteht, die Giftküchen zu schließen oder wenigstens durch den Einbau von Filtern zu entschärfen. In Umweltmaßnahmen will niemand investieren, zumal viele Betriebe kaum oder gar keine Profite abwerfen. Zur Verpestung der Luft trägt selbstverständlich auch die nahezu eine Million Fahrzeuge bei, die sich im Schritt-Tempo durch die viel zu engen Gassen der Golfregion zwischen Castellammare di Stabia und Pozzuoli quälen. Katalysatoren, abgasarme Motoren? Niemals gehört! Der Großteil der Bevölkerung macht sich über die drohende ökologische Gefahr keinerlei Gedanken. Unbekümmert entledigt man sich des Mülls, wo immer man sich gerade befindet. Obwohl das Baden im Meer vor Neapel aus gesundheitlichen Gründen verboten wurde, stürzen sich Tausende von Jugendlichen an heißen Tagen selbst im Hafengebiet in die unappetitliche, schmutzig-braune Brühe und tauchen nach Muscheln, die dann möglicherweise in der nächstliegenden Trattoria serviert werden.

Nicht überall ist zum Glück die Wasserqualität so katastrophal wie im Golf von Neapel und jenem von Tarent, sonst wäre der Fremdenverkehr schon längst ruiniert. Die Europäische Gemeinschaft veröffentlicht alljährlich eine Mittelmeerkarte, aus der die sauberen Strände ersichtlich sind. Der Zeitpunkt des totalen Umkippens der mediterranen Fauna und Flora scheint aber nicht mehr allzu fern angesichts der Tatsache, daß zu den an den Gestaden des Mittelmeeres lebenden 130 Mio. Menschen Jahr für Jahr 100 Mio. Touristen kommen. Für das Jahr 2025 wird mit 200 Mio. Einwohnern und 150 Mio. Fremden gerechnet. »Wir verfügen einfach nicht über die Umwelt-Infrastrukturen, die diese Massen bewältigen«, sieht Giancarlo De Riu, Hygiene-Professor an der Universität Neapel, den unmittelbar drohenden Kollaps. »Wo es funktionierende Kläranlagen gibt, sind diese nur auf die normale Bevölkerungszahl hin dimensioniert und nicht auf den Urlauberansturm. Und moderne Müllverbrennungsanlagen wird man südlich von Rom vergeblich suchen. Der Abfall aus Haushalten und Industrie landet zum Verbrennen häufig in ausgetrockneten Flußbetten, in der Regenzeit werden die Giftstoffe, die sich nicht in unserer Atemluft abgelagert haben, dann ins Meer geschwemmt.«

Werden an der nördlichen Adria zur Umweltsanierung gewaltige Investitionen erforderlich sein, könnte im noch nicht ganz vom Massentourismus erfaßten Mezzogiorno ein radikales Umdenken das Schlimmste verhindern. Von den Industriezonen abgesehen, findet man in Süditalien immer noch kilometerlange relativ saubere Strände und Traumküsten, an denen das Vergnügen im Wasser gesundheitlich unbedenklich ist. Kluge Gemeindeväter wissen, welch kostbares Erbe sie verwalten, kurzsichtige Kommunalpolitiker bauen auf das schnelle Geld und mit häßlichen, nur in den Sommermonaten bewohnten Apartmentsilos buchstäblich auf Sand. Außerhalb der Saison stimmt der

Anblick riesiger Geisterstädte, mit ihren herabgelassenen Rolläden blinden Zyklopen gleich, unendlich traurig. Beton-Hochhäuser säumen weite Abschnitte Kalabriens, aber auch Apuliens, insbesondere des Gargano. Diese zu Stein gewordenen Spekulationssünden wider die Natur sind Mahnmale einer irregeleiteten Entwicklungs- und Fremdenverkehrspolitik, deren negative Auswirkungen die nächsten Generationen zu tragen haben werden.

Die süditalienischen Städte verkommen mehr und mehr zu urbanen Wüsten. Nach einer Untersuchung der Universität Bari liegt die Metropole Apuliens in der Grünflächen-Statistik am untersten Ende. Nur 0,2 qm Grünland stehen den Baresen pro Einwohner im städtischen Bereich zur Verfügung, die Neapolitaner können sich mit knapp 1 qm auch nicht gerade im Grünen austoben. (Im Vergleich dazu: Die Zahlen betragen in Los Angeles 154, in Stockholm 100, in München 20 und in Wien 11 qm pro Kopf der Bevölkerung.)

Warum vernachlässigt der Süditaliener, ein sinnen- und genußfreudiger Menschenschlag, sein *ambiente* so offensichtlich? In seinen eigenen vier Wänden achtet er – selbst bei bitterster Armut – auf Sauberkeit. Auch seine Kleidung, sein Äußeres, pflegt er mit Akribie, muß er doch in einem Land, in dem jegliche Kommunikation zum Auftritt auf einer großen Bühne wird, stets sein Gesicht wahren. Was sich freilich außerhalb seiner Haustüre abspielt, geht ihn nichts mehr an. Das fällt in die Kompetenz der öffentlichen Hand, der Behörden, des Staates, und mit diesen will man nichts zu tun haben. »Die kümmern sich nicht um uns und wir uns nicht um sie«, lehnt der Bürger jegliche Verantwortung für seine Umwelt ab.

Die Vision vom »stummen Frühling«, der endgültige Abschied vom Meer, »klare, kalte Linien« Gift speiender Fabrikschornsteine anstelle verträumter Olivenhaine – sieht so die Zukunft des Mezzogiorno aus? Nimmt man Positano an der amalfitanischen Küste als Beispiel, so besteht berechtigte Hoffnung auf eine Trendumkehr. In dem blitzsauberen Bilderbuch-Städtchen hat eine überparteiliche Umweltschutzorganisation, die Vereinigung *VEP (Voluntari Ecologico Positanese)*, mit massiver Unterstützung der Bevölkerung die Initiative ergriffen und sorgt dafür, daß Straßen und Gassen, Strand und Meer regelmäßig von allem Unrat befreit werden. Umweltsündern drohen drakonische Strafen, deren Exekutierung eine Schar erfahrener Rechtsanwälte garantiert. Auch an anderen Orten gewinnen ökologische Gruppen nach und nach an Einfluß, der große Durchbruch allerdings steht noch aus.

Wenn die Staatsmacht nicht fähig ist, das Problem zu bewältigen, vielleicht springt eines Tages die »Ehrenwerte Gesellschaft« ein und entdeckt, daß Umweltschutz ebenfalls ein recht lukratives Geschäft sein kann.

Essen
und Trinken:

Tägliches Fest
der Sinne

Wie tröstlich, daß nicht nur wir Touristen von heute oft blind an Wesentlichem vorbeihasten, auch reisenden Literaten und schreibenden Reisenden des 19. Jh. dürfte so manches entgangen sein. Nicht ein Wort verlor der Franzose Stendhal nämlich in seinem Hunderte von Seiten dicken Tagebuch »Rom, Neapel und Florenz im Jahre 1817« über die Kochkunst Italiens. Lediglich die Beobachtung, daß »alle Florentiner mager sind und man sie im Café ihre einzige Mahlzeit, bestehend aus einem Milchkaffee und einem winzigen Brötchen, einnehmen sieht«, erschien ihm bemerkenswert. Wie sein prominenter Zeitgenosse verschwendete auch der Deutsche Johann Gottfried Seume bei seinem »Spaziergang nach Syrakus im Jahre 1802« kaum einen Gedanken an Kulinarisches. Es sei denn, der engagierte Protestant ertappte »Pfaffen und Mönche« ausgerechnet in der Fastenzeit bei Schlemmereien, worüber er dann freilich umso ausführlicher berichtete: »Zum Eingang kam eine Suppe mit jungen Erbsen und jungem Kohlrabi, sodann kamen Makkaronen mit Käse; sodann eine Pastete von Sardellen, Oliven, Kapern und stark aromatischen Kräutern; ferner einige große herrliche goldgelbe Fische aus der See; weiter hochgewürzte vortreffliche Artischocken; das Dessert bestand aus Lattichsalat, den schönsten jungen Fenchelstauden, Käse, Kastanien und Nüssen: alles, und vorzüglich das Brot, war von der besten Qualität, und schon einzeln quantum satis superque.« Von dieser unerwarteten Völlerei abgesehen – »Die einzige Mahlzeit, die ich in Italien von Italienern genossen habe!« –, erlaubte ihm sein Reisebudget außer Brot, Obst, getrockneten Oliven und Wein bestenfalls noch die »ewigen Makkaronen«, denen er jedoch gehöriges Mißtrauen entgegenbrachte: »Ich habe vernünftige Ärzte in Italien darüber sprechen hören, daß jährlich in der Fasten eine Menge Menschen an der verdammten Paste sich zu Tode kleistern; denn der gemeine Mann hat die ganze lange Zeit über fast nichts anderes als Makkaronen mit Öl.«

Bedauerlicherweise durfte der wortgewaltige Kartoffel-Fan aus Sachsen den weltweiten Siegeszug der geschmähten röhrenartigen Nudeln nicht mehr erleben, sein Kommentar wäre mit Sicherheit amüsant ausgefallen. Als Synonym für sämtliche Teigwaren in ihren unzähligen Variationen avancierten *maccheroni* gemeinsam mit *spaghetti* nämlich zum Inbegriff italienischer Kochkunst. Darüber hinaus weiß der Neapolitaner zweifelsfrei: Schon vor urdenklichen Zeiten kannten die Olympischen keinen himmlischeren Ort auf Erden als Parthenope. Als Tribut an ihre überirdische Schönheit überreichten sie der Stadt am Golf ein wahres Göttergeschenk – die Pizza.

Tatsächlich läßt sich dieser Behauptung kaum etwas entgegenhalten, liefert doch jeder einzelne der unzähligen neapolitanischen Pizzabäcker tagtäglich aufs Neue den Beweis, daß nur ein mit dem Wasser des Golfs getaufter *pizzaiuolo* die Kunst versteht, aus Hefeteig, Olivenöl, Tomaten, Käse, Kräutern, Gemüse, Schinken und Seegetier unvergleichliche Meisterwerke des guten Geschmacks zu zaubern. Nur in Neapel und vielleicht noch in der näheren Umgebung schmeckt die Pizza wahrlich himmlisch, schon in Apulien oder Kalabrien degradieren sie gewinnorientierte Restaurants gerne zum ungeliebten Stiefkind, vom Norden Italiens ganz zu schweigen, wo man in Elektroherden Frisbyscheiben-ähnliche Gebilde produziert und diese mit Dosenchampignons, kalten Rindfleischresten, farblosen *Wurstel* oder gar mit Gummiquark statt mit Mozzarella belegt. Doch schon seit langem können die Herden Kampaniens die Nachfrage nach diesem wohlschmeckenden Käse aus Wasserbüffelmilch nicht mehr stillen, echte *mozzarella di bufala* – ohne Beteiligung eines gewöhnlichen Kuheuters – wird mehr und

Kleine Pasta-Kunde

Eine Bedingung vorweg: Sagen Sie nie wieder Nudeln, wenn Sie Pasta meinen! Oder höchstens noch ein einziges Mal, laut und vor dem Spiegel: Zäh wie Kaugummi quillt das deutsche Wort aus einem gespitzten Mund, bevor sich dieser jäh zu einem verlegenen Lächeln verzieht. Weich und doch *al dente* rollt hingegen das italienische über erwartungsvoll geöffnete Lippen. Alles klar? Nur wer den feinen Unterschied bereits in der Sprache erkennt, erhält eine Eintrittskarte ins verwirrende Reich der Pasta.

Spaghetti, der internationale Code für eine *pasta lunga,* werden im Mezzogiorno weit seltener kredenzt als die dünneren *capellini* (Härchen), außerhalb Neapels auch *vermicelli* (Würmchen) genannt. (Boshafterweise bezeichnen dafür die Neapolitaner ausschließlich *spaghetti* als »Würmer«, doch das nur nebenbei.) Fast ebenso haarfein sind *fidelini* und *spaghettini,* etwas dicker *spaghettoni.* Außerdem werden *bavette* und *bucatini* (feine Röhrchen) oder *linguine* und *trenette* (schmale Bändchen) um die Gabel gewickelt. Bandbreiten liegen im wahrsten Sinn des Wortes zwischen *tagliatelle, fettucine, lasagnette, lasagne* und *pappardelle.*

Nicht mehr zur Meterware zählen: Röhren wie die klassischen *maccheroni, penne* (Federn), *tortiglioni* (Spiralen), *rigatoni* (gerillt) oder gar *denti d'elefante* (Elefantenzähne); weiterhin *gnocchi* (Klößchen, meist aus Kartoffelteig) oder *dischi volanti* (fliegende Untertassen); besonders hübsch anzusehen sind *farfalle* (Schmetterlinge), *conchiglie* (Muscheln), *lumache* (Schneckenhäuser) oder *orecchiette* (Öhrchen), die Spezialität aus Apulien.

Mit einem wohlschmeckenden Innenleben warten auf: *lasagne,* Schicht für Schicht ein Geheimnis des Kochs; *ravioli* und *agnellotti,* süß oder pikant gefüllte Teigtaschen, oder *tortellini,* oder *cannelloni,* oder, oder, oder. Alles das und noch viel mehr hat Italien aus der Erfindung der Chinesen, die Marco Polo 1295 seinen Landsleuten mitbrachte, in sieben Jahrhunderten gemacht.

mehr zur begehrten Spezialität. Womit das Stichwort für eine weitere kulinarische Köstlichkeit der Provinz rund um Neapel gefallen ist: *mozzarella in carrozza,* Büffelkäse zwischen Weißbrotscheiben, in Öl herausgebacken.

Im übrigen bietet Kampaniens Küche das gesamte kulinarische Spektrum des Südens. Zum durchaus empfehlenswerten Standardrepertoire des Mezzogiorno zählen zunächst die kalten und warmen *antipasti* – von schlichten *olive fritte,* gebratenen frischen Oliven, über allerlei Gemüse in Essig und Öl bis zu *frutti di mare,* jenem wundervollen Potpourri aus Meeresfrüchten wie Krabben, Miesmuscheln, Tintenfischen –, schließlich als *primo* und *secondo piatto* die klassischen Gerichte eines italienischen Menüs, wobei wiederum vor allem *gamberetti, cozze* und *calamari* sowie Fisch, Tomaten, Auberginen, Zucchini und allerlei Kräuter dominieren. Aber auch eingeschworene Fleischesser müssen den Gürtel seit einigen Jahren nicht mehr enger schnallen, *filetto* und *bistecca alla griglia,* Filet und Beefsteak nature oder *alla pizzaiuola,* mit Tomatensoße »nach Art der Pizzabäckerin«, erinnern nur in Ausnahmefällen an gegrillte Schuhsohlen. Überhaupt kein Risiko geht man ein, wenn es nicht unbedingt Rind sein muß. *Scaloppine al marsala* oder *al limone,* Schnitzel in Marsalawein oder Zitronensaft, je nach Gusto vom Schwein oder vom Kalb, enttäuschen selten. Lamm hingegen bleibt ein Pokerspiel, einmal zeigt sich *agnello* zart und mit dezentem Aroma von seiner besten, das andere Mal zäh und bröckelnd von seiner schlechtesten Seite.

Generell jedoch überwiegen positive Erfahrungen, das garantiert allein schon die Mannigfaltigkeit des Gebotenen. Auf die Speisekarten sollte man sich freilich nie verlassen, sie dienen bestenfalls als Orientierungshilfen und sind auch als solche gemeint. Kein Süditaliener bestellt sein Essen ohne ausführliche Konferenz, schließlich geht es um eine ernste Sache. Jedes noch so bescheidene Mahl ist ein Fest der Sinne, das es entsprechend zu zelebrieren gilt. Richten also auch wir unseren Blick erwartungsvoll auf Wirt oder Kellner, statt die Nase in die ewig gleiche Menükarte zu stecken. Sprachschwierigkeiten? Kein Problem, auch wenn die simple Frage *che cosa c'è?* – »Was gibt's? – eine wahre Sturzflut an Unverständlichem auslöst. Mimik und Gestik genügen vollauf, um den Anschein eines sachkundigen Zuhörers zu erwecken. Entsprechend dem Ritual nicke man nun mit Kennermiene zu den akustisch am eindringlichsten vorgebrachten Vorschlägen und warte einfach ab. Schon bald stehen hausgemachte Teigwaren, vielleicht mit wildem Fenchel oder dem köstlichen Kräutlein *ruchetta* gewürzt, nie zuvor beachtete Gemüse wie bitterer Broccoli oder Mangold, unbekannte Fische oder exotisches Seegetier, Löwenzahnsalat, gemischt mit allerlei undefinierbarem Grünzeug, und noch so manch andere Spezialität aus dem frischen, saisonbedingten Angebot des Marktes auf dem Tisch. Aus seiner Überraschung braucht jetzt freilich niemand mehr ein Hehl zu machen: Daß die Fremden wirklich wissen, was sie erwartet, hat ohnedies keiner geglaubt. Aber gerade weil sie sich buchstäblich ausgeliefert haben, will man sie – Ehrensache – verwöhnen. Vertrauen gegen Vertrauen, dieses Sesam-öffne-dich für den Süden funktioniert auf jeder Ebene.

Mehr als einen kulinarischen Exkurs pro Tag werden jedoch weder Urlaubsbudget noch Magen erlauben. Einerseits stehen nämlich die Preise im Mezzogiorno denen im Norden kaum nach, andererseits hält man wenig vom Sparen, sobald es ums Essen geht. Südlich von Rom beginnt das Land der Gourmands, daran konnten seit den Tagen eines Norman Douglas weder Fitnesswelle noch Biotrends etwas ändern. Ausgerechnet

der für alle anderen Genüsse des Lebens äußerst aufgeschlossene Schotte alteriert sich in
seinem 1915 erschienenen Reisebereicht »Old Calabria« über die begnadeten Schlemmer
seiner Wahlheimat: »Ich hatte einmal Gelegenheit, einen jungen Menschen, irgendeinen
Angestellten, mittags in einer Gaststätte zu beobachten. Zunächst teilte er dem Kellner
mit, daß er heute keinen Appetit habe, sangue de Dio, wirklich gar keinen Appetit. Aber
schließlich ließ er sich gnädig überreden, ein Hors d'oeuvres von Sardellen und Oliven
zu verzehren. Dann konnte man ihn dazu bringen, die Makkaroni zu versuchen, ›weil
sie heute besonders gut sind‹; er aß oder trank vielmehr eine gewaltige Portion. Danach
kamen einige Scheiben Fleisch und ein Gericht grünen Gemüses, das genügt hätte, einen
hungrigen Ochsen zu sättigen. Etwas Fisch? fragte der Kellner. Nun, vielleicht ja; nur
formhalber – zwei gebackene Miesmuscheln mit einigen weiteren nicht bestimmbaren
Stücken. Als nächstes verschlang er ein paar rohe Eier ›wegen seines erbärmlich schwa-
chen Magens‹, eine Schüssel Salat und ein ganz beachtliches Stück frischen Käses. Nicht
ohne geheimes Neidgefühl verließ ich ihn bei seiner Arbeit am Nachtisch, von dem er
bereits ein halbes Dutzend Pfirsiche verspeist hatte.«

In »Old Calabria«, worunter Douglas den gesamten ›Fuß‹ des italienischen Stiefels mit
Ausnahme Kampaniens verstand, serviert man nach wie vor ›Boa-constrictor-Mahl-
zeiten‹ mit der allergrößten Selbstverständlichkeit. Die Reihenfolge bleibt stets gleich,
nur die lokalen Spezialitäten setzen unterschiedliche Akzente. Während apulische
Köche Meeresfrüchte aus der Adria gerne roh als *antipasti* kredenzen, spielt die ›Vor-
Vorspeise‹ sowohl an den ionischen als auch an den tyrrhenischen Gestaden Kalabriens,
den Zentren des Thun- und Schwertfischfangs, häufig eine untergeordnete Rolle. Dafür
gibt es *tonno* und *pesce spada* in allen nur denkbaren Zubereitungsarten – letzteren sogar
in Form von *involtini,* eine interessante, fein komponierte Variante der Rouladen-

gerichte des Mezzogiorno. Kalabrische und lukanische Bergbauern wiederum lieben scharfe Sachen, sie bevorzugen deftige, stark gewürzte Kost – grobe Wurst, Bohnen und Sülze. Meterweise landet das Teufelszeug *pepperoncino*, der zu dekorativen Ketten und Zöpfen aufgefädelte und in der Sonne getrocknete rote Pfeffer, in ihren Töpfen.

Alle Versuche des allgegenwärtigen Fernsehens, den Süditalienern via Film und Werbung Fast Food schmackhaft zu machen, scheiterten bisher am erbitterten Widerstand dieser wahren Erben des Lucullus. Getreu dem Vorbild des größten Gourmets aller Zeiten, dem Europa angeblich den Import der Kirschbäume aus Asien verdankt, wenden seine Nachkommen auch nach zweitausend Jahren allein für den Verzehr der Nachspeise mehr Zeit auf, als andere für einen dreistöckigen Hamburger benötigen. Frische Früchte beenden jedes Mahl, egal ob man zuvor schon den Magen mit Süßigkeiten oder Käse – *il pranzo si termina col formaggio* – geschlossen hat. Zur Auswahl stehen *mozzarelle, scamorze, provole, provolone,* frischer und gelagerter *pecorino, manteche* und *ricotte,* je nachdem hart oder weich, aus Schaf-, Ziegen-, Kuh- oder Büffelmilch.

Der Inhalt des Obstkorbes variiert mit der Jahreszeit, bietet jedoch nur selten so Überraschendes wie die erfrischenden Kaktusfeigen, *fichi d'India,* in Herbst und Winter, oder *nespole,* die herben Mispeln im späten Frühling – und wird von Reisenden aus deutschen Landen deswegen oft ignoriert. Seit es auf den Märkten nördlich der Alpen nicht exotisch genug zugehen kann und selbst Kiwis aus Neuseeland oder Papayas aus der Karibik bestenfalls noch einen Osteuropäer beeindrucken können, verlieren simple Südfrüchte mehr und mehr an Reiz. Reicher, armer Norden, in Wahrheit hat er doch in all seinem Überfluß mehr verloren als gewonnen. Was gilt uns heute eine Orange, einst Inbegriff von Sehnsucht nach Wärme und Meer? Schmecken wir wirklich noch die

Feigen werden in flachen Körben getrocknet

Sonne unter ihrer duftenden Schale, die aus jeder Pore ihr unverwechselbares Aroma verströmt? Kosten wir tatsächlich voll Genuß ihr festes, saftiges Fleisch? Mitnichten, Barbaren bleibt dieses Göttergeschenk versagt. Außer klebrigen Händen und einem süß-säuerlichen Gaumen hinterläßt dieses wundervolle Obst wenig Eindruck bei jenen, die ihm mit groben Fingern geistesabwesend die Haut vom Leibe reißen, um sich dann unappetitlich triefende Happen gedankenlos in den Mund zu stopfen. Liebevoll mit einem Messer geschält und gabelweise oder Spalte für Spalte genossen, erweisen hingegen die Menschen des Mittelmeeres auch der Orange nach wie vor jenen Respekt, mit dem sie allen Gaben der Natur begegnen.

»Südlich von Rom beginnt Griechenland, aber Italien hört nicht auf«, sagte Eckart Peterich. Präziser läßt sich der Mezzogiorno, der Nachlaßverwalter Magna Graecias, kaum definieren. Nichts verehrten die Griechen der Antike glühender als die Schönheit, wo auch immer sie sich offenbaren mochte. Der sanfte Schwung einer Wangenlinie, die ausgewogenen Proportionen eines Tempels, das leuchtende Rubinrot im Herzen einer grünen Feige – jedem Werk von höchster Harmonie, gleichgültig ob von Götter- oder Menschenhand geschaffen, zollten sie grenzenlose Bewunderung. Jahrtausende später betrachten ihre Urenkel den silbrigen Schimmer auf dem rosigen Pelz eines Pfirsichs oder die prallen Backen einer purpurfarbenen Kirsche mit ganz genau der gleichen Begeisterung. Umgeben von oft unglaublicher Häßlichkeit moderner Architektur, gefangen in einer zerstörten Umwelt, bewahrten sie sich dennoch einen ungetrübten Blick für das Schöne. *Sono figlio di persone antiche* betitelte Luciano De Crescenzo mit einem boshaften Augenzwinkern seinen hinreißenden Fotoband über das Neapel der kleinen Leute. Weil jeder einzelne dieser krummbeinigen, knollennasigen Zeitgenossen dies mit Fug und Recht von sich behaupten darf: »Ich bin ein Sohn antiker Menschen.«

Salute, ihr edlen Hellenen von heute und herbei mit dem Wein! Bringt die besten Tropfen aus euren Fässern, damit uns Bacchus selbst erzählt, was für wunderbare Spitzbuben und Genießer die Alten doch gewesen sind. Schafft ihn her, den samtigen, granatroten *Aleatico* oder den wasserhellen, trockenen *Locorotondo* aus Apulien. Fein und leicht mundet der strohgelbe *Asprino* Kalabriens, lieblich der *Lacrimae Christi* von den Hängen des Vesuv, er stimmt heiter und froh. Schwer legt sich Lukaniens moussierender *Malvasia del Vulture* aufs Gemüt, als süffig bewährt sich dafür der *Aglianico* aus der Basilikata. *Faciamo un brindisi,* lassen wir es mit dieser kleinen Auswahl aus dem Repertoire süditalienischer Keller genug sein und bringen wir einen Trinkspruch aus, den schon der große Dichter Euripides im Munde führte: »Wo es keinen Wein mehr gibt, gibt es keine Liebe!« Doch so weit werden es seine Urenkel, wie wir sie kennen, auch im nächsten Jahrtausend in ganz Magna Graecia nicht kommen lassen.

Mors tua, Vita mea –
Dein Tod, mein Leben

Peter Willburger, gebürtiger Tiroler, Jahrgang 1942, international anerkannter Maler und einer der führenden europäischen Künstler auf dem Spezialgebiet der Radierung, lebt seit den frühen 60er Jahren in dem kleinen Bergdorf Raito an der Amalfitana. Hochkarätige Meisterwerke entstehen an seiner Staffelei ebenso wie auf dem Herd.

Von allen fünf Sinnen, die bei der Kunst des Kochens angesprochen werden, dem Gehör- und Geruchssinn, dem Tast-, Seh- und Geschmackssinn, kommt den drei letztgenannten in der süditalienischen Küche die größte Bedeutung zu. Dort, wo Olivenhaine die Butterberge ablösen, findet sich noch Eß-Kultur im ursprünglichsten Sinn des Wortes. Eine Kultur, die ständig aufs Neue in das alltägliche Leben einbezogen und nicht erst zu besonderen Anlässen als kulinarische Extravaganz beschworen wird.

Wie in jeder anderen Kunst muß auch in der Küche Qualität erst einmal im Kopf vorhanden, muß sie gedacht sein, bevor sie geschaffen werden kann. Denn nicht aus einer schier grenzenlosen Phantasie entstehen Kostbarkeiten aus Duft und Geschmack, aus Farbenpracht und Form, sondern aus Denken, Wissen und Begreifen. Erst daraus entwickelt sich Können und in weiterer Folge ein Kunstwerk.

Auch wenn man es nicht wahrhaben will: Bevor es in den Topf kommt, liegt geerntetes Gemüse im Sterben, ist das geschlachtete Tier tot. Wer Grünzeug und Fleisch einfach je nach Laune ein schnelles oder raffiniertes Begräbnis erster, zweiter oder dritter Klasse bereitet, bleibt ein Dilettant, ein Stümper. Mag er sich auch noch so sehr bemühen, ihm nützen weder die besten Zutaten noch die ausgefeiltesten Rezepte. Weil er nicht verstanden hat, was einzig und allein der Sinn des Kochens ist: *la vera morte*. Ohne den »wahren Tod« in der Küche wird der Süden Italiens niemals auf der Zunge zergehen.

La vera morte der Petersilie zum Beispiel ist es wahrlich nicht, sie zu ertränken, bis sie als dunkelgefärbter Leichnam an der Oberfläche schwimmt. Oder das Kräutlein *prezzemolo* gar eingefroren aufzubewahren, um es dann aufzutauen und mit scharfem Messer brutal feinzuhacken. Jeder Wiederbelebungsversuch muß scheitern, hat die Petersilie das Zeitliche doch schon längst gesegnet. Haucht sie ihr Leben hingegen frisch und grün, behutsam gezupft, auf der fertigen Speise aus, findet sie ein ihr angemessenes Ende.

Nicht immer kommt der »wahre Tod« auf sanfte Weise. Mit einem unhörbaren Schrei stirbt das Basilikum auf brennendheißen Spaghetti, nachdem es zuvor in einem Steinmörser mit einem Holzstößel zerquetscht, zerstampft, zermalmt wurde. Solcherart als *pesto* seiner Bestimmung zugeführt, verströmt das köstliche Kraut noch im letzten Atemzug wie in Ekstase sein unvergleichliches Aroma. Landet *basilico* jedoch im Mixer, muß es elend zugrunde gehen, denn dort verwandelt sich seine Seele in eine schaumige, speigrüne Masse.

Findet *la vera morte* – aus welchen Gründen auch immer – einmal ausnahmsweise nicht statt, so wird zumindest die richtige Vereinigung zelebriert. Garten und Meer vermählen sich gut – *si sposano bene.* Einen Fisch schmort man am besten gleich im eigenen Saft, statt ihn in Butter und Sahne schwimmen zu lassen. Was hat er schließlich schon zu tun mit der Kuh oder dem Huhn? Wozu ihn, beweihräuchert mit exotischen Gewürzen, in Mayonnaise betten?

Bleibt das Fischernetz leer, so locke man Polypen oder Tintenfische aus dem Wasser, treibe Venusmuscheln auf oder breche Miesmuscheln von den Felsen. Die Kartoffel mit dem *polipo,* gartenfrische Erbsen mit der *seppia,* Zucchini und Spaghetti mit den *vongole,* Bohnen und *linguine* mit den *cozze,* all das harmoniert – *tutti si sposano bene.* Soll das Mahl noch schlichter sein? Jederzeit stehen in Salz aufbewahrte *alici* bereit, gewöhnliche Sardellen, und dazu werden Tomaten gereicht, vielleicht mit schwarzen oder grünen Oliven und getrocknetem Brot vermischt, Sellerie und Origano.

Gemüse als ausgelaugte Nebenkost, entvitaminisiert, langzeitvergewaltigt, gepudert mit Mehl? *No, grazie!* Nach kurzem Ziehen im heißen Wasserbad, knackig, *al dente,* geil, mit Olivenöl befeuchtet oder je nach Lust in der Pfanne gereizt, findet die vegetarische Befriedigung im Munde statt,

entströmt dort der Nährstoffsaft. Ähnlich verhält es sich mit Salat. Festes, kerniges Tomatenfleisch, kräftige Fenchelsehnen und streichelweiche Blätterhaut, zartgrüne, jungfräuliche Herzen, sie – und nur sie – geben beim Biß ihr Aroma ab, auf Zunge und Gaumen. Und erfrischen das eine Mal zwischen den Gängen, das andere Mal erst nach dem Hauptgericht *la bocca,* den Mund.

Aber wäre das eigentlich nicht die Aufgabe des Weins? Oh nein, diesem ist anderes zugedacht. Er wird nicht gebissen und auch nicht verkostet, sondern lediglich zur Gurgel geführt – dem Kontrollorgan. Diese Stelle passiert nur geprüfter, reiner Rebensaft, der dann auf schnellstem Wege, in einem Zug, befördert wird über die leere, tote Strecke zwischen Schlund und Magen. Erst dort erwacht langsam sein Geist, verbreitet sich sanft bis in die Zehenspitzen, bis zu den Haarwurzeln und in den Augen-Blick. Und am Grunde jedes geleerten Glases Wein ruht in sich die ganze Welt, wartet die Erkenntnis – *nell fondo* begreift man *il mondo.*

Peter Willburger

Prinzip Hoffnung:

Vertrauen in den Süden

Clara und Gianpietro: Heimkehr aus der Schweiz

»Nein, in diesem Punkt gibt es bei mir keine Kompromisse.« Mit unerwarteter Heftigkeit beendet Gianpietro die Diskussion über das Thema Jungfräulichkeit. Für ihn, so betont der sonst eher sanftmütige junge Mann, komme nur eine unberührte Frau als Lebenspartnerin in Frage. »Sehen Sie, er ist trotz seiner Schweizer Erziehung eben ein typischer Kalabrese geblieben«, kontert seine Berufskollegin Clara, die gleichfalls in eidgenössischen Landen aufwuchs, jedoch in Sachen Moral einen weniger konservativen Standpunkt einnimmt.

Die Eltern der beiden jungen Leute – sie Jahrgang 1964, er drei Jahre jünger – hatten mehr als zwei Jahrzehnte lang ihr Brot als Handwerker und Fabrikarbeiter in der Schweiz verdient. Clara und Gianpietro besuchten in Basel die Schule und absolvierten dort auch ihr Abitur. Diese Ausbildung und die perfekten Deutsch-Kenntnisse sind jetzt ihr wichtigstes Kapital, das sie als Reisebüro-Angestellte sinnvoll einzusetzen verstehen. »Wir haben uns in der Schweiz sehr wohl gefühlt, aber an eine Rückkehr denken wir nicht«, denn unser Platz ist in Kalabrien, hier bauen wir unsere Zukunft auf«, sagen sie unisono. Obwohl sie beide aus kleinen Dörfern stammen, ziehen sie das Leben im städtischen Bereich vor.

Clara läßt keinen Zweifel daran, daß sie sich als moderne, emanzipierte Frau betrachtet. »Ich brauche meine Freiheit, eine Beziehung mit einem Mann, der so denkt wie Gianpietro, könnte ich mir nicht vorstellen, da gäbe es nichts als Probleme«, bekräftigt sie mit entschuldigendem Seitenblick auf ihren Kollegen, mit dem sie sich bei der Arbeit übrigens blendend versteht. »Meine Schwester, die früher als ich aus der Schweiz heimgekehrt ist, hat so einen Mann geheiratet. Der spielt nach außen den Dominanten, den Macho, während seine Frau zu Hause das Sagen hat.«

In der am hügeligen Rand einer Ebene liegenden Ortschaft Maida nahe Lamezia Terme – Engländern durch einen gloriosen Sieg über Napoleons Truppen anno 1806 und der daraufhin erfolgten Benennung eines Londoner Stadtteils (Maida Vale) zum Begriff geworden – leben die Eltern Gianpietros von einer kleinen Rente und dem, was sie sich als Gastarbeiter erspart haben. In unverfälschtem Schweizerdeutsch heißen die alten Leute den Gast in ihrer schmucken, peinlich sauberen Wohnung im historischen Zentrum des Dorfes willkommen. Der Sohn des Hauses hat zwar noch ein Zimmer dort, zu mehr als gelegentlichen Besuchen reicht aber seine Zeit nicht. »Meiner inzwischen verheirateten Schwester hat Vater natürlich ein Haus gebaut«, berichtet er mit einer Selbstverständlichkeit, als ob seine Eltern Millionäre wären. »Das muß hier so sein, denn wir halten die Tradition noch hoch. Es ist üblich, daß sich Mädchen mit 13 Jahren verloben und mit 18 heiraten. Ein Mädchen, das mit 18 noch nicht einmal verlobt ist, hat

den Anschluß verpaßt«, schildert der junge Mann die für Clara »schrecklich archaischen« Sitten und Gebräuche in der Landgemeinde.

»Zum Glück sind nicht alle meine Landsleute so«, rückt die quirlige Tourismus-Managerin das Bild von den ultra-konservativen, schwerfälligen Kalabresen wieder zurecht. »Die ältere Generation will sich mit dem neuen Selbstbewußtsein der Frauen nicht abfinden, und Gianpietro steht eben noch sehr unter dem Einfluß seiner Eltern. Freilich, einfach wird es uns Frauen hier nicht gemacht. Nur wer eine entsprechende Ausbildung hat, kann sich auch seinen Partner selbst aussuchen. Für die meisten jungen Mädchen gilt es immer noch als höchstes Ziel, möglichst schnell unter die Haube zu kommen und dann nur Hausfrau zu spielen. Dazu ist aber ein gut verdienender Ehemann notwendig. Ein Arbeitsloser hat kaum eine Chance. Also siegt oft die Vernunft über die Liebe«, kritisiert Clara den Pragmatismus ihrer Geschlechtsgenossinnen. »Das wird sich aber bald ändern, denn immer mehr Mädchen besuchen jetzt höhere Schulen und Universitäten, um dann im Leben so wie ich auf eigenen Beinen stehen zu können.«

»Noch in den 70er Jahren«, bestätigt auch Gianpietro, »war ein uneheliches Kind in Kalabrien eine Familienkatastrophe. Die Frauen mußten die Babys heimlich zur Welt bringen und dann sofort weggeben, was zu einem schwunghaften Kinderhandel beitrug. Heute geht eine unverheiratete Mutter eben in die Stadt und taucht in der Anonymität unter. Bei uns im Dorf hätte sie aber wahrscheinlich kein angenehmes Leben.« Ein bißchen zwiespältig scheint das Verhältnis des jungen Mannes zu seinem Heimatort schon zu sein. So sehr er seine Eltern liebt und verehrt, so sehr ihm die kleinen Gassen und Plätze vertraut sind, so eng ist ihm Maida geworden, seit er durch seine beruflichen Kontakte den Duft der großen, weiten Welt schnuppern konnte. Die Jahre seiner Kindheit in der Schweiz möchte er nicht missen, im Grunde seines Herzens aber bleibt er Kalabrese. Einer mit wachen Augen, die voll Hoffnung ins 21. Jh. blicken.

Peter Zeller: Europa endet nicht hinter Rom

Die Heimat seines Herzens ist Süditalien, sein geistiges Zuhause Mitteleuropa. Dennoch fühlt er sich nicht als Zerrissener: Dr. Peter Zeller, 1950 in Bari geboren, Universitätsprofessor, Autor und Journalist, personifiziert jenen Intellektuellen, der den Mezzogiorno nicht als unterentwickeltes Anhängsel des alten Kontinents sieht, sondern als gleichberechtigten Partner. »Was wir uns von der mitteleuropäischen Kultur holen, können wir aus unserem Potential zurückgeben, der Austausch funktioniert reibungslos, weil wir eben alle dieselbe Basis haben«, stellt der Sohn eines deutschen Vaters und einer italienischen Mutter selbstbewußt fest.

Zeller senior hatte seine Frau als Soldat während des Krieges in Bari kennengelernt und war der Liebe wegen bald in die apulische Hauptstadt zurückgekehrt. In seinem gediegenen 180 qm-Apartment am Rande der Stadt zeigt Peter Zeller dem Besucher ein Buch mit meisterhaften Fotos, die von seinem Vater – »Er hatte als Deutscher niemals Schwierigkeiten hier, denn er liebte dieses Land und seine Menschen über alles« – in den 50er und 60er Jahren in Apulien aufgenommen worden waren. Als Buchautor und Mitarbeiter von Kulturzeitschriften ist der Theaterwissenschaftler in die Fußstapfen seines Vaters getreten. »Er hat mir auch bei meinem Studium an der Universität von Bari und bei meiner Doktorarbeit über ›Psychologie und Literatur: Thomas Mann‹ sehr geholfen«, erinnert sich der schlanke, dunkelhaarige Barese, dem zum perfekten Süditaliener lediglich ein wenig mehr Temperament fehlt, mit Wehmut an sein großes, inzwischen verstorbenes Vorbild.

Auch die geistige Universalität, das lebhafte Interesse an sozialen, ökologischen, psychologischen, künstlerischen und archäologischen Problemen hat Peter Zeller von seinem Vater geerbt. Ob es sich um den Streit über den Schauplatz der Schlacht von Cannae handelt (»Die Angelegenheit ist nicht auf wissenschaftlicher, sondern auf politischer Ebene längst entschieden worden«), um mehr Grünflächen für Bari (»Eine Schande, mit 0,2 qm pro Einwohner liegen wir am untersten Ende der Statistik in Italien«), um die horrenden Mieten in der Stadt oder um die gesundheitlich katastrophalen Folgen der Umweltverschmutzung, mit Engagement nimmt er zu all diesen Fragen Stellung. Als bei Aushubarbeiten für einen Neubau die Reste eines römischen Gutshofes zu Tage kamen und gleich niedergerissen werden sollten, schlug Zeller bei den Behörden so lange Alarm, bis zumindest ein kleiner Teil gerettet werden konnte. »Wir dürfen unser kulturelles Erbe nicht verschleudern, das sind wir uns, Europa und der ganzen Welt schuldig«, lautet sein Credo.

Mit seiner Frau, einer Botanikerin, die ihre in der ganzen Wohnung und in einem kleinen Glashaus auf dem Balkon gezüchteten Pflanzen aus aller Welt liebevoll hegt und pflegt, unternimmt Peter Zeller alljährlich ausgedehnte Reisen. Sein erklärtes Lieblingsziel ist jedoch neuerdings Wien und dort speziell die Adresse Berggasse 19, das ehemalige Wohnhaus Sigmund Freuds. Denn der Professor für Publizistik will sich mit 40 keineswegs auf seinen Lorbeeren ausruhen. Er studiert nebenbei Medizin, um sich später der in seinen Augen faszinierendsten Wissenschaft, der Psychoanalyse, zu widmen.

»Ich habe Glück, daß ich mir das leisten kann. Viele meiner Studienkollegen konnten keine adäquaten Beschäftigungen finden und müssen sich als Reiseleiter oder in anderen Berufen mehr schlecht als recht durchs Leben schlagen. Mit 50 000 Studenten platzt die

Universität von Bari aus allen Nähten, allein 20 000 haben Rechtswissenschaft belegt, 8000 Medizin. Wohin mit all diesen Akademikern?« Dennoch, für Pessimismus bleibt in seinem Lebensbild kein Platz: »Ich vertraue auf die Kraft des Südens, auf seine enorme Regenerationsfähigkeit, die er im Laufe der Jahrtausende immer wieder bewiesen hat. Einmal waren wir unten, dann wieder oben. Der Mezzogiorno ist ein Spiegel der europäischen Geschichte. Daher endet für uns Europa keineswegs hinter Rom, sondern wir fühlen uns mittendrin.«

Die Auslagen der reichhaltig sortierten Buchhandlungen in Bari und nicht zuletzt auch Peter Zellers Bibliothek unterstreichen diese Aussage. Da steht neben Fachwerken der Theaterwissenschaft, der Medizin und der Botanik italienische, deutsche, spanische, englische und französische Literatur. »Eine normale und durchschnittliche Auswahl, wie man sie auch in vielen anderen Wohnungen Süditaliens finden kann«, gibt sich der Hausherr bescheiden. Ein ungewöhnlicher Wandschmuck allerdings dürfte den Psychoanalyse-Fan doch von seinen Landsleuten unterscheiden: Anstelle der in Süditalien üblichen Dollar-Note, Symbol unerfüllter Träume, ziert bei ihm ein Fünfzig-Schilling-Schein die Wand – mit dem Porträt Sigmund Freuds.

Bürgermeister Acito: »Die Zukunft gehört uns!«

Jung, dynamisch, voll Optimismus – der erste Eindruck von Francesco Saverio Acito, Bürgermeister von Matera in seiner zweiten Amtsperiode, bestätigt sich. »Wir sind eine der wenigen süditalienischen Provinzhauptstädte mit hoher Lebensqualität«, fegt er sogleich alle Zweifel an seiner Kommune vom Tisch. »Natürlich betrifft das nicht das

273

große Geld, materiellen Reichtum meine ich nicht, sondern unsere intakte menschliche Gemeinschaft und vor allem unsere Gott sei Dank noch heile Umwelt.«

In seiner geschmackvoll eingerichteten Wohnung im Hochparterre eines modernen Apartmenthauses bringt der Diplomingenieur und zweifache Familienvater, der so gar nichts von einem Technokraten an sich hat, die Situation der Stadt auf den Punkt: »Es soll uns niemals schlechter gehen als jetzt.« Acito, Jahrgang 1944, legt aber auch die Probleme von Matera offen dar: »Die meisten Sorgen bereitet uns die Arbeitslosigkeit, insbesondere unter der Jugend. Wir wissen, daß wir wohl niemals für alle jungen Leute Arbeitsplätze schaffen können. Matera lebt von der Administration, von Behörden, Banken, Schulen. Dann gibt es noch eine florierende Kleinindustrie, die durchaus ausbaufähig scheint: ein zur Fiat-Gruppe gehörendes Werk, das Spezialwaggons für die Eisenbahn herstellt, holzverarbeitende Betriebe und mehrere Polstermöbel-Fabriken, die zu 95% ins Ausland exportieren. Unsere Stadt wächst, aber harmonisch, und sie wird stets in menschlichen Dimensionen bleiben.«

Dimensionen, die freilich nicht Brot für alle bedeuten. »Die offiziellen Statistiken – 19 bis 20% Jugendliche ohne Beschäftigung – darf man allerdings nicht ganz ernst nehmen«, schwächt das Stadtoberhaupt ab. »Meine Schätzung liegt bei 10%. Dieser Wert ist immer noch zu hoch, kann aber von den Familien verkraftet werden. Die meisten Eltern sehen es lieber, daß ihre Kinder zu Hause arbeitslos als in der Fremde Gastarbeiter sind. Und dann gewöhnt man sich auch an die Bequemlichkeit. Wenn einer in der Familie verdient, reicht das. Selbst noch für Ersparnisse, wie uns die Banken immer wieder bestätigen.«

Der christdemokratische Politiker – er war bei seinem ersten Amtsantritt einer der jüngsten Bürgermeister Süditaliens – hält nichts davon, Probleme zu verschweigen. Doch gegen ein nur schwer auszurottendes Vorurteil wehrt er sich vehement: in der Basilikata das Armenhaus des Südens zu sehen. »Was soll das, wir treten doch nicht in einen Konkurrenzkampf mit anderen Gebieten, etwa mit Kalabrien, und wetteifern gar, wer von uns der Ärmste ist? Jeder muß mit seinen eigenen Problemen fertig werden. Wir Materaner sind es gewohnt, genügsam zu sein. Und das macht nicht zuletzt unsere Würde aus. Unser Reichtum besteht in einem 7000 Jahre alten kulturellen Erbe. Das sind die wahren Werte, das müssen wir pflegen und für die nachkommenden Generationen bewahren.« Acito spricht von den Sassi und dem Milliardenprojekt ihrer Revitalisierung, schwärmt von den zahlreichen Initiativen auf dem Kunstausstellungssektor und ärgert sich, daß die große Welt da draußen von der einzigartigen Kulturstadt Matera noch kaum Notiz genommen hat. Gleichzeitig muß er aber zugeben, daß man einen größeren Touristenansturm derzeit gar nicht bewältigen könnte: »Wir müssen Kapazität und Qualität unserer Hotels ausbauen, wenn wir den Fremdenverkehr ankurbeln möchten. Hier liegt vieles im Argen. Aber seit kurzem gibt es eine Hotelfachschule, wir werden daher bald über ausgebildetes Personal verfügen.«

Wieder ein paar Emigranten weniger? »Die Zahl der Auswanderer ist deutlich geringer geworden. Heute sind nur mehr Fachleute gefragt. Zahlreiche junge Materaner zum Beispiel, die im Norden studiert haben, machen dann auch dort Karriere. Aber Jahr für Jahr verbringen sie zumindest ihren Urlaub zu Hause und halten somit eine enge Bindung an ihre Geburtsstadt aufrecht.«

Das Bild einer heilen, kleinbürgerlichen Welt in und um Matera, das mit seinen Höhlenwohnungen und seinen von der Malaria gezeichneten Bewohnern einst als Inbegriff des Elends galt, wird nicht einmal durch das Hauptübel des Südens – die Mafia – getrübt, wie Acito glaubhaft versichert: »Wir haben hier keine organisierte Kriminalität, weil wir alle zusammenhalten. Doch es ist uns völlig klar, daß wir um die Erhaltung dieses Friedens kämpfen müssen.«

Das junge Stadtoberhaupt will auch weiterhin nichts dem Zufall überlassen: »Die Zukunft gehört uns, es hängt einzig und allein von uns ab, wie wir sie gestalten. Wenn wir uns alle engagieren, wenn wir Politiker uns nicht um der Eitelkeit willen in den Vordergrund drängen, wenn wir mit unseren Ressourcen – der Natur, den Kulturschätzen und nicht zuletzt den Menschen – sorgfältig umgehen, dann können wir unsere Chance gar nicht verspielen.«

Rocco Laezza: »Hier zu bleiben ist eine Herausforderung.«

Es könnte malerischer nicht sein: Zwischen wildem Oleander und Heckenrosen führen unkrautüberwucherte Stufen hoch hinauf zu einem alten Haus mit Terrasse und Blick auf das tiefblaue Meer der Amalfitana. Im Inneren findet sich jene Art von Einrichtung, die von gutem Geschmack und wenig Geld erzählt. Von solch einem Domizil pflegen Aussteiger zu träumen, der Hausherr selbst hält es freilich lieber mit den Ein- und Aufsteigern. Denn nichts ist für den gebürtigen Neapolitaner Rocco Laezza heute wichtiger als eben dieser Einstieg in eine bürgerliche Welt, in der man sich nicht fragt, wovon man im nächsten Monat die Miete zahlen soll. Oder gar Frau und Kind ernähren. Seit wenigen Wochen ist der junge Mann, Jahrgang 1956, Vater. Und seit wenigen Monaten – nach jahrelangem Warten, Hoffen, Bangen, nach einem Wechselbad der Gefühle zwischen Resignation und Optimismus – endlich nicht mehr ›Freiwild‹ auf dem Arbeitsmarkt.

Karriere bleibt für den frischgebackenen Sachbearbeiter Rocco allerdings weiterhin ein Fremdwort. Ein kleiner Beamter wie er sitzt für gewöhnlich ein Leben lang hinter Aktenstöße verbannt, krankenversichert und pensionsberechtigt zwar, aber ohne Chance auf einen Platz an der Sonne. Wer nicht über Beziehungen verfügt – und nichts ist im Mezzogiorno wichtiger als *un santo in paradiso,* ein »Heiliger im Paradies«, der sich als »Pate« ganz weltlich und sicherlich nicht uneigennützig um einen armen Teufel kümmert –, wird nur wenig erreichen. Rocco macht sich darüber keine Illusionen. Daß ihn zwei Studien mit erfolgreichem Abschluß nicht weiter gebracht haben als bis zu einem Posten, mit dem man wahrlich keinen Staat machen kann, ist wohl Beweis genug.

Als er merkte, daß sein Diplom für Lebensmittelchemie nicht einmal das Papier wert war, auf dem es geschrieben stand, da fing der Jungakademiker eben noch einmal von vorne an und inskribierte an der Sport-Hochschule in Neapel. Sein dreijähriges Zweitstudium für das Lehramt finanzierte er sich mit Gelegenheitsjobs jeglicher Art, die ihm alles abverlangten – außer chemischen Kenntnissen. »Bei uns macht niemand das, was er gelernt hat«, kommentiert er trocken die Tatsache, daß ein ausgebildeter Sportlehrer nach weiteren bitteren Jahren eines Lebens von der Hand in den Mund nunmehr seine Muskeln beim Aktentragen und im Papierkrieg stählen darf.

Italiens Bürokratie erfuhr eine neue Dimension, als ein Erdbeben in Kampanien, Kalabrien und der Basilikata nicht nur 5000 Menschenleben forderte, sondern Hunderttausende obdachlos machte oder zumindest in schwer beschädigten Häusern zurückließ. Von den Milliardenbeträgen, die von der Regierung seither locker gemacht werden mußten, schluckten zwar Mafia und Camorra den Löwenanteil, doch es blieb noch genug übrig, um unzählige arbeitslose Akademiker, egal was sie gelernt hatten, als Techniker, Geometer oder Verwaltungsbeamte zu beschäftigen. Von einem fixen Dienstverhältnis konnte vorerst jedoch keine Rede sein, trotz des *Legge 219/81,* jenem sofort beschlossenen Gesetz, das Anstellungen gewährleisten sollte. Denn ein kurz vor dem Beben ausgegebener Finanzplan verbot ausdrücklich Neuaufnahmen in allen Ämtern. Und es bedarf schon mehr als einer Naturkatastrophe und einer Sonderbestimmung, um den schwerfälligen Verwaltungsapparat dieses angeblich so leichtlebigen Landes zum raschen Umdisponieren zu bewegen.

Erst 1984 kam Rocco wie so viele andere, die geduldig auf die versprochene Chance gewartet hatten, zum Zug. Angestellt wurden sie jedoch noch lange nicht, *Legge 219/81*

hin oder her, man kann ein Gesetz schließlich auch interpretieren. Die zuständige Behörde warf zwar ein Heer von qualifizierten Kräften in die Schlacht des Wiederaufbaus, entlohnt wurden diese jedoch schlechter als der einfachste Soldat. Rocco und seine Kollegen verdienten sich ihr Brot nicht anders als Taglöhner, jeder Krankenstand, jeder Urlaub wurde von dem ohnedies kärglichen Monatssalär peinlich genau abgezogen. Keine Leistung – keine Lira, nicht einmal aus dem Fond der Arbeitslosenunterstützung, denn sie waren ja beschäftigt. Um an diese Mittel heranzukommen, muß man lange genug untätig sein, dann hält das soziale Netz, in dessen Maschen sich vor allem im Mezzogiorno so mancher fallen läßt, der in Wahrheit keineswegs ohne Einkommen dasteht – man muß nur wissen wie.

Rocco aber wollte nicht zum Sozialfall werden, er wollte einen Beruf. Nach seinem 33. Geburtstag war es endlich soweit. Fast ein Jahrzehnt nach dem Erdbeben, nach fünf Jahren Hungerlohn, darf er sich dank seiner Zähigkeit Beamter nennen. »Die Toten von 1980 lassen viele leben«, sagt der junge Familienvater ohne Sentimentalität und mit jener für den Süden so typischen barocken Betrachtungsweise, nach der das Thema Sterben kein Tabu ist. »Meine Frau Antonia, mein Sohn Stefano und ich, wir alle verdanken den Opfern von damals das Heute.«

Hatte er in der Zeit, in der er seine Träume von einer Chemiker-, Lehrer- oder Sporttrainer-Laufbahn endgültig zu Grabe trug, eigentlich Angst vor der Zukunft? »Zweifel, Wut, Enttäuschung, das ja. Aber Angst? Nein, höchstens für 30 Sekunden«, blickt er zurück ohne Zorn. »Eigentlich habe ich ja doch immer Glück gehabt. Weil ich bei jedem angebotenen Job sofort zur Stelle war, auch wenn ich nicht wußte, ist es für einen Monat, eine Woche, einen Tag. Irgendwie habe ich doch alles gehabt, was ich zum Leben brauchte. Viele meiner Studienkollegen sind noch immer arbeitslos. Oder haben Drogenprobleme. Oder sind in den Norden ausgewandert und todunglücklich. Niemals habe ich auch nur mit dem Gedanken gespielt, einfach auf und davon zu gehen. Weder nach Mailand noch nach New York oder Sydney. Ich liebe den Süden, ich liebe dieses Land – und ich laufe nicht davon. Hier zu bleiben ist eine Herausforderung.«

Abbildungsnachweis

Farbabbildungen
Hans Weber, Lenzburg   8, 14, 21

Schwarzweißabbildungen
Archiv für Kunst und Geschichte, Berlin   S. 16
dpa, Frankfurt   S. 70
DuMont Archiv, Köln   S. 174
Werner Stuhler, Hergensweiler   S. 97
Ullstein Bilderdienst, Berlin   S. 14, 101
Hans Weber, Lenzburg   S. 59, 88, 207, 343

Vignetten S. 1, 11 von Jasmin Carnabuci

Alle übrigen Abbildungen stammen von den Autoren bzw. aus dem Archiv der Autoren.

Karten und Pläne
DuMont Buchverlag, Köln; Christian Heße

Autoren und Verlag bemühen sich darum, die Praktischen Reiseinformationen auf dem aktuellsten Stand zu halten, können aber keine Gewähr für die Richtigkeit jeder einzelnen Angabe übernehmen – Anschriften wie Telefonnummern, Öffnungszeiten wie Währungskurse etc. ändern sich oft kurzfristig. Wir bitten um Verständnis und werden Korrekturhinweise gerne aufgreifen (DuMont Buchverlag, Postfach 10 04 68, 5000 Köln 1).

Quellennachweis

S. 38, 200: Stefan Andres, *Sehnsucht nach Italien,* © by Langen Müller in der F. A. Herbig Verlagsbuchhandlung GmbH, München

S. 236 f.: Beppa Arioti, aus: Monika Suvier, Rosanna Fioccetto (Hrsg.), *Italien der Frauen,* Verlag Frauenoffensive, München

S. 204: Camilla Cederna, *Italien gestern, Italien heute,* Beck & Glückler Verlag, Freiburg

S. 235: Ann Cornelisen, *Frauen im Schatten,* Fischer Taschenbuch Verlag GmbH, Frankfurt am Main 1978

S. 237 f., 256: Dominique Fernandez, *Süditalienische Reise,* Insel Taschenbuch Verlag, Frankfurt

S. 16, 122 ff., 128 ff.: Carlo Levi, *Christus kam nur bis Eboli,* Europa Verlag A. G., Zürich

S. 47, 48: Elsa Morante, *Arturos Insel,* Claassen Verlag, Düsseldorf

S. 215 f., 227: H. V. Morton, *Wanderungen in Süditalien,* Societäts-Verlag, Frankfurt

S. 106: Eckart Peterich, *Italien,* Bd. 2, Prestel-Verlag München, 8. Auflage 1988

S. 236: Fabrizia Ramondino, aus: Barbara Bronnen (Hrsg.), *Mamma Mia – Geschichten über Mütter,* Beck'sche Reihe, München 1989

Süditalien-Informationen

Städte-ABC

Anreise

Mit dem Auto

Durchgehende Autobahnverbindung von der italienischen Grenze über Rom bis Neapel und Salerno (gebührenpflichtig) und weiter bis Reggio di Calabria (gebührenfrei). Nach Apulien Autostrada über Bologna, Ancona, Pescara, Foggia bis Bari und Tarent (Mautpflicht). Entfernungen bis Neapel: von München (über Brenner) 1130 km, von Basel (über St. Gotthard, Mailand, Bologna) 1115 km, von Wien (über Graz, Klagenfurt, Tarvis, Udine, Bologna) 1365 km. Neapel – Salerno – Cosenza – Reggio di Calabria: 500 km. Neapel – Bari: 260 km. Bologna – Bari – Tarent: 740 km.

Mit dem Flugzeug

Der internationale Flughafen von Napoli-Capodichino wird von zahlreichen Chartermaschinen aus ganz Europa und von folgenden ausländischen Liniengesellschaften angeflogen: Lufthansa (täglich von Frankfurt), British Airways (viermal wöchentlich non stop von London) und Air France (zweimal pro Woche non stop von Paris). Zahlreiche ALITALIA-Flüge nach Neapel täglich und zum Teil direkt von allen wichtigen europäischen Städten: Düsseldorf, Frankfurt, Hamburg, Hannover, Luxemburg, München, Nürnberg, Stuttgart, Wien und Zürich. ALITALIA und ihre Tochtergesellschaft ATI verbindet auch Rom, Mailand und andere italienische Städte mit den wichtigsten Flughäfen des Mezzogiorno: Bari, Brindisi (Apulien), Lamezia Terme und Reggio (Kalabrien).

Helikopter-Service vom Flughafen Napoli-Capodichino nach Capri und Ischia (mehrmals täglich, aber nur in der Saison).

Mit Flugzeug und Schiff

Zwischen dem Hafen von Fiumicino (unweit vom römischen internationalen Flughafen Leonardo da Vinci) und Ischia, Capri und Sorrent gibt es täglich zwei Tragflügelboot-Verbindungen (Fahrzeit knapp über drei Stunden).

Mit der Bahn

Kurswagen von Düsseldorf, Frankfurt, Stuttgart und München nach Neapel, Reggio di Calabria, Brindisi und Lecce, sonst umsteigen in Rom, Bologna oder Mailand. Fahrzeiten ab München oder Wien bis Bari oder Neapel: zwischen 20 und 25 Stunden. Von Rom fast stündliche Zugverbindungen nach Neapel und Bari (Fahrzeit zwischen zwei und dreieinhalb Stunden). Preisvergünstigungen bieten die sogenannten »Kilometerbanken« (3000 Kilometer für beliebig viele Reisen und für bis zu fünf Personen innerhalb von zwei Monaten) und Netzkarten der FS (staatliche Eisenbahn).

Auskünfte

Will man sich Ärger ersparen, so ist von den Auslandsbüros des schwerfällig-bürokratischen Staatlichen Italienischen Fremdenverkehrsamtes ENIT in Frankfurt, Düsseldorf, München, Wien und Zürich abzuraten.

Detailinformationen über Fahrpläne, Hotels, Agriturismo (Urlaub auf dem Bauernhof), Veranstaltungen und Reiserouten erhält man besser direkt bei den jeweiligen Regional-, Provinz-, städtischen oder lokalen Fremdenverkehrsämtern bzw. bei *Compagnia Italiana Turismo* (CIT) in Köln (Komödienstraße 49, ℘ 02 21/2 07 09 10, Fax: 02 21/24 52 48), Frankfurt (Stiftstraße 2, ℘ 0 69/2 09 46) und München (Rindermarkt 2, ℘ 0 89/2 31 90 30).

Regional- und Provinz-Fremdenverkehrsämter

Apulien

Bari: Corso Italia 15, ℘ 0 80/40 11 11 oder 21 31 34; Piazza Moro 33, ℘ 0 80/22 88 55 oder 22 88 51; Via Melo 253, ℘ 0 80/22 53 27

Brindisi: Via Cristoforo Colombo 88, ℘ 08 31/22 28 13

Foggia: Via Perrone 17, ℘ 08 81/2 36 50

Lecce: Via Monte S. Michele 20, ℘ 08 32/5 41 17

Tarent: Corso Umberto 121, ℘ 0 99/2 44 57

Kampanien

Neapel: Via Partenope 10/A, ℘ 0 81/41 89 88 oder 40 62 89, Telex: 720078; Stazione Centrale, ℘ 0 81/26 87 79; Stazione di Mergellina, ℘ 0 81/7 61 21 02; Flughafen Capodichino, ℘ 0 81/7 80 57 61

Avellino: Piazza della Libertà, ℘ 08 25/3 51 75

Benevento: Via Giustiniani 34, ℘ 08 24/2 54 24

Caserta: Palazzo Reale, ℘ 08 23/32 22 33

Salerno: Via Velia 15, ℘ 0 89/22 43 22

Basilikata

Potenza: Via Cavour 15, ℘ 09 71/2 18 39

Matera: Via De Viti De Marco 9, ℘ 08 35/21 24 88

Maratea: Piazza del Gesù 32, ℘ 09 73/87 69 08

Kalabrien

Catanzaro: Galeria Mancuso, ℘ 09 61/2 98 23

Cosenza: Via Pasquale Rossi, ℘ 09 84/3 05 95

Reggio di Calabria: Via C. Colombo 9, ℘ 09 65/9 84 96

Fast jede noch so kleine Ortschaft besitzt ein *Pro Loco,* eine örtliche Tourismusniederlassung, bei der Kartenmaterial und Prospekte kostenlos erhältlich sind (sofern man das Glück hat, jemanden anzutreffen).

Autofahren

Benzin

Italien hat aufgrund der enormen Steuerbelastung die höchsten Benzinpreise Europas. Bei Banken und Autoclubs in Deutschland, Österreich und der Schweiz erhalten Touristen verbilligte Benzingutscheine (das sogenannte Nord- bzw. Südpaket, das auch Bons für die Autobahnmaut umfaßt); allerdings nur, wenn man mit dem eigenen Wagen unterwegs ist.

Leihwagen

Die internationalen Firmen (Avis, Hertz, Interrent, Europcar) sind auf den Flughäfen Napoli-Capodichino, Brindisi und Lamezia Terme sowie in den Regional- und Provinzhauptstädten vertreten. Kleinere Unternehmen finden sich in allen wichtigeren Fremdenverkehrszentren des Mezzogiorno. In der Hochsaison ist eine Vorbestellung empfehlenswert. Sonderangebote beachten.

Pannenhilfe

In ganz Italien unter der Telefonnummer 116 (Pannendienst des *Automobile Club d'Italia* – ACI) erreichbar und für Ausländer nur gratis, wenn man die Mitgliedskarte oder den Schutzbrief eines heimischen Autoclubs vorweisen kann. In allen größeren Ortschaften des Südens gibt es genügend Autowerkstätten, deren Mechaniker wahre Meister im Improvisieren sind. Bei Unfällen sollte unbedingt die Polizei zu Hilfe geholt werden (einheitliche Rufnummer in ganz Italien: 1 12), weil sonst Schadenersatzansprüche schwierig werden. Name und Adresse der Versicherung des Unfallgegners sind aus dem hinter der Windschutzscheibe jedes italienischen

Autos angebrachten Versicherungsschein ersichtlich.

Straßen und Autobahnen

Das Netz von Straßen und Autobahnen im Mezzogiorno ist sehr dicht, ebenso allerdings auch der Verkehr. In den Städten selbst herrscht an Werktagen ein permanentes Verkehrschaos, Parkplätze sind äußerst rar. Es empfiehlt sich daher, bei Stadtbesichtigungen auf den eigenen Wagen zu verzichten und auf öffentliche Verkehrsmittel umzusteigen bzw. in den Zentren überhaupt zu Fuß zu gehen. Auch auf bewachten und gebührenpflichtigen Parkplätzen (in Neapel etwa am Hafen bei der Piazza Municipio) sollte man keine Gegenstände im Wagen zurücklassen, da trotz Bewachung Einbruchs- und Diebstahlsgefahr besteht. Haftung wird nicht übernommen.

Zwischen 1. März und 31. Oktober dürfen keine Fahrzeuge (ausgenommen jene der Bewohner) nach Capri gebracht werden, auch Urlauber müssen in dieser Zeit ihre Autos auf dem Festland abstellen. Von Ischia verbannt sind während der Monate Juli und August Fahrzeuge mit neapolitanischem Kennzeichen, deren Besitzer nicht auf der Insel leben.

Tankstellen

Tankstellen haben meist an sechs Tagen der Woche in der Zeit von 8 bis 20 Uhr – mit einer langen Mittagspause zwischen 12.30 und 16 Uhr – geöffnet. Einige Tankstellen in den Provinzhauptstädten sowie alle Zapfsäulen an den Autobahnen stehen rund um die Uhr zur Verfügung. Bleifreies Benzin *(senza piombo)* ist noch nicht überall im Lande erhältlich, garantiert jedoch an den Autobahn-Tankstellen. Aktuelle Verzeichnisse der Bleifrei-Tankstellen in Süditalien führen die Automobilclubs der deutschsprachigen Länder.

Tempolimit

Im Ortsgebiet gilt im allgemeinen Tempo 50. Auf Staats-, Regional- und Gemeindestraßen liegt die Geschwindigkeitsbegrenzung für Pkw mit einem Hubraum von 600 cm³ und Motorräder bis 99 cm³ bei 80 km/h, für alle anderen Pkw und Motorräder bei 90 km/h, auf Schnellstraßen bei 110 km/h. Auf Autobahnen wird es etwas komplizierter: Dort dürfen Motorräder unter 149 cm³ überhaupt nicht fahren, bei Autos mit einem Hubraum bis 600 cm³ sollte die Tachonadel nicht mehr als 90 km/h anzeigen, bei stärkeren Pkw und Motorrädern maximal 130 km/h. An Wochenenden, Feiertagen und in der Ferienzeit (Juli/August) beträgt das Tempolimit für diese Fahrzeuge jedoch nur 110 km/h. **Achtung:** Die Einhaltung der Geschwindigkeitsbegrenzungen wird neuerdings streng kontrolliert, Temposünder müssen mit saftigen Geldbußen rechnen. Davon bleiben auch devisenbringende Ausländer nicht verschont.

Versicherung

Ausreichender Versicherungsschutz (auch gegen Diebstahl) sei jedem motorisierten Italienbesucher empfohlen. Auch mit dem Leihwagen fährt es sich vollkaskoversichert besser.

Benehmen

Kein Italien-Besucher sollte vergessen, daß er Gast in einem Land mit anderen Sitten und Gebräuchen ist, auf die er Rücksicht zu nehmen hat. Gar nicht ausstehen können vor allem die Süditaliener jene »Hoppla-jetzt-komm-ich-Typen«, die glauben, mit einem bißchen Geld die große, weite Welt kaufen zu können. Mit Höflichkeit und einem freundlichen Lächeln kommt man stets besser weiter als mit dem Kopf durch die Wand.

Jeder Mezzogiorno-Neuling sollte sich hüten, die Zeichen- und Gebärdensprache der Einheimischen nachzuahmen, es könnte sonst peinliche Mißverständnisse geben. Man prostet sich ausnahmslos mit der rechten Hand zu (mit der Linken würde man seinem Gegenüber Unglück wünschen). Speziell ältere Frauen auf dem Land scheuen die neugierige Linse eines Fotografen wie der Teufel das Weihwasser. Knipser, die es trotzdem nicht lassen können, sollten daher mit Teleobjektiven arbeiten oder auf solche Motive verzichten. Sonst drohen ihnen – im harmlosesten Fall – böse Flüche und Verwünschungen. Kirchen sind in erster Linie Orte des Glaubens und nicht bloß Kunstdenkmäler. Entsprechend dezente Kleidung sollte eine Selbstverständlichkeit sein, daheim besucht man ein Gotteshaus ja schließlich auch nicht im allzu legeren Freizeitlook. Und eine Meßfeier ist eine sakrale Handlung, die nicht durch Umhergehen gestört werden darf. Kurzum: Bitte benehmen Sie sich so, wie Sie es zu Hause bei ausländischen Gästen voraussetzen.

Camping

In ganz Süditalien, speziell an den Küsten, gibt es ein dichtes Netz von Campingplätzen, wobei allerdings die Qualität von Lage und Ausstattung sehr unterschiedlich ist. Eine detaillierte und kritische Beschreibung der Zelt- und Wohnwagenplätze findet sich in dem Freizeitführer »Die schönsten Campinganlagen Europas« (Verlag Fink-Kümmerly + Frey). Auf der Insel **Capri** ist Camping generell verboten. Gegen ›wilde‹ Camper wird neuerdings rigoros vorgegangen. Entsprechende Verbotstafeln finden sich an den meisten öffentlichen Stränden.

Einkaufen

Offiziell haben Geschäfte von Montag bis Samstag zwischen 9 und 12.30 oder 13 Uhr und zwischen 15.30 und 19.30 Uhr geöffnet. Die Ladenschlußzeiten werden aber sehr individuell gehalten. Manche Läden und Kaufhäuser haben auch an Sonntagen offen, sind dafür jedoch an einem Wochentag geschlossen. Nur die Mittagspause wird in der Regel ziemlich genau eingehalten. In eleganten Geschäften und in Kaufhäusern (die bekanntesten Ketten sind *Upim, Standa* und *Rinascente*) gibt es fixe Preise, in kleineren Läden und auf Märkten sollte man das übliche Handeln nicht vergessen. In Neapel befinden sich die pittoreskesten **Märkte** – häufig mit Waren, deren Herkunft eher dubios ist – im Viertel zwischen **Corso Umberto** und **Corso Garibaldi**, in der **Forcella** hinter dem Dom und in der **Via della Sanità**. Ein **Flohmarkt** wird jeden Sonntagvormittag in der **Via Foria** in der Nähe des Nationalmuseums abgehalten. **Achtung:** Die italienischen Finanzgesetze schreiben für jeden Einkauf (nicht auf Märkten), aber auch für die Dienstleistung beim Friseur und die Konsumation im Restaurant zwingend die Ausstellung einer Quittung vor, die man nicht sofort wegwerfen darf. Kontrollen bis einige hundert Meter vom Geschäft (Restaurant, etc.) entfernt werden stichprobenartig durchgeführt. Wer ohne Quittung ertappt wird, muß Bußgeld zahlen.

Feiertage

1. Januar (Capodanno);
Ostermontag;
25. April (La Resistenza/Tag der Befreiung);
1. Mai (Festa del lavoro/Tag der Arbeit);
15. August (Ferragosto/Mariä Himmelfahrt);

1. **November** (Ognissanti/Allerheiligen);
8. **Dezember** (L'Immacolata/Mariä Empfängnis);
25. **Dezember** (Natale/Weihnachten);
26. **Dezember** (Santo Stefano/Tag des hl. Stefan).

Feste

Jedes Dorf feiert das Fest seines Schutzpatrons mit großem Aufwand. Schon Tage zuvor werden die Straßen mit elektrischen Lichtgirlanden prächtig geschmückt. Am Festtag selbst gibt es Jahrmarktbuden, Umzüge, Platzkonzerte und – sofern es die Gemeindekasse erlaubt – ein Feuerwerk. Grund zum Feiern bieten aber auch durchaus profane Anlässe wie Jagd, Fischfang oder Ernte. So begeht man zum Beispiel in der Provinz Potenza im August das Fest des Pecorino, des würzigen Schafkäses, und im Oktober ein Kastanienfest. Viel Phantasie entwickelt man im Mezzogiorno auch im Karneval, die älteste Tradition hat hier das apulische Putignano – es muß nicht immer Venedig sein. Hier nur eine kleine Auswahl der spektakulärsten Festivitäten:

17. Januar: Karnevalsbeginn bei der Kirche S. Antonio Abate in *Neapel*. Bunte Umzüge in ganz Süditalien.

Settimana Santa (Karwoche): Besonders eindrucksvolle Karfreitagsprozessionen u. a. in *Sorrent, Procida, Bari, Tarent* und im *südlichen Kalabrien*, wo noch in manchen Ortschaften Flagellanten an die Geißelung Christi erinnern *(Palmi, Polistena, Acquaro di Cosoleto)*.

1. Wochenende im Mai: Fest des San Gennaro (Blutwunder) im Dom von *Neapel*.

7. bis 10. Mai: Nikolausfest in *Bari* und Fest des San Cataldo in *Tarent*.

8. Mai: Wallfahrt zum Michael-Heiligtum am *Monte Sant'Angelo* (auch am **29. 9.**).

14. Mai: Fest des San Constanzo in der Marina Grande *(Capri)*.

17. bis 19. Mai: Fest der Santa Restituta mit Bootsprozession, Jahrmarkt und Feuerwerk *(Lacco Ameno, Ischia)*.

29. Mai: Farbenprächtiger »Umzug der Türken« in *Potenza*.

Acht Tage nach Fronleichnam: »Festa dei Quattro Altari« (Fest der vier Altäre) mit prachtvollen Umzügen in *Torre del Greco*.

13. Juni: Fest des San Antonio *(Ischia* und *Anacapri)*.

20. bis 23. Juni: »Festa dei Gigli« (Lilienfest) in *Nola* (nördlich des Vesuv).

24. Juni: Tanz der »Ndrezzata« (Figurentanz in Kostümen) in *Buonopane (Ischia)*.

27. Juni: Fest des Sant'Andrea mit Bootsprozession *(Amalfi)*.

29. Juni: Fest des San Pietro in *Cetara (Amalfitana)*, bei dem die Statue des Apostels unter den Klängen des Radetzkymarsches ins Meer getragen wird.

2. Juli: Volksfest der Bruna (damit ist die fruchtbare braune Erde gemeint) in *Matera*.

1. Sonntag im Juli: Bootsprozession in *Sorrent*.

15./16. Juli: Fest der Carmine in *Neapel*, bei dem Lichteffekte einen Brand des Turmes der Kirche S. Maria del Carmine vortäuschen.

26. Juli: Fest der Santa Anna *(Sorrent* und *Fiaiano, Ischia)*.

Letzter Sonntag im Juli: Historischer Umzug und Ritterturnier in *Barletta*.

15. August (Mariä Himmelfahrt): »Sarazenenschlacht« mit Feuerwerk in *Positano*.

Erster Sonntag im September: Fest des San Giovanni Giuseppe della Croce mit Bootsprozession von *Ischia Ponte* nach *Ischia Porto*. Fest der Madonna della Libertà in *Capri*.

7. bis 9. September: Fest der Madonna von Piedigrotta, das größte und farbenprächtigste Volksfest *Neapels* mit Umzügen und einem Schlagerfestival.

17. September: Bauernfest in *Manfredonia*.

19. September: Geburtstag des San Gennaro, des Schutzpatrons von *Neapel* (mit Blutwunder im Dom).

30. November: Fest des Sant'Andrea in *Amalfi,* bei dem eine überlebensgroße Büste des Heiligen im Laufschritt durch die Stadt getragen wird.

13. bis 24. Dezember: Puppenmesse in *Lecce.*

Geld

Millionäre gibt's wie Sand am Meer, solange die seit Jahren geplante Währungsreform – bei der einfach die letzten drei Nullen gestrichen werden sollen – nicht in Kraft tritt. Kleingeld (es gibt Münzen zu 50, 100, 200 und 500 Lire) ist meist Mangelware. Bei größeren Geldtransaktionen über die Grenze empfiehlt sich der Rat eines Bankfachmannes, da Ein- und Ausfuhr sowohl von italienischer als auch von ausländischer Währung, trotz einer gewissen Liberalisierung in jüngster Zeit, immer noch Beschränkungen unterworfen sind.

Banken haben Montag bis Freitag von 8.30 bis 13 Uhr geöffnet, einige auch von 15 bis 16.30 Uhr, aber nicht in allen Geldinstituten wird auch gewechselt. Beim Einlösen von Reise- und Euroschecks ist die Vorlage des Reisepasses erforderlich. Wechselstuben in Touristenzentren oder auf Bahnhöfen sind meist ganztägig und auch an Wochenenden geöffnet.

Gesundheit

Die medizinische Versorgung ist ausgezeichnet; internationale Krankenscheine von Touristen aus EG-Ländern, Österreich und der Schweiz werden in Italien angenommen, müssen aber vor dem Arzt-Besuch bei der lokalen Krankenkassen-Filiale

der INAM in einen Behandlungsschein umgetauscht werden, was eine relativ mühsame Prozedur ist. Viele Touristenorte sorgen daher in den Sommermonaten für eine kostenlose ärztliche Betreuung der Urlauber und lindern damit gleichzeitig auch das Problem der Mediziner-Arbeitslosigkeit. Nähere Auskünfte erteilen Hotels oder Fremdenverkehrsämter.

Italiens **Apotheken** sind gut sortiert und äußerst preiswert. Außerdem wird die Rezeptpflicht sehr locker gehandhabt. In den lokalen Zeitungen findet man das Verzeichnis der Apotheken mit Nacht-, Sonn- und Feiertagsdienst.

Hotels

In ganz Süditalien, vor allem jedoch in den vom Fremdenverkehr erschlossenen Küstengebieten, stehen den Reisenden Hotels und Pensionen aller Kategorien zur Verfügung. Für die Hauptreisezeiten sollten unbedingt Reservierungen vorgenommen werden. Aktuelle Hotelführer kann man in Reisebüros und bei den Fremdenverkehrsämtern anfordern (siehe Stichwort Auskünfte). Eine Empfehlung für alle, denen Hotelbetten zu weich und zu durchhängend sind (was in Italien leider häufig der Fall ist): Alle guten Hotels haben Bretter *(tavole)* vorrätig, die zwischen Betteinsatz und Matratze geschoben werden.

Hoteltips im Städte-ABC.

Klima

Typisch mediterranes Klima mit üppiger Vegetation, die keinen Frost verträgt. In der regenreichen Winterzeit kann es manchmal ungemütlich feucht werden, die Sommermonate jedoch sind trocken und heiß. Die Hitze wird vor allem auf den Inseln im Golf von Neapel und auf den Tremiti-Inseln tagsüber durch eine frische Meeresbrise gemildert. Die ideale Reisezeit für Besichtigungstouren sind die Monate April bis Juni und Mitte September bis Mitte November. Die Durchschnittstemperaturen der Küstenregionen betragen im Winter 5 bis 10°C, im Frühjahr um 15°C, im Sommer 25 bis 30°C und im Herbst 18 bis 20°C, in Kalabrien jeweils um einige Grade mehr. Eine Alternative zur sommerlichen Hitze bieten die Höhenlagen zwischen 800 und 1400 m (z. B. in der kalabrischen Sila), die ein angenehmes Klima aufweisen. Die mittleren Wassertemperaturen liegen bei 18°C im Mai, 21°C im Juni, 24°C im Juli, 25°C im August, 23°C im September und 21°C im Oktober.

Konsulate

Bundesrepublik Deutschland:
Neapel, Via Crispi 69, ✆ 0 81/66 46 47
Bari, Corso Cavour 40, ✆ 0 80/54 43 95

Österreich:
Neapel, Corso Umberto I. 275, ✆ 0 81/28 77 24
Bari, Via Dalmazia 179, ✆ 0 80/33 19 95

Schweiz:
Neapel, Via Pergolesi 1, ✆ 0 81/66 71 07

Kriminalität

In den großen Städten, vor allem im Balungszentrum Neapel, muß man damit rechnen, daß innerhalb von Sekunden alles aus dem Auto verschwindet, was darin zurückgelassen wurde (inklusive eingebautem Radio). Türen und vor allem Kofferraum sollten auch während der Fahrt stets versperrt sein. Nichts auf dem Rücksitz oder auf der Heckablage verstauen, denn Scheiben sind schnell eingeschlagen, Gegenstände wie Fotoapparate und Taschen werden den selbst aus fahrenden Autos blitzschnell geklaut.

Fußgänger sollten auf Flughäfen, Bahnhöfen, vor Hotels und in der Umgebung von Sehenswürdigkeiten besonders vorsichtig sein, Handtaschen- und Kameradiebstahl ist bei Sorglosigkeit fast obligat, doch braucht man selbst in den finstersten Gassen von Neapel oder Bari kaum um Leib und Leben zu bangen, da die Eigentumskriminalität als (meist lebensnotwendiger) Sport von mörderischen Aggressionen frei bleibt. Wer unbelastet durch die Städte spazieren will, läßt Fotoausrüstung und Handtasche im Hotel und signalisiert auch durch seine Kleidung, daß bei ihm nichts zu holen ist. Pelze und Schmuck sollten überhaupt nicht nach Italien mitgenommen werden, selbst das billigste Goldkettchen lockt hungrige Diebe an. Das Wegreißen vom Hals oder Handgelenk kann zumindest Verletzungen zur Folge haben. Urlaubsgeld und Wertsachen – samt Paß, Bahn- oder Flugkarten und anderen Reisedokumenten – sind am besten im Hotelsafe aufgehoben.

Im ›Falle eines Falles‹ nützt dem Opfer eines Diebstahls der Weg zur Polizei so gut wie nichts und ist nur sinnvoll, wenn man eine Bestätigung für die Versicherung benötigt. Geld und Wertsachen sind ohnehin auf Nimmerwiedersehen verschwunden, bei persönlichen Gegenständen (Pässen, Fotos, Briefen etc.) besteht mit entsprechend eindringlicher Klage in der dem Tatort nächstliegenden Bar (»Die einzige Erinnerung an meine verstorbene Mama«, »Das liebste Spielzeug meiner Kinder« und dergleichen) die Chance, diese auf diskretem Wege wieder zu erhalten.

In ländlichen Gegenden und auf den Inseln ist die Kriminalität wesentlich geringer, doch sollte man auch dort stets Vorsicht walten lassen.

Literatur

Andres, Stefan: Sehnsucht nach Italien (Langen Müller Verlag, München/Wien).

Bauer, Wilfried/Lutterbeck, Claus: Neapel (Eichborn Verlag, Frankfurt).

Braudel/Duby/Aymard: Die Welt des Mittelmeeres (S. Fischer Verlag, Frankfurt).

Bulwer-Lytton, Edward George: Die letzten Tage von Pompeji (Insel-Taschenbuch).

Cederna, Camilla: Italien gestern, Italien heute (Beck & Glückler Verlag, Freiburg).

Cornelisen, Ann: Frauen im Schatten – Leben in einem süditalienischen Dorf (Fischer Taschenbuch Verlag, Frankfurt).

Cornelisen, Ann: Torregreca – Eine Stadt südlich von Neapel (Fischer Taschenbuch Verlag, Frankfurt).

De Crescenzo, Luciano: Also sprach Bellavista (Diogenes Verlag, Zürich).

De Creszenco, Luciano: Oi Dialogoi (Diogenes Verlag, Zürich).

Etienne, Robert: Pompeji – Das Leben in einer antiken Stadt (Verlag Philipp Reclam jun., Stuttgart).

Fernandez, Dominique: Süditalienische Reise (Insel-Taschenbuch).

Fest, Joachim: Im Gegenlicht – Eine italienische Reise (Siedler Verlag, Berlin).

Goethe, Johann Wolfgang von: Italienische Reise (Goldmann-Taschenbuch).

Gorki, Maxim: Italienische Märchen (Fischer-Taschenbuch).

Gregorovius, Ferdinand: Wanderjahre in Italien (Beck Verlag, München).

Grandjot, Werner: Reiseführer durch das Pflanzenreich der Mittelmeerländer (Kurt Schroeder Verlag, Leichlingen bei Köln).

Gründel, Eva/Tomek, Heinz: Richtig reisen – Neapel (DuMont Buchverlag, Köln).

Hausmann, Friederike: Garibaldi (Wagenbach Verlag, Berlin).

Horst, Eberhard: Friedrich II. (Wilhelm Heyne Verlag, München).

Hotchner, A. E.: Sophia Loren (Heyne Filmbibliothek).

Legler, Rolf: Apulien – Kunst-Reiseführer (DuMont Buchverlag, Köln).

Legler, Rolf: Der Golf von Neapel – Kunst-Reiseführer (DuMont Buchverlag, Köln).

Levi, Carlo: Christus kam nur bis Eboli (dtv, München).

Malaparte, Curzio: Die Haut (Fischer Verlag, Frankfurt).

Maurer, Doris und Arnold: Literarischer Führer durch Italien (Insel Verlag, Frankfurt).

Morante, Elsa: Arturos Insel (Fischer Taschenbuch Verlag, Frankfurt).

Morton, H. V.: Süditalien (Knaur-Taschenbuch).

Munthe, Axel: Das Buch von San Michele (dtv, München).

Peterich, Eckard: Italien, zweiter Band (Prestel Verlag, München).

Polaczek, Dietmar: Gebrauchsanweisung für Italien (Piper-Taschenbuch).

Raith, Werner: Die ehrenwerte Firma (Wagenbach Verlag, Berlin).

Schlitter, Horst: Typisch italienisch (Herder-Taschenbuch).

Seume, Johann Gottfried: Spaziergang nach Syrakus im Jahre 1802 (dtv, München).

Stendhal: Rom, Neapel und Florenz im Jahre 1817 (Insel-Taschenbuch).

Weber, Hans/Fischer, Heinz-Joachim: Süd-Italien (DuMont Buchverlag, Köln).

Sammelbände:
Capri – Dichter besingen die magische Insel (Bucher Verlag, München).
Capri – Ein Lesebuch (Insel-Taschenbuch).
Kennst du das Land, wo die Zitronen blühn – Italien im deutschen Gedicht (Insel-Taschenbuch).

Neapel (Texte von Dichtern, Schriftstellern, Politikern u. a.; Arche Verlag, Zürich).

Italienische Reise – Literarischer Reiseführer durch das heutige Italien (Wagenbach Verlag, Berlin).

Italien der Frauen (Verlag Frauenoffensive, München).

Nationalparks

Die meisten Nationalparks Süditaliens findet man in Kalabrien, wo 1968 Flächen von insgesamt rund 17 000 ha unter strengsten Naturschutz gestellt wurden. Es sind dies der Pollino-Naturpark im Massiv des *Monte Pollino* an der Grenze zwischen Kalabrien und der Basilikata (hier haben einige tausend Exemplare der Panzerföhre als Eiszeitrelikt überlebt), der Nationalpark in der *Großen Sila,* die Parks von *Gariglione* und *Buturo* in der Kleinen Sila sowie der *Aspromonte-Nationalpark.* In diesen dichten Waldgebieten wurden mit Erfolg Wölfe, Wildkatzen, Wildschweine, Stachelschweine und Greifvögel wieder angesiedelt.

In Kampanien wurde im *Cilento* ein Nationalpark eingerichtet, in Apulien mit der *Foresta Umbra* (Gargano) ein 2500 ha großes Waldschutzgebiet, das von Buchen, Ahornbäumen und bis zu 600 Jahre alten Eiben durchsetzt ist.

Öffnungszeiten

Öffnungszeiten sind bei Sehenswürdigkeiten in ganz Italien ein Lotteriespiel, generelle Angaben kann man daher nicht machen. Die meisten Museen (mit Ausnahme des Nationalmuseums in Neapel und mancher Privatmuseen) haben mon-

tags geschlossen. An den übrigen Tagen sind sie zwischen 9 und 14 Uhr (Sonn- und Feiertage: 9 bis 13 Uhr) zugänglich. Kirchenbesichtigungen empfehlen sich gleichfalls an Vormittagen, über Mittag schließen alle Gotteshäuser für einige Stunden. Die Ausgrabungen in Pompeji, Herculaneum und Paestum täglich ab 9 Uhr bis kurz vor Sonnenuntergang (eine äußerst vage Zeitangabe!) geöffnet – sofern die Aufseher nicht wieder einmal streiken.

Ein Tip: In den lokalen Tageszeitungen findet man die aktuellen Öffnungszeiten der Museen und Ausgrabungsstätten.

Post und Telefon

Postsendungen von und nach Italien können manchmal Wochen und Monate unterwegs sein. Wichtige Nachrichten sollten entweder per Telex, Telefax oder Telefon übermittelt werden.

Italien erreicht man im telefonischen Selbstwählverkehr aus der Bundesrepublik Deutschland und der Schweiz durch **Vorwahl** von 00 39, aus Österreich 0 40, wobei dann die Null vor der jeweiligen Ortskennzahl weggelassen werden muß. Von Italien aus muß für die BRD 00 49, für Österreich 00 43 und für die Schweiz 00 41 vor der jeweiligen Ortskennzahl (ohne die erste Null) gewählt werden. Rufnummer für Telefonauskunft und Anmeldung von Ferngesprächen: 15.

Telefongespräche kosten vom Hotel aus ein Vielfaches, zum offiziellen Tarif telefoniert man in den Telefonzentralen der SIP oder von den öffentlichen Fernsprechern, die es in jedem Ort gibt (meist in einer Bar oder einem Laden, Kennzeichen: gelbe Wählscheibe über der Tür). Für Münzfernsprecher werden oft noch *gettoni* (Telefonmünzen zu 200 Lire) benötigt, modernere

Apparate ›schlucken‹ normale Münzen, Auslandsgespräche verschlingen einen Sack voll Kleingeld.

Gebärden. In den Touristenzentren stehen Deutsch und Englisch an der Spitze der Fremdsprachen.

Souvenirs

Zentren des **Keramik**-Handwerkes (und industrieller Produkte) sind *Vietri sul Mare* an der Amalfitana nahe Salerno, *Grottaglie* in der apulischen Provinz Taranto und *Seminara* in Kalabrien (Provinz Reggio). **Korallen, Gemmen** und **Kameen** werden in der Gegend von *Torre del Greco* hergestellt, **Glaswaren** u. a. in *Castellana Grotte* (Provinz Bari). In *Sorrent* findet man hübsche **Holzgegenstände** (Intarsienarbeiten, Kästchen, Kleinmöbel, Bilderrahmen), in *Amalfi* kostbares **Büttenpapier,** auf *Ischia* Souvenirs aus **Bast** und **Stroh,** in *Martina Franca* (Apulien) und *Grassano* (Basilikata) **Schmiedeeisen-Kunst,** in *Gerace* (Kalabrien) und in den *albanischen Gemeinden* **Webarbeiten** und **Stickereien.** Kitsch und schlechtem Geschmack sind freilich nirgends Grenzen gesetzt, und manch billiges Allerwelt-Souvenir ist ein Export aus dem Fernen Osten. Tips siehe unter Städte-ABC.

Sprache

Offiziell Italienisch; zahlreiche Dialekte, die ein Römer, geschweige denn ein Mailänder kaum mehr versteht. Dennoch bemüht man sich im Mezzogiorno Fremden gegenüber um eine deutliche Aussprache, notfalls gibt es eine Verständigung mit Gesten und

Theater/Musik/Festspiele

Neapel
Teatro San Carlo (Opern, Konzerte): Via San Carlo, ☎ 081/797 21 11 und 797 23 70 (Kartenbüro, geöffnet täglich außer Montag vor 10 bis 13 und von 16.30 bis 18.30 Uhr).
Teatro Mercadante (Oper, Schauspiel, Ballett): Piazza Municipio, ☎ 081/5 52 41 47.
Teatro Politeama (Schauspiel, Volksstücke) Via Monte di Dio a Pizzofalcone, ☎ 081 40 16 43.
Auditorium RAI (Konzerte): Via Marconi Fuorigrotta, ☎ 081/61 01 22.
Associazione Alessandro Scarlatti (Konzertveranstalter): Auskünfte und Kartenreservierungen Piazza dei Martiri 58, ☎ 081 40 60 11.

Pompei
Klassische Konzerte, Ballett- und Opernaufführungen im antiken *Teatro Grande* (Juli/August)

Ravello
Internationales Musikfestival (Juli)

Bari
Teatro Petruzzelli (Oper/Konzerte), Corso Cavour, ☎ 080/21 81 32

Martina Franca
Internationales Musikfestival (Konzerte Alte Opern) im Hof des *Palazzo ducale* (Juli August)

Matera
»*Luglio Materano*« – Internationales Festiva für Theater, Ballett und Dichtkunst (Juli)

8. Jh. v. Chr.: Beginn der griechischen Kolonisation in Süditalien. Bis 550 v. Chr. entsteht ein dichter Kranz von Siedlungen (»Magna Graecia«) mit den Hauptorten Rhegion (Reggio), Taras (Tarant) und Kyme (Cumae).

79 n. Chr.: Pompeji, Herculaneum und Stabia werden durch einen Vesuvausbruch vernichtet.

476: Im »Castrum Lucullianum« (heute Castel dell'Ovo) in Neapel stirbt Romulus Augustulus, der letzte Kaiser des Weströmischen Reiches. Byzanz erobert nach und nach den Mittelmeerraum, die politische und kulturelle Einheit Italiens zerfällt, Norden und Süden der Apenninenhalbinsel nehmen fortan eine getrennte Entwicklung.

763: Neapel wird selbständiges Herzogtum von Byzanz.

1059: Der Normanne Robert Guiscard wird vom Papst mit Apulien, Kalabrien und dem noch arabischen Sizilien belehnt, in der Folge entsteht durch Roger II. (1101–1154) ein unteritalienisch-sizilianisches Reich.

1224: Kaiser Friedrich II. gründet die Universität Neapel.

1231: Mit den Konstitutionen von Melfi ordnet Friedrich II. das unteritalienische Reich als zentralistisch organisierten Staat neu, der sich auf eine geschriebene Rechtsprechung und auf ein mächtiges Beamtentum stützt.

1265–1268: Papst Clemens IV. belehnt Karl von Anjou, den Bruder des französischen Königs Ludwig IX., mit Sizilien. Karl besiegt Friedrichs Sohn Manfred und den Kaiserenkel Konradin, den er hinrichten läßt, und übernimmt die Herrschaft über Süditalien. Statt Palermo wird Neapel Hauptstadt.

1282: Nach der »Sizilianischen Vesper« werden die Anjou aus Sizilien vertrieben, das 1302 – nach dem Frieden von Caltabelotta – an den Schwiegersohn Manfreds, Peter III. von Aragon, fällt. Die Franzosen bleiben in Neapel.

1442: Alfons von Aragon erobert Neapel und erhält ein Jahr später als Alfons I. von Neapel-Sizilien die päpstliche Belehnung.

1504: Im Waffenstillstand von Lyon erkennt Frankreich die Herrschaft Spaniens über Neapel an, das als Vizekönigreich der spanischen Zentralgewalt unterstellt wird.

1713: Durch den Friedensschluß von Utrecht fällt Neapel an Österreich.

1735: Kaiser Karl VI. tritt im Frieden von Wien Neapel und Sizilien an den Infanten Karl vor Spanien als eine Sekundogenitur der spanischen Bourbonen ab.

1738: Beginn der archäologischen Ausgrabungen in Herculaneum.

1799: Französische Revolutionstruppen proklamieren in Neapel die Parthenopäische Republik, die nur ein knappes halbes Jahr überdauert.

1806: Joseph Bonaparte erobert Neapel und wird von seinem Bruder Napoleon mit de Krone bedacht.

1815: Josephs Nachfolger Joachim Murat wird in Kalabrien hingerichtet, der Wiener Kon greß gibt Neapel an den nach Sizilien geflüchteten König Ferdinand IV. zurück, der Festlanc und Insel zum »Königreich beider Sizilien« vereint und als König Ferdinand I. regiert. Metter nich stellt fest, daß »Italien lediglich ein geographischer Begriff« sei.

1860: Giuseppe Garibaldi erobert Süditalien und zieht am 7. September in Neapel ein. Am 21. Oktober spricht sich die Bevölkerung mit überwältigender Mehrheit für eine Vereinigung mit dem Königreich Italien aus.

1946: In einer Volksabstimmung votieren die Italiener für die Einführung der Republik.

1950: Das Programm für die wirtschaftliche Erschließung Süditaliens *(Cassa per il Mezzo giorno)* tritt in Kraft (bis 1984). Dennoch wandern bis 1970 mehr als zwei Millionen Süd italiener in die Industriegebiete des Nordens und ins Ausland ab.

1980: Ein schweres Erdbeben in Kampanien und der Basilikata fordert 2700 Menschen leben.

Raum für Reisenotizen

Städte-ABC

Apulien auf einen Blick

Apulien (*Puglia,* 19 347 qkm, 4 Mio. Einwohner) umfaßt den Stiefelabsatz inklusive Sporn. Von der Po-Ebene abgesehen die flachste Region mit der längsten Küste Italiens (800 km): 54% Ebene gegenüber 23% im italienischen Durchschnitt und nur 1% Bergland gegenüber 35%. Dementsprechend günstig ist der Zugang zum Meer: Keine apulische Stadt ist weiter als 75 km von der Küste entfernt. Gegliedert in drei historische Teile: Die *Capatinata* und deren ausgedehnte Ebene des *Tavoliere* im Norden mit dem Gargano als gebirgigem Fortsatz, daran anschließend die *Murge,* seit den Zeiten der Normannen *Terra di Bari* genannt, und im Südosten die Salentinische Halbinsel, der *Salento,* auch als *Terra di Otranto* bekannt. Heute ist Apulien *(Puglia)* in fünf Provinzen aufgeteilt – Foggia (FG), Bari (BA), Brindisi (BR), Taranto (TA) und Lecce (LE).

80% der Bodenfläche werden landwirtschaftlich genutzt, aber mehr als 90% der Bevölkerung wohnen in Städten. Angebaut werden Mais, Hafer, Tabak und Gemüse, vor allem Artischocken, Kohl, Fenchel und Kürbis sowie Oliven und Wein. Die Viehzucht ist eher unbedeutend, der Fischfang spielt noch immer eine große Rolle. Das Schwergewicht der Industrie bildet die Verarbeitung von Lebensmitteln, zu einem immer größeren Umweltproblem werden die Stahl- und Chemiewerke.

Nur selten wird man in dem aus Kalkgestein gebildeten Land einen Fluß zu sehen bekommen, mit Ausnahme des Fortore und Ofanto verlaufen die meisten Wasseradern ausschließlich unterirdisch. Auf dem Hochplateau der Murge und an einigen steilen Küstenabschnitten führten die geologischen Gegebenheiten zu großartigen Karstphänomenen wie Dolinen, Höhlen und Grotten.

Alberobello (BA)

10 000 Ew., 430 m. Städtchen im Zentrum des Trulli-Gebietes. Schon im 15. Jh. von Bauern bewohnt, die von den Acquaviva d'Aragona, den Grafen von Conversano, hierhergeholt wurden. Einem dieser Fürsten, Giangirolamo II., ist der Eichenwald *Sylva Arboris Belli* zu verdanken, der dem Ort seinen Namen gab. Unter Denkmalschutz stehen die Ortsteile **Monti** und **Aia Piccola** mit insgesamt rund 1000 Trulli, unter ihnen auch eine Trulli-Kirche. In der 5 km entfernten **Masseria Angiulli** die Kirche Barsento (6. Jh.).

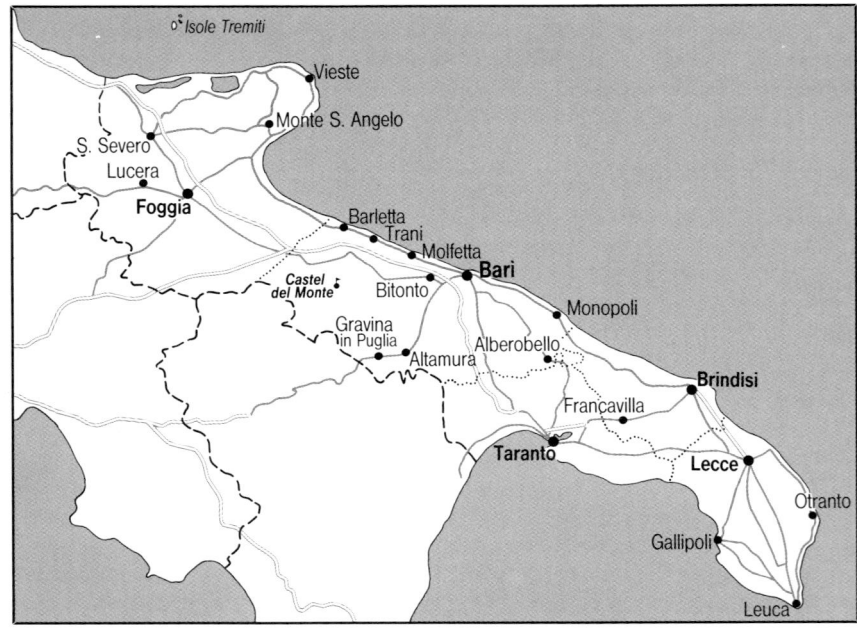

Restauranttip: »Trullo d'Oro«, typisch apulische Küche, Via Cavallotti 29, ℘ 0 80/ 72 18 20.

Wohnen im Trullo: »Agenzia Immobiliare Fittatrulli« (Via Duca d'Aosta 14, ℘ 0 80/ 72 27 17) vermietet komplett eingerichtete Apartments – auch für nur eine Nacht.

Atmosphäre: beschaulich (außerhalb der Trulli-Touristenzone).

Altamura (BA)

53 000 Ew., 470 m. Stadt auf der Hochebene der Murge mit mittelalterlichem Zentrum. Hauptanziehungspunkt in dem an schönen Palästen und malerischen Blickwinkeln reichen Stadtkern ist die romanischgotische **Kathedrale,** um 1230 unter Friedrich II. begonnen, im 14. Jh. weitgehend erneuert und im 19. Jh. barockisiert; original die monumentale Rosette an der Fassade, die beiden Türme stammen aus dem 16. Jh.;

Löwenportal (14. Jh.) mit Szenen aus dem Leben Christi. **Chiesa di S. Nicolo dei Greci** (Corso Federico II., gegenüber dem Geburtshaus des Komponisten Francesco Saverio Mercadante, 1795–1870): von Griechen erbaut, die Friedrich II. ins Land gerufen hatte; reliefgeschmücktes Portal mit Darstellungen des Alten Testaments. **Museo Civico** mit interessanten Grabungsfunden der Vorgeschichte.

Café-Bar-Tip: »Padre Peppe« (neben der Kathedrale): hausgemachter Kräuterschnaps Atmosphäre: verträumt.

Andria (BA)

85 000 Ew., 150 m. Vitales Landwirtschaftszentrum an den Osthängen der Murge, einst eine der Lieblingsresidenzen Friedrichs II., dessen Ehefrauen Isabella von Brienne und Isabella von England in der Krypta des Doms **S. Maria Assunta** bestat

tet sind (s. S. 92). Vom Originalbau der aus dem 12. Jh. stammenden Kathedrale blieb lediglich der Campanile erhalten; reiche Ausstattung im Inneren (Reliefs, Wandgemälde). Daneben **Palazzo Ducale** (18. Jh.) und **Palazzo Vescovile** (mit interessantem Diözesanmuseum). Kirche **S. Domenico** (14. Jh.) mit Renaissanceportal. Kirche **S. Agostino,** von den Templern im 13. Jh. errichtet, mit reich geschmücktem Spitzbogen-Portal. Kirche **S. Francesco,** erbaut 1230–1346, im 18. Jh. barockisiert; schöner Barock-Turm und zwei Portale aus dem 13. Jh. **Santuario dei Miracoli** (2 km nordwestlich) aus dem 16. Jh. mit vergoldeter Kassettendecke und Krypta (Altarfresko »Madonna mit Kind«, 14. Jh.). *Atmosphäre:* lebhaft.

Bari (BA)

400 000 Ew., 3 m. Regional- und Provinzhauptstadt mit großer historischer Vergangenheit. Internationaler Hafen (Fähren nach Jugoslawien), schon vor einem Jahrtausend für den Handel mit dem Orient bedeutsam. Nach Neapel wichtigstes Handels- und Industriezentrum Süditaliens (Levante-Messe). Die interessantesten Baudenkmäler befinden sich in der von Mauern umgebenen, seit Mitte der 80er Jahre in Sanierung befindlichen Altstadt und in deren unmittelbarer Nähe, die Neustadt wurde im 19. Jh. schachbrettartig mit breiten Straßenzügen angelegt.

Altstadt

Kastell (byzantinisch-normannische Gründung, von Friedrich II. und im 16. Jh. erweitert; trapezförmiger Grundriß; gotisches Portal an der Westseite; Innenhof aus der Renaissance; Sitz der Denkmalbehörde und Ausstellungsräumlichkeiten). **Kathedrale S. Sabino** (eines der Hauptwerke der apulischen Romanik aus dem 12. Jh., durch jüngste Restaurierungen wieder weitgehend im Originalzustand; an der linken Seite die

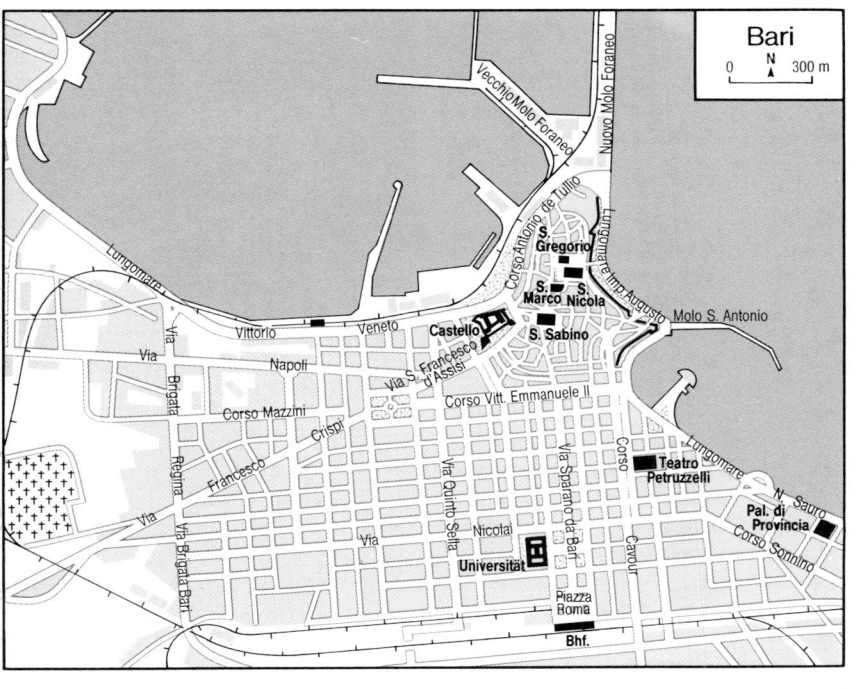

Bari, S. Nicola

sogenannte *Trulla,* ehemals Taufkapelle aus dem 11. Jh., seit dem 17. Jh. Sakristei; angeschlossenes Diözesanmuseum mit kostbaren Inschriften). **Basilika S. Nicola** (1087–1197 erbaut, im 15. Jh. u. a. durch Querbögen im Mittelschiff erweitert; am Hochaltar ein Baldachin aus dem 12. Jh.; in der mittleren Chorkapelle marmorner Bischofsthron von 1105, in der linken Chorkapelle »Madonna mit Heiligen«, ein Tafelbild von 1476; unter dem Altar der Krypta werden die Reliquien des hl. Nikolaus aufbewahrt). Kleinere mittelalterliche Kirchen sind **S. Gregorio** (11. Jh., im 15. Jh. umgebaut), **S. Pelagia** (1195), die **Chiesa della Vallisa** (12. Jh.) nahe dem Fischmarkt und die **Chiesa di S. Marco** (12. Jh.) der in Bari seßhaft gewordenen venezianischen Kolonie.

Neustadt
Teatro Petruzzelli (1898 erbaut, mit 4000 Plätzen eines der größten Opernhäuser Italiens). **Palazzo dell'Ateneo** (1889; Sitz der Universität, der Nationalbibliothek mit 200 000 Bänden und des absolut sehenswerten *Museo Archeologico* mit der bedeutendsten Sammlung von Fundstücken aus den Grabungsgebieten Apuliens). **Palazzo della Provincia** mit *Pinacoteca Provinciale* (Bilder aus dem 15. Jh. bis zur Moderne).
Einkaufen: Die elegantesten Geschäfte findet man am Corso Vittorio Emanuele, am Corso Cavour, in der Via Melo und in der Via Sparano (teilweise Fußgängerzone).
Restauranttip: »La Barcaccia Santo Spirito«, Lungomare C. Colombo 6, ℰ 0 80/32 05 45.

Kaffeehaus: »Caffè Melo«, Via Melo.
Atmosphäre: großstädtisch.

Barletta (BA)

85 000 Ew., 15 m. Hafenstadt mit schönen Stränden; kulturelle Blütezeit im Mittelalter. **Kathedrale S. Maria Maggiore** (um 1150 erbaut, im 14. und 15. Jh. gotisch verändert, Renaissance-Portal) bis auf weiteres Baustelle. **Basilica del S. Sepolcro** aus dem 13. Jh. mit barockisierter Fassade; im Inneren Taufbecken aus dem 13. Jh. Davor der »Koloß«, eine 5,11 m hohe Bronzestatue aus dem 4. Jh. n. Chr., die wahrscheinlich Kaiser Valentinian I. darstellt; sie wurde von den Venezianern im 13. Jh. aus Konstantinopel geraubt und anläßlich eines Schiffbruches am Strand von Barletta zurückgelassen. Kirche **S. Andrea,** im 12. Jh. über einer Petruskirche des 6. Jh. erbaut. **Kastell,** im 13. Jh. von den Staufern errichtet; Residenz König Manfreds; im 16. Jh. erweitert; seit Mitte der 80er Jahre prächtig restauriert – hier drehte Franco Zeffirelli seine »Othello«-

Barletta, Koloß

Verfilmung; Einrichtung eines historischen Museums in Vorbereitung. Schöne **Paläste** (Cantina della Disfida mit Weinkeller, Palazzo della Marra, Palazzo Bonelli, Palazzo Monte della Pietà). **Museo e Pinacoteca Communale** im ehemaligen Dominikaner-konvent mit Bildern des einheimischen Malers Giuseppe De Nittis und einer Büste Friedrichs II. Das **Monumento Disfida di Barletta** – es erinnert an den 1503 nach einem Streit im Weinkeller ausgefochtenen Zweikampf zwischen je 13 italienischen und französischen Rittern *(Disfida)* – befindet sich in einem Olivenhain an der Parallel-straße zur Schnellstraße Andria–Corato. *Restauranttip:* »Il Brigantino« (mit ange-schlossenem Strand und Swimmingpool), Litoranea di Levante, ✆ 08 83/3 33 45 oder 3 92 27.
Atmosphäre: lebendig.

Bisceglie (BA)

47 000 Ew., 16 m. Malerisches Hafen-städtchen mit alten Festungsanlagen und historischem Stadtzentrum. **Kathedrale** (11.–13. Jh.) mit reich geschmückten Porta-len; Glockenturm aus vor-romanischer Zeit. Die Kirchen **S. Margherita** (1197) und **S. Adoeno** (1074, im 14. Jh. umgebaut, mit

Bisceglie, Dolmen

originalem Bogenportal und Taufbecken) sind weitere wichtige Zeugnisse mittelalter-licher Kunst in Apulien. In etwa 5 km Ent-fernung (Landstraße nach Corato/Ruvo bis kurz vor Autobahn und dann 1 km nach links bei Ortschaft Chianca) einer der größten **Dolmen** (megalithische Grabstätte) Italiens.
Atmosphäre: beschaulich.

Bitetto (BA)

9000 Ew., 140 m. Sehenswerte Altstadt mit fast vollständig erhaltenem mittelalterlichem Zentrum. **Kathedrale S. Michele** aus dem 11. Jh., 1335 im Stil der Bareser Romanik erneuert; reicher Portalschmuck. Kirche **S. Maria Vetere** (14. Jh.) mit spätgotischen Fresken.
Atmosphäre: verträumt.

Bitonto (BA)

50 000 Ew., 120 m. Landwirtschaftliches Zentrum (Oliven) mit mittelalterlichem Stadt-kern und schönen Barock-Palästen. Die **Kathedrale S. Valentino** (13. Jh., Meister-werk der Bareser Romanik; mit Skulpturen-schmuck an den Fassaden reich ausgestat-tet; im Inneren originale Taufbecken und Kanzel) wird durch eine barocke Loggia mit dem Palazzo De Lerma (16. Jh.) verbunden. Gotische Kirche **S. Francesco** (14. Jh.). **Abtei S. Leone:** im 11. Jh. erbaut; Campa-nile aus dem 14. Jh., Kreuzgang aus dem 16. Jh. **Palazzo Sylos-Labini:** einer der schönsten Renaissancepaläste Apuliens (Anfang 16. Jh.).
Atmosphäre: beschaulich.

Brindisi (BR)

90 000 Ew., 15 m. Provinzhauptstadt, Han-dels- und Industriezentrum. Seit der Antike einer der wichtigsten Häfen des Mittel-meers. Heute vor allem Ausgangspunkt für Fähren nach Griechenland. Die Haupt-straße, der Corso Garibaldi mit seinen Tag

Brindisi, Säule am Ende der Via Appia

ten 13. Jh., jüngst vorbildlich restauriert, mit spätmittelalterlichem Freskenzyklus. **Museo Archeologico Provinciale** mit bemerkenswerten Funden von der Urzeit bis zum Mittelalter.
Atmosphäre: hektisch.

Canne della Battaglia (BA)

65 m. Gemeinde Barletta. Angeblicher Austragungsort der Schlacht von Cannae (216 v. Chr., s. S. 77 f.). Archäologische **Ausgrabungsstätte** *(Scavi di Canne)* auf einem Hügel am rechten Ufer des Ofanto mit vorrömischen, römischen und mittelalterlichen Überresten (Stadtmauern, Säulen, Mosaikböden). Ein Antiquarium befindet sich in Einrichtung.
Atmosphäre: friedlich.

Canosa di Puglia (BA)

30 000 Ew., 100 m. Der Sage nach von Diomedes gegründetes Städtchen an einer Anhöhe über dem Ofanto-Tal; in der Antike berühmt für seine Wolle und seine Keramiken. **Kathedrale S. Sabino** (11. Jh., später verändert); im Mittelschiff schöne Kanzel des Meisters Accetto; in der Apsis Bischofsthron mit Basis aus Elefantengestalten des Meisters Romualdo; im Hof Grabmal des Bohemund, ein orientalisch anmutender Bau mit Bronzerelieftüren aus dem 12. Jh.

und Nacht betriebsamen Cafés und Restaurants (Achtung Nepp!), mündet direkt an der Anlegestelle der Fähren. Hier endeten in der Römerzeit auch die *Via Traiana* und die *Via Appia.* Das Ende der Via Appia kennzeichnet eine aus dem 2. bis 3. Jh. stammende, 19 m hohe Säule (ursprünglich waren es zwei, die andere, 1528 eingestürzt, wurde Lecce zur Errichtung der Standsäule des hl. Oronzo geschenkt). **Dom:** im 11. Jh. erbaut, nach Zerstörung durch Erdbeben im 18. Jh. wiedererrichtet; barocker Campanile; Bodenmosaik aus dem 12. Jh. in der Apsis. Am Domplatz die beiden gotischen Bögen des **Portico dei Cavalieri Templari** (Reste eines Stadthauses) und die **Loggia Balsamo** (14. Jh.). **S. Giovanni al Sepolcro:** nach dem Vorbild des Felsendoms in Jerusalem von den Templern errichtete Rundbau-Kirche (12. Jh.). **S. Benedetto** (1080) mit romanischem Campanile und prachtvollem mittelalterlichem Kreuzgang. **S. Maria del Casale** (in der Nähe des Flughafens) aus dem spä-

Canosa, Bischofsthron

Baptisterium S. Giovanni: frühchristlicher Zentralbau mit sehenswerten Fußbodenmosaiken. Etwa 2 km südlich die Überreste der **Basilika S. Leucio,** im 5.–6. Jh. auf einem antiken Tempel des 4. Jh. v. Chr. erbaut.
Atmosphäre: etwas schäbig.

Castel del Monte (BA)

540 m. Gemeinde Andria. Berühmteste mittelalterliche Burg Süditaliens, auch »Krone Apuliens« genannt. 1240–1250 im Auftrag Friedrichs II. erbaut, eine der gewaltigsten Schöpfungen der gotischen Architektur der Stauferzeit mit arabischen Einflüssen, im 18. Jh. seiner Marmorverkleidung und seines Skulpturenschmucks beraubt. Oktogonale Anlage mit acht Ecktürmen und ebensovielen kreuzrippengewölbten, trapezförmigen Räumen in den zwei Geschossen (die Zahl 8 als Symbol von Krone und Macht). Diente als Jagd- und Repräsentationsschloß, später als Gefängnis, Räuberversteck und Hirtenunterschlupf. Für die Restaurierung bediente man sich desselben Steinbruches, der auch im 13. Jh. das Baumaterial lieferte.
Atmosphäre: überlaufen, nur außerhalb der Saison einigermaßen ruhig.

Castellana Grotte (BA)

17000 Ew., 290 m. Vitales Städtchen, bekannt für sein Kunsthandwerk und seine Glasindustrie, berühmt für seine im 18. Jh. entdeckten, seit 1938 zugänglichen Tropfstein-Höhlen, deren Besichtigung (nur mit Führer) relativ bequem möglich ist. Zwei Rundgänge: 500 m und 3 km. Die Temperatur beträgt konstant etwa 15 °C.
Atmosphäre: touristisch.

Castellaneta (TA)

16000 Ew., 250 m. Atemberaubende Lage am Rande einer tiefen Schlucht in den Murge. Leider nicht gerade sauber (wie alle Orte nahe Tarent, Luftverschmutzung durch Industrie). An der Kante zur Schlucht bei der Ortseinfahrt (auf der Staatsstraße von Tarent kommend) liegt, umgeben von Krypten und Felsenkirchen, das Kirchlein **S. Maria Assunta** (Anfang 14. Jh.). Die **Kathedrale** besitzt eine Fassade aus dem 18. Jh. und einen Campanile aus dem 14. Jh., der an den ursprünglichen Bau (13.–14. Jh.) erinnert; vergoldete Intarsien-Decke. Eine Gedenktafel (Via Roma 14) und ein Denkmal erinnern an den hier geborenen Stummfilmstar Rodolfo Valentino (s. S. 84 f.).
Atmosphäre: freundlich.

Castro (LE)

2000 Ew., 98 m. Badeort mit steil abfallender Küste auf der Salentinischen Halbinsel. Das auf römischen Ruinen errichtete Schloß wurde in byzantinischer Zeit ausgebaut und Ende des 18. Jh. restauriert. Im nahen **Cesarea Terme** Villen im Zuckerbäcker-Stil und eine Synagoge. Unweit davon die **Grotta Romanelli** mit Steinzeit-Funden.
Restauranttip: »Aragosta«, Meeresspezialitäten, Castro Marina, Via Litoranea per Tricase, ✆ 08 36/9 70 30.
Atmosphäre: verträumt.

Conversano (BA)

21000 Ew., 220 m. Städtchen inmitten eines riesigen Kirschgartens. Ruinen megalithischer **Mauern** (4. und 3. Jh. v. Chr.). Vom Vorplatz des **Kastells** (aus normannischer Zeit, mehrmals umgebaut, Prunkräume im Inneren) schöne Aussicht. **Kathedrale** aus dem 12. bis 14. Jh. 1911 nach Großbrand originalgetreu wiederaufgebaut. Kirche und Kloster **S. Benedetto,** älteste Niederlassung der Benediktiner in Apulien (6. bis 8. Jh.), stammen aus dem 11. Jh., im 17. Jh. erneuert; barocker Glockenturm, Reste eines romanischen Kreuzganges. An der östlichen Stadtgrenze romanische Kirche **S. Catarina,** ein Zentralbau über kleeblattförmigem

Grundriß. 2 km außerhalb des Ortes (Richtung Bari) Kloster **S. Maria dell'Isola** (romanische Kuppelkirche, gotischer Kreuzgang, Fresken).
Restauranttip: »Ristorante da Emma«, typisches Einheimischenlokal, Via E. De Amicis 11, ✆ 0 80/75 19 08.
Atmosphäre: dörflich.

Fasano (BR)

37 000 Ew., 120 m. Agrargemeinde am Fuß der Murge nahe der adriatischen Küste. Hauptattraktion ist der mit 80 000 qm größte **Safari-Park** Italiens (mehr als 600 exotische Tiere; Besichtigung mit eigenem Auto oder Minibus). 9 km nordöstlich befindet sich mit **Egnazia** eine der wichtigsten archäologischen Ausgrabungsstätten Apuliens: Von der antiken Stadt *Gnathia* wurden bisher Stadtmauern, eine Akropolis, Wohnquartiere, Nekropolen, eine wahrscheinlich für Getreide bestimmte riesige unterirdische Lagerhalle, römische Hafenanlagen sowie die Reste von zwei frühchristlichen Basiliken freigelegt; ein kleines Museum illustriert die Geschichte der Ansiedlung von der späten Bronzezeit (13./12. Jh. v. Chr.) bis zum 9. Jh. n. Chr.
Atmosphäre: friedlich.

Foggia (FG)

160 000 Ew., 75 m. Vitale Provinzhauptstadt im Zentrum der Capitanata. Residenz Friedrichs II., der sich hier einen prächtigen Palast bauen ließ. 1731 wurde die Stadt durch ein Erdbeben völlig zerstört, schwere Bombardements legten 1943 die letzten Reste historischer Monumente in Schutt und Asche. Die **Kathedrale** besitzt vom ursprünglichen Bau (1172) nur mehr einige wenige Fragmente (Seitenportal, Krypta), der **Palast** Friedrichs (Palazzo Arpi; mit städtischem Museum) vom Original lediglich Reste eines Portalbogens und eine Inschrift. Nach Foggias berühmtestem Sohn, dem Komponisten Umberto Giordano

Foggia, Opernfiguren Giordanos

(1867–1948), ist das **Stadttheater** von 1828 benannt, seine Statue steht, umgeben von Bronzefiguren seiner bekanntesten Operngestalten (Andrea Chenier, Fedora), in einer kleinen Parkanlage an der Piazza U. Giordano.
Atmosphäre: nüchtern.

Francavilla Fontana (BR)

33 000 Ew., 140 m. Sehenswerter historischer Stadtkern barocker Prägung. Der prachtvolle **Palazzo Imperiali** (1450 erbaut, im 16. Jh. vergrößert und 1730 endgültig ausgebaut) gilt als Musterbeispiel apulischer Feudalpaläste. **Dom** aus dem 17. Jh. mit reich geschmückter Barockfassade. Weitere wichtige Barockpaläste: Palazzo Giannuzzi-Carissimo, Palazzo Basile De Castri, Palazzo Leo.
Atmosphäre: beschwingt.

Galatina (LE)

30 000 Ew., 80 m. Bedeutendes Landwirtschaftszentrum (Weinbau) auf der Salentiner Halbinsel. Franziskanerkirche **S. Caterina de Alessandria** (1384–1391) mit romanischem Mittelportal, Chorfresken aus der

1. Hälfte des 15. Jh. (Schule Giotto) und achteckiger gotischer Kapelle hinter der Apsis. Pfarrkirche **Ss. Pietro e Paolo** mit großartiger Barockfassade. *Atmosphäre:* freundlich.

Gallipoli (LE)

20 000 Ew., 2 m. Malerische Altstadt auf einer Insel mit engen, verwinkelten Gäßchen und weißgetünchten Häusern. Am Beginn der Brücke **Fontana Ellenistica** (Griechischer Brunnen), 1560 unter Einbeziehung dreier hellenistischer Reliefs

Gallipoli, Fontana Ellenistica

Die Burg, eine byzantinische Gründung, wurde von Friedrich II. umgestaltet; sogenannter Thron Friedrichs ist eine Replik. *Atmosphäre:* freundlich, sauber.

Gravina in Puglia (BA)

37 000 Ew., 340 m. Einzigartige Lage am Abhang einer tiefen Schlucht in den Hoch-Murge. Prähistorische, mittelalterliche und neuzeitliche Höhlen, von denen manche bis vor kurzem noch bewohnt waren. Bedeutendste Höhlenkirche **S. Michele** (fünfschiffig mit Fresken aus dem 10.–14. Jh., Knochen von Sarazenenopfern aus dem 10. Jh.): Zur Besichtigung wende man sich an Signora Anna Cascarana, Via S. Barto-

Gravina in Puglia

erneuert. **Kathedrale S. Agata** von 1630 mit prunkvoller Barockfassade, im Inneren eine reichhaltige Bildergalerie mit Werken der neapolitanischen Malerei des 17. und 18. Jh. In der Umgebung hübsche Badestrände. *Atmosphäre:* Altstadt lädt zum Bummeln ein.

Gioia del Colle (BA)

27 000 Ew., 360 m. Agrarzentrum und Verkehrsknotenpunkt in den Murge. Die wichtigste Sehenswürdigkeit ist das **Kastell** mit seinem **Museo Archeologico Nazionale.**

lomeo 50 (Trinkgeld nicht vergessen!). **Kathedrale** (1092, Ende des 15. Jh. umgebaut) mit Renaissance-Elementen. Auf einem Hügel im Norden des Ortes die Ruinen eines Jagdschlosses Friedrichs II. *Atmosphäre:* ärmlich.

Lecce (LE)

95 000 Ew., 50 m. Provinzhauptstadt mit barockem Zentrum (s. S. 86 ff.). Seit Mitte der 80er Jahre wird an den zahlreichen Kirchen und Palästen eifrigst restauriert. Die meisten wichtigen Sehenswürdigkeiten sind

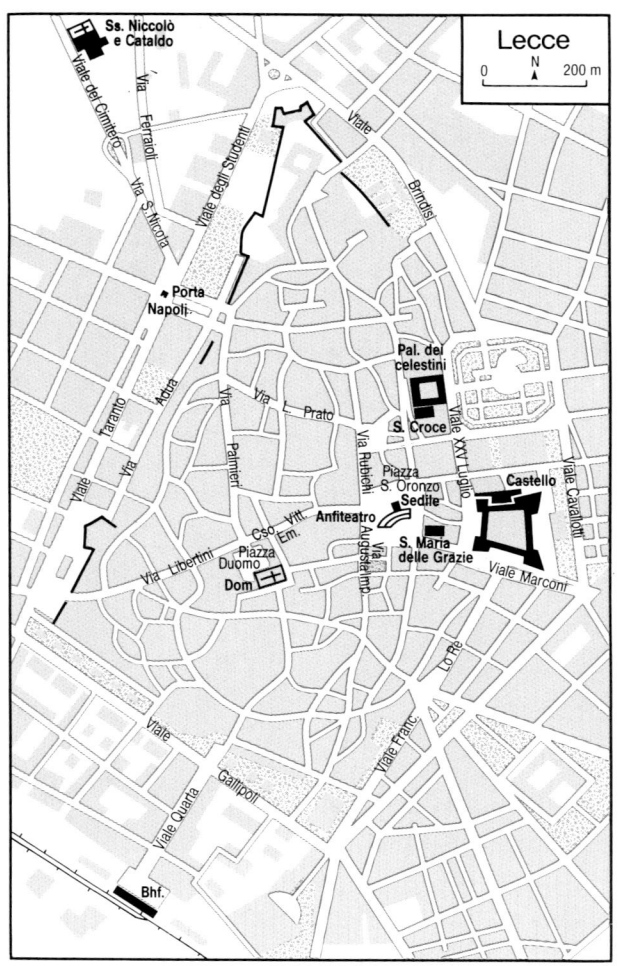

Lecce
0   N   200 m

Ss. Niccolò e Cataldo

Porta Napoli

Pal. dei celestini

S. Croce

Piazza S. Oronzo
Sedile

Castello

Anfiteatro

Cso Vitt. Em.

Piazza Duomo

Dom

S. Maria delle Grazie

Viale Marconi

Bhf.

---

zu Fuß von der zentralen Piazza S. Oronzo zu erreichen. Auf diesem großen Hauptplatz der Altstadt erhebt sich die **Colonna di S. Oronzo,** eine der beiden Endsäulen der Via Appia (ursprünglich in Brindisi) mit der Statue des Heiligen. Daneben das erst zur Hälfte ausgegrabene **Amphitheater** aus dem 2. Jh. n. Chr., das ein Fassungsvermögen von 25 000 Zuschauern hatte. Gegenüber die Kirche **S. Maria delle Grazie** (16. Jh.), einige Gassen dahinter das von Karl V. errichtete **Kastell** (16. Jh., mit Renaissancehof). Weiterhin auf der Piazza

S. Oronzo: **Palazzo del Seggio,** auch Sedile genannt (ehemaliges Rathaus von 1592) und das Kirchlein **S. Marco** (1543). Die harmonische Piazza del Duomo wird von schönen Barockbauten umsäumt: **Dom** (1114 gegründet, 1659–1670 von Giuseppe Zimbalo völlig neu errichtet; mit prächtigen Fassaden und hohem, sich nach oben verjüngendem Glockenturm; im Inneren hölzerne Kassettendecke und reiche Altäre mit kostbaren Gemälden), daran anschließend **Bischofspalast** (1632) mit seiner die gesamte Fassade einnehmenden Loggia und

Seminario (Priesterseminar; mit schönem Barockbrunnen im Innenhof). Zu den bedeutendsten Barockkirchen zählt auch die Basilika **S. Croce** (1548–1646, zweigeschossige, reich geschmückte Fassade mit Tiermotiv-Kapitellen; üppige Innenausstat-

Lecce, Piazza S. Oronzo

tung). Links von der Kirche der **Palazzo dei Celestini** (ehemaliges Kloster, heute Sitz der Bezirksregierung). Der Triumphbogen, auch **Porta Napoli** genannt, wurde 1548 zu Ehren Karls V. errichtet. Außerhalb der Altstadt, am Friedhof, befindet sich die Kirche **Ss. Nicolò e Cataldo,** der einzige mittelalterliche Bau Lecces, 1180 von Tancred von Lecce gestiftet (barocke Fassade, originales Portal mit orientalisch beeinflußten Pflanzenarabesken und Resten eines Madonnenfreskos; zwei Renaissance-Kreuzgänge; Inneres mit Fresken des 15.–17. Jh. bedeckt).
Restauranttip: »Il Satirello« (in einer Masseria 9 km außerhalb der Stadt an der Straße nach Brindisi), Lecce-Torre Chianca, ✆ 08 32/65 61 21.
Atmosphäre: solide-bürgerlich.

Leuca (LE)

700 Ew., 17 m. Die Kapspitze der Salentiner Halbinsel. Wallfahrtskirche S. Maria di Leuca (auch Fines Terrae – Ende der Welt genannt), 1720 an der Stelle eines antiken Minerva-Tempels errichtet. Gegenüber 47 m

hoher weißer Leuchtturm. In der Umgebung zahlreiche Grotten.
Atmosphäre: gemütlich, provinziell.

Locorotondo (BA)

13 000 Ew., 410 m. Hübsches Städtchen über dem Valle d'Itria im Trulli-Gebiet. Altstadt mit weißgetünchten Häusern (viele haben lateinische Inschriften) und einigen Barockpalästen, fast kreisrund um eine Hügelkuppe angelegt. Pfarrkirche **S. Giorgio** (neoklassizistischer Bau um 1800) an höchster Stelle des Ortes. Gotische **Chiesa Madonna della Greca.** Zentrum des Weinanbaus (Direktverkauf in der Cantina Sociale Locorotondo, Via Alberobello 155).
Wohnen im Trullo: Das »Konsortium der Trulli und Grotten« (Zentrale in Rom ✆ 06/38 20 41) mit Büro (zwischen 17 und 19 Uhr) in Locorotondo, Via Sant'Elia, ✆ 0 80/71 23 68, vermietet komplett eingerichtete Apartments in einem Trullo.

Locorotondo, Altstadt

Restauranttip: Trattoria »Al Casale«, rustikale Küche, Via Gonzia 39, ℘ 0 80/71 13 77. *Atmosphäre:* friedlich.

Lucera (FG)

34 000 Ew., 220 m. Geschichtsträchtiger Ort an den Ausläufern des Tavoliere; eine der Lieblingsresidenzen Friedrichs II. Römisches **Amphitheater** aus der Zeit des Augustus. **Dom:** eine der schönsten Architekturschöpfungen der Anjou-Zeit (14. Jh.); am Altar Fresko des toten Christus (15. Jh.); Holzkruzifix aus dem 14. Jh. **Museo Civico G. Fiorelli** mit kostbaren antiken Ausgrabungen (römisches Fußbodenmosaik, 1. Jh. n. Chr.). **Castello:** Kern der gewaltigen, strategisch die Ebene beherrschenden und Foggia sichernden Anlage stammt vom Palast Friedrichs II. (1233); unter den Anjou ausgebaut. *Atmosphäre:* romantisch.

Manfredonia (FG)

56 000 Ew., 5 m. 1256 von König Manfred gegründete Hafenstadt am Tor zum Gargano. Barocke **Kathedrale** (1680) mit Madonna aus dem 13. Jh. aus S. Maria di Siponto. **Stauferkastell** (13. Jh.) direkt am Meer in einem gepflegten Park. In 3 km Entfernung die 1975 restaurierte Kirche **S. Maria di**

Manfredonia, Kastell

Siponto (Weihe 1117); reich skulptiertes Portal, von zwei Löwen getragen; an der linken Innenwand Fragmente eines Fußbodenmosaiks aus dem 3.–5. Jh.; Altar aus einem byzantinischen Sarkophag aus der gleichen Zeit; dahinter eine Kopie der in der Kathedrale befindlichen Madonna. In 10 km Entfernung Richtung Foggia die ebenso hinreißend schöne deutsche Ritterordenskirche **S. Leonardo di Siponto** (12. Jh.), an der Stelle eines älteren Pilgerhospitals erbaut. *Atmosphäre:* unverfälscht, vom Gargano-Tourismus weitgehend unbehelligt.

Martina Franca (TA)

45 000 Ew., 430 m. Bezauberndes Barockstädtchen, das seinen Namen vom Berg San Martino, auf dem es im 10. Jh. von basilianischen Mönchen gegründet wurde, sowie von einem Freibrief *(Franca)* der Anjou bezieht. Zugang zur Altstadt durch Barocktor. **Palazzo Ducale** (Herzogspalast von

Martina Franca

1669, heute Rathaus, im Sommer Schauplatz eines internationalen Musikfestivals); Kollegiatskirche **S. Martino** (1747–1775) mit gotischem Glockenturm. **Chiesa di S. Vito dei Greci** (15. Jh.); **Chiesa del Carmine** (18. Jh.) an der Aussichtsterrasse hoch über dem Trulli-Tal. Etwas außerhalb in Richtung Locorotondo **Chiesa dei Cappuccini** (1590–1690).
Atmosphäre: begeisternd, zum Wohlfühlen.

Massafra (TA)

30 000 Ew., 110 m. Einzigartige Lage an beiden Rändern einer tiefen Schlucht, in denen sich Grotten und Höhlen mit basilianischen Krypten verbergen. Von zwei Brücken

Massafra

wunderschöner Blick auf die Gravina di S. Marco. Besonders sehenswerte Grottenkirchen sind **S. Marco** (am besten erhalten, Entstehungszeit unklar), **S. Leonardo** (13. Jh.) und die **Cripta della Candelora** (14. Jh.). Zum **Santuario della Madonna della Scala** (1731, etwa 1 km außerhalb des Ortes) gelangt man über eine Barocktreppe von der Aussichtsterrasse über einer Schlucht. In der Nähe der Wallfahrtskirche die **Cripta della Buona Nuova** mit einem 3 m hohen Christus-Fresko. Besichtigung der Höhlenkirchen nur mit Führung möglich (Anmeldung bei der Gemeinde, ✆ 0 99/ 68 10 09).
Atmosphäre: etwas verkommen.

Molfetta (BA)

65 000 Ew., 15 m. Malerisch verfallene Altstadt hinter dem direkt am Hafen liegenden **Duomo Vecchio** (1150), der eines der interessantesten Beispiele der Romanik in Apulien darstellt: Zwei asymmetrische Türme schließen die unvollständige Fassade ab, zwei elegante Glockentürme rahmen die Apsis-Seite ein. **Neue Kathedrale** aus dem 18. Jh. Gemälde aus dem 16. und 17. Jh. in der **Chiesa S. Bernardino** (1451–1585). Renaissance-Stadthaus mit Loggien-Hof (16. Jh.).
Atmosphäre: lebhaft, quirlig.

Monopoli (BA)

45 000 Ew., 3 m. In der Zeit der Kreuzzüge wichtiger Orient-Hafen, wo sich heute noch das von Friedrich II. erbaute **Kastell** und die romanische Kirche **S. Maria Amalfitana** (frühes 12. Jh., kürzlich restauriert) erheben. In der verwinkelten Altstadt Kryptenkirche **Madonna del Soccorso,** in die man von der Via S. Domenico 73 gelangt. **Kathedrale** (1107, im 18. Jh. erneuert) mit byzantinischer Madonna (1280).
Hoteltip: »Il Melograno«, ehemalige Masseria mitten im Grünen, Contrada Torricella, ✆ 0 80/80 86 56.
Restauranttip: »Lido Bianco«, Meeresspezialitäten, Via Procaccia 3, ✆ 0 80/74 27 11.
Atmosphäre: nett.

Monte Sant'Angelo (FG)

17 000 Ew., 796 m. Höchstliegendes Zentrum des Gargano, berühmt durch die **Wallfahrtskirche** des hl. Michael, deren Gründung auf das 15. Jh. zurückgeht (s. S. 224 ff.). Im Vorhof des Santuario romanisches Portal sowie eine 1076 in Konstantinopel gegossene Bronzetür mit 12 Silber- und Kupferplatten, im Inneren Saalraum mit Kreuzgewölbe aus dem späten 13. Jh., von dem sich die Grotte des Erzengels öffnet; auf

Monte S. Angelo, Eingang zum Heiligtum

Barockpaläste und ein im 17. Jh. umgebautes **Schloß** (heute Rathaus). Interessante Masserien (befestigte Gehöfte) in der Umgebung. 10 km nördlich das Städtchen **Copertino**, das durch seinen »fliegenden Mönch« Berühmtheit erlangte (s. S. 228 ff.). *Atmosphäre:* in jeder Hinsicht barock.

Ostuni (BR)

32 000 Ew., 220 m. Blendend weißes Städtchen auf drei Hügeln am Rande der Murge. Auf der höchsten Erhebung mittelalterlicher Stadtteil, der sich um die Ende des 15. Jh. erbaute **Kathedrale** (mit schönem gotischen Portal) reiht. Dekorativ durch den weißen Anstrich der Häuser, unter dem allerdings manch kostbare Architekturdetails verschwanden. *Atmosphäre:* touristisch.

Otranto (LE)

dem Altar Michaelstatue aus dem 16. Jh.; links davon ein Bischofsthron aus dem 12. Jh.; wuchtiger achteckiger Glockenturm von 1273, eine Nachahmung der Türme von Castel del Monte. Mittelalterlicher Stadtkern: **Tomba di Rotari** (12. Jh.), ein über einem Grab errichtetes Baptisterium; Reste der romanischen Kirche **S. Pietro;** Kirche **S. Maria Maggiore** (1170) mit orientalischen Stileinflüssen an der Fassade. **Normannenkastell** auf einer Anhöhe. *Atmosphäre:* für einen Wallfahrtsort unerwartet dezent.

5000 Ew., 15 m. Östlichste Siedlung Italiens, Adria-Hafen (Autofähren nach Griechenland). **Kathedrale** aus dem 11. Jh. mit gotischer Fassade und prachtvoller Fensterrose aus dem 15. Jh.; an der rechten Seite Renaissanceportal von 1514; im Inneren einzigartiges Fußbodenmosaik von 1166; in der Cappella dei Martiri Knochen der 560 Opfer des Türkeneinfalles von 1480; fünfschiffige Krypta aus dem 11. Jh. mit 42 Säulen, drei Apsiden und Fresken. Inmitten der Altstadt byzantinische Kreuzkuppel-

Otranto, Mosaikfußboden in der Kathedrale

Nardo (LE)

29 000 Ew., 45 m. Lebhaftes Barockstädtchen im Salento. **Kathedrale** (1090) mit Fassade aus dem 17. Jh. Kirche **S. Domenico,** ein üppiger Barockbau mit Bildern aus dem 17. und 18. Jh. **Chiesa del Carmine** mit Renaissanceportal und barockem Campanile. **S. Antonio** mit prachtvoller Barockdecke. Im historischen Stadtkern zahlreiche

kirche S. Pietro (10. Jh.) mit Fresken aus verschiedenen Stilepochen. **Aragonesen-Kastell.**
Atmosphäre: beschaulich-friedlich.

Peschici (FG)

4000 Ew., 90 m. Altes Städtchen auf einem Kap des Gargano mit schönen Badeständen. Malerisches Zentrum mit zahlreichen Keramikläden (*Tip:* Originelle Keramiken in der Werkstatt von Frammichele). Bootsverbindungen zu den Tremiti-Inseln, nach Rodi und Manfredonia.
Atmosphäre: noch nicht völlig verdorben, gepflegt, aber nicht herausgeputzt.

Polignano a Mare (BA)

15000 Ew., 25 m. Weißes Städtchen auf einem von zahlreichen Grotten durchbrochenen Felsen über dem Meer. **Chiesa Matrice** (1295, mehrmals erneuert) mit einer Steinkrippe (15. Jh.) und hölzernem Chorgestühl (17. Jh.).
Hotel- und Restauranttip: »Grotta Palazzese«, man speist in einer von Meereswellen umspülten Grotte, Via Narciso 59, ✆ 0 80/74 06 77.
Atmosphäre: pittoresk, gepflegt.

Ruvo di Puglia (BA)

Ruvo, Kathedrale

25000 Ew., 250 m. Seit dem Altertum für Keramikherstellung bekannt. Die im frühen 13. Jh. erbaute **Kathedrale** zählt zu den wichtigsten Sakralbauten apulischer Romanik: 3 Portale, das mittlere von Löwen geschmückt; im Inneren in einer Nische Sitzfigur, die Friedrich II. darstellen könnte. **Museo Iatta** mit 1700 antiken Vasen aus einheimischen Werkstätten aus dem 5.–3. Jh. v. Chr.
Atmosphäre: angenehm.

San Giovanni Rotondo (FG)

25000 Ew., 560 m. Dank Padre Pio (s. S. 226 ff.) blühender Wallfahrtsort am Rande des Gargano. Beispiel für die moderne Heiligen-Verehrung im Mezzogiorno.
Atmosphäre: bei aller Frömmigkeit sehr nüchtern.

Taranto/Tarent (TA)

250000 Ew., 15 m. Provinzhauptstadt, vergiftet von Schwerindustrie. Sehenswerte, aber leider ziemlich verkommene Altstadt auf einer durch zwei Brücken mit den modernen Vierteln verbundenen Insel: Die **Kathedrale S. Cataldo** (1070, mehrfach umgebaut, Fassade 18. Jh., vorbildlich renoviert) ist der älteste der Normannendome Apuliens; reich vergoldete Holzdecke (17. Jh.), üppig ausgestattete Kapelle S. Cataldo (1657); bemerkenswerter Domschatz. Chiesa **S. Domenico Maggiore** (1302, ebenfalls restauriert): barock gestaltet, nur noch das gotische Portal der Westfassade erhalten. Klägliche Überreste eines **Neptun-Tempels** (6. Jh. v. Chr.). **Aragonesen-Kastell** (1480) neben der **Drehbrücke** (1886), die zur Neustadt mit dem **Nationalmuseum,** einem der reichsten archäologischen Italiens (»Gold von Tarent«, s. S. 83) führt.
Atmosphäre: trotz wunderschöner Lage deprimierend.

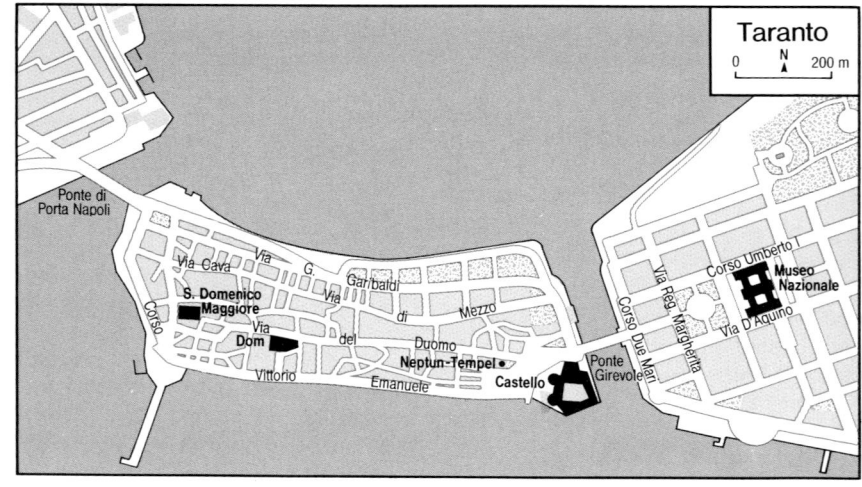

Trani (BA)

45 000 Ew., 2 m. Bezauberndes Hafenstädtchen, das unter Friedrich II. aufblühte. Die unmittelbar am Meer liegende **Kathedrale** (1097) im romanisch-apulischen Stil zählt

Trani, Kathedrale

zu den vollkommensten Bauwerken Apuliens (s. S. 92 f.): Die einfache, erhöht über der Krypta befindliche Fassade wird im Zentrum durch eine Fensterrose und im Erdgeschoß durch eine Blendbogenreihe aufgelockert; das Hauptportal schmückt eine Bronzetüre des Barisano da Trani (1180); Campanile aus der 1. Hälfte des 13. Jh.; S. Nicola-Krypta, deren Wölbung von einem Säulenwald getragen wird; von dort Zugang zur Krypta unterhalb des Langhauses, Episcopio oder Chiesa S. Maria genannt, deren drei Schiffe von antiken Marmorsäulen gestützt werden; darunter liegt wiederum das Ipogeo di S. Leucio aus vorromanischer Zeit. Auf der Piazza Duomo **Diözesanmuseum.** Ebenfalls im Hafengebiet **Chiesa di Ognissanti** (von den Templern im 12. Jh. errichtet), der ein doppelter Arkadengang vorgelagert ist. **Kastell** (1233–1249 von Friedrich II. errichtet, im 16. Jh. umgebaut).
Atmosphäre: fröhlich-sympathisch.

Isole Tremiti (Tremiti-Inseln) (FG)

330 Ew., 3 qkm. Ein in etwa 20 km Entfernung der nördlichen Gargano-Küste vorgelagerter Archipel mit vier Hauptinseln (San

Domino, Il Cretaccio, San Nicola, Capraia).
Auf dem 2 qkm großen **San Domino** rund
10 Hotels und zwei Feriendörfer sowie
Privatzimmer. Zerklüftete Küsten, kleine
Strandbuchten, Felsklippen, Meereshöh-
len; tiefes, klares Wasser, reich an Fischen
und berühmt für seine Langusten. Dorado
der Unterwassersportler, in der Hauptsaison kaum ein Bett zu haben. Autos müssen
auf dem Festland bleiben. Außerhalb der
Saison schwierig zu erreichen (unzuverläs-
sige Fährverbindungen).
Atmosphäre: letzte Erinnerung an den
Traum vom Gargano.

Troia, Kathedrale

Troia (FG)

8000 Ew., 440 m. Kleine, von Weizenfeldern
auf sanften Hügeln umgebene Agrargemeinde am Westrand des Tavoliere, in römischer Zeit an der *Via Traiana* gelegen. Heute
nur durch seine 1093 über einem byzantinischen Bauwerk errichtete **Kathedrale** bekannt: prächtigste Steinrosette Apuliens;
am Hauptportal Bronzetür von 1119; im
Inneren byzantinische Porphyrsäulen; beachtenswerte Schatzkammer mit Silber-
und Elfenbeingeräten aus arabischer Zeit.
Atmosphäre: sehr ländlich.

Vieste (FG)

15 000 Ew., 45 m. Bis Ende der 70er Jahre
noch ein verträumtes Fischerstädtchen,
heute einer der meistbesuchten Badeorte
des Gargano (s. S. 215). Die malerischen
Winkel der Altstadt mit **Staufer-Kastell** sind
zwischen Bierstuben, Souvenirläden und
Fast-Food-Tempeln kaum mehr auszumachen. Die meisten Hotels konzentrieren
sich in einem lieblos errichteten Neubau-
viertel.
Atmosphäre: sehr touristisch.

Kampanien auf einen Blick

Mit 13 595 qkm steht Kampanien *(Campania)* flächenmäßig an 12. Stelle in der Liste der italienischen Regionen, belegt mit 5 565 000 Einwohnern jedoch (nach der Lombardei) den zweiten Platz in der Bevölkerungsstatistik. Das Ballungszentrum Neapel mit seinen rund 3 Mio. Menschen stellt überhaupt das am dichtesten besiedelte Gebiet der Apenninenhalbinsel dar (2580 Einwohner pro qkm in der Provinz Neapel). Die Region nimmt den Küstenstreifen entlang des Tyrrhenischen Meeres zwischen dem Garigliano im Norden und dem Golf von Policastro im Süden ein und teilt sich in zwei große Gebiete: die vorwiegend ebene Küstenlandschaft mit einigen Erhebungen vulkanischen (Vesuv, Monte Roccamonfina) oder sedimentären Ursprungs (Monte Lattari) und das bergige Landesinnere mit verschiedenen Gebirgsmassiven, zwischen denen sich größere Flußbecken oder Ebenen befinden. Dazu kommen drei Inseln im Golf von Neapel (Procida, Ischia, Capri).

Kampanien ist in fünf Provinzen unterteilt: Avellino (AV), Benevento (BN), Caserta (CE), Napoli (NA) und Salerno (SA).

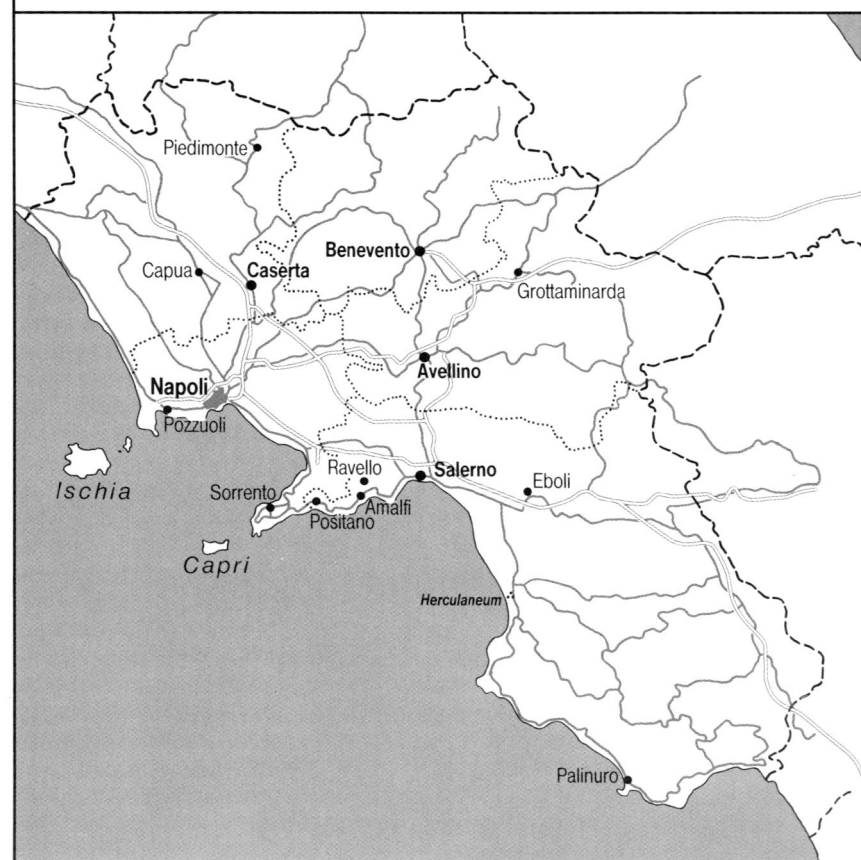

Acciaroli (SA)

800 Ew., 3 m. Kleiner Bade- und Fischerort mit langen Sandstränden am Fuß eines
Vorgebirges des Cilento. Hier hat Ernest
Hemingway, allerdings nach der Abfassung
seines Romans, seinen »alten Mann« getroffen (s. S. 206 ff.).
Atmosphäre: außerhalb der Saison beschaulich.

Agerola (NA)

7000 Ew., 630 m. Agrargemeinde (Käse,
Schinken, Wein) und beliebte Sommerfrische am Südhang der waldreichen Monti
Lattari; umfaßt mehrere Orte, die sich bis zu
einer Höhe von 1450 m erstrecken. Kirche
S. Matteo Apostolo mit schönem Portal;
traumhafte Aussicht auf die Amalfitana von
der Belvedere-Terrasse im Ortsteil S. Laz-
zaro.
Atmosphäre: friedlich.

Amalfi (SA)

6300 Ew., 5 m. Erzbischofssitz; berühmter
Badeort an einem steilen Hang der Amalfitana am Ausgang des Valle dei Mulini (Tal
der Mühlen); eine der ältesten Seerepubliken, Rivalität mit Genua und Pisa; große
Bedeutung im 10. und 11. Jh. (s. S. 201). Die
Piazza Flavio Gioia ist nach dem mutmaß-
lichen Erfinder des Kompasses benannt,
den sowohl Amalfi als auch Positano als
Sohn ihrer Stadt bezeichnen. Der **Dom**
stammt aus dem 9. Jh., 1203 im arabisch-
normannischen Stil umgebaut; das Portal
schmückt eine um 1066 in Konstantinopel
gegossene Bronzetür; in der Krypta die
Reliquien des Apostels Andreas. Das angeschlossene **Chiostro del Paradiso** wurde
1266 als Friedhof für Adel und reiches Bürgertum errichtet, die Arkaden des Kreuz-
gangs bestehen aus Doppelsäulen mit arabischen Spitzbögen; römische und mittelalterliche Funde.

Amalfi, Dom

Hoteltips: »Il Saraceno«, Spitzenkategorie,
Conca dei Marmi, ✆ 0 89/87 26 01; »Cappuccini Convento«, traditionelle Eleganz,
Via Nazionale 8, ✆ 0 89/87 10 08; »Lido-
mare«, einfach, Largo Piccolomini 9, ✆ 0 89/
87 13 32.
Atmosphäre: pittoresk, überlaufen.

Avellino (AV)

58 000 Ew., 350 m. Provinzhauptstadt in
den grünen Hügeln der Hirpinien, beim Erdbeben 1980 wurde die Altstadt fast gänzlich zerstört. Trotz eifriger Wiederaufbau-
und Restaurierungsbemühungen bietet die
Stadt wenig Sehenswertes, sieht man vom
Museo Irpino mit seinen interessanten
archäologischen Objekten und vom **Diözesanmuseum** mit seinen wertvollen sakralen Kunstwerken (sie stammen zumeist aus
den durch das Erdbeben vernichteten Kirchen der Gegend) ab. Lohnend dagegen
ein Ausflug zum 20 km entfernten Marien-
heiligtum **Montevergine**, einem der popu-
lärsten Wallfahrtsorte Kampaniens (Bene-

diktiner-Abtei in 1270 m Seehöhe unterhalb des Gipfels des Montevergine, 1118 gegründet, im 17. Jh. ausgebaut, moderne Basilika aus den 50er Jahren, Pinakothek, ständige Krippenausstellung); über gut ausgebaute Straße oder mit Standseilbahn von Mercogliano aus zu erreichen. *Atmosphäre:* langweilig.

Bacoli (NA)

25 000 Ew., 30 m. Badeort an der südwestlichen Spitze des Golfes von Pozzuoli an der Stelle des römischen *Bauli* (s. S. 68). **Sepolcro di Agrippina** (Grab der Agrippina): keineswegs das Grabmal der Mutter Neros, sondern vermutlich das Odeon einer römischen Villa; nur für Spezialisten interessant. **Cento Camerelle** (»Hundert Kämmerlein«): Wasserspeicheranlage in zwei Stockwerken, meist geschlossen, den Pförtner findet man in der Via Cento Camerelle 161. **Piscina Mirabile** (ebenfalls meist versperrt, den Schlüssel hütet Signora Ida Basile in der Via Ambrogio Greco 10, Trinkgeld!): größte erhaltene Zisterne der Antike aus der Zeit des Augustus. *Atmosphäre:* provinziell.

Baia (NA)

4200 Ew., 3 m. Gehört zur Gemeinde Bacoli. Kleines Fischerdorf im Golf von Pozzuoli, in der Antike als *Baiae* der mondänste Badeort (Thermalquellen) überhaupt (s. S. 68). Tempio di Venere: der Venustempel liegt außerhalb der archäologischen Zone und war wie alle erhaltenen sogenannten ›Tempel‹ von Baiae eine Thermenanlage. **Parco Archeologico:** der Eingang zum Archäologischen Park liegt an der Straße zum Lago Fusaro; die Anlage umfaßt 30 ha und fällt in Terrassen zum Meer ab; der »Sosandra-Sektor« diente den Badegästen als Aufenthaltsraum; benannt nach dem Fund einer Sosandra-Statue, die römische Marmorkopie eines griechischen Originals aus dem

Baia, Diana-Tempel

5. Jh. v. Chr.; auf der mittleren Terrasse ein kleines Theater-Nymphäum, auf der untersten ein 35 mal 29 m großes Becken **(Bagno di Sosandra);** von dort führt ein überdachter Gang zum **Tempio di Mercurio** (erinnert an das römische Pantheon). **Tempio di Diana** (außerhalb der Zone, hinter dem Bahnhof): Diana-Tempel, einer großen Muschel ähnlich. **Castello di Baia:** im 16. Jh. von Pedro di Toledo vermutlich auf dem Platz des römischen Kaiserpalastes errichtet. **Stufe di Nerone:** Die »Öfen des Nero« sind Überreste der antiken Schwitzkammern, die von Fumarolen gespeist wurden. *Atmosphäre:* geschichtsträchtig.

Benevento (BN)

65 000 Ew., 135 m. Provinzhauptstadt, Zentrum von Industrie, Handel und Landwirtschaft. Ehemalige Metropole der Samniten, mit ihrer Eroberung festigten die Römer 275 v. Chr. ihre Macht auf der Apenninenhalbinsel (seither der Name *Beneventum* = gutes Ereignis). Trotz starker Zerstörungen durch Bombardements 1943 zahlreiche Sehenswürdigkeiten. **Trajansbogen** (Arco di Traiano): zu Ehren des Kaisers am Ende der Via Appia Traiana, einem der bedeutendsten Kreuzungspunkte der Antike,

Benevento, Trajansbogen

114 n. Chr. errichtet; reicher Reliefschmuck. **Römisches Theater:** aus der Zeit Hadrians (2. Jh. n. Chr.); faßte seinerzeit 20 000 Menschen; heute im Sommer Schauplatz von Opern- und Theateraufführungen. **Dom:** 1943 total zerstört, vom ehemaligen mittelalterlichen Bau wurden die Krypta (6. Jh.), die Fassade und der Glockenturm (beide 13. Jh.) originalgetreu rekonstruiert. Kirche **S. Sofia** (frühchristlicher Rundbau mit schönem Portal aus dem 12. Jh. und barockem Glockenturm) und angeschlossenes Kloster (prächtiger, hochmittelalterlicher Kreuzgang), in dem das **Museo del Sannio** (von archäologischen Funden bis zu moderner Kunst) untergebracht ist. Weiterhin: hübsche Palais, kleine Plätze und romantische Innenhöfe.
Atmosphäre: lebendig.

Capri (NA)

16 500 Ew., 10,36 qkm (s. S. 38 ff.). Die Insel ist im Gegensatz zu Ischia und Procida nicht vulkanischen Ursprungs, sondern besteht aus einem einzigen trapezförmigen, 6,25 km langen und maximal 2,75 km breiten Kalksteinblock; zerklüftete Küste mit Grotten und Felsen, auf den Hochplateaus Wein- und Obstgärten; die höchste Erhebung ist der Monte Solaro mit 589 m.

Der Insel-Hafen **Marina Grande** liegt in einer breiten Bucht an der nördlichen Küste, eine Standseilbahn führt nach dem Hauptort Capri. Im Westen der Mole Badestrand, an seinem Ende die Reste des *Palazzo a Mare,* möglicherweise die Sommerresidenz des Augustus, und die *Bagni di Tiberio,* die Bäder des Tiberius. 3 km lange, steile Straße nach Capri, vorbei an der Kirche des heiligen Costanzo, Schutzpatron der Insel (10. bis 11. Jh.). Daneben beginnt die *Scala Fenicia,* eine heute unterbrochene Treppe mit 500 Stufen nach Anacapri. Ausflüge zur *Grotta Azzurra:* Die weltberühmte Blaue Grotte erreicht man in 25 min mit dem Motor- oder in 90 min mit dem Ruderboot.

Ortschaft **Capri:** An der *Piazza Umberto I.,* die jedermann nur »Piazzetta« nennt, *Chiesa S. Stefano* aus dem 17. Jh. (beim Hochaltar bunter Marmorfußboden aus der Villa Jovis). *Certosa di S. Giacomo:* eine leider etwas schäbige Kartause aus dem 14. Jh., mehrmals zerstört und wieder aufgebaut; »Kleiner Kreuzgang« aus dem 15. Jh. mit

Anacapri, Villa S. Michele

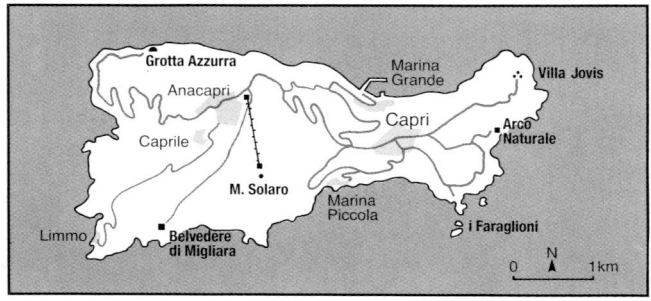

Capri

römischen und byzantinischen Kapitellen, »Großer Kreuzgang« aus dem 16. Jh.; in der Kirche sehenswerte Fresken der Giotto-Schule; der Kartause angeschlossen das Museo Dieffenbach mit schaurigen Monumentalgemälden des deutschen Malers der Spätromantik Karl Wilhelm Dieffenbach (1851–1915). Spaziergänge zur *Villa Jovis* (45 min; Ausgrabungen des von Tiberius erbauten Palastes), zum *Arco Naturale* und zur *Grotta Matromania* (30 min; natürlicher Felsbogen an der Ostküste; eine steile Treppe führt zu der einst dem Kybele-Kult geweihten Grotte), zum **Belvedere di Tragara** und den *Faraglioni* (20 min; Blick auf drei aus dem Meer aufragende Felsen, von denen zwei von Bögen durchbrochen sind) sowie zum *Parco Augusto* (5 min; beachtenswert das Denkmal für Lenin; meistfotografierter Blick auf die Küste mit den Faraglioni sowie die Serpentinen der *Via Krupp,* die in engen, in den Fels gehauenen Kurven vorbei an einem Sarazenenturm nach Marina Piccola führt).

Die Ortschaft **Anacapri** liegt auf einem Plateau an den Hängen des Monte Solaro: *Villa S. Michele,* das Wohnhaus des schwedischen Arztes und Kunstsammlers Axel Munthe, der durch sein »Buch von San Michele« Weltruhm erlangte; im Zentrum von Anacapri die Barockkirche *S. Michele* aus dem 18. Jh. mit Majolikafußboden (Darstellung des Paradieses). Ausflüge: mit Sessellift (12 min, 589 m Seehöhe) auf den *Monte Solaro,* zur Wallfahrtskirche *S. Maria Cetrella* (20 min, 14. Jh.), zur *Villa Damecuta* (interessante Ausgrabungen in einer der

vielen Residenzen des Kaisers Tiberius) und zur *Blauen Grotte* (Busverbindung).
Hoteltip: »Pazziella«, zentral und dennoch ruhig, Capri, Via Fuorlovado, ℘ 081/8 37 00 44.
Atmosphäre: international, mondän.

Capua (CE)

14 000 Ew., 25 m. Anstelle des Hafens des antiken *Capua* an einer Windung des Flusses Volturno an der Via Appia erbaut. **Dom:** im 9. Jh. gegründet, im 18. Jh. umgestaltet; die korinthischen Säulen des Atriums stammen aus römischer Zeit. **Museo Campano:** gut gegliedert, Funde aus der Antike und dem Mittelalter; 5 km in Richtung Nordosten liegt malerisch am Fuß des Monte Tifata die Kirche **S. Angelo in Formis,** im 6. Jh. auf den Resten eines Tempels der Diana Tifata errichtet; der heutige Bau stammt aus dem Jahr 1073 und zählt zu den bemerkenswertesten mittelalterlichen Kirchen Süditaliens: Inschriften, Säulen und Mosaike aus vorchristlicher Zeit; die im 11. Jh. n. Chr. entstandenen Fresken malten vermutlich Künstler aus Konstantinopel.

Pflichtbesuch ist das 4 km entfernte **Santa Maria Capua Vetere** (32 000 Ew.), das an der Stelle des antiken *Capua* errichtet wurde: **Anfiteatro Campano** aus dem 1. Jh.; mit den Ausmaßen 170 mal 140 m kaum kleiner als das römische Kolosseum; Gladiatorenschule (Aufstand des Spartacus, s. S. 69). Der Aufseher des Amphitheaters hütet den Schlüssel zu einer nur wenige

S. *Angelo in Formis, Fresko*

Caserta, Schloßpark

Zentrum die 1153 vollendete **Kathedrale** mit romanisch-apulischen und arabisch-sizilianischen Stilelementen; im Inneren antike, ungleich hohe Säulen, die das Gefälle des Kirchenbodens ausgleichen. *Atmosphäre:* in Caserta provinziell, in Caserta Vecchia malerisch.

Schritte entfernten, einzigartigen Sehenswürdigkeit, dem **Mitreo** (Mithräum): Das unterirdische Mithras-Heiligtum aus dem 2. Jh. mit Fresken, Opfertisch und Sternendecke wurde erst 1922 entdeckt. *Atmosphäre:* betriebsam in Capua, eher verschlafen in Santa Maria.

Caserta (CE)

66 000 Ew., 70 m. Moderne Provinzhauptstadt, berühmt nur für das Königsschloß, dem man den Beinamen »Versailles der Bourbonen« gegeben hat. Der **Palazzo Reale** wurde 1752 für Karl III. begonnen und 1774 vollendet; das riesige, kalte Bauwerk (247 mal 184 m) begeistert nicht wirklich; sehenswert ist der Park (120 ha) mit den kaskadenartig aneinandergereihten Brunnen.

Absolut lohnenswert dagegen ist ein Ausflug nach **Caserta Vecchia,** einem 10 km nordöstlich von Caserta in 400 m Höhe liegenden mittelalterlichen Städtchen, von den Langobarden im 8. Jh. gegründet. Im

Castellammare di Stabia (NA)

70 000 Ew., 6 m. Thermalkurort und gleichzeitig Industriezentrum am Beginn der Halbinsel von Sorrent an der Stelle des antiken *Stabia.* **Antiquarium Stabiano** in der Via Marco Mario mit zahlreichen Funden aus römischen Villen. Die **Scavi di Stabia,** die Ausgrabungen (seit 1950) im Nordosten der Stadt am Varano-Hügel, wurden bei dem Erdbeben von 1980 schwer beschädigt und sind seither aus Sicherheitsgründen bis auf weiteres nicht mehr zu besichtigen. Die Stadt ist trotz der etwas abseits liegenden Kurhotels eine Verkehrshölle. *Atmosphäre:* laut und schmutzig.

Cava dei Tirreni (SA)

52 000 Ew., 180 m. Lebhaftes Städtchen auf einem fruchtbaren Plateau der Monti Lattari mit pittoreskem Stadtkern, dem **Borgo Scacciaventi** (Arkaden). 4 km südwestlich die im 11. Jh. gegründete Benediktinerabtei **Trinità di Cava** mit Kreuzgang aus dem 13. Jh. und sehenswerten Kunstschätzen. *Atmosphäre:* im Zentrum malerisch.

Cumae (NA)

Archäologische Ausgrabungsstätte am westlichen Rand der Phlegräischen Felder (s. S. 66f.); von den Griechen im 8. Jh. v.Chr. gegründet, im Mittelalter zerstört; berühmt wegen der Orakelgrotte der Cumäischen Sybille. **Arco Felice:** Bogentor, 1. Jh. n. Chr. Kleines **Anfiteatro,** eines der ältesten Kampaniens, links an der Straße in Richtung Fusaro; fast völlig überwachsen, man erkennt nur noch die Umrisse. **Forum** rechts von der Straße, die zur Akropolis führt. Im Archäologischen Park **Antro della Sibilla Cumana,** die von Vergil in der Äneis besungene Sybillen-Grotte; Galerie mit trapezförmigem Querschnitt, 131,5 m lang, 2,40 m breit, 5 m hoch; durch 5 große Spalten beleuchtet (aus dem 6. bis 5. Jh. v.Chr.); am Ende gewölbter Raum mit 3 Nischen, wo Sybille weissagte. **Cripta Romana** (römische Anlage aus der Zeit des Augustus, eine 180 m lange Straßengalerie, durchquert den Hügel von Cumae), **Tempio di Apollo** (auf der unteren Terrasse der Akropolis; im 6. und 7. Jh. n.Chr. zu einer christ-

lichen Basilika umgebaut; Gräber, achteckiges Taufbecken) und **Tempio di Giove** (der Zeustempel auf der obersten Terrasse, 5. Jh. v.Chr., wurde ebenfalls um 500 n.Chr. zu einer Basilika der Christenheit; rundes Taufbecken).
Atmosphäre: geschichtsträchtig.

Ercolano/Herculaneum (NA)

Antike Stadt am Golf von Neapel, beim Vesuvausbruch 79 n. Chr. vollständig verschüttet; nach der Legende von Herkules gegründet, ist gemeinsam mit Pompeji das bedeutendste archäologische Zentrum Italiens (s. S. 64).

Überblick über die wichtigsten Sehenswürdigkeiten: **Casa dell' Atrio a Mosaico:** Das Haus mit dem mosaikgeschmückten Atrium zeigt Holzreste, Wand- und Deckenmalereien. **Casa del Tramezzo di Legno:** Haus mit der hölzernen Scheidewand, vorzüglich erhalten. **Casa Sannitica:** Das samnitische Haus ist ein gutes Beispiel für die einfache, vorrömische Bauweise; Wandmalereien. **Casa di Nettuno e Anfitrite:** zweistöckig, mit dem am besten erhaltenen Geschäftslokal der Antike, in dem man zahlreiche Weinamphoren in den dazugehörigen Holzregalen fand; im Hof ein Nymphäum mit leuchtenden Mosaikdarstellungen von Jagdszenen, Weintrauben sowie Neptun und Amphitrite. **Casa del Bicentenario:** Das Haus der Zweihundertjahrfeier wurde 1938, zwei Jahrhunderte nach dem Beginn der Ausgrabungen, entdeckt; Kreuzsymbol im 1. Stock als Beweis für die frühe Ausbreitung des Christentums in der Vesuvstadt. **Casa dei Cervi:** Das Haus der Hirsche ist eines der elegantesten; die beiden Marmorgruppen, die von Hunden gehetzte Hirsche zeigen und die dem Gebäude den Namen gaben, befinden sich im Archäologischen Nationalmuseum in Neapel. **Palestra:** Sportpalast mit Badeanstalt. **Terme:** in weibliche und männliche Abteilungen unterteilt; *Apodyterium* (Umkleideraum), ein großer Saal mit Wandnischen und Sitz-

Herculaneum

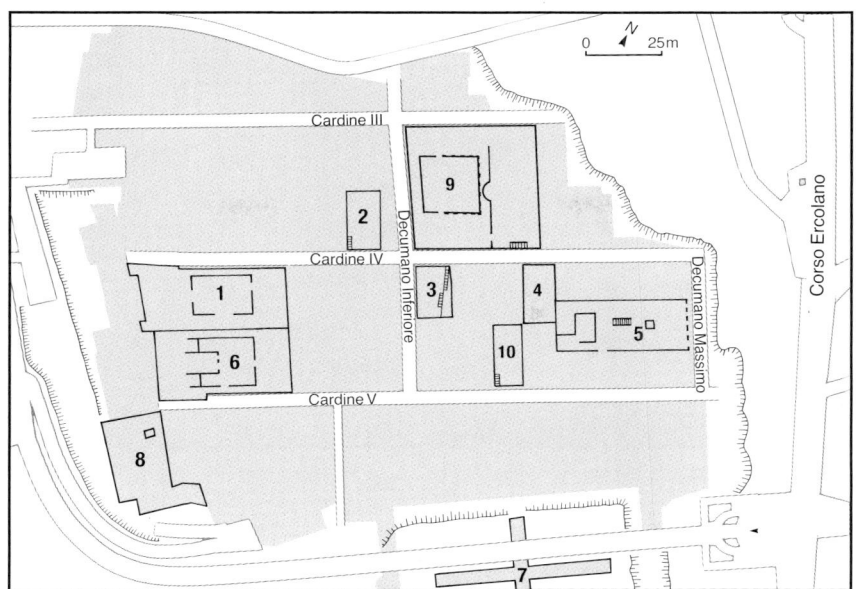

Herculaneum *1 Casa dell'Atrio a mosaico 2 Casa del Tramezzo di legno 3 Casa Sannitica 4 Casa del mosaico di Nettuno e Anfitrite 5 Casa del Bicentenario 6 Casa dei Cervi 7 Palestra 8 Terme Suburbane 9 Terme 10 Casa di Sacello di legno*

gelegenheiten, große marmorne Bade-
becken *(Frigidarium, Caldarium)*, Mosaike.
Terme Suburbane: Etwas jünger als die
städtischen Thermen, die 10 v. Chr. errichtet wurden; von einem durch einen Licht-
schacht erhellten Vestibül gelangt man in
die Umkleideräume und in die Bäder; Mar-
morfußböden, Mosaike. Das **Teatro,** das
rund 2500 Besuchern Platz geboten hatte,
ist erst zum Teil ausgegraben.
Atmosphäre: überwältigend.

Ischia (NA)

46 000 Ew., 46,3 qkm. Die 10 km lange und
maximal 7 km breite Insel ist vulkanischen
Ursprungs; die höchste Erhebung ist mit
788 m der erloschene Vulkan Monte Epomeo. Extrem fruchtbarer Boden, Wein- und
Obstanbau, mildes Klima, zahlreiche Thermalquellen und Badestrände. Ischia teilt
sich in sechs Gemeinden auf: Ischia, Casamicciola, Lacco Ameno, Forio, Serrara Fontana und Barano (s. S. 43 ff.).

Ischia, Hauptort der Insel, besteht aus
Ischia Porto und **Ischia Ponte.** Im Hafen
beginnt die Via Roma mit zahlreichen Cafés,
Restaurants und Boutiquen, die in den
Corso Vittorio Colonna übergeht. Belieb-
tester Treffpunkt: *Piazza degli Eroi,* der Hel-
denplatz. Die größte Sehenswürdigkeit von
Ischia Ponte ist das *Castello Aragonese,* das
Alfons von Aragon 1438 auf einem Felsen
im Meer errichtete; in das Burgviertel gelangt man über einen Steindamm; ein Lift
führt direkt zu den Ruinen der *Cattedrale
del'Assunta* (1301, in der Krypta Fresken
aus dem 14. Jh.), der *Chiesa Immacolata*
aus dem 18. Jh., dem *Convento delle Cla-
risse,* dem 1575 gegründeten und 1810
verlassenen Klarissinnenkloster (makabrer
Friedhof) und dem zehneckigen Kirchlein
S. Pietro a Pantaniello (16. Jh.).
Das Bergdorf **Barano d'Ischia** im Süden
der Insel vereinigt die kleinen Orte Buono-

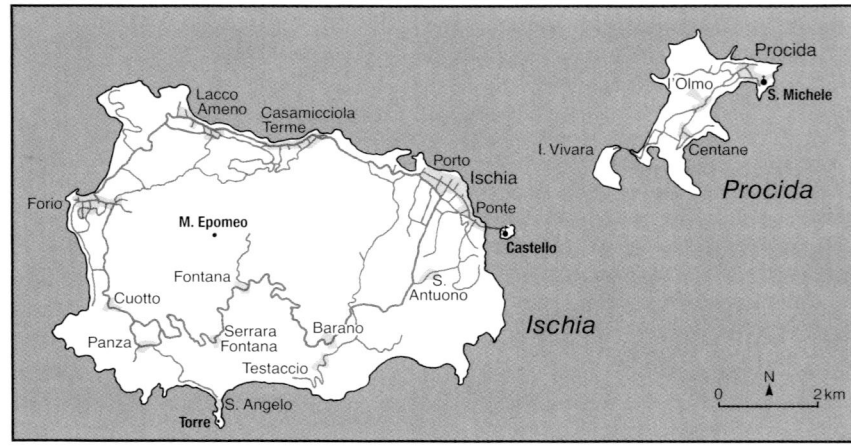

Ischia

pane, Fiaiano, Piedimonte und Testaccio. Von Barano führt eine 4 km lange Straße zu einem der schönsten und größten Strände, dem Lido dei Maronti mit Unterwasserthermalquellen und Fumarolen, die zu therapeutischen Zwecken genutzt werden.

Casamicciola Terme ist ein populärer Luft- und Thermalkurort mit Badestrand an der Nordküste, **Forio** ein lebhafter Ferienort auf einem Vorgebirge der Westküste. Sehenswert ist hier das kleine Kirchlein *S. Maria del Soccorso* im ältesten Ortsteil direkt am Meer. Im Zentrum die aus dem 14. Jh. stammende, barockisierte Chiesa *S. Maria del Loreto.* Zur Gemeinde Forio gehören die zu Recht gerühmten Strände von San Francesco und Citara; dort ent-

Ischia, Lacco Ameno, Fungo

springen die heißen Quellen, mit der die größte und schönste Thermenanlage der Insel, die *Poseidongärten,* gespeist werden.

Lacco Ameno, eleganter Thermalkurort an der Nordküste in einer kleinen Bucht am Fuße des Monte Epomeo, ist die älteste Ansiedlung der Insel, im 7. Jh. v. Chr. von den Griechen unter dem Namen *Herakleion* gegründet. Viele der archäologischen Fundstücke werden im *Museum* neben bzw. unter der Wallfahrtskirche *S. Restituta* aufbewahrt. Vor dem Sandstrand ragt das Wahrzeichen von Lacco Ameno aus dem Meer, ein *Fungo* (Pilz) genannter Felsen.

Das malerische Fischerdorf **Sant'Angelo** im Süden bei einer vorgelagerten Felshalbinsel ist ein Teil von Serrara Fontana, der vom Festland am weitesten entfernten Gemeinde Ischias. Die Quellen für den Kurbetrieb – das Thermalbad »Tropical« ist das modernste der Insel – entspringen oberhalb des Ortes und am Lido dei Maronti.

Hoteltips: »Excelsior Terme«, ruhige Lage, alle Kureinrichtungen, Ischia Porto, Via E. Gianturco 19, ✆ 0 81/99 15 22; »La Palma«, gemütliches, preisgünstiges Haus im Ortszentrum, Sant'Angelo, Via Commandante Maddalena 15, ✆ 0 81/99 95 26. *Restauranttips:* »Trattoria Greco«, preiswert, Ischia Porto, Via Roma 41, ✆ 0 81/99 11 87;

»L'Oasi«, Panoramablick, Panza d'Ischia, Via San Gennaro, ℰ 0 81/90 72 53; »La Romantica«, Fischspezialitäten am Meer, Forio, Via Marina 46, ℰ 0 81/99 73 45. *Kaffeehaus:* Café-Konditorei »Calise« in Ischia Porto (Piazza degli Eroi) und Casamicciola (Piazza Marina).

Souvenirs: Keramikfabrik der Fratelli Mennella in Casamicciola (auf der Hauptstraße, von Ischia Porto kommend) – ein abstruses Kitschkabinett, das aber dennoch vielen gefällt.

Atmosphäre: elegant bis locker, aber ein bißchen zu deutsch für Italien.

Napoli/Neapel (NA)

1,3 Mio Ew., Hauptstadt der Region Kampanien und der Provinz Neapel; Fläche: 117,3 qkm. Die Stadt besteht aus 20 Bezirken. Für Touristen von Bedeutung sind die Bezirke **Fuorigrotta** (Ausstellungsgelände Mostra d'Oltremare, Stadion San Paolo), **Chiaia-San Fernando-Posillipo** (das eleganteste Viertel der Stadt mit dem romantischen Fischerhafen Santa Lucia), **Vicaria-San Lorenzo, Pendino-Mercato** und **Avvocata Montecalvario San Giuseppe** (diese drei Bezirke umfassen Altstadt und Hafen) sowie **Vomero** (Plan s. hintere Klappe).

Die wichtigsten der mehr als 300 Kirchen:
S. Angelo a Nilo (1428): Via Mezzocannone; nach einer hellenistischen Statue des Vaters Nil, die Kolonisten aus Alexandrien auf der gegenüberliegenden Piazzetta del Nilo aufgestellt haben. **S. Anna dei Lombardi:** Piazza Monteoliveto; gestiftet 1411, doch der Bau aus der Frührenaissance wurde im 17. Jh. umgestaltet; die acht lebensgroßen Terrakottafiguren der Beweinung Christi in der Cappella della Pietà (1492 von Guido Mazzoni aus Modena) erschüttern durch ihre Lebendigkeit; in der Cappella Piccolomini ein Krippenrelief des Florentiners Antonio Rossellini (um 1475). **S. Chiara:** Via Benedetto Croce; von dem Neapolitaner Gagliardo Primario im gotischen Stil der Provence für die Anjou erbaut,

1340 unter Robert dem Weisen eingeweiht; enthält dessen Grabmal (hinter dem Hauptaltar) und zahlreiche andere Anjou-Gräber. Nach dem Erdbeben von 1456 im 16. und 17. Jh. restauriert und schließlich barockisiert. Große Zerstörungen im Zweiten Weltkrieg, Wiederaufbau im gotischen Stil. Das angeschlossene *Chiostro delle Maioliche* entstand 1742. Domenico Vaccaro schuf mit diesem Rokokogarten, den er mit Majoliken von Capodimonte schmücken ließ, einen der stimmungsvollsten Orte Neapels. **Dom:** Via Duomo; ursprünglich gotischer Bau, vermutlich von Karl I. Anjou gegründet (sein Grab befindet sich über dem Hauptportal); 1315 unter Robert dem Weisen eingeweiht; in der Barockzeit gänzlich umgestaltet. Häßliche neugotische Fassade mit der »Sitzmadonna« von Tino da Camaino aus dem 14. Jh. über dem Mittelportal. Der Innenraum wird durch drei Längsschiffe gegliedert, 16 Pfeiler tragen mächtige gotische Bögen; vergoldete Holzdecke (1621); im rechten Seitenschiff die *Cappella del tesoro di S. Gennaro,* die 1608 fertiggestellte Januariuskapelle, das Heiligtum der Stadt; das Blut des San Gennaro, das sich zweimal im Jahr verflüssigt (s. S. 220), wird unter seiner Silberbüste (mit seinem Schädel) in einem Schrein des Altars aufbewahrt. Gegenüber der Januariuskapelle der Zugang zur ältesten Basilika Neapels, der *Chiesa S. Restituta* aus dem 4. Jh., die in den Dom integriert wurde; im Mittelschiff, unmittelbar vor dem Chor, führen zwei Treppen hinunter zur *Cappella del Succorpo,* wo seit 1491 die Reliquien des San Gennaro ruhen. Am Ende des rechten Seitenschiffs die *Cappella S. Giovanni in Fonte,* das älteste Baptisterium der Stadt, vermutlich ebenfalls aus dem 4. Jh., geschmückt mit prachtvollen Mosaiken. Unter dem Dom Ausgrabungen aus der Griechen- und Römerzeit. **S. Domenico Maggiore:** Piazza S. Domenico Maggiore; die Dominikaner bauten Mitte des 14. Jh. die ihrem Ordensgründer geweihte Kirche; nach Erdbeben und Bränden immer wieder neu errichtet, dann barockisiert; Restaurierungsarbeiten im 19. Jh. bemühten sich, die Gotik zurückzubringen. **S. Francesco di Paola:** Piazza Plebiscito; klassizistischer Bau, Kopie des römischen Pantheon, 1817 begonnen, 1846 vollendet. **Gesù Nuovo:** Piazza Trinità Maggiore; Grundsteinlegung 1584, Frührenaissanceportal und eine ungewöhnliche Diamantquader-Fassade aus der gleichen Zeit, die zu dem 1470 erbauten Palazzo Sanseverino gehörten. Mit dem schlichten Äußeren kontrastiert die üppige, nahezu erdrückende barocke Innenausstattung. **S. Gregorio Armeno:** Via S. Gregorio Armeno, im 10. Jh. erstmals erwähnt, Ende des 16. Jh. neu errichtet. Interessante Fresken von Luca Giordano, die sich alle auf das Leben und Wirken des heiligen Gregorius beziehen (zwischen 1678 und 1679 entstanden). **S. Lorenzo Maggiore:** Piazza Gaetano; auf einer Basilika aus dem 6. Jh. von 1234 bis 1330 erbaut; nach dem Erdbeben von 1731 mit einer barocken Fassade versehen, wobei das gotische Marmorportal erhalten blieb; 1955 wurden unter Kirche und Kloster griechisch-römische Stadtteile ausgegraben; Führungen in die Antike sind nur nach Anmeldung möglich: Auskünfte bei Pater Pio Marotti, Convento San Lorenzo Maggiore, Via Tribunali 316; ✆ 0 81/29 00 34. **S. Maria del Carmine:** Piazza del Carmine; hier wird ein wundertätiges Marienbild, die »Madonna la Bruna«, eine spätbyzantinische Marienikone, verehrt; der mit grüngelben Majoliken geschmückte 75 m hohe Glockenturm (1631) zählt zu den Wahrzeichen Neapels. **S. Paolo Maggiore:** Piazza S. Gaetano; auf einem Dioskurentempel

errichtet, den ein Freigelassener des Augustus gestiftet hatte; die Vorhalle des Tempels diente der im 16. und 17. Jh. auf den Ruinen einer Basilika aus dem 9. Jh. erbauten Kirche als Fassade; durch das Erdbeben 1688 zerstört, nur zwei antike Säulen blieben stehen; an der jetzigen Fassade unter den Statuen der Apostel Petrus und Paulus die aus den Trümmern geborgenen Torsi von Castor und Pollux. **S. Pietro a Maiella:** Via S. Pietro a Maiella; 1313 von König Robert und Giovanni Pipino aus Barletta erbaut und dem im selben Jahr heiliggesprochenen Pietro Angelario aus Isernia geweiht. Dieser Einsiedler vom Monte Morrone in den Maiella-Bergen in den Abruzzen (daher der Kirchenname) ist von Karl II. Anjou unter dem Namen Coelestin V. als 80jähriger 1294 zum Papst ernannt worden, doch der Greis legte die päpstliche Krone zurück. Deckengemälde mit Szenen aus dem Leben Coelestins von dem Kalabresen Mattia Preti (1613 bis 1699), die zu den besten Werken des neapolitanischen Seicento zählen.

Cappella Sansevero: Via Francesco Sanctis; Raimondo di Sangro, Principe di Sansevero, ließ die Familien-Grabkapelle aus dem 16. Jh. Mitte des 18. Jh. völlig umgestalten; rechteckiger Raum mit vier Seitenkapellen; allegorische Darstellungen: ein Mann, der sich aus dem Netz des Irrtums befreit, eine völlig verschleierte Frau als Symbol der Schamhaftigkeit; in der Mitte der »Verschleierte Christus« von Giuseppe Sammartino, ein erstaunliches Werk (der über den Leichnam geworfene zarte Schleier ist tatsächlich aus Stein); in einem Nebenraum das Grab Raimondos, in der Krypta zwei Skelette mit versteinerten Adern. Die Grabkapelle ist ein Privatmuseum (Eintrittsgebühr).

Die bedeutendsten Paläste:

Palazzo d'Angri: Zwischen Via Roma und S. Anna dei Lombardi; von Luigi Vanvitelli 1755 erbaut; Vorbild für neapolitanische Paläste. **Palazzo di Donn'Anna:** Via Posilipo: 1642 bis 1644 auf dem Platz eines älte-

Neapel, Cappella Sansevero

ren Palastes von Cosimo Fanzago im Auftrag der Familie Carafa di Stigliano errichtet; 1688 durch Erdbeben zerstört. Die Ruine, in denen die skandalumwitterte Königin Johanna I. von Anjou umgegangen sein soll (daher der Name), wurde im 19. Jh. wieder aufgebaut; der Palazzo diente auf vielen Gemälden als dekorativer Hintergrund. **Palazzo Marigliano:** Via S. Biagio dei Librai; 1512/13; frühes Beispiel für die Baukunst der neapolitanischen Renaissance; an der Rückwand des Hofes Freitreppe mit Terrasse und gemalter Doppelsäulenloggia (18. Jh.). **Palazzo Reale:** Piazza del Plebiscito; Königspalast, von Vizekönig Don Fernandes Ruiz de Castro 1599 geplant und von Domenico Fontana von 1600 bis 1602 ausgeführt; 1837 bis 1842 nach einem Brand erneuert, nach den Zerstörungen des Zweiten Weltkriegs restauriert. An der Front zur Piazza del Plebiscito stellen Statuen in Wandnischen Herrscher Neapels aus acht Dynastien dar. Das Erdgeschoß ist in seiner gesamten Länge (169 m) als Pfeilerportikus gestaltet, die Geschoßhöhen nehmen von unten nach oben gleichmäßig ab. Im Inneren mit farbigem Marmor dekoriertes Treppenhaus. Im Museum sind der *Thronsaal,* das ehemalige *Hoftheater* sowie eine *Gemälde- und Gobelinsammlung* zu besichtigen (Führungen). Der Palazzo beherbergt unter anderem die *Biblioteca Nazionale* mit Papyri, Inkunabeln, Autographen und rund 1,5 Mio. Büchern. **Palazzo Sanfelice:** Via Arena della Sanità; 1728 vom Architekten Ferdinando Sanfelice für

seine Familie errichtet; mit Diamantquadern geschmückte Portale, das Treppenhaus gilt als das architektonisch bedeutendste in Neapel. **Palazzo dello Spagnuolo:** Via Vergini 20; schönster Wohnpalast Sanfelices; Rokoko-Ornamente; die Treppenführung entspricht der des naheliegenden Palazzo Sanfelice. **Palazzo Spinelli di Laurino:** Via Tribunali; Treppenhaus und Rampe von Sanfelice; geniale Ausnützung des verhältnismäßig geringen Raums für einen großzügigen Stiegenaufgang.

Museen:
Museo Archeologico Nazionale: Piazza Museo; einzigartige Schau antiker Kunstwerke und Gebrauchsgegenstände vom 8. Jh. v. Chr. bis zum 5. Jh. n. Chr., weltgrößte Kollektion antiker Malerei. **Museo Civico Filangieri:** Via Duomo 288; ein 1880 originalgetreu rekonstruierter Bau aus dem 15. Jh.; Kunst-, Münzen- und Waffensammlung des Fürsten Gaetano Filangieri. **Museo Nazionale della Ceramica »Duca di Martina«** (Villa Floridiana): Via Cimarosa 77; Ferdinand IV. ließ das Palais in einem üppigen Park 1817 für seine morganatische Gemahlin Lucia Partenna errichten; seit 1913 Staatsbesitz, seit 1931 Museum. Porzellan, Majoliken, Gläser, Möbel und Ostasiatika aus der Stiftung des Placido di Sangro, Duca di Martina. **Museo Nazionale di Capodimonte:** Parco di Capodimonte, Via S. Teresa degli Scalzi; 1738 von Karl III. als Palazzo Reale für die Jagd erbaut; großartige Pinakothek, neben Malern der venezianischen Schule des 15. und 16. sowie des 19. Jh. Werke von Tizian, Pieter Breughel d. Ä., Raffael, Correggio, Ribera, Giordano, Goya. Bemerkenswert das *Porzellankabinett,* ein Geschenk Karls an seine Gemahlin Maria Amalia von Sachsen, der Neapel die Gründung der berühmt gewordenen Porzellanmanufaktur verdankt; Gobelin- und Waffensammlung; 120 ha große *Parkanlage* mit prachtvollem Baumbestand. **Museo Nazionale di San Martino:** Vomero; ehemaliges Kartäuserkloster, 1325 unter den Anjou gegründet, 1866 als Museum

Neapel, Palazzo Reale

Neapel, Castel dell'Ovo

eingerichtet: Ansichten des alten Neapel, Darstellungen der Vesuvausbrüche, Porzellan, Skulpturen, Möbel, Kunstgewerbe. Einzigartig die Sammlung neapolitanischer Krippen. Barocke Klosterkirche und malerischer Kreuzgang. **Conservatorio di San Pietro a Maiella:** Via S. Pietro a Maiella; seit 1826 ist im ehemaligen Kloster das *Musikkonservatorium* untergebracht; die Bibliothek und das Museum des Instituts zeigen eine große Kollektion von Musikerportraits, Autogramme und die Stühle, auf denen Paisiello und Bellini musiziert haben; Donizettis Tabakdose ist ebenso zu sehen wie Cimarosas Spinett, Paisiellos Klavier und die Harfe des Stradivarius. Das Museum beherbergt neben der Mailänder Scala die bedeutendste musikgeschichtliche Sammlung Italiens.

Burgen:
Castel Sant'Elmo, die Krone des Vomero; 1343 von Robert dem Weisen angelegt, galt als uneinnehmbar; ständig erweitert, diente jahrhundertelang als Gefängnis; seit 1988 Kongreß- und Ausstellungszentrum. **Castel Nuovo** (auch Maschio Angioino): Piazza del Municipio; ein Wahrzeichen Neapels; Königsburg der Anjou, Residenz und Seefestung gleichermaßen. Im Auftrag von Karl I. zwischen 1279 und 1282 errichtet; zur Ruine verkommen, von Alfons I. von Aragon wieder aufgebaut. Imposante Türme mit eigenwillig gegliederten Unterbauten. Bemerkenswert der *Triumphbogen,* der Alfons zu Ehren zwischen 1453 und 1470 als erstes größeres Bauwerk der Renais-

sance geschaffen wurde; 1988 vollständig restauriert; in den Nischen die vier Tugenden. Im Hof die ehemalige Schloßkirche *S. Barbara* mit einem Renaissanceportal, über dem eine Madonna von Francesco Laurana thront. Im Inneren des Kastells ein gotischer Saal mit Fächerdecke, dessen Gewölbekonstruktion alle Katastrophen (Erdbeben, Brände, Kriege) überstanden hat. **Castel dell'Ovo:** Zugang von der Via Partenope; das »Ei-Kastell« (nach Vergil ruht es auf einem Riesenei, das auf dem Meeresgrund liegt) wurde auf dem im Altertum »Megaris« genannten Inselchen, auf dem eine der sagenhaften Villen des Lucullus gestanden haben soll, von den Normannen als Festung gebaut; Friedrich II. deponierte in dem von ihm erweiterten Kastell seinen Staatsschatz, und – Zynismus der Geschichte – der letzte Staufer, sein Enkel Konradin, verbrachte die Tage vor seiner Hinrichtung in diesen Mauern. In den 80er Jahren wurde das zur Ruine verkommene Wahrzeichen mit ungeheurem Aufwand restauriert und zu einem Kongreßzentrum umgewandelt.

Weitere Sehenswürdigkeiten:
Stazione zoologica (Aquarium) im Stadtpark (Villa Communale), von dem deutschen Biologen Anton Dohrn 1872 gegründetes internationales Forschungsinstitut, in dem die Meeresfauna und Unterwasserflora des Golfes besichtigt werden kann; in einem ehemaligen Bibliotheksraum Fresken mit Darstellungen Neapels von Hans von Marees. **Galleria Umberto:** Zwischen 1887 und 1890 wurde die kreuzförmige, glasgedeckte Halle zwischen dem Toledo und der Via S. Carlo als Passage erbaut. Neapels Galleria kann sich mit denen von Rom, Mailand, Brüssel, Den Haag und London an Schönheit absolut messen. Kommunikationszentrum ersten Ranges mit Cafés und Geschäftslokalen. **Teatro San Carlo:** Via S. Carlo; 1737 nach einer Rekordbauzeit von acht Monaten am 4. November, dem Namenstag von Karl III., eröffnet; 1816 abgebrannt und innerhalb von sechs Mona-

nali; »Antica Trattoria da Pietro«, Hafen-
kneipe neben dem Castel dell'Ovo; »Dante
e Beatrice«, Antipasti-Spezialisten, Piazza
Dante 44/45.
Atmosphäre: Himmel und Hölle an einem
Ort.

Padula (SA)

6000 Ew., 700 m. Städtchen auf einem
Hügel über dem Diano-Tal. **Kirche der
Annunziata:** in der Krypta *Ossario dei Tre-*

Neapel, Galleria Umberto

Padula, Mosaikfußboden

ten wieder aufgebaut. Das Logentheater
(3000 Plätze) mit seinem etwas verbliche-
nen Glanz zählt neben der Ballettschule der
Mailänder Scala nicht nur zu den ältesten,
sondern bis zum heutigen Tag auch zu den
größten Opernhäusern Italiens. **Tomba di
Vergilio:** Grab des Vergil (Eingang links hinter der Kirche von Piedigrotta); einfaches
römisches Familiengrab (Columbarium);
viereckiger Bau aus der Zeit des Augustus
mit einem Tonnengewölbe; im Inneren zehn
loculi, Nischen, in denen einst Aschenurnen
untergebracht waren: 1939 wurden in den
Park um Vergils Grab die Gebeine des 1837
in Neapel gestorbenen Dichters Giacomo
Leopardi überführt und unter einer Stele
beigesetzt.
Hoteltips: »Royal«, erstklassiges Haus, Via
Partenope 38, ☎ 0 81/40 02 44; »Paradiso«,
Panoramablick, Via Catullo 11, ☎ 0 81/
66 02 33.
Restaurants: »Cibi Cotti«, urige Trattoria
im Marktviertel Mercato Rionale in Mergellina, nur Mittagstisch; »La Campagnola«,
Volksküche im Anschluß an einen Lebensmittelladen, nur Mittagstisch, Via Tribu-

cento mit den Gebeinen der Teilnehmer des
mißglückten Aufstandes gegen die Bourbonen 1857. Zwischen Ort und Autobahn
liegt die Kartause **S. Lorenzo,** eines der
prächtigsten Baudenkmäler des Mezzogiorno (s. S. 54 f.).
Atmosphäre: friedlich.

Paestum (SA)

3000 Ew., 20 m. Einst kleiner Badeort mit
langen, breiten Sandstränden, heute in den
Sommermonaten vor allem von Camping-
urlaubern überfüllt. In der archäologischen
Zone die beeindruckendsten Zeugnisse
griechischer Kultur auf dem süditalienischen
Festland (s. S. 57 ff.). Drei Tempel: **Tempio
di Nettuno** (Neptun- oder Poseidon-Tempel), **Basilica** und **Tempio di Cerere** (Ceres-
Tempel); weiterhin sehenswert **Forum, Via**

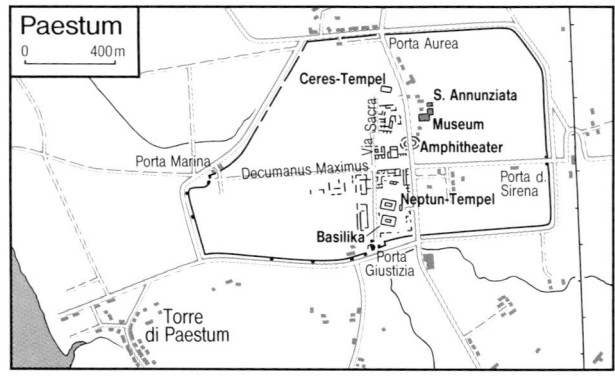

Paestum

Sacra, römisches **Amphitheater** und **Stadtmauer.** Das in einem modernen Gebäude gegenüber dem Ausgrabungsgelände untergebrachte **Museum** bietet ausschließlich Fundstücke aus Paestum; neben Keramiken, Münzen, Votivfiguren und Goldschmuck ragen aus der Fülle der kostbaren Exponate vor allem die berühmten Metopen vom Fries des heute nur noch aus wenigen Mauerresten bestehenden Hera-Heiligtums an der Sele-Mündung sowie die bemalten Grabplatten mit Darstellungen von Leben und Tod (die bekanntesten sind jene vom sogenannten »Grab des Tauchers«) hervor, die von griechischen und lukanischen

Künstlern im 5. und 4. Jh. v. Chr. geschaffen wurden. Neben dem Museum **Chiesa dell' Annunziata,** eine frühchristliche dreischiffige Basilika.

Hoteltip: »Calypso«, Via Molina Mare 63, ✆ 08 28/81 10 31.

Restaurant: »Tavernelle Club«, Via Porta Marina 12, ✆ 08 28/81 19 53.

Atmosphäre: außerhalb der Saison beschaulich.

Palinuro (SA)

1500 Ew., 50 m. Hübscher Badeort mit großem Freizeitangebot (Segeln, Wasserski, Tennis) in einer kleinen Bucht am **Capo Palinuro** *(Cilento).* Hier soll der Sage nach der Steuermann des Äneas, Palinuros, begraben worden sein. Zahlreiche Hotels und Restaurants aller Klassen. Ausflüge zur **Grotta Azzurra** (10 Minuten per Boot), zum **Arco Naturale** (natürlicher Felsbogen; per Auto auf der Küstenstraße Richtung Marina di Camerota) und zu den Ausgrabungen der Griechenstadt **Elea** (Velia, s. S. 209 f.).

Atmosphäre: lebendig.

Paestum, Poseidon-Tempel

Pompei (NA)

22 000 Ew., 16 m. Moderne, typisch süditalienische Stadt rund um das **Santuario della Madonna del Rosario** (1875), das mit

einem hochverehrten Marienbild zu den großen Pilgerzielen des Mezzogiorno gehört; vom Glockenturm gewinnt man den besten Überblick über die Ausgrabungen des antiken Pompeji.

Pompei Scavi (s. S. 61 ff.):
Von den Oskern gegründet, um 425 von den Samniten besetzt; seit 290 v. Chr. römisch; 63 n. Chr. durch ein Erdbeben verwüstet, noch während des Wiederaufbaus 79 n. Chr. durch den Vesuvausbruch verschüttet und eineinhalb Jahrtausende vergessen; im 16. Jh. wurden Ruinen entdeckt, gezielte Ausgrabungen seit 1748; bisher sind rund vier Fünftel des Stadtgebietes freigelegt worden, die noch unerforschten Viertel liegen im Norden und Nordosten.

Karten kann man zwar nur am Haupttor kaufen, den Rundgang aber beginnt man am besten bei der **Villa dei Misteri:** Landhaus aus dem 2. Jh. v. Chr., mehrfach umgebaut, zum Zeitpunkt des Vesuvausbruchs ein Gehöft, das laut Inschrift einem freigelassenen Sklaven gehört hatte. Im »Saal mit dem Großen Gemälde« *(Sala del grande dipinto)* Fresken eines unbekannten Künstlers aus dem 1. Jh. v. Chr., auf denen die Vorbereitungen auf die dionysischen Mysterien dargestellt sind: Ein nackter Knabe liest aus einer Schriftrolle einer sitzenden Frau und einem verschleierten Mädchen das Ritual

Pompeji *1 C. d. Pansa 2 C. d. Poeta Tragico 3 C. d. Fauno 4 C. d. Vetti 5 Foro 6 T. d. Giove 7 Macellum 8 Santuario d. Lari 9 T. d. Vespasiano 10 Eumachia 11 Basilica 12 T. d. Apollo 13 Terme Stabiane 14 Albergo d. Sittio 15 Lupanare 16 Foro Triangolare 17 Teatro Grande 18 Teatro Piccolo 19 T. d'Iside 20 C. d. Menandro 21 C. d. Criptoportico 22 C. d. Frutteto 23 C. d. Venere 24 Villa Giulia Felice 25 Anfiteatro 26 Grande Palestre*

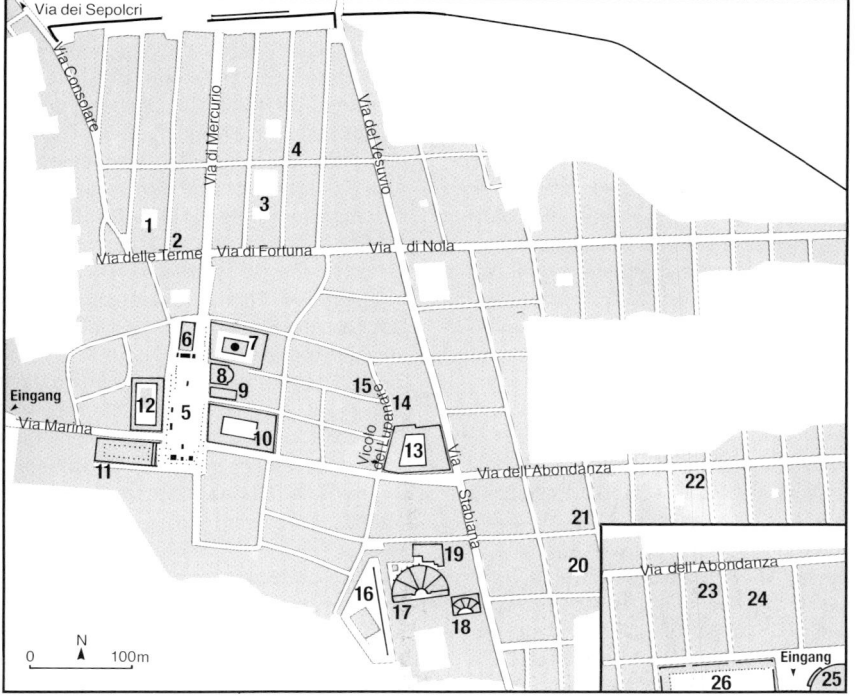

Pompeji, Villa dei Misteri

der Einweihung vor; eine Schwangere mit einer Opferplatte in den Händen wendet sich einer Gruppe von Frauen zu, von denen eine in Richtung der Gefolgsgötter des Dionysos – einem halbnackten, auf der Leier spielenden Silen, Satyr oder Pan – blickt; eine Frau, die eingeweiht werden soll, wartet auf die Feier; ein Silen reicht einem Knaben ein Gefäß zum Trunke, während ein weiterer Jüngling eine Maske über die Szene hält; ein kniendes Mädchen ist dabei, einen verhüllten Phallus zu entschleiern, während ein geflügelter Dämon die Einzuweihende geißelt, die ihr Gesicht während der Auspeitschung in den Schoß einer Gefährtin legt; daneben eine tanzende, nackte Bacchantin. Die beiden anderen Szenen der Freskenreihe zeigen eine Frau, die von zwei Amoretten bedient wird, und eine sitzende Frau, eine Priesterin oder möglicherweise sogar die Hausherrin. Klare Deutungen gibt es bis heute nicht, die Gelehrten streiten, ob es sich tatsächlich um ein dionysisches oder orphisches Ritual handelt; wie auch immer, diese einzigartige antike Malerei ist von so unglaublicher Ausdruckskraft, daß sie jeden – ob Laien oder Experten – in ihren Bann zieht.

Durch die **Via dei Sepolcri,** die Gräberstraße, geht man nun Richtung Zentrum vorbei an der **Villa Diomede,** ehemals eines der größten Häuser mit zwei Schwimmbecken; im Keller fand man Weinamphoren und 18 Skelette. Weiter durch die **Porta Ercolano** auf die **Via Consolare, Casa di Pansa,** eine große Stadtvilla, und **Casa del**

Poeta Tragico, das Haus des Tragödiendichters, das Edward Bulwer-Lytton in seinem Bestseller »Die letzten Tage von Pompeji« als »Haus des Glaucus« beschrieb. **Casa del Fauno:** Aus dem Haus des Fauns stammt das berühmte Bild von der Alexanderschlacht (im Archäologischen Nationalmuseum von Neapel). In der **Casa dei Vetti,** dem Sitz reicher Kaufleute, herrscht das meiste Gedränge, und das nicht nur wegen der interessanten Architektur; der Besucher wird von einem Bildnis des Priapos empfangen, der seinen überdimensionierten männlichen Stolz nicht nur im übertragenen Sinn in die Waagschale wirft; auch die Sex-Szenen auf den Fresken in den Schlafzimmern lassen an Eindeutigkeit nichts zu wünschen übrig; im Speisesaal mit Wänden in leuchtendem Pompejanisch-Rot auf schwarzen Streifen Amoretten beim Öl- und Weinverkauf, Wagenrennen, bei der Weinlese.

Foro: Auf dem Forum, dem Zentrum des politischen, religiösen und wirtschaftlichen Lebens, finden sich sämtliche öffentliche Gebäude. An der Nordseite des großen rechteckigen Platzes steht mit dem Vesuv im Hintergrund der **Tempio di Giove,** der Jupitertempel (2. Jh. v. Chr. gegründet). Rechts von dem Heiligtum an der Ostseite die gedeckte Markthalle, **Macellum,** vor dem Eingang das Lokal der Geldwechsler. Daneben **Santuario dei Lari,** das Heiligtum der Schutzgeister der Stadt, nach dem Erdbeben von 63 n. Chr. errichtet. Dem Kaiserkult diente der **Tempio di Vespasiano.** Das Gebäude der **Eumachia** ist laut der Inschrift auf dem Fries eine Stiftung einer Priesterin, die als Patronin der Tuchhändler und Wollfärber galt. An der Südseite die **Basilica,** Sitz der Gerichtsbarkeit; der große Saal wird von 28 Säulen in drei Schiffe getrennt. An der **Via Marina** liegend **Tempio di Apollo,** vor diesem (auf dem Forum) die Redner-Tribüne. An den Tempelmauern die **Mensa Ponderaria,** ein Eichamt für Maße und Gewichte.

Die **Via dell'Abbondanza** stellt den **Decumanus Maior,** die Hauptstraße der Stadt, dar. Geschäfte, Lokale, kleine Werkstätten und die **Terme Stabiane,** die aufwendigste der drei Badeanlagen Pompejis; aufgeteilt in (bescheidene) Frauen- und (luxuriöse) Männerabteilung. Gleich neben dem Bad liegt die ›sündige Meile‹, das kleine Gäßchen **Vicolo del Lupanare** mit dem Stundenhotel **Albergo di Sittio** und dem Freudenhaus **Lupanara.** In der **Via dei Teatri** liegt das **Foro Triangolare,** das zweite Zentrum der Stadt; Tempel und Theater noch aus samnitischer und griechischer Epoche (auf dem großen Forum stammt alles aus römischer Zeit). **Teatro Grande** (200 bis 150 v. Chr. für 5000 Zuschauer gebaut) und **Teatro Piccolo** (80 bis 75 v. Chr., für 1000 Besucher). Vor den Theatern **Tempio d'Iside,** ein in vorrömischer Zeit den ägyptischen Gottheiten geweihter Isistempel.

In der **Via dell'Anfiteatro,** die sich als **Vicolo Meridionale** fortsetzt, befindet sich die **Casa del Menandro;** die nach einem dort gefundenen Bildnis des griechischen Dichters Menander benannte Prachtvilla zeigt pompejanische Wandmalereien und ein toskanisches Atrium; kleines Privatthermalbad mit Fresken und Mosaiken. In den Keller der **Casa del Criptoportico** (Haus mit dem Kryptoportikus) flüchteten sich während der Katastrophe viele Pompejaner. Bevor man zum Amphitheater geht, sollte man sich noch die **Casa del Frutteto** mit den schönen Obstmalereien, die **Casa di Venere** mit einem großartig erhaltenen Wandbild der Venus und die **Villa Giulia Felice,** eine aus drei Einheiten bestehende Anlage (Privathaus, öffentliche Bäder, Mietwohnungen mit Geschäften), ansehen. Das **Anfiteatro,** unter den erhaltenen römischen Amphitheatern das älteste (80 v. Chr., 135 mal 104 m), faßte ursprünglich 12000 Zuschauer, nach Umbauten sogar 20000. Gegenüber die **Grande Palestra,** eine an drei Seiten von einem Portikus eingerahmte Anlage aus der Kaiserzeit, die als Übungsgelände für Wagenrennen, Spiele und Feste diente; im Zentrum ein großes Schwimmbecken.

Hoteltip: »Hotel Vittoria«, Pompei Scavi, Piazza Porta Marina, mit angeschlossenem

Casa del Corallo (Korallenschmuck, Gemmen und Kameen aus eigener Erzeugung), ℘ 0 81/8 61 08 15.
Atmosphäre: troz Besuchermassen überwältigend.

Positano (SA)

3500 Ew., 30 m. Einer der elegantesten und berühmtesten Badeorte an der Amalfitana. Oberhalb der kleinen Sandbucht die Kirche **S. Maria Assunta,** in der ein byzantinisches Madonnenbild aus dem 13. Jh. verehrt wird; daneben ein Glockenturm mit einem langobardischen Relief, das einen fischschwänzigen Drachen darstellt. **Piazza Flavio Gioia** mit einem Denkmal des Kompaß-Erfinders, der nach Ansicht der Positaner nicht aus Amalfi, sondern aus ihrer Stadt stammt. Weithin sichtbar die Kuppelkirche **Chiesa Nuova,** die vom Strand aus über viele Treppen erreichbar ist. Pittoreskes Winkelwerk, teure Boutiquen und Restaurants, elegante

Positano, Relief am Campanile

Privatvillen und Hotels. Sehr sauber und umweltbewußt.

Hoteltip: »Le Sirenuse«, Haus der Luxusklasse, in dem man einfach einmal gewohnt haben muß, Via Colombo 30, ✆ 0 89/ 87 50 66.
Atmosphäre: besonders malerisch mit internationalem Flair.

Pozzuoli (NA)

70 000 Ew., 30 m. 529 v. Chr. von Griechen aus Samos als *Dikaiarchia* – »die Stadt, in der das Recht herrscht« – gegründet; 338 unter den Römern als *Puteoli* zur ersten Hafenstadt des Reiches ausgebaut; verlor nach der Fertigstellung des Hafens von Ostia an Bedeutung (s. S. 66). Besonders lebhafter Fischmarkt an jedem Vormittag.
Serapeo: nach einer Serapis-Statue auch Serapistempel genannt; einst ein *Macellum,* der öffentliche Markt des römischen Puteoli; an den noch erhaltenen Säulen Muschelablagerungen, da sich die Erde und somit

auch das Gebäude hebt oder unter den Meeresspiegel senkt, so daß es zeitweise unter Wasser stand (Bradisismus). **Dom** auf dem Gipfel des Burghügels, wo in der Antike die Akropolis lag; aus dem 11. Jh., 1634 erneuert, 1964 ausgebrannt, wird seither restauriert; Reste antiker Tempelanlagen (3. und 2. Jh. v. Chr.) um und unter der Kirche. **Anfiteatro Flavio:** wie das römische Kolosseum zur Zeit der Flavier erbaut (1. Jh. n. Chr.); bot mehr als 40 000 Besuchern Platz (149 mal 116 m); die unterirdischen Laufställe für wilde Tiere und Gladiatorengänge wurden 1937 freigelegt und zählen zu den am besten erhaltenen dieser Art; Januarius, Bischof von Benevent (San Gennaro), wurde in dieser Arena 304 n. Chr. enthauptet (s. S. 220). Etwas außerhalb der Stadt in Richtung Neapel befindet sich der Vulkan *Solfatara* (= Schwefelgrube): im ellipsenförmigen Krater (770 mal 580 m) gibt es kleine, brodelnde Schlammlöcher sowie Fumarolen und Mofetten, aus denen Wasserdampf und Kohlensäure entweichen; Besucher sollten nicht von den Wegen ab-

Phlegräische Felder

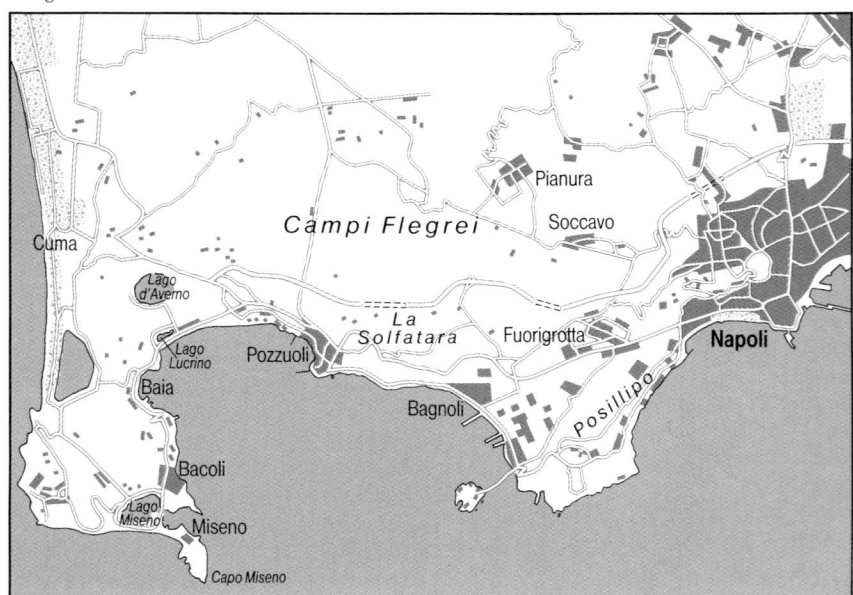

weichen, sonst Lebensgefahr. Nur wenige hundert Meter von der Solfatara entfernt die **Chiesa di S. Gennaro:** an ein 1580 errichtetes **Kapuzinerkloster** angeschlossen, findet sich in der rechten Seitenkapelle der Kirche ein Stein, auf den das Blut des enthaupteten hl. Januarius geflossen sein soll; sobald sich im Dom von Neapel das Blutwunder ereignet, verfärbt sich auch der Stein rot. *Restauranttip:* »La Ninfea«, Meeresspezialitäten, Via Lago Lucrino, ✆ 0 81/8 66 13 26. *Atmosphäre:* sehr süditalienisch.

Ravello, Bronzetor am Dom

Procida (NA)

10 000 Ew., 3,75 qkm, Insel vulkanischen Ursprungs, aber ohne heiße Quellen und Fumarolen; hohe, zerklüftete Küstenfelsen; die höchste Erhebung ist die **Terra Murata** mit 91 m (Karte s. S. 322). Am Südwestende, gegenüber der Bucht von **Marina di Chiaioella,** das winzige, mit Procida durch einen Steg verbundene Inselchen **Vivara,** das einem bekannten Parfüm den Namen gab; Vivara ist ein Naturschutzpark mit zahllosen Vogelarten und wilden Kaninchen, einzigartig im Golf von Neapel. An der 14 km langen Küste eine Reihe von Fischerdörfern, die einzige größere Ansiedlung ist der bezaubernde Hafenort **Procida** mit seinen pastellfarbenen Häusern, die noch keine Modernisierungsambitionen ihres Reizes beraubt haben. Auf einem Vorgebirge im Nordosten ein **Kastell,** das als Gefängnis dient (herrliche Aussicht). Unweit davon die **Chiesa S. Michele** (17. Jh.), die ein Deckengemälde von Luca Giordano (1699) ziert; sehenswert wegen der Unterkirchen und der Bibliothek, in denen sich ein recht seltsam anmutendes Sammelsurium an sakralen Gegenständen angehäuft hat. *Atmosphäre:* trotz der Lage im Golf von Neapel ruhig und abgeschieden.

Ravello (SA)

2300 Ew., 350 m. Städtchen über der Amalfitana; von den Römern gegründet, Blüte-

zeit im 10. bis 13. Jh. An der **Piazza Vescovado** (Ravello war von 1086 bis 1818 Bischofssitz) der dem hl. Pantaleon geweihte **Dom** aus dem 11. Jh.; Bronzetor des Apuliers Barisano da Trani (1179); Kanzel auf gedrehten Säulen mit Mosaiken und Reliefs von Niccolo di Bartolomeo da Foggia (1272); Ambo mit eigenwilliger Mosaikdarstellung, wie Jonas vom Wal verschlungen wird (1130); in der 1782 erneuerten Kapelle des hl. Pantaleon wird das Blut des Stadtpatrons aufbewahrt. **Villa Rufolo** aus dem 13. Jh. in arabisch-sizilianischem Stil; prachtvolle Gartenanlage, die Richard Wagner zu Klingsors Zaubergarten (Parsifal) inspirierte (im Sommer Wagner-Konzerte). Vorbei an gepflegten Häusern und der Kirche **S. Francesco** (Atrium aus dem 14. Jh.) erreicht man, durch kein Motorengeräusch gestört, nach ca. 20 Minuten Fußmarsch die **Villa Cimbrone,** eine von dem Engländer Ernest William Becket 1904 im mittelalterlichen Stil errichtete Absonderlichkeit mit einem wundervollen Park und dem **Belvedere Cimbrone,** eine mit römischen Herrscherbüsten geschmückte Terrasse, die eine atemberaubende Aussicht auf die Amalfitana freigibt. *Atmosphäre:* bezaubernd.

Salerno (SA)

160 000 Ew., 5–100 m. Provinzhauptstadt am gleichnamigen Golf; besteht aus einer malerischen Altstadt, einer hübschen Ufer-

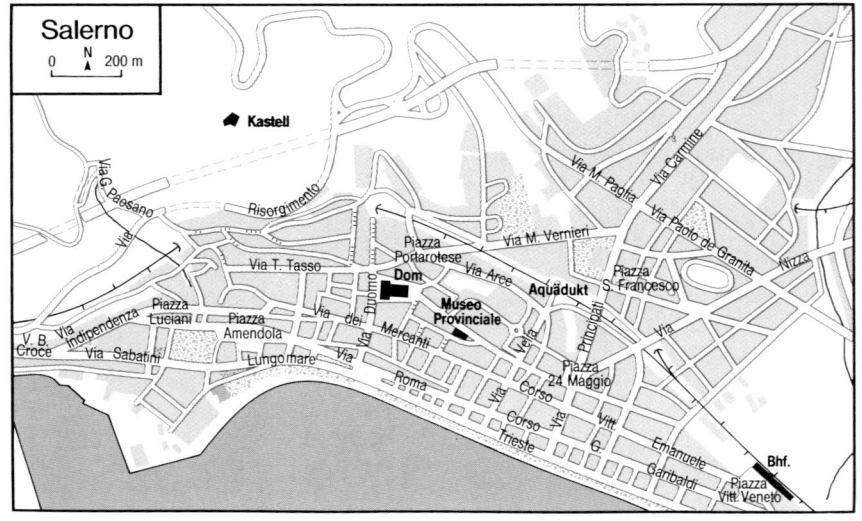

Kastell

promenade mit Park, einem großen Hafen und modernen Wohnvierteln (s. S. 49 ff.). Tor zur Costa Amalfitana. Zahlreiche schöne Paläste (viele in Restaurierung) rund um die Via dei Mercanti. **Dom** 1076–1085 von Robert Guiscard erbaut, im 18. Jh. z. T. erneuert, in jüngster Zeit wieder in Original-zustand gebracht; die äußere klassizistische Fassade öffnet sich mit einem romanischen Portal (11. Jh.), der sogenannten *Porta dei Leoni;* mächtiger Glockenturm aus dem 12. Jh.; im Zentrum des Atriums mit seinen arabisch beeinflußten Arkaden ein Tauf-becken aus klassischer Zeit; Kirche mit romanischem Portal und 1099 in Konstan-tinopel gegossenen Bronzetüren; im Inne-ren zwei kostbare Kanzeln (12. und 13. Jh.); Kreuzzugskapelle mit Grab von Papst Gregor VII.; im Altar die Reliquien des Evan-gelisten Matthäus. Sehenswertes *Dom-museum* mit wertvollen sakralen Kunstwer-ken. **Museo Provinciale** mit archäologi-schen Funden und einer Pinakothek. Mit-telalterlicher **Aquädukt. Kastell** (von By-zantinern gegründet, von Normannen be-festigt) künftiger Sitz des historischen Museums von Salerno. Hervorragendes kleines **Keramik-Museum** »Alfonso Tafuri« (Via Duomo 33).

Hoteltip: »Jolly Hotel delle Palme«, ruhige Lage am Meer, Lungomare Trieste 1, ✆ 0 89/ 22 52 22.
Restaurants: »Santa Lucia«, Pizza und Mee-resspezialitäten, Via Roma 182, ✆ 0 89/ 22 56 96; »Vicolo della Neve«, uriges Altstadt-lokal mit typisch salernitanischer Küche, Vicolo della Neve 24, ✆ 0 89/22 57 05.
Café-Bar: »Caffe de Mercanti«, Chef Nino mixt die besten Martini-Cocktails weit und breit, Via dei Mercanti 114, ✆ 0 89/23 23 03.
Atmosphäre: lebendig.

Salerno

Sorrent

87 78 58 09; »Don Alfonso« in S. Agata sui Due Golfi (ca. 10 km von Sorrent), zählt zu den ›Top 20‹ in Italien und ist im Mezzogiorno, auch was den Weinkeller betrifft, absolute Spitze, Corso S. Agata 11, ✆ 0 81/ 8 78 00 26.
Atmosphäre: im Zentrum städtisch, laut und ungemütlich.

Sorrento/Sorrent (NA)

18 000 Ew., 50 m. Geht auf die Phönizier (7. Jh. v. Chr.) zurück; zur römischen Kaiserzeit Sommerfrische der Aristokratie; im 19. und bis zur Mitte des 20. Jh. eleganter Badeort, heute eine Verkehrshölle, von der man bloß in den noblen Hotelparks nichts merkt. Zentrum des Orangen-, Zitronen- und Nußanbaus. Geburtsstadt von Torquato Tasso (1544); sein Denkmal steht auf der Piazza Tasso. Zu den Sehenswürdigkeiten zählen das **Museo Correale di Terranova** (Bilder, Möbel, Waffen und vor allem Porzellan) mit einem der schönsten Orangenhaine, der **Dom Ss. Filippo e Giacomo** (15. Jh.) mit einem *Campanile* (4 antike Säulen) und der *Sedile Dominova,* eine Loggia aus dem 15. Jh. mit einer Kuppel aus dem 17. Jh., einst Versammlungsgebäude der Stadträte, heute Sitz eines Arbeitervereins. **Marina Piccola:** der »kleine Hafen«, in dem die Schiffe von und nach Capri und Neapel anlegen. **Marina Grande:** hübsche Bucht mit Strand und Strandbädern. **Ausflüge:** Bootsfahrt (1 Stunde) oder Spaziergang (2,8 km) über das Dorf **Capo di Sorrento** (98 m hoch) und dann bergab bis zum Kap; direkt am Meer liegen die Ruinen einer **Villa Romana,** die der lateinische Dichter Papinio Stazio (54 bis 96 n. Chr.) als Besitz des Pollio Felice erwähnt. **Bagno della Regina Giovanna:** von der Natur geschaffener Swimming-Pool in den Klippen, wo sich die Anjou-Königinnen Johanna I. und Johanna II. mit ihren Liebhabern vergnügt haben sollen. *Restauranttips:* »Al Cavallino Bianco«, Meeresspezialitäten, Via Correale 11, ✆ 0 81/

Torre Annunziata (NA)

60 000 Ew., 20 m. Thermalkurstadt an den Hängen des Vesuv; Industriezentrum (pharmazeutische und lebensmittelverarbeitende Betriebe). 1964 fand man in der Via dei Sepolcri die **Villa Imperiale di Oplonti,** eine römische Villa, die vermutlich Poppaea, Gemahlin des Nero, bewohnte; ein Besuch dieser Ausgrabung ist ein absolutes Muß. **Ausflug auf den Vesuv:** 10 km über Boscotrecase bis zu einer Höhe von 1050 m (Parkplatz); von dort 20 Minuten steiler Fußweg zum Kraterrand.
Atmosphäre: schäbig.

Vietri sul Mare (SA)

11 000 Ew., 30 m. Hübscher Ort am Golf von Salerno, Anfangs- oder Endpunkt der Amalfitana. Zentrum der Keramikherstellung, die sich jedoch dem Massengeschmack angepaßt hat; hauptsächlich wird Allerweltskitsch angeboten. Dennoch kann man auch hier noch durchaus exquisite Keramiken finden. Über Vietri thronen die Bergdörfer **Raito** (mit sehenswertem **Keramikmuseum**) und **Albori,** zwei wenig besuchte und deswegen vom Tourismus noch unverdorbene Orte, die einen unvergeßlichen Blick auf die Küste erlauben.
Hoteltip: »Hotel Raito«, beste Kategorie, ✆ 0 89/21 00 33; »Hotel Cetus« in Cetara, unterhalb der Amalfitana-Straße in traumhafter Meerlage, ✆ 0 89/26 13 88.
Souvenirs: Originelle, schöne Keramiken bei Ceramica Rifa – Matteo Rispoli im Stadtteil Molina, ✆ 0 89/21 05 54.
Atmosphäre: freundlich.

Basilikata auf einen Blick

Mit 9992 qkm und 610 000 Einwohnern in 131 Gemeinden der Provinzen Potenza (PZ) und Matera (MT) ist die Basilikata die kleinste Region des Mezzogiorno. Sieben Zehntel der Fläche sind Gebirge, zwei Zehntel Hügelland und ein Zehntel Flachland. Die Basilikata gliedert sich in den westlichen, bis zu 2000 m hohen gebirgigen Teil, zu dem auch der kurze, wild-romantische Küstenabschnitt von Maratea am Tyrrhenischen Meer gehört, den zentralen hügeligen Teil, das trockene, karge Gebiet um Matera (Murge) und die Küste am Ionischen Meer. Mehrmals hat die Region ihren Namen gewechselt. Die Faschisten führten die alte Bezeichnung »Lukanien« wieder ein, doch wurde schließlich 1947 in der Verfassung erneut der Name »Basilikata« festgelegt. Er leitet sich vom *basilikos,* dem byzantinischen Verwalter des Rechts ab. Hauptstadt der Region ist Potenza.

Acerenza (PZ)

3500 Ew., 830 m. Altes Städtchen *(Acheruntia)* mit schönem Panorama. **Kathedrale** (12. Jh.) mit Apsiden, romanischen Portalen und einigen wertvollen Kunstwerken (Büste, Bildtafeln, Triptychon aus dem 15. Jh.). **Palazzo Ducale** (15. Jh.). *Atmosphäre:* malerisch.

Aliano (MT)

1700 Ew., 500 m. Verbannungsort Carlo Levis, in dessen Roman »Christus kam nur bis Eboli« als »Gagliano« bezeichnet

Landschaft bei Aliano

(s. S. 122 ff.). Kleines **Volkskundemuseum** im ehemaligen Wohnhaus des Schriftstellers und Malers, **Levi-Grab** am Dorffriedhof (links vom Eingang). Trotz einiger Neubauten scheint hier die Zeit stehengeblieben zu sein. *Atmosphäre:* ländlich.

Atella (PZ)

3500 Ew., 500 m. Im 14. Jh. gegründetes landwirtschaftliches Städtchen mit interessanten mittelalterlichen Bauwerken wie dem **Dom S. Maria** mit einem schönen Glockenturm, der Kirche **S. Lucia** von 1380 mit Fresken aus dem 16. Jh. und Resten der **Abtei S. Ippolito** aus dem 11.–12. Jh. (in der Nähe des großen Monticchio-Sees). Romanische Wallfahrtskirche **S. Maria de Pierno**

in 1000 m Seehöhe mit Brautkleidern als Exvoten. *Atmosphäre:* ländlich.

Avigliano/Lagopesole (PZ)

12 000 Ew., 920 m. Landwirtschaftliches Zentrum mit zahlreichen Handwerksbetrieben (Holz, Metallwaren). Auf einem Hügel längs der Nationalstraße 93 steht die als letzte und größte von Friedrich II. 1242 bis zu seinem Tod 1250 erbaute **Burg** von Lagopesole, die trotz ihres rechteckigen Grundrisses in ihrer Form an das apulische Castel del Monte erinnert. Karl I. von Anjou ließ im 13. Jh. zahlreiche Umbauten durchführen. Seit den 70er Jahren in Restaurierung. *Atmosphäre:* mit Ausnahme der Burg wenig interessant.

Brienza (PZ)

3000 Ew., 710 m. Wird von den imposanten Resten der **Anjou-Burg** beherrscht, die 1571 neu aufgebaut, beim Erdbeben 1980 jedoch wieder stark beschädigt wurde. Heimatstadt von Mario Pagano, Märtyrer der neapolitanischen Revolution 1799; sein Denkmal steht am Largo Municipio. Kirche **dell'Annunziata** mit zwei Gemälden aus der Michelangelo-Schule und einem geschnitzten Chor aus dem 18. Jh. *Atmosphäre:* malerisch.

Lagonegro (PZ)

6300 Ew., 670 m. Mittelalterlicher Stadtkern mit interessanten Bauwerken wie z. B. der Kirche **S. Nicola** aus dem 9.–10. Jh., der **Pfarrkirche** mit Fresken von Cascini und einer Silberbüste aus dem 18. Jh. sowie der Kirche **S. Anna** (17. Jh.). In der Umgebung Kloster **S. Maria degli Angeli** (9. Jh. mit späteren Veränderungen) mit prachtvollem Panorama, Remmo-See und Wintersportmöglichkeiten in 1500 m Seehöhe. *Atmosphäre:* provinziell.

Costa Maratea

Maratea (PZ)

5000 Ew., 300 m. Hauptort des gleichnamigen Küstenabschnitts am Tyrrhenischen
Meer (s. S. 203 ff.) mit herrlichem Ausblick
auf den Golf von Policastro. Im älteren, etwas
höher liegenden Stadtteil **Maratea Superiore** Kirche **Rosario** und Kirche **S. Maria
Maggiore** mit mittelalterlichem Glockenturm, Portal und Chor aus dem 15. Jh.
sehenswert. Malerischer Badeort **Maratea
Porto. Grotte** von Marina di Maratea reich
an Stalaktiten und Stalagmiten. Wallfahrtskirche **S. Biagio** auf dem gleichnamigen
Berg mit 22 m hoher Christus-Statue.
Restauranttip: »Za Mariuccia«, hauben- und
sternengekrönt, exzellente Fischspezialitäten, Maratea Porto, Via Grotte 2, ✆ 09 73/
87 61 63.
Hoteltip: »Santavenere«, Luxusherberge inmitten einer traumhaften Parkanlage über
dem Meer, Fiumicello di S. Venere, ✆ 09 73/
87 61 60.
Atmosphäre: zum Verlieben.

Matera (MT)

52 000 Ew., 400 m. Hauptstadt der gleichnamigen Provinz, kulturhistorisch bedeutendster Ort der Basilikata (s. S. 127 ff.).
Besteht aus einem modernen Teil am West-
plateau und einer am Rande einer tiefen
Schlucht errichteten Altstadt, die in die
sogenannten **Sassi** übergeht, in Kalkfelsen
gehauene Höhlenwohnungen und -kirchen.
Dreischiffige **Kathedrale** (1268–1270) im
romanisch-apulischen Stil mit prächtiger
Fassade (Arkadenreihe, Portal, Fensterrose); das Innere wurde teilweise barockisiert; am ersten Altar im linken Seitenschiff
Fresko der *Madonna della Bruna* (13. Jh.);
Kapelle der Annunziata (Ende 16. Jh.); Chorgestühl von 1453; am Ende des Querschif-
fes Steinkrippe aus 1534, eines der bedeutendsten Werke der Volkskunst; erst vor kurzem wurden an der Wand hinter dem Altar
der Taufkapelle (links vom Eingang) Fresken aus dem 13. und 14. Jh. entdeckt.
Palazzo Lanfranchi (ehemaliges Seminar)
von 1670 mit angeschlossener *Pinakothek
d'Errico,* einer der reichhaltigsten privaten
Kunstsammlungen Süditaliens (u. a. 300
Gemälde der neapolitanischen Schule des
17. und 18. Jh.). In diesem Gebäude hat

Matera

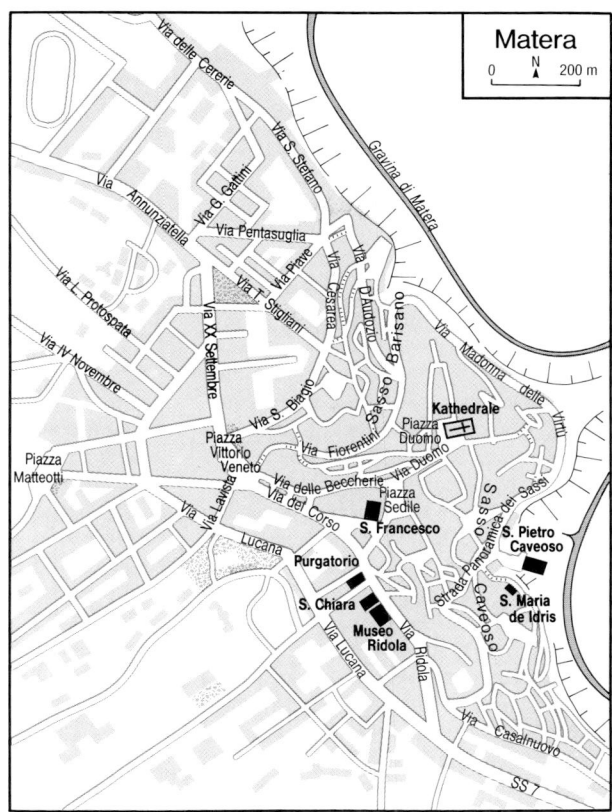

Matera
0 ⊢ N ▲ ⊣ 200 m

Via delle Cerere
Via S. Stefano
Gravina di Matera
Via Annunziatella
Via G. Gattini
Via Pentasuglia
Via Piave
Via Cesarea
Via D'Aquino
Via Madonna delle Virtù
Via L. Protospata
Via T. Stigliani
Sasso Barisano
Via IV Novembre
Via XX Settembre
Via S. Biagio
Piazza Matteotti
Piazza Vittorio Veneto
Via Fiorentini
Kathedrale
Piazza Duomo
Via Duomo
Via delle Beccherie
Piazza Sedile
Via del Corso
Via La Vista
Via Lucana
Sasso Caveoso
Strada Panoramica dei Sassi
S. Francesco
Purgatorio
S. Pietro Caveoso
S. Chiara
Museo Ridola
S. Maria de Idris
Via Lucana
Via Ridola
Via Casalnuovo
SS 7

auch das *Centro Carlo Levi* seinen Sitz, ständige Ausstellung der wichtigsten Bilder Levis. **Ridola Nationalmuseum** im ehemaligen Kloster *S. Chiara* (1698) mit wertvollen archäologischen Funden des Gebietes. **Chiesa del Purgatorio** (1747), Kirche des Fegefeuers mit Totenschädel-Fassade. **Chiesa di S. Francesco d'Assisi** aus dem 13. Jh., im 17. Jh. mit barocken Stilelementen versehen; in ihrem Inneren befindet sich die Felsenkirche **S. Pietro e Paolo.** Zwischen Piazza Sedile und dem Dom eine Reihe hübscher Adelspaläste.

Wanderung durch die Sassi: Durch die Via Ridola gelangt man zum **Sasso Caveoso.** Die erste und eine der bedeutendsten der insgesamt 120 Felsenkirchen ist **S. Maria de Idris** (mit bemerkenswerter Freskenserie aus dem 12. Jh.). Es folgen

S. Pietro Caveoso und **S. Lucia alle Malve** (dreischiffig, Säulen aus dem 8. Jh., Decke mit fünf Kreisen, die einen kuppelartigen Effekt vermitteln, zahlreiche Fresken). Über dieser Kirche befindet sich eine Nekropole mit Felsengräbern, oberhalb davon das Kloster **S. Donato** mit Resten von Becken für die Weinerzeugung. Hinter dem die Sassi teilenden Felsensporn die Kirchen **Madonna delle Virtù** und darüberliegend **S. Nicola dei Greci,** beide restauriert und mit interessanten Fresken. Jetzt befindet man sich im an ›Höhlen-Palästen‹ reicheren **Sasso Barisano:** sehenswert u. a. das ehemalige **Kloster S. Lucia Vecchia** und der Klosterkomplex **Convicinio di S. Antonio.** Besichtigung der Felsenkirchen nur mit Führer möglich (Informationsbüro EPT: Piazza Vittorio Veneto 19, ✆ 08 35/21 11 88).

Hoteltips: »Hotel Italia«, Via Ridola 5, ✆ 0835/211195; »Hotel de Nicola«, Via Nazionale 158, ✆ 0835/214821.
Restaurant: »Trattoria Lucana«, rustikale Hausmannskost, Via Lucana 48, ✆ 0835/216779.
Atmosphäre: überwältigend.

Melfi (PZ)

Metaponto, Tavole Palatine

15000 Ew., 530 m. Ehemalige Sommerresidenz Friedrichs II. (s. S. 120f.). Provinzstädtchen in schöner Lage auf einem Seitenkrater des Monte Vulture. Die mittelalterlichen **Stadtmauern** und verschiedene Bauwerke aus dieser Zeit sind trotz schwerer Erdbebenschäden (zuletzt 1930) noch recht gut erhalten: **Dom** (mehrmals zerstört und wiederaufgebaut) mit originalem Glockenturm aus dem 12. Jh., **Porta Venosina** aus dem 13. Jh., Tor der ehemaligen Kirche S. Maria la Nuova. Die **Burg** in beherrschender Position stammt aus dem 12. Jh., ein mächtiger quadratischer Baukörper mit drei rechteckigen und vier fünfeckigen Türmen; durch Erdbeben immer wieder schwer beschädigt. In einem der renovierten Gebäude des Kastells befindet sich das **Museo Nazionale Archeologico** mit Funden von der prähistorischen bis zur Römerzeit; wertvollstes Exponat ist der reich verzierte Sarkophag von Rapolla (2. Jh. n. Chr.), ein Prunkstück der Handwerkskunst aus Kleinasien, das 1856 im nahen Rapolla (dort sehenswert: mittelalterliche Felsenkirche S. Lucia) entdeckt wurde: weiterhin eine fürstliche Grabausstattung der daunischen Nekropole von Pisciolo.
Atmosphäre: bescheiden, ländlich.

Metaponto (MT)

Teil der Gemeinde **Bernalda,** 11000 Ew., 120 m. Metaponto selbst liegt am Meer und ist eine kleine, moderne Ortschaft mit ausgedehnten Badestränden und blühender Agrarwirtschaft im Schwemmland der Flußmündungen von Basento und Bradano.

Interessante Ausgrabungen aus der Antike: **Parco Archeologico** rund 3 km nordwestlich von Lido di Metaponto mit Resten eines Apollotempels, eines Theaters und von Wohnvierteln; **Tavole Palatine** mit angeschlossenem Antiquarium an der Staatsstraße 106 Richtung Tarent (absolut sehenswert, s. S. 130).
Atmosphäre: nur im Sommer lebhaft.

Monticchio-Seen (PZ)

660 m. Traumhaftes Naturerlebnis am Fuß des Monte Vulture. Die beiden Seen, der kleine und der große, gehören zu den

Monticchio-Seen, S. Michele

Gemeinden **Atella** und **Rionero**. Im **Lago Piccolo** spiegelt sich die ehemalige Benediktinerabtei **S. Michele,** die Anfang des 19. Jh. auf den Resten eines Basilianer-Klosters errichtet wurde (s. S. 118ff.).
Atmosphäre: romantisch-verwunschen (außer an Wochenenden).

Muro Lucano (PZ)

7500 Ew., 650 m. Stufenartig angelegtes Städtchen über einer Klamm. **Kathedrale** aus dem 10. Jh. mit Gemälden und Fresken; in der **Burg** (10. Jh., im 18. Jh. neu aufgebaut) soll die neapolitanische Anjou-Königin Johanna I. ermordet worden sein.
Atmosphäre: malerisch.

Pisticci (MT)

18 000 Ew., 360 m. Landwirtschafts- und Handelszentrum mit interessanter Altstadt auf einem Bergrücken zwischen Basento und Cavone. **Chiesa Madre** 1542 auf den Ruinen eines Bauwerkes aus dem 13. Jh. errichtet; in **Rione Terravecchia** Reste einer mittelalterlichen **Burg.** Bemerkenswert ist die bäuerliche Architektur des Städtchens mit organisch gewachsenen Reihen weißgetünchter Häuser. Etwa 1 km östlich Abtei **S. Maria del Casale** (11. Jh., 1774 restauriert) mit schönem Portal und Fensterrose.
Hoteltip: »Motel Agip«, S. S. 407 Basentana, ✆ 08 35/46 20 07.
Atmosphäre: fröhlich-provinziell.

Policoro (MT)

12 000 Ew., 51 m. Agrar- und Industriegemeinde an der Mündung der Flüsse Agri und Sinni, wo sich einst das griechische *Heraclea* (gegründet 433 v. Chr.) befand. 280 v. Chr. Schauplatz der Schlacht zwischen den Römern und Pyrrhus. **Archäologischer Park** mit Resten des Stadtzentrums und eines Demeter-Tempels; im **Museo Nazionale della Siritide** (Via Colombo)

Illustration der wechselvollen Geschichte von der Steinzeit bis zum Mittelalter anhand zahlreicher interessanter Ausgrabungsfunde.
Atmosphäre: geschäftig-laut.

Potenza (PZ)

65 000 Ew., 820 m. Am höchsten liegende Regional- und Provinzhauptstadt des italienischen Festlandes. Das mittelalterliche Zentrum wurde beim Erdbeben 1980 weitgehend zerstört, seither befinden sich zahlreiche Kirchen und Paläste in Restaurierung. Schon zuvor hatten verheerende Erdbeben (1273, 1694) sowie Bombenangriffe im September 1943 die Stadt mehrmals dem Erdboden gleichgemacht. Daher hat Potenza außer einer beeindruckenden Skyline moderner Hochhäuser wenig zu bieten (s. S. 116). Neben einem Bummel durch die lebhaften Geschäftsstraßen rund um die Via Pretoria sind eventuell noch die Kathedrale **S. Gerardo** (von der ursprünglichen Struktur des Jahres 1197 blieben nur das Rundfenster der Fassade und die Apsis erhalten), die Kirche **S. Francesco** (das Portal und seine Holztüren sowie der Glockenturm stammen aus dem 15. Jh.) und das **Archäologische Provinzialmuseum** empfehlenswert.
Hoteltip: »Park Hotel«, S.S. Basentana, ✆ 09 71/2 28 11.
Restauranttip: »Taverna Oraziana«, typische Speisen der Basilikata, Via Orazio Flacco 2, ✆ 09 71/2 18 51.
Atmosphäre: keine.

Potenza

Rapolla (PZ)

4000 Ew., 440 m. Kleines Bauernstädtchen griechischen Ursprungs. Gotische **Kathedrale** (13. Jh.) mit prachtvollem Portal und Glockenturm, an der Seitenfassade zwei beachtenswerte Reliefs (Verkündigung, Adam und Evas Sündenfall); normannische Kirche **S. Lucia;** in der Kirche **S. Biagio Madonna** aus dem 13. Jh.; am Bergabhang malerische Weinkeller mit bunten Türen; Thermalbad.
Atmosphäre: verschlafen.

Rionero in Vulture (PZ)

13000 Ew., 660 m. Zentrum des Weinanbaus und Ausgangspunkt für Ausflüge in das Gebiet des Monte Vulture. Dieser erloschene Vulkan ist 1326 m hoch und über eine 5,5 km lange Straße zu erreichen. Die unmittelbare Gipfelregion ist wegen einer militärischen Anlage gesperrt. Schöne Aussicht bis zum Gargano und zu den Bergen des kampanisch-lukanischen Apennin. In 10 km Entfernung von Rionero die **Monticchio-Seen.** Das Städtchen selbst, durch Erdbeben mehrmals zerstört, bietet wenig Sehenswertes.
Atmosphäre: uninteressant.

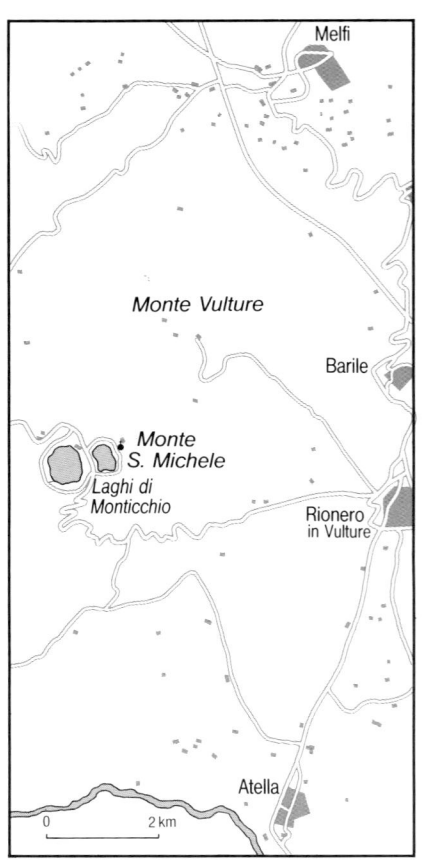

Rivello (PZ)

3000 Ew., 510 m. Traumlage über dem Noce-Tal. Das Dorf ist stufenartig angelegt und wurde zum Nationaldenkmal erklärt. Interessante Architektur mit Loggien, Portalen, Geländern. Kirchen mit byzantinischen Stilelementen und barocken Zubauten **(S. Barbara, S. Michele dei Greci).** Ehemaliges **Minoritenkloster** (15. Jh.) mit katalanischem Portal. Zentrum des Kupferhandwerks.
Souvenirtip: Kupferwerkstatt der Gebrüder Martino, Viale Monastero, ✆ 0971/762004.
Atmosphäre: pittoresk.

Tricarico (MT)

7000 Ew., 700 m. Mittelalterliches Städtchen, wegen seiner schönen Lage beliebte Sommerfrische. Ein 30 m hoher, mächtiger **Rundturm** aus dem 15. Jh. beherrscht das Ortsbild. **Kathedrale** im 11. Jh. von Robert Guiscard errichtet, 1638 und 1783 umgebaut, originaler Glockenturm aus dem 13. Jh.; gotische Kirche **S. Francesco** (14. Jh.); Kirche **S. Chiara** (16. Jh.); Kloster **S. Antonio** (Kreuzgang aus dem 15. Jh.); im ältesten Teil der Stadt *(Civita)* die sog. *Rabatana,* ein Viertel, das auf eine Gründung der Sarazenen im 10. Jh. zurückgeht.

Restauranttip: »Ristorante Centoducati«, Viale Regina Margherita 85, ✆ 08 35/ 72 33 73. *Atmosphäre:* malerisch.

Venosa (PZ)

12 000 Ew., 410 m. Eine der interessantesten Städte der Basilikata mit zahlreichen Sehenswürdigkeiten, Landwirtschafts- und Handelszentrum in schöner Hügellage (s. S. 117f.). Ehemals römische Militärstation *Venusia,* Geburtsort des römischen Dichterfürsten Horaz (65 v. Chr., s. S. 119). Seit dem 5. Jh. Bischofssitz.

Venosa, Abbazia della Trinità

Die Stadtbesichtigung beginnt bei der **Piazza Umberto** mit ihrem mächtigen, 1470 von Herzog Pirro del Balzo Orsini anstelle einer frühchristlichen Kirche errichteten und bis ins 18. Jh. immer wieder umgebauten **Kastell,** in dem nach jahrelangen Restaurierungsarbeiten ein archäologisches Museum, die Stadtbibliothek und andere kulturelle Einrichtungen untergebracht werden sollen. Der Spaziergang führt durch enge, malerische Gassen über die Piazza Orazio Flacco mit der von 1898 stammenden **Bronzestatue** des Horaz, ehe man auf der Piazza del Municipio die Kathedrale **S. Andrea Apostolo** (1470–1502 erbaut, Marmorportal von 1512, Glockenturm mit römischen Inschriften und Marmorfragmenten, Kapelle aus dem 16. Jh.) erreicht. In einem Gäßchen linker Hand des Rathauses mehrere Überreste römischer Bauten, unter ihnen auch die sogenannte *Casa di Orazio,* die sich nur mit viel Phantasie als Geburtshaus des Dichters vorstellen läßt.

Schon etwas außerhalb des Zentrums, in Richtung Bahnhof, befindet sich die großartige **Abbazia della Trinità** (in Restaurierung), eines der Hauptwerke normannischer Architektur in Süditalien, bestehend aus der *Chiesa Vecchia* (von Benediktinern im 11. Jh. auf einer frühchristlichen Kathedrale errichtet; im Inneren Grabmal der Alberada, der ersten Frau Robert Guiscards und Mutter des Bohemund, einziges erhaltenes der vielen normannischen Grabmäler in dieser Kirche, sowie byzantinische Fresken) und der *Chiesa Nuova,* deren unvollendet gebliebener Bau 1135 im französisch inspirierten romanisch-gotischen Stil an der Chorseite der alten Kirche begonnen wurde. In den Umfassungsmauern dieses gewaltigen Projekts, das als dreischiffige, 70 m lange und 24 m breite Säulenbasilika geplant war, sind noch drei wuchtige Apsiden zu sehen. *Abteipalast* rechts der Alten Kirche mit Arkadengang, kleiner Kapelle und schönen Fenstern. In der Umgebung der Abtei **Ausgrabungen** aus der römischen Kaiserzeit (Stadtanlage, Amphitheater) sowie frühchristliche und frühmittelalterliche jüdische **Katakomben.**
Information: Pro Loco, Palazzo Bisceglia, Piazza Orazio Flacco 12, ✆ 09 72/3 13 60.
Atmosphäre: romantisch im alten Teil, sonst provinziell.

Kalabrien auf einen Blick

Die Region Kalabrien *(Calabria)* – 15 080 qkm, knapp 2,1 Mio. Einwohner – liegt an der südlichsten Spitze der Apenninenhalbinsel zwischen dem Tyrrhenischen und dem Ionischen Meer. Die Ebenen machen weniger als 9% der Gesamtfläche aus, der Hauptteil der ›Stiefelspitze‹ besteht aus einzelnen Berggruppen mit meist abgeflachten Plateaus, die von tiefen, schluchtartigen Tälern durchzogen sind. Die Berge Kalabriens verbinden sich im Norden mit der Kette des Apennin durch den *Monte Pollino* (2267 m), der sich in Richtung Süden entlang des Tyrrhenischen Meeres mit der *Cantena Costiera* (zwischen 1300 und 1500 m) fortsetzt. Im Osten erhebt sich das Hochplateau der *Sila* (Monte Botte Donato, 1928 m), im Süden nach der Enge zwischen den Golfen von S. Eufemia und Squillace folgt die Kette der *Serre* (bis 1400 m), die schließlich mit der letzten Erhebung der Halbinsel, dem *Aspromonte-Massiv* (Montalto, 1955 m), verbunden ist.

Die kalabrischen Provinzen sind Catanzaro (CZ), Cosenza (CS) und Reggio di Calabria (RC). Hauptstadt Kalabriens ist Catanzaro.

Acri (CS)

20 000 Ew., 720 m. Aufstrebende Stadt; idealer Ausgangspunkt für eine Exkursion in die Sila Greca. Reste eines **Kastells** (15. Jh.). Kirche **S. Francesco di Paola** mit schöner Holzdecke, **Chiesa dei Dominicani** mit Portal aus dem 16. Jh.
Restauranttip: »La Venere«, ausgezeichnete handgemachte Pasta und Würste, Via Amendola 394, ✆ 09 84/95 35 16.
Atmosphäre: angenehm.

Altomonte (CS)

4600 Ew., 455 m. Mehrfach erweiterte **Burg** aus der Normannenzeit. Prachtvolle Aussicht von der Chiesa **S. Maria della Consolazione,** einer der beachtlichsten gotischen Kirchen Kalabriens aus dem 14. Jh. mit bemerkenswerten Skulpturen aus dem 14. und 15. Jh. Im angeschlossenen **Museo di S. Maria della Consolazione** Ikone der »Madonna mit der Birne« (16. Jh.) sowie Bild einer stillenden Muttergottes aus dem 19. Jh.
Atmosphäre: lebendig, fröhlich.

Amantea (CS)

11 000 Ew., 50 m. Sehenswerte Altstadt auf einem Hügel, **Chiesa di S. Bernardino da Siena** (15. Jh.), Reste einer mittelalterlichen **Burganlage.** Neuer Stadtteil am Meer mit 10 km langem Sandstrand.
Restauranttip: »La Scogliera«, kalabresische Pastaspezialitäten, Via Corsica, ✆ 09 84/ 4 12 47.
Atmosphäre: angenehm.

Belvedere Marittimo (CS)

8500 Ew., 150 m. Eleganter Badeort mit gepflegtem Lungomare und kulturellen Ambitionen (in der Saison abends Vorstellungen in modernem Amphitheater).
Atmosphäre: lebendig, aber nicht überlaufen.

Altomonte, Chiesa S. Maria della Consolazione

Bisignano (CS)

9000 Ew., 411 m. Verträumtes Städtchen mit zahlreichen hervorragend erhaltenen Palazzi aus dem 17. und 18. Jh. Zentrum des Instrumentenbaus, berühmt für die Spezialgitarren *battente* (Saiten werden beim Spiel nicht gezupft, sondern geschlagen) aus der Werkstatt der Familie De Bonis.
Atmosphäre: malerisch.

Bivona (CZ)

800 Ew., 50 m. Gestraft durch die nahen Industrieanlagen von Vibo Valentia, interessant nur durch seine Vergangenheit: Hier landeten Hannibal, Scipio, Cicero, Caesar und Octavius.
Atmosphäre: leider häßlich.

Camigliatello (CS)

1600 Ew., 1272 m. Sommerfrische und prominenter Wintersportort in der Sila mit 6 km Pisten. Spezialitäten in den besonders appetitlichen Lebensmittelläden: eingelegte Pilze, Würste sowie der Digestiv *Amaro Silvano.*
Hoteltip: »Aquila & Edelweiss«, Via Stazione 93, ☎ 09 84/97 80 44.
Atmosphäre: lebhaft in den kurzen Saisonen, sonst verschlafen.

Capo Colonna (CZ)

200 Ew., 5 m. Östlichster Punkt der Region mit der einzigen noch aufrecht stehenden,

Capo Colonna, Wallfahrtskirche

8 m hohen Säule aus der Griechenzeit in Kalabrien, wo einst der dorische Tempel der Hera Lacinia stand (6. Jh. v. Chr., s. S. 175 f., sowie Resten der Via Sacra und einem Tor. Neben den Ausgrabungen das **Santuario di Maria SS. di Capo Colonna** und ein **Wachturm** aus dem 15. Jh.

Atmosphäre: entrückt, in seiner Einsamkei berührend.

Castella (CZ)

800 Ew., 11 m. Entzückender Badeort al zwei winzigen Buchten, dem das auf eine vorgelagerten Insel im 16. Jh. errichtet **Aragonesenkastell** oder sogar schon ein

Castella, Admiral Occhiali

antike Anlage den Namen gab. **Bronze büste** des türkischen Admirals Occhial (s. S. 178). An den nahen kilometerlanger Sandstränden ein *Villaggio Turistico.*
Atmosphäre: bezaubernd.

Castrovillari (CS)

17 500 Ew., 350 m. Selbstbewußte, hübsche Kleinstadt mit einem kleinen, etwas ver staubten **Museum,** das recht ansehnliche Steinzeitfunde sowie das Skelett eines anti ken Griechen aufzuweisen hat. Quadra

weite des Ionischen Meers. Wer sie links liegen läßt, versäumt nichts.
Atmosphäre: geschäftig, doch ohne Esprit.

Cerchiara di Calabria (CS)

3400 Ew., 715 m. Prachtvolle Lage hoch über der Ebene von Sibari, die nur noch von der Aussicht des nahen basilianischen Höhlensanktuariums **S. Maria delle Armi** aus dem 11. Jh. (1000 m) übertroffen wird.
Hoteltip: Unterhalb der Stadt bei der Grotta delle Ninfe, wo schon die alten Sybariten planschten (s. S. 180f.), bieten die Besitzer des heilkräftigen»Nymphenbades«(32 Grad Wassertemperatur) preiswerte Zimmer an. ✆ 09 81/99 11 09 oder 99 11 97.
Atmosphäre: freundlich, ländlich.

Castrovillari, Byzantinische Madonna

tisch angelegte **Aragonesenfestung** (1490) sowie bemerkenswerte Kirche **S. Maria del Castello** (1090) mit sehenswerter byzantinischer Madonna. Berühmt für die Weine *Balbino* und *Lacrima di Castrovillari.*
Restauranttip: »Aquarius«, Via San Giovanni Vecchio, ✆ 09 81/2 81 66, ideal für eine Mittagsrast im Sommer, weil das Lokal seinem Namen Ehre macht und einen Swimmingpool zur Erfrischung anbietet.
Atmosphäre: äußerst angenehm.

Catanzaro (CZ)

100 000 Ew., 340 m. Provinz- und Regionshauptstadt byzantinischen Ursprungs an einem Ausläufer der zerklüfteten Hänge oberhalb des Zusammenflusses von Fiumarella und Musofalo. Zwei dekorative Brücken über einer tiefen Schlucht, **Normannenkastell,** einige hübsche alte Straßenzüge, sonst ist wenig Bemerkenswertes an der von einem permanenten Verkehrschaos heimgesuchten Beamtenhochburg in Blick-

Cosenza (CS)

110 000 Ew., 240 m. Von Hügeln umgebene Provinzhauptstadt mit moderner Universität im Crati-Tal an der Busento-Mündung (s. S. 184). **Piazza Campanella** zwischen modernem und altem Teil mit der im 18. Jh. erneuerten Chiesa **S. Domenico** von 1448. Der **Corso Telesio,** eine belebte, enge und verwinkelte Straße, durchzieht das an einen Abhang geschmiegte historische Viertel aus dem 15. Jh. mit dem gotischen **Dom** (12. Jh., im Inneren Grabmal der Isabella v. Aragon); gotische Kirche **S. Francesco**

Cosenza, Kastell

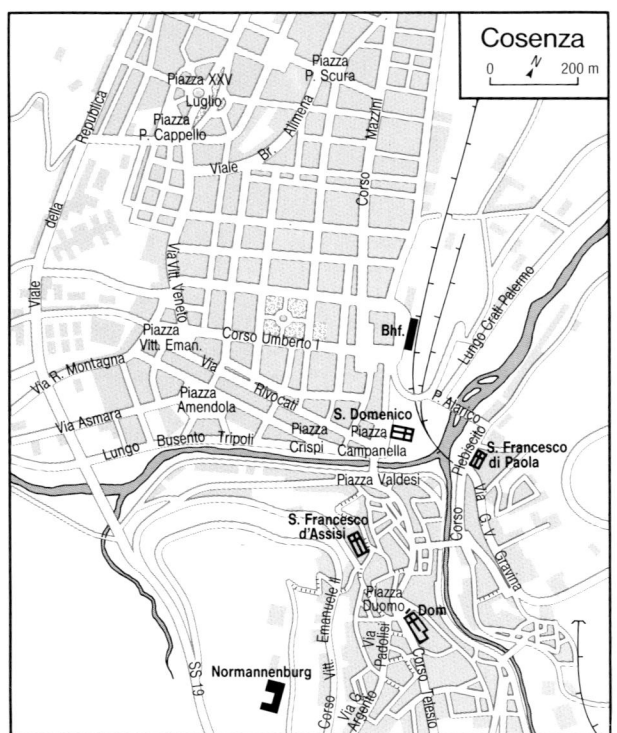

Cosenza
0   N   200 m

Piazza XXV Luglio
Piazza P. Scura
Piazza P. Cappello
Piazza P. Scura
Viale
Piazza Vitt. Eman.
Corso Umberto I
Bhf.
Via R. Montagna
Piazza Amendola
Rivocati
Via Asmara
Lungo Busento Tripoti
Piazza Crispi
Piazza Campanella
S. Domenico
Piazza Valdesi
S. Francesco di Paola
S. Francesco d'Assisi
Piazza Duomo
Dom
Normannenburg
SS. 19
Corso Vitt. Emanuele II
Via Padolisi
Via Argento
Corso Telesio

d'Assisi (13. Jh.); auf dem Colle Pancrazio (383 m) thront eine von Friedrich II. ausgebaute **Normannenburg**. Am Zusammenfluß der beiden Wasserläufe Chiesa **S. Francesco di Paola** (18. Jh.) mit Triptychon aus dem frühen 16. Jh. und hinreißendem Chorgestühl aus dem 17. Jh.; pittoresker Markt am Busento-Ufer.
Atmosphäre: trotz heruntergekommener Altstadt angenehm.

Crotone (CZ)

60 000 Ew., 8 m. Wohlhabendes Städtchen auf einem Vorgebirge der ionischen Küste. In der **Kathedrale** (19. Jh.) byzantinische Ikone *Madonna di Capo Colonna,* die am 2. und 3. Sonntag im Mai in einer Prozession zum Capo Colonna getragen wird (s. S. 176). An der Stelle der antiken Akropolis **Burg** mit runden Ecktürmen aus dem 16. Jh.; das

Museo Archeologico Nazionale zeigt prähistorische Funde und antike Münzen.
Atmosphäre: gediegen.

Diamante (CS)

5000 Ew., 25 m. Einer der gemütlichsten Badeorte mit weitläufigen Sandstränden an der Tyrrhenischen Küste, in der Altstadt *murales* (moderne Wandmalereien).
Hoteltip: »Riviera Bleu«, hübsche Anlage am Meer, ✆ 09 85/8 13 63.
Restauranttip: »Il Giardino«, von Einheimischen frequentiertes, preiswertes Lokal, Via Piane, ✆ 09 85/8 16 19.
Atmosphäre: familiär.

Gambarie d'Aspromonte (RC)

100 Ew., 1310 m. Sommerfrische und Wintersportzentrum inmitten großer Föhrenwäl-

der. Sessellift auf den Monte Scirocco (1635 m). In 5 km Entfernung (Richtung Gambarie Rumia) **Garibaldi-Mausoleum** (s. S. 187f.). *Atmosphäre:* außerhalb der Saisonen sagen die Füchse einander gute Nacht.

Gerace (RC)

3500 Ew., 500 m. Mittelalterliches Städtchen mit umwerfendem Panoramablick und **Normannenburg** im Hinterland von Locri. Im Inneren der 1045 geweihten dreischiffigen **Kathedrale** (der größte Sakralbau Kalabriens) 39 Säulen, die vermutlich von den griechischen Tempeln von Locri stammen; ebenfalls auf antiken Säulen ruht die *Krypta,* die mit der *Cappella di S. Giuseppe* verbunden ist; von außen ist die Kapelle durch ein gotisches Portal aus dem 14. Jh. zugänglich. **Chiesa di S. Francesco** (1252) mit gotischem Portal an der Seitenfront, prunkvollem Hochaltar (bunte Intarsien) und monumentalem Mausoleum (1333). *Atmosphäre:* freundlich, friedlich.

Gerace, Kathedrale

Guardia Piemontese-Terme Luigiane (CS)

1100 Ew., 514 m. Als Zufluchtsort im 13. Jh. von Waldensern (s. S. 177) gegründet. An ein von der Inquisition angerichtetes Blutbad erinnert der Name der Eingangspforte – *Porta Del Sangue* – in der mittelalterlichen Stadtmauer. Prachtvoller Panoramablick. 9 km unterhalb der seit der Antike bekannte und noch heute vielbesuchte Thermalkurort **Terme Luigiane** (50 Ew., 149 m). *Atmosphäre:* in Guardia verwunschen, im Kurzentrum altmodisch-gemütlich.

Lamezia Terme (CZ)

66 000 Ew., 209 m. Wichtiger Verkehrsknotenpunkt (Flughafen) in der fruchtbaren Ebene von S. Eufemia. Setzt sich aus den Ortschaften **Nicastro** (malerisches altes Viertel S. Teodoro, das von einem **Normannenkastell** überragt wird), dem am Fuß der Berge liegenden **Sambiase** (sulfatschwefelhaltige Mineralquelle *Terme Caronte,* 39,4 Grad) sowie der eher häßlichen modernen Siedlung **S. Eufemia Lamezia** zusammen. *Tip für Unternehmungslustige:* Das exzellent geführte Reisebüro Foderaro (mit Filialen in Catanzaro und Tropea), Via A. Diaz 10, ✆ 09 68/2 38 27 vermittelt Hotels, arrangiert Rundreisen und erfüllt auch ausgefallene Wünsche. *Atmosphäre:* keine.

Locri (RC)

12 000 Ew., 4 m. Moderner Badeort an der ionischen Küste in der Nähe der antiken griechischen Stadt *Locri Epizefiri* (s. S. 170f.). **Ausgrabungen** (in 3,5 km Entfernung an der Staatsstraße Richtung Bovalino): Reste von Tempeln, einem Theater und der Nekropole; kleines **Antiquarium,** die wichtigsten Fundstücke finden sich allerdings im Museo Nazionale in Reggio di Calabria. *Atmosphäre:* großzügig.

Longobucco (CS)

8000 Ew., 780 m. Im Herzen der Sila Greca, rund 30 km vom malerischen **Lago Silano Cecita** (umgeben von dichten Tannenwäldern und Almwiesen) entferntes Zentrum der Teppichweberei. Pittoreske, an Abhänge geschmiegte Dachlandschaft.
Atmosphäre: kalabresisch wie aus dem Bilderbuch.

Montalto Uffugo, S. Maria della Serra

Lungro (CS)

3300 Ew., 580 m. Traumhafte Höhenlage über dem Crati-Tal und der Ebene von Sibari. Geistiges Zentrum der Albaner, Bischofssitz der albanischen griechisch-katholischen Kirche (s. S. 177). In der **Kathedrale S. Nicola di Mira** Ikonen jüngeren Datums, gestiftet von der *Società Italo-Albanese* in Jersey City (USA).
Atmosphäre: sehr provinziell, wenig italienisch.

Monasterace Marina (RC)

1300 Ew., 10 m. Gepflegter Badeort in der Nähe des antiken *Caulonia* (Ausgrabungen eines dorischen **Tempels** aus dem 6. und 5. Jh. v. Chr., von Mauerresten und Ruinen hellenistischer Häuser). Das 7 km landeinwärts liegende Dorf Caulonia (hübsche Keramiken) hatte sich 1945 zur »selbständigen Republik« erklärt, der Spuk wurde nach einem halben Jahr durch eine Carabinieri-Einheit beendet.
Atmosphäre: an der Küste lebendig, in den Bergen verwunschen.

Montalto Uffugo (CS)

10500 Ew., 430 m. Mittelalterliches Bergstädtchen mit prachtvoller Aussicht. Ort der Inspiration zu Leoncavallos Oper »Der Bajazzo« (s. S. 185). Kirche **S. Maria della Serra** mit hoher Barockfassade und barocker Freitreppe. Kirche **S. Francesco di**

Paola mit schönem Barockportal und Mausoleum der Familie Alimena (1500).
Atmosphäre: bürgerlich.

Palmi (RC)

18000 Ew., 230 m. Moderne, nach dem Erdbeben von 1908 besonders häßlich wiederaufgebaute Stadt in schöner Lage über dem Tyrrhenischen Meer. Berüchtigtes Mafia-Zentrum. Besuchswert allein durch das **Museo Civico di Etnografia e Folclore,** eines der bedeutendsten Volkskundemuseen Italiens: Krippenfiguren, Teufelsmasken, Wachsköpfe, Töpferwaren, Tierfiguren aus Brotteig und vor allem das mehr als 3 m große Riesenpärchen *Mata e Grifone;* eine eigene Abteilung ist dem Komponisten Francesco Cilea (1866–1950) gewidmet, der in einem modernen Mausoleum auf der Piazza Pentimalli bestattet wurde.
Atmosphäre: bedrückend.

Paola (CS)

15000 Ew., 60 m. Bedeutender Wallfahrtsort (hl. Francesco di Paola, 1416–1507). Im Zentrum (Via XXIV Maggio) **Geburtshaus des Heiligen,** zu einer Kirche umgestaltet **Wallfahrtskirche** 2 km außerhalb in einer Schlucht des Isca (s. S. 194 f.). Ortsteil **Marina** überlaufener Badeort. In der Nähe die **Grotte Gao Di Mare** mit Basilianerkirche und Fresken aus dem 14. Jh.

Paola, Kloster S. Francesco

Atmosphäre: für Nicht-Italiener wenig einnehmend.

Papasidero (CS)

2200 Ew., 200 m. Berühmt durch die 1961 entdeckte **Grotta del Romito** mit ihren altsteinzeitlichen Ritzzeichnungen (Stier von Papasidero, 1,2 m lang, auf einem 2,3 m breiten Felsen, s. S. 192). Der Weg zur Höhle führt durch ein Eichenwäldchen; zur Besichtigung wende man sich an den in unmittelbarer Nachbarschaft wohnenden Kustos Zi Battista. Im Ort Kapelle **S. Sofia** (restauriert) und Kirche **Madonna di Costantinopoli** mit byzantinischen Fresken. Das Gemeindegebiet wurde unter Naturschutz gestellt. Im Fluß Lao, der eine das ganze Jahr hindurch konstante Wasserführung hat, kann man Kajak oder Schlauchboot fahren (Rafting). *Auskünfte:* Lao River Club in Scalea, Renato Alitta, ✆ 09 85/2 04 70. *Atmosphäre:* romantisch.

Pizzo Calabro (CZ)

10 000 Ew., 56 m. Malerisches Fischerdorf und Badeort auf einem Felsen mit großartiger Aussicht auf den Golf von S. Eufemia. **Aragonesen-Kastell** (1486), in dem 1815 Joachim Murat (s. S. 191) die letzte Nacht vor seiner Hinrichtung verbrachte; heute Jugendherberge. *Restauranttip:* »La Medusa«, Spezialität *Spaghetti alla Masaniello,* Via M. Salomone, ✆ 09 63/23 12 03. *Atmosphäre:* lebendig.

Praia a Mare (CS)

4500 Ew., 5 m. Badeort am Beginn der Zedern-Küste (s. S. 193 ff.) mit Blick auf die kleine Insel Dino. Durch häßliche Apartment-Bauten außerhalb der Saison eine Geisterstadt, sonst extrem überlaufen, dennoch sauberes Wasser. Insel **Dino** (4 km Umfang) mit zahlreichen Grotten (Bootsrundfahrten). Oberhalb des Ortes Wallfahrtsstätte **Madonna della Grotta** in einer Höhle, in der Mitte der 80er Jahre interessante Relikte aus der Steinzeit entdeckt wurden (zu sehen im Paläontologischen Institut in Rom). *Atmosphäre:* sehr touristisch.

Reggio di Calabria (RC)

190 000 Ew., 15 m. Lebhafte Provinzhauptstadt an der Meerenge von Messina, 1908 durch ein Erdbeben total zerstört. Fußgängerzone beim Nationalmuseum, der einzigen wirklichen Attraktion, lädt zum Einkaufsbummel ein. **Museo Nazionale:** im Erdgeschoß vorgeschichtliche Abteilung (mit Rekonstruktion des »Stiers von Papasidero«, s. S. 192) sowie Funden aus Magna Graecia (aus dem antiken *Locri Pinakes*) mit Darstellungen von Szenen des Persephone-Kults, Reliefs, Dioskuren und Bronzetafeln, die das Archiv der Stadt darstellten; weiterhin ein mit Gold dekorierter Pokal aus dem 4. Jh. v. Chr. und verschiedene Votivgegen-

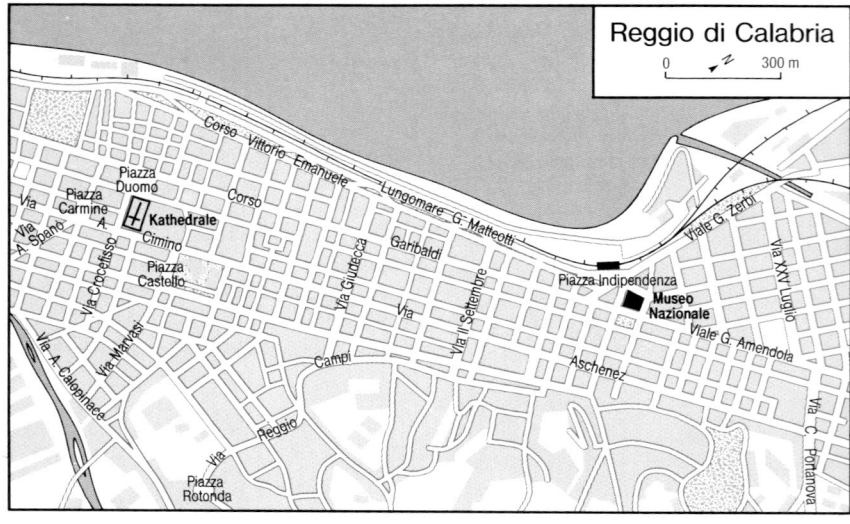

stände aus dem 6. Jh. v. Chr.; im 1. Stock
Sammlung antiker Münzen, Schmuck- und
Goldschmiedearbeiten, im 2. Stock Pinakothek mit Werken von Antonello da Messina und Mattia Preti; Höhepunkt sind die
Krieger von Riace (s. S. 136 ff.) im Unterge-
schoß, in dem eine Abteilung für Unter-
wasser-Archäologie eingerichtet wurde.
Atmosphäre: laut, geschäftig.

Rossano (CS)

25 000 Ew., 270 m. Altes Städtchen auf
einem Hügel an den nördlichen Ausläufern
der Sila Greca. Kirche **S. Marco,** ein mit der
Cattolica von Stilo (s. S. 172) verwandtes
byzantinisches Bauwerk (11. Jh.). Im **Diözesanmuseum** der unschätzbar wertvolle
Codex Purpureus aus dem 6. Jh. (s. S. 174 f.).
Empfehlenswerter Abstecher nach **S. Maria
del Patire** (18 km, 600 m Seehöhe): Kirche
(gehörte zum heute verfallenen Basilianerkloster von 1101) mit gotischen Portalen
und beachtenswertem Fußbodenmosaik
mit Tiermotiven (12. Jh.); beliebtes Aus-
flugsziel (s. S. 173).
Atmosphäre: verschlafen.

San Giovanni in Fiore (CS)

18 000 Ew., 1049 m. Malerisches Zentrum
der Sila Grande in schöner Lage, bekannt
für die alten Trachten, die von den Frauen
tatsächlich auch im Alltag noch getragen
werden. **Badia Florense,** 1189 von Gioacchino da Fiore gegründete Abtei; **Kirche** mit
gotischem Portal (13. Jh.), im Inneren Chorgestühl aus dem 17. Jh., Krypta mit Kreuz-
wölbung; in einem Seitentrakt kleines **Volkskundemuseum.** Kunsthandwerk (eigene
Schule für Teppichweberei). Ausflug zum
14 km entfernten Stausee **Lago Ampollino**
(1271 m) zu empfehlen.
Atmosphäre: freundlich.

San Giovanni in Fiore, Badia Florense

Scilla, Marina Grande

Scilla (RC)

7000 Ew., 70 m. Fischerdorf unter einem Felsen, bei Homer Sitz des gefürchteten sechsköpfigen Ungeheuers Skylla gegenüber dem nicht minder gefährlichen Strudel Charybdis (bei der heutigen Ortschaft Cariddi auf Sizilien) an der Meerenge von Messina. Zentrum des Schwertfischfangs. *Restauranttip:* »Alla Pescatora«, Lungomare 32, ℘ 09 65/75 41 47. *Atmosphäre:* pittoresk.

Serra San Bruno (CZ)

7000 Ew., 790 m. Hübsches Bergstädtchen inmitten der prachtvollen Wälder der kalabresischen Serre. Einige Kirchen aus dem 17. und 18. Jh.; 1 km südlich des Ortes **Certosa di Serra San Bruno** (s. S. 221). *Restauranttip:* »Trattoria Vittoria«, rustikal, Piazza Mons. Barillari 7, ℘ 09 63/7 17 37. *Atmosphäre:* einladend.

Sibari (CS)

2500 Ew., 9 m. Staubiges, besonders häßliches Straßendorf in der Crati-Ebene, wo seit Beginn der Ausgrabungen im Jahr 1969 nur Spuren des antiken Sybaris (s. S. 180 f.) gefunden wurden, u. a. Überreste eines Wohnviertels aus dem 6. Jh. v. Chr.; Museum im Bau. Am Meer gepflegtes Feriendorf

Sibari Marina mit künstlich angelegten Lagunen und Jachthafen. *Atmosphäre:* keine.

Squillace (CZ)

3000 Ew., 340 m. Mittelalterliches Städtchen mit einem restaurierten **Normannenkastell** und einer auf frühchristliche Gründung zurückgehenden **Kathedrale** (nach einem Erdbeben 1783 wiederaufgebaut); Geburtsort des Magnus Aurelius Cassiodorus (s. S. 175). In 7 km Entfernung, rund 150 m neben der nahen Küstenstraße, stehen im Rahmen eines **archäologischen Parks** in einem romantischen Olivenhain die mächtigen Ruinen der Normannenkirche **La Roccelletta del Vescovo di Squillace,** vermutlich im 11. Jh. erbaut, aber niemand

Squillace, La Roccelletta

weiß wirklich genau, aus welcher Zeit dieser seltsam römisch und gleichzeitig mittelalterlich wirkende Bau tatsächlich stammt. Die 1965 begonnenen archäologischen Ausgrabungen brachten bisher römische Thermen, ein Theater, ein Amphitheater und zwei Nekropolen zutage. *Atmosphäre:* liebenswert.

Stilo (RC)

3500 Ew., 400 m. Terrassenförmig angelegtes Gebirgsdorf an den Felswänden des Monte Consolino mit Blick auf das Ionische

Stilo, Domportal

heute Wirtschaftshof (Holzverarbeitung); der Kastellan führt gerne durch den Herrensitz mit seinen abblätternden Fresken und prachtvollen Holzdecken.
Atmosphäre: romantisch.

Taverna (CZ)

3500 Ew., 540 m. Typisch kalabrisches Bergstädtchen und Geburtsort von Mattia Preti (1613–1699), einem der berühmtesten Vertreter der Neapolitanischen Malerschule. Denkmal des Künstlers auf dem hübschen Domplatz. Weder der **Dom S. Domenico** (meist geschlossen) noch die Kirche **S. Barbara** beherbergen heute noch Bilder Pretis; wie in vielen Kirchen Süditaliens wurden die Kunstwerke aus Angst vor Diebstählen in die Sicherheit von diversen Museen gebracht.
Atmosphäre: ländlich-verträumt.

Meer. Galt lange als Geburtsstadt des Philosophen Tommaso Campanella (1568–1639), der aber im nahen Stignano zur Welt kam, wie 1968 entdeckte Dokumente belegen (s. S. 175). Spätbarocke Kirche **S. Francesco, Dom S. Maria d'Ognissanti,** von dessen Gründungsbau nur noch das gotische Portal (13. Jh.) erhalten ist. Einzigartiges Juwel aber ist die an der höchsten Stelle der Gemeinde liegende **Cattolica,** ein gut erhaltener, vorbildlich restaurierter byzantinischer Bau aus dem 10. Jh. (s. S. 172) mit Resten originaler Fresken. Über dem Städtchen thronend die Reste eines **Normannenkastells,** in dessen Nachbarschaft ebenfalls nur Überreste eines **Basilianerklosters** sowie der **Chiesa S. Giovanni Vecchio.**
Hoteltip: »San Giorgio«, familiäre Atmosphäre im Palazzo Lamberti aus dem 17. Jh., Via Citarelli 8, ℘ 09 64/73 11 53 oder 73 13 98.
Ausflugstip: In 25 km Entfernung Richtung Serra S. Bruno einsam in einem Wald **Ferdinandea,** ehemaliges Jagdschloß Ferdinands II. aus der 1. Hälfte des 19. Jh.;

Tiriolo (CZ)

4000 Ew., 690 m. Für seine einzigartige Lage mit Blick auf das Ionische und Tyrrhenische Meer bekanntes Städtchen oberhalb der Schnellstraße *Due Mari* zwischen Lamezia Terme und Catanzaro. Kunsthandwerk, vor allem *vancali,* rustikale Seiden- und Wollschals, die nach alten Methoden gewebt werden.
Restauranttip: »Due Mari«, gedeckte und offene Terrasse mit Rundblick im oberen Ortsteil (Spezialität sind Hühner vom Grill), Via Seggio, ℘ 09 61/99 10 64.
Atmosphäre: sehr angenehm.

Tropea (CZ)

7000 Ew., 60 m. Dekorativ auf einem Felsen liegender, äußerst beliebter Badeort am Tyrrhenischen Meer (Wasser sehr sauber) mit kleinen, idyllischen Buchten, Sandstränden und Blick über die Küstengebirge und Sila sowie bis zur Cilento-Küste mit

Tropea

Capo Palinuro. In der verträumten Altstadt **Normannendom** (11. Jh.), der sich auf einem von Arkaden (13. Jh.) umgebenen Platz erhebt. Im Inneren ein schwarzes Kruzifix aus dem 16. Jh., die Statue der *Madonna del Popolo* von Montorsoli (1555),

eine hoch verehrte byzantinische Ikone der *Madonna di Romania* (14. Jh.) und Marmorplastiken aus dem 15. und 16. Jh. Im alten Zentrum eine Reihe weiterer Kirchen, abgeschieden auf einer Halbinsel am Fuß des Städtchens die Chiesa **S. Maria dell'Isola,** eine Benediktiner-Wallfahrtskirche aus dem Hochmittelalter.

Hoteltips: »Miramare«, 100 m vom Strand, familiäre Atmosphäre, Via Liberta 77, ℰ 09 63/6 15 70; »Rocca Nettuno«, eleganter Ferienclub (s. S. 191), Via Annunziata, ℰ 09 63/6 16 12.

Atmosphäre: quirlig, lustig, locker.

Villaggio Mancuso (CZ)

150 Ew., 1320 m. Feriendorf und Wintersportort auf einem Hochplateau inmitten der naturgeschützten Nadelwälder der Sila Piccola. Holzbauten aus der Zeit von 1920. 20 km vom malerischen **Lago Ampollino,** 15 km von Taverna entfernt (s. S. 186 f.).

Hoteltip: »Grande Albergo Parco delle Fate«, gepflegte, in den 20er Jahren errichtete Anlage im kalabrischen Fachwerkstil mit jedem Komfort, ℰ 09 61/92 20 57.

Atmosphäre: könnte nicht romantischer sein.

Ortsregister

(Die Hauptverweise sind **halbfett** gedruckt)

Personen- und Sachregister

(Sachbegriffe sind *kursiv* gesetzt)

Süd-Italien

Apulien, Basilicata, Kalabrien, Kampanien

Von Hans Weber. Mit einem Text von Heinz-Joachim Fischer. 232 Seiten mit 96 Farb- und 76 Schwarzweiß-Fotos, einer Karte sowie 10 einfarbigen Abbildungen im Text, Leinen mit Schutzumschlag

»Dies ein schönes Buch zu nennen wäre richtig und wiederum zu wenig, denn es bezieht seinen Reiz vor allem aus dem Kontrast zwischen glänzenden Fotos der italienischen ›Ewigkeit‹ und den vom Italien-Korrespondenten Heinz-Joachim Fischer geschriebenen Texten, die auf das ›aktuelle‹ Italien, den politischen und wirtschaftlichen Zustand des Landes zugespitzt sind. Hier ist belegt, was den Mezzogiorno, die Landschaften Apulien, Basilicata, Kalabrien und Kampanien, ausmacht: die vollendete Harmonie der Natur und der Städte, die große Kunst, die überwältigende Ansicht, aber auch ein schwerer Alltag und die Sorgen einer im Stich gelassenen Region.«
Frankfurter Allgemeine Zeitung

DuMont Kunst-Reiseführer

Ägypten und Sinai – Geschichte, Kunst und Kultur im Niltal Vom Reich der Pharaonen bis zur Gegenwart

Albanien Kunstreise durch das Land der Skipetaren

Algerien – Kunst, Kultur und Landschaft Von den Stätten der Römer zu den Tuareg der zentralen Sahara

Belgien – Spiegelbild Europas Eine Einladung nach Brüssel, Gent, Brügge, Antwerpen, Lüttich und zu anderen Kunststätten

Die Ardennen Eine alte Kulturlandschaft im Herzen Europas

Bhutan Kunst und Kultur im Reich des Drachen

Brasilien Völker und Kulturen zwischen Amazonas und Atlantik

Bulgarien Kunstdenkmäler aus vier Jahrtausenden von den Thrakern bis zur Gegenwart

Volksrepublik China Kunstreisen durch das Reich der Mitte

Dänemark Land zwischen den Meeren

Deutsche Demokratische Republik Geschichte und Kunst von der Romanik bis zur Gegenwart

Thüringen Reisen durch eine große deutsche Kulturlandschaft

Bundesrepublik Deutschland

Das Allgäu Städte, Klöster und Wallfahrtskirchen zwischen Bodensee und Lech

Das Bergische Land Kultur, Geschichte, Landschaft zwischen Ruhr und Sieg

Bodensee und Oberschwaben Zwischen Donau und Alpen: Wege und Wunder im ›Himmelreich des Barock‹

Bonn Von der römischen Garnison zur Bundeshauptstadt. Kunst und Kultur zwischen Voreifel und Siebengebirge

Bremen, Bremerhaven und das nördliche Niedersachsen Kultur, Geschichte und Landschaft zwischen Unterweser und Elbe

Düsseldorf Eine moderne Landeshauptstadt mit 700jähriger Geschichte und Kultur

Die Eifel Entdeckungsfahrten durch Landschaft, Geschichte, Kultur und Kunst

Franken – Kunst, Geschichte und Landschaft Würzburg, Rothenburg, Bamberg, Nürnberg und die Kunststätten der Umgebung

Freie und Hansestadt Hamburg Geschichte, Kultur und Stadtbaukunst an Elbe und Alster

Hannover und das südliche Niedersachsen Geschichte, Kunst und Landschaft zwischen Harz und Weser, Braunschweig und Göttingen

Hessen Vom Edersee zur Bergstraße. Die Vielfalt von Kunst und Landschaft zwischen Kassel und Darmstadt

Hunsrück und Naheland Entdeckungsfahrten zwischen Mosel, Nahe, Saar und Rhein

Köln Zwei Jahrtausende Kunst, Geschichte und Kultur

Kölns romanische Kirchen Architektur, Ausstattung, Geschichte

Die Mosel Von der Mündung bei Koblenz bis zur Quelle in den Vogesen

München Von der welfischen Gründung Heinrichs des Löwen bis zur Gegenwart: Kunst, Kultur, Geschichte

Münster und das Münsterland Ein Reisebegleiter in das Herz Westfalens

Zwischen Neckar und Donau Kunst, Kultur und Landschaft von Heidelberg bis Heilbronn, im Hohenloher Land, Ries, Altmühltal und an der oberen Donau

Der Niederrhein Landschaft, Geschichte und Kultur am unteren Rhein

Oberbayern Kultur, Geschichte, Landschaft zwischen Donau und Alpen, Lech und Salzach

Oberpfalz, Bayerischer Wald, Niederbayern Regensburg und das nordöstliche Bayern

Osnabrück, Oldenburg und das westliche Niedersachsen Kultur, Geschichte, Landschaft zwischen Weser und Ems

Ostfriesland mit Jever- und Wangerland Über Moor, Geest und Marsch zum Wattenmeer und zu den Inseln Borkum, Juist, Norderney, Baltrum, Langeoog, Spiekeroog und Wangerooge

Die Pfalz Die Weinstraße – Der Pfälzer Wald – Wasgau und Westrich

Der Rhein von Mainz bis Köln Eine Reise durch das Rheintal

Das Ruhrgebiet Kultur und Geschichte im ›Revier‹ zwischen Ruhr und Lippe

Sauerland mit Siegerland und Wittgensteiner Land

Schleswig-Holstein Zwischen Nordsee und Ostsee

Der Schwarzwald und das Oberrheinland Wege zur Kunst zwischen Karlsruhe und Waldshut: Ortenau, Breisgau, Kaiserstuhl und Markgräflerland

Sylt, Amrum, Föhr, Helgoland, Pellworm, Nordstrand und Halligen Natur und Kultur auf Helgoland und den Nordfriesischen Inseln

Der Westerwald Vom Siebengebirge zum Hessischen Hinterland

Östliches Westfalen Vom Hellweg zur Weser. Kunst und Kultur zwischen Soest und Paderborn, Minden und Warburg

Württemberg-Hohenzollern Kunst und Kultur zwischen Schwarzwald, Donautal und Hohenloher Land: Stuttgart, Heilbronn, Schwäbisch Gmünd, Tübingen, Rottweil, Sigmaringen

Die Färöer Inselwelt im Nordatlantik

Frankreich

Auvergne und Zentralmassiv Entdeckungsreisen von Clermont-Ferrand über die Vulkane und Schluchten des Zentralmassivs zum Cevennen-Nationalpark

Die Bretagne Im Land der Dolmen, Menhire und Calvaires

Burgund Burgen, Klöster und Kathedralen im Herzen Frankreichs: Das Land um Dijon, Auxerre, Nevers, Autun und Tournus

Côte d'Azur Frankreichs Mittelmeerküste von Marseille bis Menton

Das Elsaß Wegzeichen europäischer Kultur und Geschichte zwischen Oberrhein und Vogesen

Frankreich für Pferdefreunde Kulturgeschichte des Pferdes von der Höhlenmalerei bis zur Gegenwart

Frankreichs gotische Kathedralen Eine Reise zu den Höhepunkten mittelalterlicher Architektur in Frankreich

Romanische Kunst in Frankreich Ein Reisebegleiter zu allen bedeutenden romanischen Kirchen und Klöstern

Korsika Natur und Kultur auf der ›Insel der Schönheit‹

Languedoc – Roussillon Von der Rhône zu den Pyrenäen

Das Tal der Loire Schlösser, Kirchen und Städte im ›Garten Frankreichs‹

Lothringen Kunst, Geschichte, Landschaft

Die Normandie Vom Seine-Tal zum Mont St. Michel

Paris und die Ile de France Die Metropole und das Herzland Frankreichs. Von der antiken Lutetia bis zur Millionenstadt

Führer Musée d'Orsay, Paris

Périgord und Atlantikküste Kunst und Natur im Lande der Dordogne und an der Côte d'Argent von Bordeaux bis Biarritz

Das Poitou Westfrankreich zwischen Poitiers, La Rochelle und Angoulême – die Atlantikküste von der Loiremündung bis zur Gironde

Die Provence Ein Begleiter zu den Kunststätten und Naturschönheiten im Sonnenland Frankreichs

Savoyen Vom Genfer See zum Montblanc – Natur und Kunst in den französischen Alpen

Südwest-Frankreich Vom Zentralmassiv zu den Pyrenäen

Griechenland

Athen Geschichte, Kunst und Leben der ältesten europäischen Großstadt von der Antike bis zur Gegenwart

Die griechischen Inseln Ein Reisebegleiter zu den Inseln des Lichts

Korfu Das antike Kerkyra im Ionischen Meer

Kreta – Kunst aus fünf Jahrtausenden Von den Anfängen Europas bis zur kreto-venezianischen Kunst

Rhodos Eine der sonnenreichsten Inseln im Mittelmeer – ihre Geschichte, Kultur und Landschaft

Alte Kirchen und Klöster Griechenlands Ein Begleiter zu den byzantinischen Stätten

Tempel und Stätten der Götter Griechenlands Ein Reisebegleiter zu den antiken Kultzentren der Griechen

Großbritannien

Englische Kathedralen Eine Reise zu den Höhepunkten englischer Architektur von 1066 bis heute

Die Kanalinseln und die Insel Wight Die britischen Inseln zwischen Normandie und Süd-England

London Biographie einer Weltstadt

Die Orkney- und Shetland-Inseln Landschaft und Kultur im Nordatlantik

Ostengland Suffolk, Norfolk und Essex. Von Künstlern und Bauern, Kirchen und Palästen der Countryside

Schottland Geschichte und Literatur. Architektur und Landschaft

Süd-England Von Kent bis Cornwall. Architektur und Landschaft, Literatur und Geschichte

Wales Literatur und Politik – Industrie und Landschaft

Guatemala Honduras – Belize. Die versunkene Welt der Maya

Holland Ein Reisebegleiter durch Städte und Provinzen der Niederlande

Indien Von den Klöstern im Himalaya zu den Tempelstätten Südindiens

Ladakh und Zanskar Lamaistische Klosterkultur im Land zwischen Indien und Tibet

Indonesien Ein Reisebegleiter nach Java, Sumatra, Bali und Sulawesi (Celebes)

Bali Tempel, Mythen und Volkskunst auf der tropischen Insel zwischen Indischem und Pazifischem Ozean

Irland – Kunst, Kultur und Landschaft Entdeckungsfahrten zu den Kunststätten der ›Grünen Insel‹

Island Vulkaninsel zwischen Europa und Amerika

Israel

Das Heilige Land Historische und religiöse Stätten von Judentum, Christentum und Islam in dem zehntausend Jahre alten Kulturland zwischen Mittelmeer, Rotem Meer und Jordan

Italien

Die Abruzzen Das Bergland im Herzen Italiens. Kunst, Kultur und Geschichte

Apulien Kastelle und Kathedralen im Südreich der Staufer

Elba Ferieninsel im Tyrrhenischen Meer. Macchienwildnis, Kulturstätten, Dörfer, Mineralienfundorte

Emilia-Romagna Oberitalienische Kunststädte zwischen Po, Apennin und Adria

Das etruskische Italien Entdeckungsfahrten zu den Kunststätten und Nekropolen der Etrusker

Florenz Ein europäisches Zentrum der Kunst. Geschichte, Denkmäler, Sammlungen

Gardasee, Verona, Trentino Der See und seine Stadt – Landschaft und Geschichte, Literatur und Kunst

Latium – Das Land um Rom Klöster und Villen, Kirchen und Gräberstädte, mittelalterliche Orte und arkadische Landschaften

Lombardei und Oberitalienische Seen Kunst und Landschaft zwischen Adda und Po

Die Marken Die adriatische Kulturlandschaft zwischen Urbino, Loreto und Ascoli Piceno

Der Golf von Neapel Das Traumziel der klassischen Italienreise. Geschichte, Kunst, Geographie

Die Italienische Riviera Ligurien – die Region und ihre Küste von San Remo über Genua bis La Spezia

Piemont und Aosta-Tal Begegnungen italienischer und französischer Kunst im Königreich der Savoyer. Kultur, Geschichte und Landschaft im Bogen der Westalpen

Rom – Ein Reisebegleiter Zweieinhalb Jahrtausende Kunst und Kultur der Ewigen Stadt

Rom in 1000 Bildern Kunst und Kultur der ›Ewigen Stadt‹ in mehr als 1000 Bildern

Das antike Rom Die Stadt der sieben Hügel: Plätze, Monumente und Kunstwerke. Geschichte und Leben im alten Rom

Sardinien Entdeckungsreisen auf einer der schönsten Inseln im Mittelmeer

Südtirol Begegnungen nördlicher und südlicher Kulturtradition in der Landschaft zwischen Brenner und Salurner Klause

Toscana Das Hügelland und die historischen Stadtzentren

Umbrien Eine Landschaft im Herzen Italiens

Venedig Die Stadt in der Lagune – Kirchen und Paläste, Gondeln und Karneval

Das Veneto Verona, Vicenza, Padua. Städte und Villen, Kultur und Landschaft Venetiens

Die Villen im Veneto Eine kunst- und kulturgeschichtliche Reise in das Land zwischen Alpenrand und Adriabogen

Japan – Tempel, Gärten und Paläste Einführung in Geschichte und Kultur und Begleiter zu den Kunststätten Japans

Der Jemen Nord- und Südjemen. Antikes und islamisches Südarabien

Jordanien Völker und Kulturen zwischen Jordan und Rotem Meer

Jugoslawien Kunst, Geschichte und Landschaft zwischen Adria und Donau

Karibische Inseln Westindien. Von Cuba bis Aruba

Kenya Kunst, Kultur und Geschichte am Eingangstor zu Innerafrika

Luxemburg Entdeckungsfahrten zu den Burgen, Schlössern, Kirchen und Städten des Großherzogtums

Malaysia und Singapur Dschungelvölker, Moscheen, Hindutempel, chinesische Heiligtümer und moderne Stadtkulturen im Herzen Südostasiens

Malta und Gozo Die goldenen Felseninseln – Urzeittempel und Malteserburgen

Marokko – Berberburgen und Königsstädte des Islam Ein Reisebegleiter zur Kunst Marokkos

Mexiko Ein Reisebegleiter zu den Götterburgen und Kolonialbauten Mexikos

Mexiko auf neuen Wegen Ein Reisebegleiter zu präkolumbischen Kultstätten und Kunstschätzen

Namibia und Botswana Kultur und Landschaft im südlichen Afrika

Nepal – Königreich im Himalaya Geschichte, Kunst und Kultur im Kathmandu-Tal

Österreich
Das Burgenland Land der Störche und der Burgen: Kultur, Landschaft und Geschichte zwischen Ostalpen und Puszta

Kärnten und Steiermark Vom Großglockner zum steirischen Weinland

Salzburg, Salzkammergut, Oberösterreich Kunst und Kultur auf einer Alpenreise vom Dachstein bis zum Böhmerwald

Tirol Nordtirol und Osttirol. Kunstlandschaft und Urlaubsland an Inn und Isel

Vorarlberg und Liechtenstein Landschaft, Geschichte und Kultur im ›Ländle‹ und im Fürstentum

Wien und Umgebung Kunst, Kultur und Geschichte der Donaumetropole

Pakistan Drei Hochkulturen am Indus. Harappa – Gandhara – Die Moguln

Papua-Neuguinea Niugini – Steinzeit-Kulturen auf dem Weg ins 20. Jahrhundert

Polen Geschichte, Kunst und Landschaft einer alten europäischen Kulturnation

Portugal Vom Algarve zum Minho

Madeira Kultur und Landschaft auf Portugals ›Blumeninsel‹ im Atlantik

Rumänien Schwarzmeerküste – Donaudelta – Moldau – Walachei – Siebenbürgen: Kultur und Geschichte

Die Sahara Mensch und Natur in der größten Wüste der Erde

Sahel Senegal, Mauretanien, Mali, Niger Islamische und traditionelle schwarzafrikanische Kultur zwischen Atlantik und Tschadsee

Die Schweiz
Die Schweiz Zwischen Basel und Bodensee · Französische Schweiz · Das Tessin · Graubünden · Vierwaldstätter See · Berner Land · Die großen Städte

Tessin Kunst und Landschaft zwischen Gotthard und Campagna Adorna

Das Wallis Der Südwesten der Schweiz

Skandinavien – Dänemark, Norwegen, Schweden, Finnland Kultur, Geschichte, Landschaft

Sowjetunion
Georgien und Armenien Zwei christliche Kulturlandschaften im Süden der Sowjetunion

Moskau und Leningrad Kunst, Kultur und Geschichte der beiden Metropolen, des ›Goldenen Ringes‹ und Nowgorods

Sowjetischer Orient Kunst und Kultur, Geschichte und Gegenwart der Völker Mittelasiens

Spanien
Die Kanarischen Inseln Inseln des ewigen Frühlings: Teneriffa, Gomera, Hierro, La Palma, Gran Canaria, Fuerteventura, Lanzarote

Katalonien und Andorra Von den Pyrenäen zum Ebro. Costa Brava – Barcelona – Tarragona – Die Königsklöster

Mallorca – Menorca Ein Begleiter zu den kulturellen Stätten und landschaftlichen Schönheiten der großen Balearen-Inseln

Nordwestspanien Landschaft, Geschichte und Kunst auf dem Weg nach Santiago de Compostela

Spaniens Südosten – Die Levante Die Mittelmeerküste von Amposta über Valencia und Alicante bis Cartagena

Südspanien für Pferdefreunde Kulturgeschichte des Pferdes von den Höhlenmalereien bis zur Gegenwart. Geschichte der Stierfechterkunst

Sudan Steinerne Gräber und lebendige Kulturen am Nil

Südamerika: Präkolumbische Hochkulturen Kunst der Kolonialzeit. Ein Reisebegleiter zu den Kunststätten in Kolumbien, Ekuador, Peru und Bolivien

Südkorea Kunst und Kultur im Land der ›Hohen Schönheit‹

Syrien Hochkulturen zwischen Mittelmeer und Arabischer Wüste

Thailand und Burma Tempelanlagen und Königsstädte zwischen Mekong und Indischem Ozean

Tschechoslowakei Kunst, Kultur und Geschichte im Herzen Europas

Türkei
Istanbul Bursa und Edirne. Byzanz – Konstantinopel – Stambul. Eine historische Hauptstadt zwischen Abend- und Morgenland

Ost-Türkei Völker und Kulturen zwischen Taurus und Ararat

Ungarn Kultur und Kunst im Land der Magyaren

USA – Der Südwesten Indianerkulturen und Naturwunder zwischen Colorado und Rio Grande

Zypern 8000 Jahre Geschichte: Archäologische Schätze – Byzantinische Kirchen – Gotische Kathedralen

»Richtig reisen«